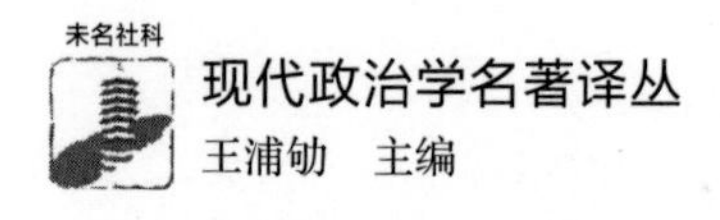

本译著为国家社会科学基金重大研究专项委托项目“新时代中国特色政治学基本理论问题研究”（18VXK003）、教育部人文社会科学重点研究基地北京大学国家治理研究院重大项目“国家治理理论研究”(17JJD810001)、北京大学国家治理研究院项目“政府质量研究”成果

好政府

政治科学的诠释

Good Government

The Relevance of Political Science

〔瑞典〕索伦·霍姆伯格（Sören Holmberg）〔瑞典〕博·罗斯坦（Bo Rothstein）主编

包雅钧　梁宇　刘舒杨　孙响　译

北京大学出版社
PEKING UNIVERSITY PRESS

著作权合同登记号　图字:01-2018-1672

图书在版编目(CIP)数据

好政府:政治科学的诠释/(瑞典)索伦・霍姆伯格(Sören Holmberg),(瑞典)博・罗斯坦(Bo Rothstein)主编;包雅钧等译.—北京:北京大学出版社,2020.4

(现代政治学名著译丛)

ISBN 978-7-301-31249-0

Ⅰ.①好…　Ⅱ.①索… ②博… ③包…　Ⅲ.①政治学　Ⅳ.①D0

中国版本图书馆 CIP 数据核字(2020)第 023170 号

Good Government: The Relevance of Political Science by Sören Holmberg and Bo Rothstein

书　　名	好政府——政治科学的诠释 HAO ZHENGFU——ZHENGZHI KEXUE DE QUANSHI
著作责任者	(瑞典)索伦・霍姆伯格(Sören Holmberg) (瑞典)博・罗斯坦(Bo Rothstein)　主编 包雅钧　梁　宇　刘舒杨　孙　响　译
责任编辑	梁　路
标准书号	ISBN 978-7-301-31249-0
出版发行	北京大学出版社
地　　址	北京市海淀区成府路 205 号　100871
网　　址	http://www.pup.cn
新浪微博	@北京大学出版社　　@未名社科-北大图书
微信公众号	ss_book
电子信箱	ss@pup.pku.edu.cn
电　　话	邮购部 010-62752015　发行部 010-62750672 编辑部 010-62765016
印 刷 者	大厂回族自治县彩虹印刷有限公司
经 销 者	新华书店
	650 毫米×980 毫米　16 开本　22.5 印张　298 千字 2020 年 4 月第 1 版　2020 年 4 月第 1 次印刷
定　　价	68.00 元

译者序

本书的主要内容在第一章中有较为集中的介绍。这里笔者仅就翻译工作的点滴感悟与读者做一交流。

首先,政府质量研究对我国具有重要的现实意义。中国经济已经由高速增长阶段转向高质量发展阶段。高质量发展具有丰富的内涵,如要培育新动能、做大做强做优实体经济、壮大战略性新兴产业,核心的内涵在于人民生活的高质量。推动高质量发展,就要以人民为中心,不断增进人民福祉。政府在我国的经济、社会生活中发挥着至关重要的推动和引领作用;经济是否能实现高质量的发展,与政府如何作为密切相关。换句话说,高质量发展首先要求政府是高质量的。比如说,一个地方的政府为推动本地发展而作出的决策应当是科学合理的、公平公正的,而不是胡作为、乱作为的结果。在当前中国的经济政治环境下,通过进一步提升政府质量来促进经济、社会各方面发展,已经成为我们必须采取的策略。事实上,近些年的简政放权、机构改革、法律法规的修订完善都体现了这个思路。所以,在新时代,开展政府质量研究十分必要。

其次,政府质量研究具有重要的理论意义。政府质量研究试图弥补治理研究的一些不足。过去几十年来,治理研究得到人们广泛重视,但在学界,治理的概念却莫衷一是,众说纷纭。正如本书中指出的,治理或善治缺乏要领的精确性。或许对于走向善治而言,最重要的是政府公正无私地行使权力,这在本书中被界定为政府质量。由此,本书的作者们对世界范围内的政府质量进行了描述,并集中关注影响政府质量的一些因素，如政治制度、新闻传媒、官僚机构特性、政治精英等。可以说，政府质量研究是治理研究的升级版。人们如果想要真正弄通弄懂治理和善治理论，就必须进一步理解何谓高质量的政府，以及如何实现高质量政府等类似的问题。

最后，政府质量研究具有重要的方法论意义。本书对政府质量的研究由定性和定量两个部分组成。对于一种重大理论而言，能够同时把这两个方面结合起来加以研究的成功案例并不多见。在第二章中，作者通过比较一系列不同或近似的概念找到了政府质量最核心的要素，即权力行使或制度的公平公正性，并开发了一套简便易行的技术对其加以测量。近年来，我国政治学研究中定量研究得到很大的发展，但将其运用于阐释一种创新性理论的情况仍然比较少。政府质量的这种研究路径对于我国学界来说也有相当大的启发意义。在第二部分以及第三部分，我们也发现有很多定量研究的例子，比如对官僚机构特质的维度评估、对不同选区立法人员活动的描绘等。我相信，这些研究方法比起其具体结论可能更具有启发价值。

包雅钧

2019 年 11 月

目　录

第三部分 人民的收获

第一章　导言：政治科学和好政府的价值

2009年10月，美国国会的共和党参议员汤姆·科尔伯恩（Tom A. Colburn）提出了一项议案修正案，要求中止美国国家科学基金对政治科学研究的资助。他认为，政治科学的研究和人类福祉毫不相关，只不过是浪费纳税人的钱财而已；美国国家科学基金应当把这些资金用于资助自然科学和工程学领域的研究，比如研发新的生物燃料，或探究如何帮助残疾人。

尽管科尔伯恩的倡议受到广泛批评，最终也被否决了，但在这一学科内部以及在媒体上引发了关于学科价值问题的深入探讨。也是在2009年10月，《纽约时报》刊载了一篇文章。在这篇文章里，几位泰斗级的政治科学家都表示，在更加宽泛的政治社会话语体系下，政治科学在证明自身的学科价值方面，正面临愈发严峻的困难。其中，约瑟夫·奈（Joseph Nye）说："危险在于政治科学正趋向于对小而又小、细而又细的问题作长篇大论。"[①]2010年，美国和英国的政治科学年会围绕着"政治科学重大价值及其表现"这一主题组织了多个小组讨论。[②]美国和欧洲的诸多期刊[③]和报告也讨论过这个问题。2011年美国政治科学学会发布有关学科未来的官方报告就是一个例子。该报告在概要中写道：

> 全世界范围内，对政治共同体最边缘的成员而言，他们大多数人的需求通常都不能被政府有效地满足。以一种可

> 接受的方式阐明导致这一现象的原因,政治科学在这一方面往往力不从心……这就限制了政治科学与广泛的政治社会话语体系对接的程度。[4]

科尔伯恩仍然没有放弃他的想法。2011 年,他又发布了一份报告,主张不仅要削减美国国家科学基金对政治科学的资助,还要削减对社会科学领域其他一些学科,如经济学、社会学和商业管理的资助。[5]所以,价值问题并不局限于政治科学。2008 年金融危机之后在经济学领域出现的讨论,就是一个例子。一位泰斗级的学者(诺贝尔奖获得者)保罗·克鲁格曼(Paul Krugman)讲道:“过去 30 年来宏观经济学的大部分作品,往最好处说是无用的,往最坏处说是有害的。”[6]

2

在任何一个社会中,政府制度体系的质量对其公民福祉都极为重要。通过阐释这一点来说明政治科学的重大价值,构成了本书的中心主题。自从 2004 年创建伊始,瑞典哥德堡大学政府质量研究所就精准地将自己的研究聚焦在这一问题上。本书所呈现的就是我们这个研究所组织开展的一些研究的成果。[7]这些成果和政治学科内其他众多同人正在做的工作有所不同,原因在于三个方面。而且,这些原因也使得本项研究成果和人类福祉有密切关联。

第一,和大多数实证型政治科学家不同,我们并不回避本领域的规范性问题研究,也不惧表明立场。我们提出了一种应称之为“好政府”“政府质量”或者“美好社会”的新的规范性政治理论。第二,与大多数热衷于这些规范性问题的政治理论和政治哲学著作不同,我们在实证研究上并没有止步不前。我们认为,诸如“好政府”“政府质量”这样的概念不仅能被界定,而且可以操作化并被测量。第三,我们表明,这些对政府质量的衡量,无论在理论上还是实证上,都和两种类型的变量相关。一类变量用来解释“好政府”的巨大差异。根据我们的测量,这个差异在不同国家和地区之间(或者不同类型的国家和地区之间)都存在。这类研究致力于解释“怎样才能拥有好的政府”这一问题,也尝试着回答一个关联性的问题——委婉地说就是:

如果一个社会想要提升其公共部门的质量,该怎么办呢?

我们使用的另一种类型的变量就是对人类福祉的不同方面的衡量,比如人口数量、人民健康情况、幸福感、安全用水的获取和经济繁荣。这类研究旨在解释"你会得到什么"的问题。如果一个国家(地区)拥有高(低)的政府质量,这对其人民的幸福意味着什么?我们的研究表明,这意味着太多太多的东西。很明显,对大多数人而言,重要的是要生活在一个婴儿死亡率低、人民对其生活相对满意、获取安全用水不成问题、经济繁荣的社会中。本书的研究成果表明,政治科学中那些极为核心的变量与人类福祉的上述(和其他)方面的实现程度是内在紧密相关的。

3

对科尔伯恩关于中止政治科学研究的提议,我们做出了以下回应。如果要去总结当今全球范围内与人类福祉背道而驰的那些事物所潜藏的深层原因,我们的研究成果表明,婴儿死亡率高、早逝、疾病、缺乏安全的饮用水、幸福感匮乏和贫穷等问题,并不是技术装备、有效药物或其他自然科学与工程学方面知识的缺乏而导致的。世界人口的大多数不得不生活在一个功能紊乱的政府制度体系之中,这一事实才是导致这些问题的罪魁祸首。解决这些问题需要更多的——而不是更少的——政治科学的研究。

1.1　全书纲要

本书的写作思路是从阐释什么是政府质量开始,之后是分析怎样才能得到它,最后研究它会给你带来什么,即我们按"是什么、如何得到、得到什么"这一逻辑展开。

1.1.1　第一部分　什么是政府质量

博·罗斯坦和简·特奥雷尔(Jan Teorell)以"政府质量的界定和测量"这一章(第二章)开启了对"什么是政府质量"的探索。他们介绍了"政府质量"这一概念及其近义词"善治""国家能力",并发现学术文献中的概念缺乏精确性。他们解释了为什么偏爱“政府质量”这一术语,以及它被定义为公正的政府制度的理由。当行使公共权力时,基本的准则应当是公正无私。在执行法律和政策时,政府官员不应当去考虑事先没有在法律或政策中规定的任何事情或者任何人。在理论论证之后,这一章简要介绍了政府质量研究所如何对全球范围内大约 90 个国家和地区的公正性水平进行实证测量。作者运用基于互联网的专家调查,主要是请公共管理研究人员对他们所选择的官僚机构的招聘和决策进行等级评定,结果证明非常成功。公正性可以用一种有意义的方式进行比较测量。

卡尔·达尔斯托姆(Carl Dahlström)、维克托·拉蓬特(Victor Lapuente)和简·特奥雷尔在“全球公共行政”这一章(第三章)中详尽地阐述了政府质量研究所基于网络的政府公正性实证测量,其中包括对调查对象认知偏差进行的交叉验证测试。在此基础上,作者还依据测量结果在官僚决策研究方面做出了原创性的贡献。对受访者的因子分析揭示出两个重要维度:一个维度区分职业官僚与政治官僚之不同,另一个维度则使“看似公共性的,实则更为封闭的”与“看似私人性的,实则更为开放的”两种官僚机构形成对照。这两个维度在西方民主国家与原社会主义国家的测量中都可以使用,然而只有第一种“职业化—政治化”维度适用于世界其他地方,如拉丁美洲、亚洲和非洲。

对腐败的有效管控是政府质量所包含的基本要素——它不是政府质量的内在决定性要素,而是一个核心前提。在“需求型还是贪婪型腐败?”这一章(第四章)中,莫妮卡·鲍尔(Monika Bauhr)从区分腐败形式开始破题,区分了需求型和贪婪型腐败。只有通过贿赂,公民本有权利享有的服务才得到供给,这时就形成需求型腐败。而公民本没有权利享有的好处,却能通过贿赂得到,这时就出现了贪婪型腐败。需求型腐败一般建立在强制基础之上,贪婪型腐败则基于利益的共谋。所以,贪婪型腐败更加隐蔽而不易察觉。鲍尔运用世界价值观调查所得的比较数据、政府质量数据库以及瑞典最新的调查数据，对两种类型的腐败进行了实证研究。一个令人震惊的研究发现是，在需求型腐败不显著的社会环境里，因为需求型腐败不太引人注目，它反而能够与相对较高的社会信任共存。她也阐明，这两种类型腐败的区分，对理解反腐败政策之有效性有多重意蕴。

公务人员的公正无私是韦伯式官僚政府的一个核心原则。这个原则需要被妥当解释，并加以贯彻执行，方能真正适用于当今有着大量福利事业机构的现代国家。海伦娜·奥洛夫斯多特·斯坦索塔(Helena Olofsdotter Stensöta)在"公正与公共关怀伦理"这一章(第五章)中提出了这一论题。她在进行了概念分析和学术文献评论后得出结论：公正无私原则本身并不必然产生好的政策执行；它需要公共关怀伦理来补充。公共关怀伦理认为人是相互依赖的；它强调了对政治环境和政策执行的敏感性，同时也提升了回应的重要性。

1.1.2　第二部分　如何提升政府质量

5

这一部分由八章组成，主要说明了在当今世界，政府质量是怎样形成的及其水平如何。在这些章节中，政府质量是一个因变量，我们通过一系列经验分析来介绍并运用相关的解释因子。

第六章"我们可以在多大程度上相信民主"提出了一个有争议的问题：哪种类型的政治体制会产生较好的政府质量？是代议制民主政体、一党制、君主制，还是军事独裁体制？抑或是一种特定个人魅力型政体？带点挑衅意味的问题是：就政府质量而言，是否民主国家总比独裁国家"运转得更好"？在这一章中，尼古拉斯·查伦(Nicholas Charron)和维克托·拉蓬特在旁征博引各类文献和他们自己独立的实证检验后得出的结论对这一问题进行了细致的回答。在独裁与民主这一维度的任何一端，政府质量都有很多变数。然而对处在这一谱系中间"灰色地带"的国家而言，政府质量更可能相对低劣。政体类型和政府质量有一个 J 型关系。在那些高度发达的民主国家，政府质量倾向于很好；但在那些最专制的政体下，政府质量并不是最低的。处于专制和民主国家之间的转型政体中，腐败最为猖獗，而且无质量的政府体制比比皆是。

马赛厄斯·范哈迪(Mathias Färdigh)、埃玛·安德森(Emma Andersson)和亨里克·奥斯卡森(Henrik Oscarsson)在“新闻自由与腐败”这一章(第七章)中再次考察了一个对民主和政府质量的讨论而言被引述最多的“真理”,即新闻自由是不可或缺的。作者聚焦于控制腐败,将其视为政府质量的一个操作性变量,并在研究中运用了新的和经过改进的比较数据。作者把一种新颖的估算技巧应用于新闻自由的多种衡量指标以及控制腐败的多种举措中。估算结果证实了先前的结论:新闻越自由,政府越清廉。这就是新闻自由和腐败控制之间的关系。虽然在成熟的民主国家,新闻自由对于打击腐败是最为重要的,但是对于新兴民主国家而言,新闻自由却并不那么重要,其他的现代制度安排,例如功能良好的法律体系,更具有实质意义。

卡尔·达尔斯托姆和维克托·拉蓬特在“韦伯式官僚机构和腐败的预防”这一章(第八章)中,同样研究了腐败控制问题,但主要把公共行政机构作为一个解释因子。人们一直认为,建立能为公务员提供终身职业保障的韦伯式官僚机构和形成有严格的法律保护的正规聘用制度就会抑制腐败。立足于对近100个国家和地区的实证性比较研究,达尔斯托姆和拉蓬特证明这些看法经不起推敲。它们仅仅是腐败预防的“神话”。作者更看重另一种相对成功的、更为开放的公共行政的组织方式。在这一方式下,政客们在制定公共政策时和非经选举产生的官僚们协调行动。对于那些旨在区分政客和官僚各自行为的反腐改革,人们不应期望过高。

6

腐败和糟糕的治理并不仅仅是某些苦难国家之殇,它还是一个国际性问题。虽然很多国际组织已经提出了关于应当如何打击腐败和建设高质量政府的解决方案,但相关规范的扩散和政策执行并不是非常成功。在“国际组织与政府质量”这一章(第九章),莫妮卡·鲍尔和纳格曼·纳斯瑞托斯(Naghmeh Nasiritousi)注意到,大多数评估国际反腐项目成效的研究都集中于目标活动的接受方,其中多数是新兴民主国家。这些研究过于关注这些国家政治意愿的缺失和不太完善的制度体系。而鲍尔和纳斯瑞托斯把注意力转向另一端，去观察那些阻碍国际组织努力的内在因素。根据文献研究以及精选的案例研究，鲍尔和纳斯瑞托斯认为导致国际组织在提升目标国家政府质量方面成效不好的六个要素是：不精确的数据、投资低政府质量国家的市场压力、有争议的政策建议、善治规范在国际组织内部没有成为主流、规范在各成员国的内化不全面，以及政府质量事宜的低优先性。

统治精英在控制腐败抑或助长腐败方面起着关键性作用。在“国家合法性与领导人的腐败”这一章（第十章）中，安娜·珀森（Anna Persson）和马丁·舍斯泰特（Marti Sjöstedt）就此展开了相关分析。他们首先强调任何腐败研究都不能忽略领导人的行为。上行下效，政治精英的腐败行为将被其他人层层复制。正如德国人所言，“鱼的腐烂总是从头部开始”。珀森和舍斯泰特的贡献主要在于分析领导人腐败的动因。同样权力在手，为什么有的人腐败，而有的人不腐败？他们的分析从理论入手，并佐以大量的文献回顾，得出主要结论：不同形式和程度的国家合法性，催生和制约着领导人的行为动机。在缺乏合法性的国家，政治精英涉足腐败的机会更多，动机也更为强烈。

斯塔芬·I. 林德伯格（Staffan I. Lindberg）在“立法者与政府质量”这一章（第十一章）中阐明了非常重要的一点，即低劣的政府质量并不仅仅源于政治生活中官僚执行这一输出端的功能紊乱。它也可能源自输入端的选举机制。林德伯格援引加纳的一组竞选候选人的数据，来研究像选民服务、庇护式产品供给这样并非公正无私的行为在选举过程中的重要程度，以及它们是怎样影响选民行为的。他发现，国会议员参与这些行为的程度各不相同，而且选民们已经开始对候选人公正无私的品性有更高的要求，也就是更看重候选人是否能公正无私地提供各种公共品。但是庇护型政治和选择性的“礼物”仍然在加纳选举中占有很重的分量，产品供给并不是那么公平公正。

7

选举对好政府是有很大影响的。

世界范围内的反腐研究有一个非常突出的研究发现,即相比男性,女性较少参与腐败行为。有许多经选举产生女性政治家的国家,比起那些在选举中没几个女性积极参与的国家,平均而言,腐败的等级也较低。在这一方面,性别确实起作用。林娜·万格勒鲁德(Lena Wängnerud)撰写了“为什么女性比男性更不容易腐败?”一章(第十二章)。她回顾了先前的研究,得出的结论是这一领域的研究过于整齐划一,都在一般意义上解释相关的性别差异。先前学界都在努力建构一种基于性别中立的解释,通过那些与性别无关的事物来说明性别差异。万格勒鲁德主张以更多的案例研究和更多的国内地方性研究来描绘更实质性的内容,从而确定潜在的因果机制。在章尾,作者引入一种全新的“理性视角”作为分析腐败领域内性别差异的工具。其假设是,在计算成本收益时,通常女性比男性更为积极地去规避腐败行为。她使用了墨西哥国内区域性腐败研究的相关资料来阐明这一推理。

在理论上,腐败常被视为一个委托代理问题。更为积极而警醒的委托方(公民)、更为严格的执法,以及品行更为正派的代理方(精英),都有助于减轻腐败。对非系统性腐败而言,这可能是正确的观点。但是对于“每一个人”都卷入其中的系统性腐败来说,当大家都指望行贿或需要一些必要的动作才能做成事时,我们要处理的是非正式的制度问题,委托代理理论就不那么适用了。对这类情形,安娜·珀森、博·罗斯坦和简·特奥雷尔在“伸手掠取的本质之反思”一章(第十三章)中,把腐败转化为一个集体行动问题。在这样的系统环境下,腐败变得更为黏滞而难以处理了,因为每一个人都期待别人腐败行事。没有人愿意仅有自己照章纳税。感受和信念成为关键。社会困于人际陷阱之中。三位作者用肯尼亚和乌干达的访谈资料支撑自己的论点,而这两个国家有着出了名的系统性腐败。

8

1.1.3 第三部分 人民的收获

这一部分仅有三章。为弥补篇幅短小之不足,起始一章,即索伦·霍姆伯格、博·罗斯坦和纳格曼·纳斯瑞托斯所写的“部分解决方案”一章(第十四章)概述了政府质量与民主、经济增长、腐败、法治等诸多现象之间的关系。政府质量数据库的那些图表对已有的文献评论是一个很好的补充。其核心要义是说，政府质量非常重要，但并不存在一个“一刀切”的解决方案。

根据世界卫生组织的估计，全世界有 10 多亿人喝不到安全饮用水。在发展中国家，通过饮用水传播的疾病占到了疾病总数的 80%，每年夺走 180 万儿童的生命。保守估计，每天有 12 000 人死于与水及卫生相关的各类疾病。以一项涉及约 190 个国家和地区的实证分析为基础，索伦·霍姆伯格、博·罗斯坦在“获取安全用水”一章(第十五章)中表明，政府质量作为独立变量影响着安全用水。饮用水质量的提高并不能只依靠金钱，它还需要好的政府质量，对于贫困国家更是如此。

最后一章讲“幸福”(第十六章)。马库斯·萨曼尼(Marcus Samanni)和索伦·霍姆伯格提出了一个让许多经济学家都吃惊不已的观点：政府不应是问题的一部分，相反，它可以是问题解决方案的一部分。这个观点在人类幸福领域内得到验证。结论非常明确：人们对大政府或许还有争议，但好政府确实让人们感觉更好。政府高效、社会公正、法制完善、政治清明都会使人们感到幸福和满足。一句话：政府质量太重要了，它让人民幸福。

注　释

① Patricia Cohen, “Field Study. Just how relevant is political science”, *The New York Times*, October 20, 2009. 也可参见 David Glenn, “ Senator proposes and end to federal support for political science”, *The Chronicle of Higher Education*, October 7, 2009。

② Scott Jaschick, “Should political science be relevant?”, *Inside Highe Education*, September 7, 2010.

③ 有关辩论参见 *European Political Science*, 10(3), 2011。

9 ④ *Political Science in the 21st Century*, American Political Science Association, October, 2011, p. 1.

⑤ "APSA responds to Senator Corburn's Report on NSF Funding", American Political Science Association (www.apsanet.org).

⑥ "Dismal Science. Paul Krugman's London Lectures", *The Economist*, June 11, 2009.

⑦ 关于政府质量研究所的更多信息,请访问 www.qog.pol.gu.se。

第一部分

什么是政府质量?

第二章　政府质量的界定和测量

“政府质量”“善治”“国家能力”作为相对较新的概念，自20世纪90年代中期以来，已经在部分研究者以及一些高层决策圈中产生了巨大的影响。这三个概念在研究发展中国家和所谓的“转型国家”（Smith 2007）的过程中得到了最多的关注。特别是，许多国家的发展机构，以及像世界银行和联合国这样的国际组织，都在使用“善治”一词。国际货币基金组织1996年宣布，“应该全面推行善治，包括提升法治水平、提高公共部门的效率和责任心、解决腐败问题，这些是构成经济繁荣的必备要素”（IMF 2005）。然而，2008年10月开始的经济和金融危机表明，“恶治”问题不能只被视为发展中国家和转型国家的问题，世界上高度发达的地区同样有这个问题（Rothstein 2011）。一个很好的例子是，有几位中立的分析人士认为，经济和金融危机的背后原因可以从华尔街的投资银行如何利用其影响力促使政府部门放宽监管和资本要求入手加以分析（Kaufmann 2004；Johnson 2009；Johnson & Kwak 2010）。需要补充的是，现有评估表明，在提高政府质量和实现善治方面，一些欧盟国家（特别是希腊、意大利和罗马尼亚）的表现还不如一些贫穷的发展中国家。

但是，这套新概念真的是必要的吗？有研究者提出异议，认为这些概念在使用中严重缺乏精确性（Andrews 2010；Fukuyama 2011，p. 469）。在本章中，我们认为，“政府质量”应该是首选的术语，并将其界定为“公正的政府制度”。我们将围绕最近的一些关键性问题的知识背景来对这个概念进行解读，并对以往的定义进行批判。我们

14 在给出自己的定义后，将展示一个新的数据收集结果，旨在以公正性为基准，衡量 97 个国家和地区的政府质量水平（QoG）。最后，我们还讨论了在这一领域里做进一步研究时会遇到的一些最具挑战性的问题。

2.1 政策背景：民主化和市场化的落空

众所周知，与过去相比，更多的国家被视为民主国家。柏林墙的拆除和拉丁美洲以及东亚部分地区急剧的政治变化产生了巨大的影响（Teorell 2010）。然而在大多数地区，借由民主化使社会和经济条件大为改善的愿望并没有实现。正如戴蒙德（Diamond 2007, p. 119）所说，在许多新兴的民主国家，我们看到的是民主选举如何“充斥着腐败、贿赂、不公和权力滥用”，以及“恶治”如何妨碍发展。决策者对治理和政府质量越发浓厚的兴趣，在很大程度上可以理解为是对许多社会现实做出的反应。这些现实表明，“自由和公平”的选举以及代议制民主并不能保证贫穷国家改善其人民生存的经济和社会条件。因此就出现了关于“排序”的争论，其中心论题是经济合作与发展组织（OECD）的援助机构是否应该先致力于提高受援国家的国家能力，再助其实现民主化。这一论点得到了上文提到的调查结果的佐证，而且以往的同类研究也有类似的看法：对于所有稳定的民主政体来说，国家能力的提高是建立代议制民主的先行条件（参见 Carothers 2007）。这场争论远未结束，但需要强调的是，这并不是要否认民主化的重要性。众所周知，民主制具有许多内在的优点，虽然它不会像很多人（包括我们自己在内）幻想的那样必然改善人类福祉。

在发展政策研究领域，政府质量和善治议程在很大程度上取代了“华盛顿共识”。这一共识认为，经济增长可以通过大规模的取消市场管制、削减公共开支、保护私人产权以及私有化来实现（Serra & Stiglitz 2008）。许多观察家认为，这一发展模式未能奏效的原因是，15 贫穷国家缺乏一些在新古典主义经济学理论中被默认存在的必要制度。学术界对这些必要制度有多种理解。发展经济学的代表人物达尼·罗德里克(Dani Rodrik)提出了正式制度和非正式制度,例如"能控制罪大恶极的欺诈、垄断行为和道德失范的管制机构,充满温情、团结、信任、合作氛围的社会组织,能够有效缓和危机、管控社会冲突的社会政治制度,以及法治和廉洁政府"(Rodrik 2007, p. 97)。在原社会主义国家,所谓的"休克疗法式资本主义"出现了一系列问题,因为这一理论的实践者没有对旨在治理欺诈、反竞争和其他类似破坏性行为的制度给予充分重视(Kornai et al. 2004)。

2.2　经验背景:政府质量与人类福祉

在20世纪90年代中期之前,社会科学普遍忽视了腐败和"恶治"问题。许多人认为,某些类型的腐败可能在一些情况下发挥了"润滑剂"的作用,能够对经济发展产生积极影响(参见Rose-Ackerman 1998)。随着不同类型测量手段的发明,尤其是1996年透明国际发起的全球清廉指数以及后来世界银行的世界治理指标的出现,政府质量和善治研究兴起了。借由这些测量手段(以及其他的方法),大量的研究表明,那些有效控制腐败的政府制度及实践,已在提升人民福祉方面取得大量成就。高质量的政策执行(反腐政策、法律等)、经济增长以及低水平的经济不平等三者之间的关系(相关内容参见本书第十四章),是我们要讨论的中心问题。此外,海利韦尔(Helliwell 2006)、帕切克和拉德克里夫(Pacek & Radcliff 2008)、奥特(Ott 2010)以及萨曼尼和霍姆伯格(参见本书第十六章)都观察到,善治和主观幸福(也称作"幸福感",指个人对自己生活质量的总体评价)是相关的。

大量的文献证明了"恶治"具有消极后果。恶治主要体现为腐败和缺乏产权保护,在许多领域例如民众健康和获取安全用水等方面产生消极影响(Swaroop & Rajkumar 2002; Transparency International 2006; Sjöstedt 2008; Holmberg & Rothstein 2011)。此外,罗斯坦和斯 16

托勒(Rothstein & Stolle 2008)表明,对法律制度的高度信任,也有助于人与人之间的信任。罗比和特奥雷尔(Råby & Teorell 2010)表示,善治相对于民主,更能够减少国家间的冲突。拉蓬特和罗斯坦(Lapuente & Rothstein 2010)也提出类似的观点,认为善治比民主更有助于减少内战。也许最令人惊讶的是吉利(Gilley)关于政治合法性的发现。他根据来自72个国家的调查数据进行了一项研究,得出结论:"在世界各国公民对政府的评价中,综合性治理(法治、控制腐败和政府效率的综合)具有重大甚至是首要的意义。"他进一步指出,这些治理变量比起民主权利和福利保障这两个变量对政治合法性的影响更大(Gilley 2006, p. 57; Gilley 2009; Levi & Sacks 2009)。总而言之,在控制政府质量变量的前提下,很难在跨国研究中发现民主和人民福祉之间的正相关关系(Rothstein & Teorell 2008)。因此,很多的实证研究支持决策人员和决策机构把"善治"和"政府质量"纳入议程中。

2.3 争论的学术背景

善治和政府质量兴起的主要原因之一是社会科学的"制度转向"。1990年前后,三部主要著作的发表对制度重要性的研究产生了深刻影响,它们分别是詹姆斯·马奇(James B. March)和约翰·奥尔森(Johan P. Olsen)的《重新发现制度》(*Rediscovering Institutions* 1989)、道格拉斯·诺思(Douglass C. North)的《制度、制度变迁与经济绩效》(*Institutions, Institutional Change and Economic Performance* 1990),以及埃莉诺·奥斯特罗姆(Elinor Ostrom)的《公共事物的治理之道》(*Governing the Commons* 1990)。这些著作虽然来自不同的学术流派,但有一个共同点,即在社会和经济发展研究中挑战了当时的主流观点。社会科学的一些范式(例如多元主义、精英主义和马克思主义)认为,诸如经济权力结构、社会阶层制度或阶级分化等变量是解释政治以及社会和经济结果的重心所在。与此相反,有制度倾向的学者们认为,可以宽泛地把政治制度理解为解释社会和经济结果的中心因素。在政治科学中,这就是著名的"找回国家"(Evans et al. 1985; Steinmo & Thelen 1992)。简而言之,制度主义不是把重点放在经济和社会学变量如何决定政治制度和政治产出上,而是扭转了因果逻辑,主张政治体制的特征在很大程度上决定了经济和社会会怎么样发展。通俗地说,社会科学的制度转向解释了为什么博弈规则应该在社会科学研究中发挥更重要作用这一问题。这引出了许多有趣的研究课题,例如,为什么不同社会有不同的制度,制度与社会或经济之间有什么关系,以及某些类型的制度是否优于其他制度。

17

2.4　善治与政府质量的不同定义

预料之中的是,关于如何界定政府质量、善治和国家能力等概念的争论在学界广泛存在,这很正常。在下定义时,是应该只从程序的角度考虑(就像大多数代议制民主的定义一样),还是应该包含实质性的政策和结果?这一概念是在世界范围内普遍适用(如《联合国人权宣言》),还是要针对不同文化下不同定义?这个概念是指行政和经济效率,还是应该被定义为解释它们的因素?善治应该包括治理者如何代表被治者这方面内容,还是仅限于治理者治理社会的能力?最常用的善治定义是由世界银行提出来的:

> 一个国家行使权力的各种传统和制度。这包括:(1)选举、监管和更迭政府的过程;(2)政府高效制定和执行优质政策的能力;(3)公民和国家对经济与社会生活治理制度的尊重。(Kaufmann et al. 1999, p. 1)

这一定义构成了世界银行全球治理指标的基础,这个指标被广泛运用,其中有对"表达权和问责制""政治不稳定性和暴力""政府效能""管制质量""法治""腐败控制"等的测量。这是一个非常宽泛的定义,它因同时包含了政策内容("合理的政策")和程序内容("法治”)以及公民的评价(“尊重”)而遭到批评。这一定义还因为同时包含了赋予政治权力的制度和执行法律政策的制度这两种不同类型的制度而备受诟病。用基弗(Keefer)的话说,“如果对治理的研究延伸到与公民如何自我治理相关的方方面面,那么恐怕政治科学和政治经济学的所有议题都要被划入这一领域”(Keefer 2004, p. 5)。或者换个角度看,如果政府质量包罗万象,那么也许它什么也不是。然而,一些政治制度或“政治”方面的问题显然比其他的制度或政治问题更为重要。因此,我们同意格林德尔(Grindle)所提出的批评,即善治这个提法过于宏大,尤其是对许多贫穷国家来说,它不能把各种制度的特殊性与更基本的原则区别开来。

把“合理的政策”纳入定义中导致了一个棘手的问题,即我们是否真的能指望国际专家(主要是经济学领域的专家)确切地回答什么是“合理的政策”。例如,养老金管理、医疗保健服务或教育应由私人提供,还是由公共财政支持(或者两者兼而有之)? 如何监管金融制度以及管到什么程度? 另外,对善治的这种定义不限于程序方面,也包括政策的实质内容,那它就引发了所谓的“柏拉图—列宁主义”风险。如果那些拥有卓越知识的人能够决定政策,那么民主进程对解决实质性问题来说就毫无意义了。民主理论的主要代表人物罗伯特·达尔(Robert Dahl)反对以“柏拉图—列宁主义”替代民主,他认为:“对统治者的知识和美德的特殊要求,在实践中几乎是不可能同时满足的。”(Dahl 1989, p. 65)

2.5 小政府就是好政府?

另一种观点认为,政府质量意味着小政府。例如,阿莱辛那(Alesina)和安吉列托斯(Angeletos)认为:“一个大政府会增加腐败和寻租。”(Alesina & Angeletos 2005, p. 1241)同样,诺贝尔奖得主加里·贝克尔(Gary Becker)也主张,“想要铲除腐败,就要摒弃大政府”。对于贝克尔和其他许多经济学家来说,“腐败之根源在哪里都是一样的。有权给不同的群体分配各种利益的大政府，就是腐败之根源"。因此，较小的政府是"唯一确定的可以减少腐败的方式"(Becker 1995, p. 256)。但是，经验告诉我们，政府规模与控制腐败之间的关系是正相关而非负相关的。相对最不腐败的国家——大部分位于北欧——通常比最腐败的国家有更大的政府。拿所有可以获得数据的国家来说，税收占国内生产总值的比例和政府质量的相关系数是 0.34(Persson & Rothstein 2011)。诺思等人(North et al. 2009)也认为，较之贫穷国家，富裕国家的政府规模更大。他们解释说，不仅基础设施和法治属于公共产品，要由国家财政来资助，而且在更大程度上，能降低腐败风险的公共教育、科研和各种社会保险也属于公共产品，也应由国家财政负责。这并不是说，高公共开支能直接减少腐败或促成善治，而是如拉波塔等人所述，数据显示，"认为大政府就是坏政府纯属误导"(La Porta et al., 1999, p. 273)。阿夫纳·格雷夫就说过，"维持现代市场的公共秩序的制度需要很高的固定成本"(Avner Greif 2005, p. 737)。

19

2.6　作为无腐败的善治

把政府质量和(或)善治简单看成是没有腐败，这种定义方式是有问题的。首先，腐败本身就很难定义。腐败通行的定义是"滥用公共权力谋取私利"。然而"滥用"(或"误用")在世界不同地区会有不同的解释，这个定义会引发相对性问题(Kurer 2005)。显然，这将大大增加操作和测量的难度。而且，就像我们在关于民主与人权的讨论中所认识到的那些相对性概念一样，与这种类型的概念相关联的所有问题，也都会在这里出现。如果没有一个能被普遍接受的规范标准来界定什么样的行为是可以接受的和适当的，那么比较各种治理体系以判断它们是否称得上"好"的时候，人们就没有办法知道(和衡量)什么算作"滥用"。

善治或政府质量不能等同于没有腐败的第二个原因是，对社会的治理并不局限于要解决我们通常所理解的腐败问题,社会治理中还有许多其他问题。严重的腐败与善治肯定是对立的,但也有一些做法并不被视为腐败,如庇护主义、裙带关系、任人唯亲、缺乏对法治和财产权的尊重、赞助、制度性歧视以及行政机构被利益集团捕获等情况(Rothstein & Teorell 2008)。

2.7 作为法治的善治

也许就像腐败在善治讨论中是一个核心问题一样,法治通常是善治研究中的另一个关键要素,并且在发展中国家和转型国家的改革进程中占据着重要地位(Carothers 1998)。然而,尽管法治毫无疑问是所有善治制度的共同要素,但这一概念却很少被界定。其中一个原因是,这个概念本质上是含糊不清的,法律学者对其确切含义争论不休(Rose 2004)。首先,他们质疑是否应对法治做纯粹的程序性解释,而不涉及成文法的实质内容。那些捍卫程序性概念的人声称,法治和"好"的法律规则之统治是有区别的。而批评者则认为,强调程序就会使得那些违背道德的政权,如纳粹德国,也可以被列入遵循法治的国家这一类别中去。与程序性观点相反,这些批评者试图将自由民主的各种实质性道德价值观纳入法治概念之中(参见Bratton & Chang 2006, pp. 1077-1078)。然而,即使在支持狭窄定义的程序主义者当中,定义仍然是模糊不清的。他们通常更关注法律本身的内在品质,例如明确、可理解、普适、内部一致、前瞻性、稳定性等,而不是去界定政治制度必须遵守的那些与法治相一致的核心原则。

要寻找这些核心原则,就需要借助一些在政治科学领域发展出来的概念。温格斯特将法治定义为"一套公平地适用于所有公民的稳定的政治规则和权利"(Weingast 1997, p. 245)。同样,奥唐奈指出,法治的一个最小化定义就是,任何法律都是有关当局就其监管范围的事务编撰并公布的,并能由包括司法部门在内的相关国家机构

公正地适用和执行(O'Donnell 2004, p. 33)。他这样具体描述法治这一规范性术语:

> "公正适用"指法律法规在同类型的案件中的行政执行或司法裁决是一致的,不会因为当事人的阶级、地位或相对权力的差异有所偏颇,严格遵照预先规定的公开的程序推进,在每个案件中相关方的利益与观点都有公平的表达机会。

21

法治体现了"法律面前人人平等"的原则,它必然要求执行"公平的关键原则——相似案件被同等对待"(ibid., pp. 33-34)。以法治定义善治虽然在价值层面上与下文中我们提出的善治定义相似,但其不足是,善治还涉及受法律直接管辖的行为以外的其他国家行为。在执行教育、医疗保健、社会福利和促进就业等"人类发展"领域的公共政策时,大量的自由裁量权通常被转移到基层负责官员和专家团队手里。这是因为,他们必须因时因地采取相应行动,而政府无法针对所有情况分别制定准确的法律和条例。在许多领域,管理由专业团体按照公认的专业标准执行,而这些准则与法治原则没有直接联系。例如,养老院的护士可能不会认为他们是在法律的指导下行事。这不算是一种新颖的观察角度:亚里士多德(Aristotle)指出,成文法不能精确地适用于所有情况,因为立法者"无法为所有案件的所有情况作出规定……只能是作出一般性规定,这些规定不可能适用于所有情形,而只能适用于大多数情形"(转引自 Brand 1988, p. 46)。我们的结论是,虽然在大多数研究中,法治原则被当作好政府的核心要素,但它并不能涵盖这一概念的全部内容。

2.8　善治与民主

代议制民主往往被追捧为应对从腐败到贫困等一切问题的解药。它与问责制挂钩,从而有助于减少公务人员的自由裁量权(Deininger & Mpuga 2005, p. 171)。这表明,民主、政府质量和善治可能在概念上有重叠,正如上文提到世界银行的善治定义时所阐明的那样。那么问题来了,当我们把民主视为评价政体的综合性标准时,为什么还需要诸如善治、国家能力和政府质量等概念呢？从经验看,建立代议制民主与好政府之间并无直接关系。相反,举个例子说,民主似乎与腐败水平有曲线性关系(Montinola & Jackman 2002; Sung 2004)。实证研究表明,在新兴民主国家,腐败现象极为严重。如阿尔韦托·藤森(Alberto Fujimori)任总统时的秘鲁(McMillan & Zoido 2004)和20世纪70年代中期的牙买加(Collier 2006),都发生了严重的腐败。在更具体的国家层面上,对意大利的研究表明,被指控为有腐败问题或正因腐败问题被调查的政客们在当选机会方面与“廉洁”的政治家相比并没有劣势(Chang et al. 2010)。我们还应牢记,过去几十年来,在遏制腐败方面取得了最大进展的两个地区——新加坡和中国香港,实行的不是西方意义上的民主体制(Uslaner 2008)。这些例证以及上文提到过的实证研究都表明,有助于提升政府质量的各方面举措比实施民主的举措对人类福祉(和对政治合法性的主观感受)的影响更大。由此,我们可以得出结论:政府质量不应该在概念上等同于民主。

22

2.9 作为政府效率的政府质量

这显然是一种奇谈怪论:一个效率低下或效能差的政府可能是高质量的,或者可能有良好的治理表现(Fukuyama 2004)。那么,是否有可能从政府效率或效能方面来定义政府质量呢？不能这样做有两个原因。首先,“好”或“高质量”通常不仅是指经济效益,还意味着许多其他方面的东西。很有可能的一种情况是,政府即使是高效率的,但朝着“好”的反面前行。其次,从行政和管制效率的角度界定诸如政府质量等概念时,有同义反复的嫌疑。我们都知道,善治议程产生于试图理解为什么许多发展中国家无法健康发展的研究。从效率(或有效的政策)方面来定义善治,就等于说效率会导致效率。如果说,效率源于社会中高效的(好的和高质量的)治理体系,那这等于是废话。即使不是同义反复,这样的定义也将模糊自变量和因变量之间的区别。相反,我们想要知道的是,那种在社会和经济上有效率的,即能够解决公共产品供给问题的社会,其运行机制方面是否有一些制度安排,与那些没有效率的社会所具有的社会运行机制相比,具有实质性的不同。

23

如何界定代议制民主的讨论由来已久。程序性和实质性定义之间的区别,是讨论的核心主题之一(参见 Dowding et al. 2004)。既然我们需要的是,用罗尔斯的话来说,一个可以被“兼容性的且合理的多元主义”(Rawls 2005, p. xvi)的民主社会内部各群体接受的普适性和程序性的概念,那么,一种试图囊括宗教、哲学和道德学说以及实质性政策的定义就是有风险的,很难得到广泛认同。这也是我们更喜欢“政府质量”而不是世界银行的术语“善治”的原因,因为后者的含义过于宽泛。

2.10　探寻政府质量的定义

如上所述,控制腐败、代议制民主、政府规模、法治或行政效能等,无论哪一个都不能用以阐释何为“政府质量”。值得注意的是,我们在探寻定义时,相关的概念性讨论基本上已经偏离了关于社会正义和国家的规范性政治理论。显然,当把“好”或“质量”等术语放入政治概念中时,我们就不可能回避政治哲学中的规范性问题。人们可以说,现代政治哲学一直在讨论“国家应该做什么”,而并不关心国家“有能力做什么”。但把这两方面分离开来的讨论毫无意义,甚至是危险的(Rothstein 1998)。政府质量和善治议程是应该将规范和实证或哲学理论与经验方法合在一起加以讨论的绝好范例。这不只是一个内部学术规范问题。如果没有道德标准作为基础,就存在一种风险,即当善治议程转化为现实政策时,它可能最终会陷入盲目的功利主义境地,而在这种情况下,人民(通常是贫困人群)的基本人权可能以社会总体效益的名义被牺牲掉(Talbott 2005)。对政府质量和善治等概念做定义的第一个要求是以规范理论为基础,这个规范理论要为"好"给出一些定位。其次,对这些概念做任何一种定义都必须考虑到,这种做法显然将我们的研究兴趣从政治制度的"输入端"转移到了"输出端"。

24

实证研究除了要求精确度和可行性以外,还要求具有普遍性。其中一个原因是,许多组织以及许多研究项目对政府质量的探讨,实际上是在全球范围内进行的。在许多政府质量评估中,排在前列的那些国家,其制度配置有很大差异,如何处理这些差异就是一个问题。我们认为,重要的是,不要把一个国家的具体制度结构与这些制度依据的内在基本规范相混淆。如果比较各个国家的行政制度与它们的代议制民主制度,我们就能很容易理解这一点。例如瑞士、芬兰和美国等成熟的民主国家,其代议制民主的具体结构各不相同。瑞士采用的是全民公投,而其他两个国家就没有这样的制度。此外,这三个国家的选举制度也非常不同,司法制度的政治重要性和司法权力也有明显差别。然而,它们都被认为是民主政体,因为组成其代议制民主的各项制度都是建立在由泰斗级民主理论家罗伯特·达尔(Dahl, 1989)设定的"政治平等"的基本规范之上。

在控制腐败、法治和政府效力等方面的测量中,我们比较那些通常排名靠前的国家就会发现,这些国家的制度配置存在同样的差异。显然,政府质量的定义不需要涉及一套具体的制度安排,而是需要能体现制度体系整体特征的一些基本规范。问题是,在政治体系的"输出"端,与达尔的政治平等规范相等同的是什么呢?基于权利的自由主义政治理论,如布莱恩·巴里(Brian Barry)和约翰·罗尔斯等政治哲学家所主张的,我们认为,在公共权力的践行中应当存在一个基本规范,即公正性,其定义为"在实施法律和政策时,政府官员不得考虑政策或法律事先未规定的有关公民或案例的任何事情"(Rothstein & Teorell 2008, p. 170; 也参见 Strömberg 2000, p. 66)。这个定义相当精确,且普遍适用。它清楚地表明,当腐败、裙带关系、偏袒、歧视、赞助或对特殊利益集团的不当支持发生时,权力如何被"滥用"。它是严格程序性的,不包括政策的实质内容。

由于无法区分基本规范和具体的体制机制,个别学者认为不可能确立一个关于政府质量或善治的普遍性定义(Andrews 2010;也参见 Grindle 2007)。这是有问题的。这就好比得不出民主的一般定义就意味着我们无法区分什么是民主、什么是非民主,同样会让人们笑掉大牙。正如有许多办法使政治平等以制度形式确定下来和建立民主政体一样,一个国家也有许多办法在行使公共权力时使公正性得以制度化,以确保政府质量。

怎样行使公共权力才算不偏不倚?丘皮特(Cupit)写道:"公正的行为指的是不因特殊关系和个人喜好等因素而动摇,不管私人关系和个人好恶如何都一视同仁。"(Cupit 2000, p. 16;也参见 Barry 1995, p. 11)把这个定义与"好"或"质量"联系起来,是受到以下事实的触动:公正就是罗尔斯自由权利理论背后的驱动理念。正如古丁(Goodin)所说:"正义的对立面当然是偏袒。"(Goodin 2004, p. 100)在这一背景下,公正不是对政治体系输入端的相关行为者的要求,相反首先且主要是对公务人员、提供公共服务的专家团队、执法人员及类似有关群体的行为规范。

然而,同样重要的不只是公正。作为公正的政府质量是指行使公共权力的程序规范,因此实际政策内容并不受这一界定的影响。该认识得益于以下观念的启发:"廉洁"指的是"一个国家应该平等对待那些应该被平等对待的人"(Kurer 2005, p. 223)。这与政府质量的定义中不应包括公共政策内容的论点相一致。相反,公正地行使权力("应该平等对待"原则),是政府质量的核心组成部分。当然,平等对待并不意味着每个人都应该得到同样的待遇。只有需要肾脏移植的人,才应该得到一个肾脏:这样才符合罗纳德·德沃金(Dworkin 1977)倡导的"平等关注和尊重"理念。

从政治哲学上看,布莱恩·巴里在其重要著作《作为公正的正义》中指出,统领政治体系之实质内容的规范,与统领政治体系之程序内容的规范,是有区别的。他认为,公正应该是行使政治权力的规范性标准:“相同情形应被同等对待。”(Barry 1995, p. 126)他的“二级公正”(second order impartiality)提法意味着,政治体系的输入端无论怎么安排,也一定要确保公平公正。但是巴里也坦承自己的理论“无法确保结果的中立性”(ibid., p. 238)。按此思路,就政府决策的具体内容而言,他提出应该遵循的主要原则是合理性,而不是中立性或不偏不倚。他的意思是,参与政治进程的人必须根据对现实情况的把握,合理进行政策取舍。用他自己的话说就是:“应该尽可能要求政治共同体在决策时充分衡量合理性,选取最优,而非计算票数,票多者胜。”(ibid., p. 103)

26

需要说明的一点是,合理性不等同于公平性,从政治体系的输入端来看,公平与否不能成为个人、利益集团以及政党所追逐的政策内容的道德基础。我们假设这样一个情况:减少养老金和增加对有孩子的家庭的资助,两方面都有充分的理由。由于在此类情形下难以有一个公正的方式来做取舍,对两个群体来说,也就不可能有同样公正的待遇(Arneson 1998)。就国家应当提供哪些公共产品来说,问题更是错综复杂,因为有些产品无法划分为更细小的部分(如金钱),或者无法划分为一些易于做出合理妥协的东西。结果是,要么盖机场,要么建大坝,要么什么都不做。

巴里、罗尔斯和其他政治哲学家一直追求的那种宏大志向,也就是构建一个关于社会和政治正义的普遍理论,不是我们在这里要做的事情。我们的志向是适中的,就是要构建一种关于何为政府质量的理论。这个理论可以这样表述:当政治体系产出一项政策后,无论一个人根据其所运用的哪一种普适性正义理论来判断它是否公正,这项政策都要遵循公正原则而得到执行,这就体现出了政府质量。

必须指出的是,对许多人来说,增加对正义的重视,意味着政策包含更多的不公正(例如,向弱势群体提供额外资源)。他们通常不希望这些政策颁布后以一种不公正的方式来执行。这个不公正的方式是指,官僚们在每一种情形下总是被给予绝对的自由裁量权。例如,考虑到在高级学术职位上存在着性别不平等,政府设立一个只有女性(或其他弱势群体)才可以申请的学术职位可能是完全合法的。然而,一旦宣布了这样一个职位,并有许多女性学者来申请时,就不得不适用公正原则,因为那些主张配额制的人通常希望最有资格的人获得这个职位。因此,虽然公正性是某个领域内要遵循的规范,但对其他领域来说却是不正常或不道德的。

公正作为一种正义原则,其适用上的限制性条件实际上可以追溯到约翰·斯图尔特·密尔(John Stuart Mill):

27

> 简而言之,可以说,作为一种带有正义性质的义务,公正的意思是在处理眼下的特定情况时,只考虑那些被认为应当考虑的因素,而不受其他任何会导致不同决策的动机的影响。(Mill 1861[1992], p. 154)

应该强调的是,这并不是说公正等同于“客观性”。分析专业术语是一件棘手的事(特别是当你使用的不是母语时)。然而,我们可能会认为,“客观性”这个概念拥有绝对性和完美主义特性,这意味着人类可以先对一个事例进行充分了解并平等权衡所有因素后再做出决定,就好像是由什么自然法则在主导结果一样。我们认为,公正意味着人性化和现实性的需求。首先,它是关于事实的,也就是凡是政策或者法律规定不得干涉决策的所有因素都要被排除出去。其次,它要求政府官员不得牵涉其中,无论是以直接还是间接的方式。而且,政府质量理论以公正为价值遵循,在这一点上与公共选择理论认为的官员以自身利益最大化为追求截然相反。比如,当贯彻执行法律规定时,一个公正的公务员就不能有收受贿赂的嫌疑,如果有亲戚朋友牵涉其中就要避嫌,绝对不能支持任何一种特殊利益(如种族、经济或其他利益团体等的利益)。

2.11 女权主义的挑战：奉献、灵活性和公正性

女权主义学者指出，福利国家提供公共服务的能力（需要政府公共部门的雇员承担医疗和照顾工作）与公正原则之间，存在冲突的可能性。根据琼·特龙托（Joan Tronto）的理论，海伦娜·奥洛夫斯多特·斯坦索塔说，我们期望比如学前教育教师、医务专业人员和社会工作者表现出同情心和热情，而不是在公正等笼统和抽象的正义逻辑的制约下工作（本书第五章）。按此说法，"关怀的逻辑"要求一个更贴近具体情境的伦理，而不是普遍规则的公正适用。具体来说，我们不希望公立医院的护士对所有病人一视同仁，而是希望他们更多关心那些需要关怀的病人。在许多其他类似的政策领域，执行过程中的合法性要求公职人员有责任心、爱岗敬业，而不是不偏不倚，更不能漠不关心。

28

关于"关怀的逻辑"的讨论指向了作为公正的政府质量这一理论的另一个重要维度。公正不应被理解为公共政策的执行都要遵循僵化且过时的韦伯式程序，或者是根据个人爱好来执行，公正也不应等同于公职人员都要墨守成规、按部就班。我们大多数人都希望接受公共学前教育的儿童得到呵护，而不是按照某种枯燥的规则被刻板对待。不同的孩子情况不同，需要不同程度的关注、安慰和支持。但是，如果学前教育工作者因为家长的贿赂，或者因为他们来自某个特定族群而特别照顾某些孩子，也就歧视了其他的孩子，这肯定会让大多数人在道义上产生不满。上面的例子说明：职业上有差异的关爱与公正原则之间没有冲突。我们可以说，传统的基于规则的韦伯式官僚机构在某些领域可能是公正原则的化身，但指向特定目标的职业标准，尽管在实施过程中是高度灵活的，也同样能实现公正。这些特定目标可以是减贫、保护森林，或是积极的劳动力市场政策。

2.12 如何测量作为公正的政府质量

从实证理论以及政策的角度来看,人们可能会说,如果公正不是可持续和可测量的,那么建构这样的理论和概念用处不大。因此,我们连同哥德堡大学政府质量研究所的其他同事,在2008年发起了一项基于网络的专家调查来讨论这一具体问题(详细参见本书第三章)。经过跨越2008—2010年的两轮数据收集,我们获得了来自126个国家和地区的973名专家(主要是公共管理学科的教授)对公共行政的结构和行为的看法。调查问卷篇幅不长(7—8个网页),大约15分钟就可完成。为了提高数据质量,本章我们完全依赖于对97个国家和地区的调查(每个国家或地区至少有3个专家的反馈)。这些国家和地区几乎覆盖全球,最明显的遗漏是撒哈拉以南非洲地区。那里只有6个国家可以收集到2名以上专家的反馈数据。

三种策略被用来测量公共权力的公正性。第一种是非常直接的,就是要求受访者按一个明确的定义进行衡量: 29

> 问:根据一个一般性定义,公正意味着在实施政策时,公共部门的雇员不应考虑到政策中没有规定的因素。简单地说,你认为在你所选择的国家(地区),公共部门的雇员在贯彻政策以解决具体问题时,会公正行事吗?

受访者可以从1(几乎从不)到7(几乎总是)打分,所有国家和地区的平均分是4.3,分数从洪都拉斯的2.0到澳大利亚的6.4不等(国家和地区间的标准差为1.0)。在这组样本中,政府制度总体被视为是公正的,但各国和地区之间差异很大。

调查使用的第二种策略是情况假设,例如发放现金给“有需求的穷人”,来探讨对公正的主观感受:

> 问:假设,政府安排一个普通公务员给贫困人口发放救

济金，相当于每人 1000 美元。根据您的判断，到达受援助者手中的金额能有多大比例？

这个问题给出了 6 个程度的答案，受访者可以填写数字 0—100（这六个类别加总起来能达到百分之百）。到达这些贫困人口手中的金额比例之高低，将被用来衡量这一特定政策的执行是否公平。平均数接近 50（为 52）。同样地，不同国家和地区间存在巨大差异，最低的是尼泊尔，数字是 9.6，最高的是中国香港地区，为 97（国家和地区间的标准差为 20）。余下的（平均数）48%的现金相当平均地分配在其他几个类别下：落入和政府雇员有亲戚关系的人手中（12%），落入中间人/顾问手中（14%），落入政府雇员的上司手中（9.5%），或者落入政府雇员自己的腰包（8.1%），余下的（4.3%）落入“其他”类别名下。

调查使用的第三种策略是给出明显违背公正原则的政府行为例子。我们共给出了 3 个例子，受访者从 1（几乎从不）到 7（几乎总是）进行打分。

30

问：考虑您所选择国家（地区）的实际情况，您认为以下现象是否经常出现？

a.给高级政府官员回扣最多的公司获得了政府采购合同，且公司以最低价中标。

b.公务员在执行某项政策时，会给某些社会群体特殊照顾。

c.公务员在审批私营企业营业执照时，会给自己的熟人特殊照顾。

这三个变量的平均数相当接近（分别是 4.0、3.9 和 4.0），但再次显示出各国和地区之间有巨大差异（标准差分别为 1.4、1.1 和 1.3）。

由于所有这五项关于公正性的测量都表现出强烈的相关性（相关系数在 0.72 到 0.87 之间），并且在主成分因素分析中清楚地归结为一个因素，我们将这五个问题的每个度量值都按照各自的因子负荷量来加权,从而结合在一起构建出一个公正指数。这个指标,数值越大意味着政府的质量越高,建构以后其平均值为 0,而其标准差为 2.1。每个国家和地区的点估计值如图 2.1 所示,它自助估值的置信区间为 95%。[①]

可以看出,各国和各地区的公正指数的差别很大。洪都拉斯、巴基斯坦、委内瑞拉、摩尔多瓦和孟加拉等国家的公共行政部门被认为最不公正,而最公正的国家或地区是澳大利亚、加拿大、挪威、中国香港和新西兰。置信区间显示出,这些点估计值在某种程度上存在偏差。有些国家引起了我们的特别关注,例如马来西亚、马耳他、摩洛哥、莫桑比克和尼日利亚,由于样本规模小,专家的观点也存在相当大的分歧,这造成了相对较大的标准差。然而,95%置信区间内公正指数的均值为 0.77,国家(地区)间与国家(地区)内方差比大约为 1.2。

人们还可以通过其他类似概念的直接比较,来评估公正指数在不同国家(地区)间的差异。令人欣慰的是,针对 28 个欧洲国家的一项社会调查中(资料源于 Svallfors 2012),有一项综合测评,就医生和护士以及税务机关"给某些人以特殊优待,或者平等对待每个人"的程度而询问人们的主观感受。我们的公正指数与这一测评的相关性在 0.86 水平上。两种数据虽然来源不同但如此契合,给我们留下了深刻的印象(见图 2.2)。

此外,各国和各地区政府质量的公平程度的变化也可以从世界银行的治理指标或透明国际的全球清廉指数等其他测量工具来预测(各自与公平指数的相关系数分别是 0.87 和 0.86)。与这两大数据的契合度尽管是让人满意的,但图 2.3 表明,这些常用的腐败指数所包含的信息与我们新的以公正为核心的衡量标准之间仍然存在微妙的差异。图中着重标出了 14 个国家,它们的公正指数与世界银行治理指标的政府主观得分两者间的偏离度最大。[②]在回归线之上的国家,最明显的是牙买加、厄瓜多尔和阿尔及利亚,考虑到它们的腐败程度,其公正程度得分比人们所预期的要高一些。而在回归线下

32

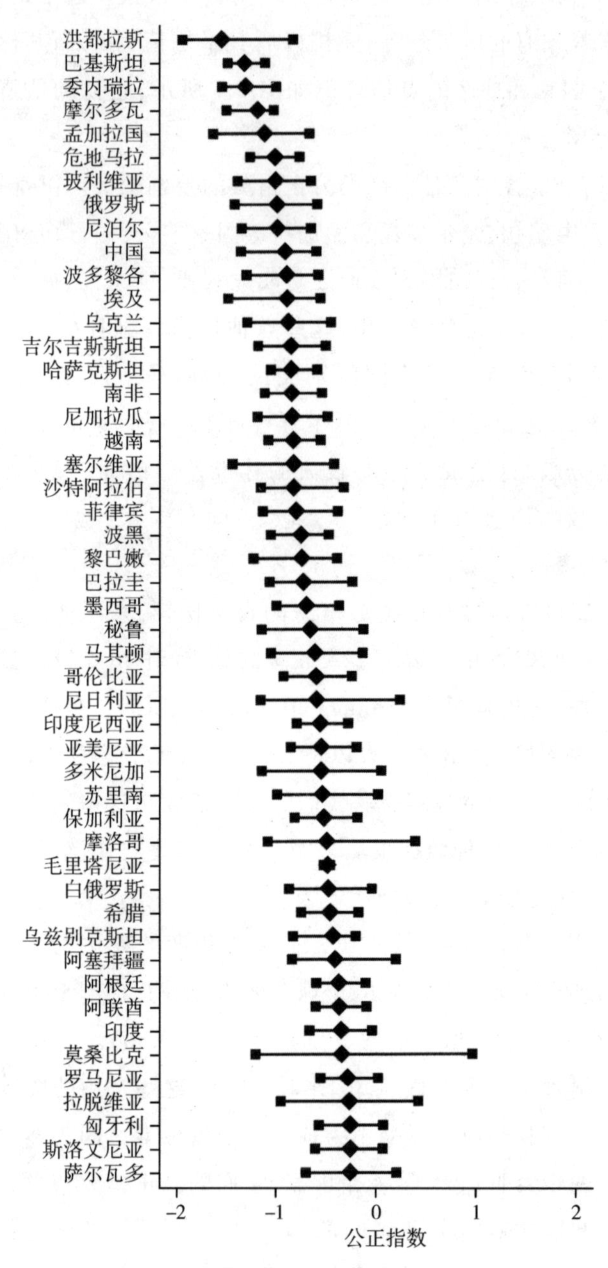
洪都拉斯
巴基斯坦
委内瑞拉
摩尔多瓦
孟加拉国
危地马拉
玻利维亚
俄罗斯
尼泊尔
中国
波多黎各
埃及
乌克兰
吉尔吉斯斯坦
哈萨克斯坦
南非
尼加拉瓜
越南
塞尔维亚
沙特阿拉伯
菲律宾
波黑
黎巴嫩
巴拉圭
墨西哥
秘鲁
马其顿
哥伦比亚
尼日利亚
印度尼西亚
亚美尼亚
多米尼加
苏里南
保加利亚
摩洛哥
毛里塔尼亚
白俄罗斯
希腊
乌兹别克斯坦
阿塞拜疆
阿根廷
阿联酋
印度
莫桑比克
罗马尼亚
拉脱维亚
匈牙利
斯洛文尼亚
萨尔瓦多
−2
−1
0
1
2
公正指数

图 2.1　公正指数

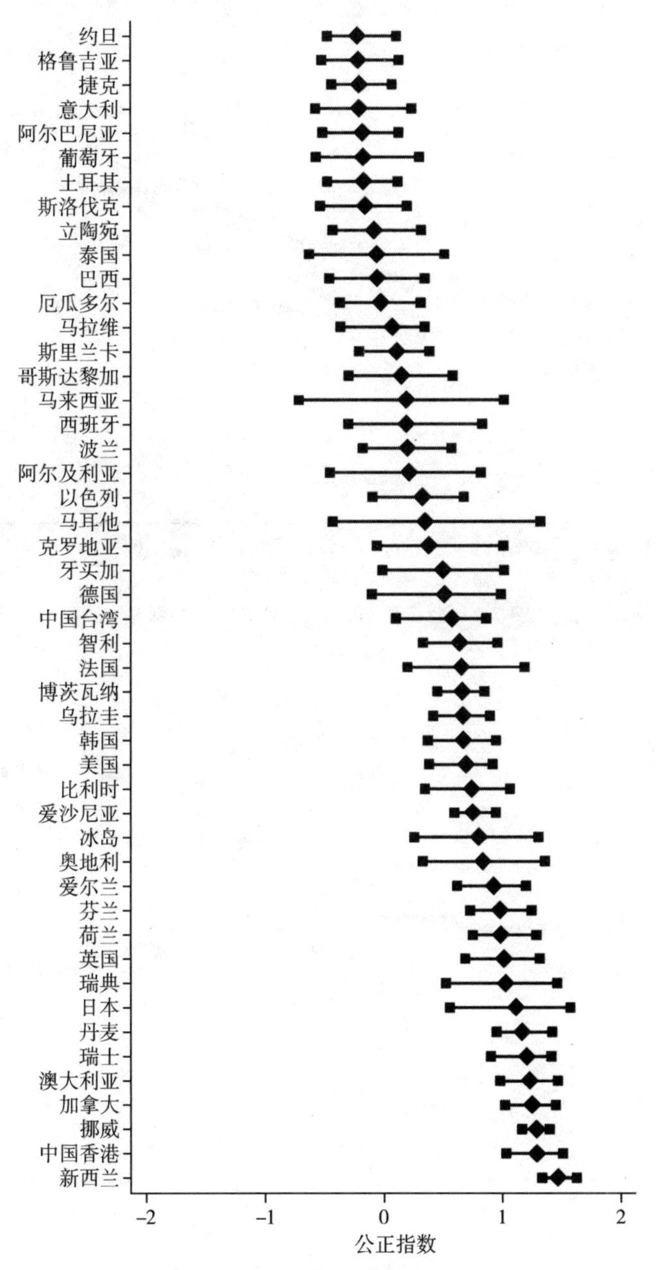
约旦
格鲁吉亚
捷克
意大利
阿尔巴尼亚
葡萄牙
土耳其
斯洛伐克
立陶宛
泰国
巴西
厄瓜多尔
马拉维
斯里兰卡
哥斯达黎加
马来西亚
西班牙
波兰
阿尔及利亚
以色列
马耳他
克罗地亚
牙买加
德国
中国台湾
智利
法国
博茨瓦纳
乌拉圭
韩国
美国
比利时
爱沙尼亚
冰岛
奥地利
爱尔兰
芬兰
荷兰
英国
瑞典
日本
丹麦
瑞士
澳大利亚
加拿大
挪威
中国香港
新西兰
−2
−1
0
1
2
公正指数

图 2.1　公正指数(续)

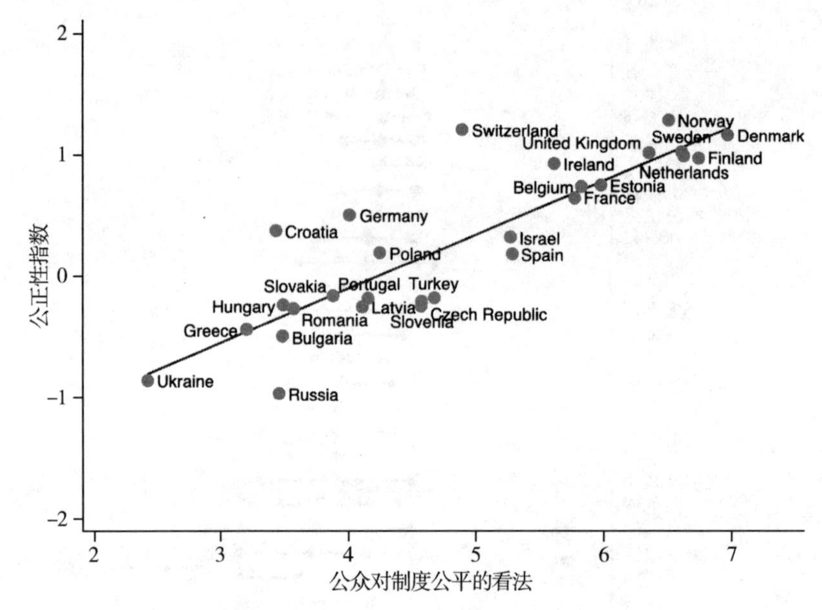

图 2.2 公正性与公众对制度公平的看法

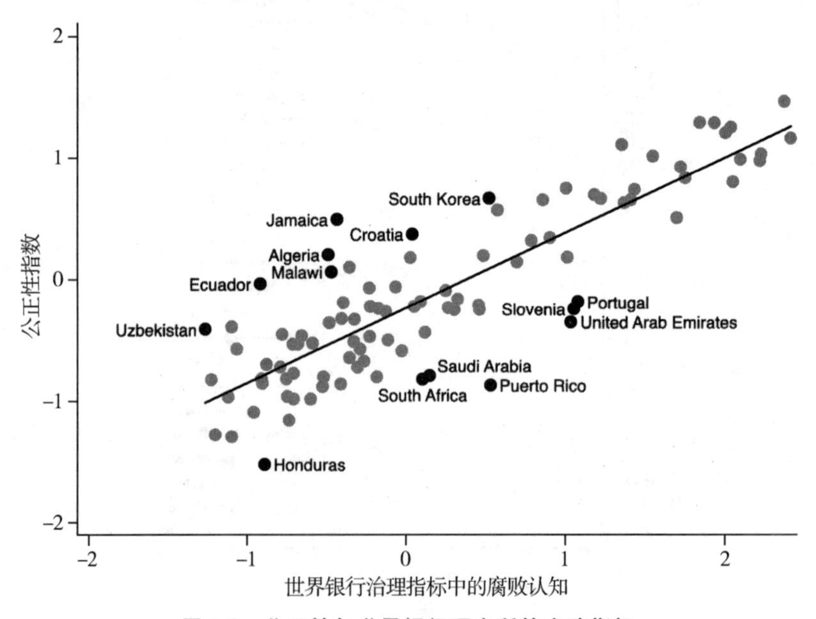

图 2.3 公正性与世界银行研究所的腐败指标

的国家,最明显的是阿拉伯联合酋长国、洪都拉斯和波多黎各,与腐败得分所能预示的公正程度相比,它们的公正程度得分明显偏低。也就是说,它们的腐败不那么严重,公正性应更强,但在实际测评中得分却较低。虽然腐败和不公正往往联系在一起,但这些例子也清楚地表明,两个概念不能等同。

因此,作为公正的政府质量是否能够被测量,对这一问题的回答是肯定性的。用一种有意义的方式来设计问题以剖析这个概念是可行的。世界各国和各地区的公共管理专家非常清晰地回复了我们的问题,他们并不认为这些问题毫无意义,或是无解的,或是枯燥的。[③]

2.13 结 论

在本章中,我们认为,公正性提供了一个清晰的、具有包容性的、普遍性的和可测量的政府质量概念。这留给我们两组非常广泛的问题。第一类问题涉及公正的后果。毕竟,我们研究善治和政府质量理论,主要是希望了解何种政府制度能通往和平、繁荣和社会大众福祉等这些我们所想要的结果。作为公正的政府质量能不负厚望吗?换言之,可以从实证的角度来证明,这一新颖的政府质量理论和概念,真的能产生上述结果吗?

另一个核心问题是:公正的起源是什么?为什么世界上有些国家相对于另一些国家,更容易把用人唯亲的、庇护主义的、世袭主义的和腐败的政府制度转变成公正的国家结构?是否可以从以往成功的案例中汲取经验,并将其应用到新的政治制度中去?还是说,每个国家的发展轨迹都是独一无二的,会因为路径依赖而永远被束缚在它自己预定的轨道上?正如皮尔森等人所认为的那样(见本书第十三章),人们不应该轻视政府质量从低到高的转型中存在的问题。问题反而在于,我们对这种转变的认识还很有限。经济史学家阿夫纳·格雷夫在《新制度经济学手册》(*Handbook of New Institutional*

35

Ecomomics)中描述到,高政府质量的制度"直到近期才在少数几个先进的现代国家中运作起来。然而,对于制度发展如何引发这些创新成就,我们知之甚少"(Greif 2005, p. 737)。

特别要说明的是,因为高质量的政府制度是公正的,它们背后没有明显的利益集团。对任何利益集团来说,无论是基于经济、意识形态还是族群倾向,其本性都是要争取一种为其特殊利益服务的政治制度和规章制度,而这些制度从本质上讲是不公正的。相反,作为公正的政府质量必定要被视为公益性质的制度,在提供各种产品或服务时会遭受各种众所周知的集体行动的困境,例如形式多样的"搭便车"行为,以及其他各种机会主义行为。这个问题的严重性可以从以下事例得到说明。诺贝尔经济学奖[4]在2009年授予政治科学家埃莉诺·奥斯特罗姆,她研究该如何建立政府质量制度以保护"公共池塘"类的资源。虽然我们认为她获得这一奖项是当之无愧的,但也应该指出,她的研究对象是规模相对较小的地方团体,也就是说行动者之间长期以来互相熟识,于是,正如她自己所说的,他们就能形成一些关于互惠、信任和社会资本方面的规范(Ostrom 1990, p. 35)。我们的研究则是想了解,在一个我们不能假定众多行动者之间已经形成互惠关系、社会资本和人际信任的更为宏大的制度背景下,政府质量制度怎样才能形成。

注　释

① 由于每个国家和地区的受访者的平均样本量略少于10人,非参数引导置信区间比基于正常假设的参数计算更准确。有936名被调查者对包括公正指数在内的五个项目提供了答复,我们对这些受访者进行了自助估计统计分析。我们使用Stata 11.0逐个样本按国家(地区)进行了1000次运算,估算出偏度校正后置信区间为95%。

36

② 我们并不是有意不显示"高政府质量—低腐败"国家(在图的右上半部分),因为事实上对这类国家来说,两类指数之间的差异非常小。

③ 然而,这并不是说,不同类型的专家在公正程度的认知上不存在分歧。对公

正指数与受访者的七种特性间的固定效应回归分析表明，性别、受教育程度、是否在其评估的地方生活，以及是否被另一个受访者聘用等因素，都会对其评估产生重大影响。在第二轮数据收集（2010 年）中，这个问题被纳入进来。我们发现，受访者本身是一名政府雇员，这对评估结果也有显著的影响。然而，这些影响都不是什么实质性的，对这些变量加以控制，只会对相关国家（地区）的排序造成微不足道的改变。

④ 全称为“瑞典银行纪念阿尔弗雷德·诺贝尔经济科学奖”。

参考文献

Alesina, A. and G.-M.Angeletos. 2005. “Corruption, inequality, and fairness”. *Journal of Monetary Economics*, **52**: 1227–44.

Andrews, M. 2010. “Good government means different things in different countries”. *Governance*, **23** (1): 7–35.

Arneson, R. 1998. “The priority of the right over the good rides again”. In P. Kelly (ed.), *Impartiality, Neutrality and Justice*, Edinburgh: Edinburgh University Press.

Barry, B. 1995. *Justice as Impartiality*. Oxford: Oxford University Press.

Becker, G.S. 1995. *The Economics of Life: From Baseball to Affirmative Action to Immigration: How Real-world Issues Affect Our Everyday Life*. New York: McGraw-Hill.

Brand, D. 1988. *Corporatism and the Rule of Law*. Ithaca, NY: Cornell University Press.

Bratton, M. and E.C. Chang.2006. “State building in sub-Saharan Africa – forwards, backwards, or together”. *Comparative Political Studies*, **39**: 1059–83.

Carothers, T. 1998. “The rule of law revival”. *Foreign Affairs*, **77**: 95–106.

Carothers, T. 2007. “The ‘sequencing’ fallacy”. *Journal of Democracy*, **18** (1): 12–27.

Chang, Eric C.C., M.A. Golden and S.J. Hill. 2010. “Legislative malfeasance and political accountability”. *World Politics*, **62** (2): 177–97.

Collier, M.W. 2006. *Political Corruption in the Caribbean Basin*. London: Routledge.

Cupit, G. 2000. “When does justice require impartiality?”. Paper presented at the 50th UK Annual Conference of the Political Studies Association, London, April 10–13.

Dahl, R.A. 1989. *Democracy and Its Critics*. New Haven, CT: Yale University Press.

Deininger, K. and P. Mpuga. 2005. “Does greater accountability improve the quality of public service delivery? Evidence from Uganda”. *World Development*, **33** (1): 171–91.

Diamond, L.J. 2007.”A quarter-century of promoting democracy”. *Journal of Democracy*, **18**: 118–20.

Dowding, K., R.E. Goodin and C. Pateman. (eds) 2004. *Justice and Democracy*. Cambridge: Cambridge University Press.

37 Dworkin, R. 1977. *Taking Rights Seriously*. London: Duckworth.
Evans, P.B., D. Rueschemeyer and T. Skocpol. 1985. *Bringing the State Back In*. Cambridge: Cambridge University Press.
Fukuyama, F. 2004. *State-Building: Governance and World Order in the 21st Century*. Ithaca, NY: Cornell University Press.
Fukuyama, F. 2011. *The Origins of Political Order: From Prehuman Times to the French Revolution*. New York: Farrar, Straus & Giroux.
Gilley, B. 2006. "The determinants of state legitimacy: results for 72 countries". *International Political Science Review*, **27** (1): 47–71.
Gilley, B. 2009.*The Right to Rule: How States Win and Lose Legitimacy*. New York: Columbia University Press.
Goodin, R.E. 2004. "Democracy, justice and impartiality". In K. Dowding, R.E. Goodin and C. Pateman (eds) *Justice and Democracy*, Cambridge: Cambridge University Press.
Greif, A. 2005. "Institutions and the path to the modern economy: lessons from Medieval trade". In C. Ménard and M.M. Shirley (eds), *Handbook of New Institutional Economics*, Amsterdam: Springer, pp. 727–86.
Grindle, M.S. 2007. "Good enough governance revisited". *Development Policy Review*, **25** (5): 553–74.
Helliwell, J.F. 2006. "Well-being, social capital and public policy: what's new?". *Economic Journal*, **116**: C34–C45.
Holmberg, S. and B. Rothstein. 2011. "Dying of corruption". *Health Economics, Policy and Law*, **6**: 529–47.
Holmberg, S., B. Rothstein and N. Nasiritousi. 2008. "Quality of Government: What You Get". Working Paper 2008:21, The Quality of Government Institute, Gothenburg.
IMF. 2005. *The IMF's Approach to Promoting Good Governance and Combating Corruption: A Guide*. Available at: www.imf.org/external/np/gov/guide/eng/index.htm (accessed 21 March 2011).
Johnson, S. 2009. "The quiet coup". *The Atlantic Magazine*, May 19: 16–19.
Johnson, S. and J. Kwak. 2010. *13 Bankers: The Wall Street Takeover and the Next Financial Meltdown*. New York: Pantheon Books.
Kaufmann, D. 2004. "Human rights and governance: the empirical challenge". Paper presented at the New York University School of Law, New York, March.
Kaufmann, D., A. Kraay and P. Zoido-Lobatón. 1999. "Governance Matters". Policy Research Working Paper 2196, World Bank Institute, Washington, DC.
Keefer, P. 2004. "A review of the political economy of governance: from property rights to voice". World Bank Policy Research Working Paper 3315, Washington, DC.
Kornai, J., B. Rothstein and S. Rose-Ackerman (eds). 2004. *Creating Social Trust in Post-Socialist Transition*. New York: Palgrave Macmillan.
Kurer, O. 2005. "Corruption: an alternative approach to its definition and measurement". *Political Studies*, **53** (1): 222–39.
La Porta, R., F. Lopez-de-Silanes, A.Shleifer and R. Vishny. 1999. "The quality of government". *Journal of Law, Economics and Organization*, **15** (1): 222–79.
Lapuente, V.and B. Rothstein. 2010. "Civil War Spain versus Swedish harmony: the quality of government factor". Paper presented at the Annual Meeting of the American Political Science Association, Washington, DC, 31 August–3 September.

Levi, M. and A. Sacks. 2009. "Legitimating beliefs: sources and indicators". *Regulation & Governance*, **3** (4): 311–33.
38

March, J.B. and J.P. Olsen. 1989. *Rediscovering Institutions: The Organizational Basis of Politics*. New York: Basic Books.

McMillan, J. and P. Zoido. 2004. "How to subvert democracy: Montesinos in Peru". *Journal of Economic Perspectives*, **18** (4): 69–92.

Mill, J.S. 1861 [1992]. *On Liberty and Utilitarianism*. New York, Knopf: Distributed by Random House.

Montinola, G.R. and R.W. Jackman. 2002. "Sources of corruption: a cross-country study". *British Journal of Political Science*, **32**: 147–70.

North, D.C. 1990. *Institutions, Institutional Change and Economic Performance*. Cambridge, MA: Cambridge University Press.

North, D.C., J.J. Wallis and B.R. Weingast. 2009. *Violence and Social Orders: A Conceptual Framework for Interpreting Recorded Human History*. Cambridge, MA: Cambridge University Press.

O'Donnell, G. 2004. "Why the rule of law matters". *Journal of Democracy*, **15** (4): 32–46.

Ostrom, E. 1990. *Governing the Commons: The Evolution of Institutions for Collective Action*. New York: Cambridge University Press.

Ott, J.C. 2010. "Good governance and happiness in nations: technical quality precedes democracy and quality beats size". *Journal of Happiness Studies*, **11** (3): 353–68.

Pacek, A. C. and B. Radcliff. 2008. "Welfare policy and subjective well-being across nations: an individual-level assessment". *Social Indicators Research*, **89** (1): 179–91.

Persson, A. and B. Rothstein, B. 2011. "Why big government is good government". Paper presented at the Annual Meeting of the American Political Science Association, Seattle, WA, August 30–September 3.

Råby, N. and J. Teorell. 2010. "*A Quality of Government Peace? Bringing the State Back Into the Study of Inter-State Armed Conflict*". Working Paper 2010:20, The Quality of Government Institute, University of Gothenburg.

Rawls, J. 2005. *Political Liberalism* (expanded edn). New York: Columbia University Press.

Rodrik, D. 2007. *One Economics, Many Recipes: Globalization, Institutions and Economic Growth*. Princeton, NJ: Princeton University Press.

Rose, J. 2004. "The rule of law in the Western world: an overview". *Journal of Social Philosophy*, **35**: 457–70.

Rose-Ackerman, S. 1998. *Corruption and Government*. Cambridge: Cambridge University Press.

Rothstein, B. 1998. *Just Institutions Matter: The Moral and Political Logic of the Universal Welfare State*. Cambridge: Cambridge University Press.

Rothstein, B. 2011. *The Quality of Government: Corruption, Social Trust and Inequality in a Comparative Perspective*. Chicago, IL: University of Chicago Press.

Rothstein, B. and D. Stolle. 2008. "The state and social capital: an institutional theory of generalized trust". *Comparative Politics*, **40** (4): 441–59.

Rothstein, B. and J. Teorell. 2008. "What is quality of government: a theory of impartial political institutions". *Governance*, **21** (2): 165–90.

Serra, N. and J.E. Stiglitz (eds) 2008. *The Washington Consensus Reconsidered. Towards a New Global Governance*. Oxford: Oxford University Press.

39 Sjöstedt, M. 2008. "*Thirsting for Credible Commitments: How Secure Land Tenure Affects Access to Drinking Water in Sub-Saharan Africa*". Dissertation, Department of Political Science, University of Gothenburg.

Smith, B.C. 2007. *Good Governance and Development*. New York: Palgrave Macmillan.

Steinmo, S. and K. Thelen. 1992. "Historical institutionalism in comparative politics". In Steinmo, Thelen and F. Longstreth (eds), *Structuring Politics: Historical Institutionalism in Comparative Analysis*. New York: Cambridge University Press.

Strömberg, H. 2000. *Allmän förvaltningsrätt*. Malmö: Liber.

Sung, H.E. 2004. "Democracy and political corruption: a cross-national comparison". *Crime, Law & Social Change*, **41**: 179–94.

Svallfors, S. 2012. "Does government quality matter? Egalitarianism and attitudes to taxes and welfare policies in Europe". Umeå University, Umeå.

Swaroop, V. and A.S. Rajkumar. 2002. "*Public Spending and Outcomes: Does Governance Matter?*" World Bank Policy Research Working Paper No. 2840 (May). World Bank, Washington, DC.

Talbott, W.J. 2005. *Which Rights Should Be Universal?* New York: Oxford University Press.

Teorell, J. 2010. *Determinants of Democratization: Explaining Regime Change in the World, 1972–2006*. Cambridge: Cambridge University Press.

Transparency International. 2006. *Global Corruption Report 2006*. London: Pluto Press.

Uslaner, E.M. 2008. *Corruption, Inequality, and the Rule of Law: The Bulging Pocket Makes the Easy Life*. Cambridge: Cambridge University Press.

Weingast, B.R. 1997. "The political foundations of democracy and the rule of law". *American Political Science Review*, **91** (2): 245–63.

第三章　全球公共行政

40

人们一直认为,官僚机构对政治、经济和社会产出具有重要影响。经济学和社会学学者认为,强大的、组织完善的官僚机构对20世纪90年代创造亚洲经济奇迹的那些经济体的经济增长,以及那些半工业化国家更普遍的经济增长,做出了重大贡献(Amsden 1989; Wade 1990; World Bank 1993; Evans & Rauch 1999)。还有学者表示,组织完善的官僚机构也强化了发展中国家的扶贫工作(Henderson et al. 2007)。政治科学家一直以来都认为,富裕的西方民主国家的官僚结构直接影响其政策制定,无论在历史上还是现在都是如此(Heclo 1974; Weir & Skocpol 1985; King & Rothstein 1993; Marier 2005; Dahlström 2009)。在公共行政领域, 学者们为官僚组织做过辩护, 对新公共管理(NPM)改革的负面影响也发出过警告,现在,他们预言对官僚制将会有“新的发现”(Suleiman 2003; Pollitt & Bouckaert 2004; Olsen 2006)。

然而,尽管人们对官僚结构很关注,却很少有大规模的跨国比较研究来探讨官僚组织实际上是怎样组合起来的。这有几个原因。第一,“比较公共行政研究推进的难点”就在于关于官僚机构的可靠数据的缺乏(Brans 2003, p. 426;又参见 Lapuente 2007, p. 301)。有大量的跨国指标用于衡量官僚体系的产出,这些指标既有来自私营组织的(例如,被广泛使用的“官僚机构质量”指标,来自政治风险服务组织开发的世界国别风险指南[ICRG]),也有来自公共部门的(例如,世界银行提出的综合性“治理指标”)。然而,不存在一个关于官僚结构的跨国数据集。彼特·埃文斯(Peter Evans)和詹姆斯·劳奇(James Rauch)的开创性工作是一个例外。他们的创新性研究产出了好几篇有影响的文章和一个有影响力的数据集,好几项跨国比较研究都使用这些数据(例如,Evans & Rauch 1999;Rauch & Evans 2000;Van Rijckeghem & Weder 2001; Henderson et al. 2007)。然而,埃文斯和劳奇的数据集有一定的局限性,因为它只涵盖了35个发展中或"半工业化"经济体,并侧重于20世纪70年代到90年代的情况。他们的研究虽然为在自治性官僚机构的帮助下经历了空前经济增长的特定经济体(如西班牙、韩国和其他亚洲新兴经济体)的官僚结构提供了开创性见解,但人们仍不清楚这些认识是否同样适用于其他国家和地区。

第二个原因是,研究者不完全清楚应该比较什么。埃文斯和劳奇提出了所谓的"韦伯式国家假说",并为此寻求依据。这一假说指向,比如国家官僚机构的精英招聘和可预期的职业规划等韦伯氏组织特征的影响。然而,在最近的一篇文章中,约翰·P. 奥尔森(Johan P. Olsen)指出,来自"官僚组织之兴衰"的一个主要教训是,有可能官僚组织的合成性质使得不同官僚层面以不同的方式发生变化,而这些层面"不总是正相关的"(Olsen 2008, pp. 13, 25)。奥尔森提醒了我们,即使把分析限制在官僚机构的韦伯式特征上,这样的分析也应当是多维度的。

本章要解决上述两个障碍。第一,我们展示了政府质量研究所开展的政府质量调查(下文简称"QoG 调查")。根据对97个国家(地区)的专家调查,我们得到了一个关于公共行政机构的结构及其行为的数据集。我们这一调查研究应用埃文斯和劳奇关于韦伯式官僚机构相关数据背后的概念基础作为理论工具,来指导数据收集工作;同时在调查问卷的设计中也考虑了新公共管理以及行政"公正性"等其他理论观点可能产生的影响(Pollitt & Bouckaert 2004; Rothstein & Teorell 2008)。调查研究的目标是确定不同公共行政体系的重要结构性特征。第二,本章提出了官僚结构的两个维度——我们称之为官僚体系的“专业化”和“封闭性”，与比较行政研究历史上的既定分类相对应（可参见 Silberman 1993，或者 Lægreid & Wise 2007）。[①]然而，有趣的是，“封闭性”维度只出现在部分样本中，也就是西方发达国家和原社会主义国家，而不是在拉丁美洲、亚洲或非洲的发展中国家。相比之下，“专业化”维度则是官僚机构更具普遍性的特质。

3.1　官僚结构的关键特征

42

当谈到公共官僚机构的测评和分类时，现有文献大致分为两类：经济学家主要侧重于某一国家机构之产出的“质量”（例如，世界银行的管理数据库）；比较公共行政学者则在行政遗产或公务员传统等理论性概念基础上发展出各种分类学说（Barzelay & Gallego 2010；Painter & Peters 2010）。

然而，本章的主题稍有不同。我们侧重的问题是：官僚结构的关键特征是什么？顺着埃文斯和劳奇（Evans & Rauch 1999）的研究思路，我们发现，公共部门的就业制度为比较公共行政研究中公共官僚体制分类提供了有益的视角。原因如下。

首先，就业关系是韦伯式官僚机构这一概念的理论核心所在，但在实证研究中常被忽略。马克斯·韦伯（Weber 1922[1978]）在他的关键著作中极为重视公共人事政策。对于理解一个社会而言，政策制定者和执行者之间的互动关系至关重要（Kiser & Baer 2005）。韦伯看到了在现代官僚体制中不可避免的组织冲突：“历史事实包含一个持续性的冲突，尽管在大多数情况下是潜在的，但就相互关系上的支配和剥夺而言，在首长和他们的行政人员之间，冲突一直存在”（Weber 1922[1978], p. 264）。人事政策是管理这一“潜在的”但也是关键性的官僚冲突的工具，因此我们认为这是需要优先研究的对象。

其次,学者们指出了公共领域就业管理的重要变化。在一些公共行政部门,政治家总体上可以自由选择他们的公职人员。而在其他一些行政部门,则有严格的公务员制度或自治的行政职系,对如何挑选公职人员进行适当约束。这些就业体系代表了公共部门和私人组织之间“最引人注目的”差异(Frant 1993, p. 990; Lapuente 2007, p. 1)。

这些原因也是埃文斯和劳奇收集数据的动机(Evans & Rauch 1999)。韦伯察觉到,实现善治的关键是以功绩导向的官僚制取代庇护与赞助型官僚制。按这一思路,埃文斯和劳奇提出了“韦伯式国家假说”。他们认为,在世袭的官僚体系与韦伯式理想型官僚机构这两个极端之间,存在着一个在这些方面表现程度不一的国家构成的连续体,他们的数据收集工作正是以这一观点为指导的。据此,他们建立了一个指标,称为“韦伯式规模”,并且发现,在这一指标上得分较高的发展中国家,在1970—1990年间经济增长更快。韦伯式规模这一指标包含了10个方面的信息,可以反映出官僚机构使用选贤用能型招募体系的程度。这一指标还可以反映官僚机构能在多大程度上给予公务员可预见的且稳定的职业生涯。

43

尽管他们的发现有可取之处,但我们还是想强调一个埃文斯和劳奇没有抓住的有趣谜题。行政学者和史学家指出,官僚机构不是一维的。基于对欧洲公务员制度的研究,学者们观察到了几个不总是正相关的维度。

如果只有一个维度能够描述韦伯式理想型官僚制,人们就应该期望官僚机构更接近于私营部门(雇用和辞退职员十分灵活,限制较少),少一些择优选拔,多一些家族继承,而不是这样一种官僚体制:在这个官僚体制下,公共部门的雇员要经历正式选拔考试,并受到制度保护,以免受其上级凭个人好恶的随意处置。然而现实是在公共部门中对选贤用能的推进并不必然伴随着就业保障的提升(Olsen 2008)。

现代欧洲早期的例子表明,至少需要两个维度才能描述官僚体系的运作方式。在如何才能拥有一支更贤能的公务员队伍方面,英国和法国代表了两种相反的模式。英国在国家建设进程中没有发展出一个自治的公务员体系。在早期的现代英国,公共部门拥有的是非正规的雇用和辞退制度,它们更像是私营部门所拥有的那套制度。费希尔和伦德格林指出,英国缺乏公共部门就业方面的法律规定,“任何一种功绩体系都没有正式建立起来,但这并不意味着功绩没有必要性”。英国创造了一个“猎取”和保护人才的制度体系,这个制度体系“存留在一个比欧洲大陆国家更具流动性和适应性的国家”(Fischer & Lundgreen 1975, p. 483)。相反,在法国、德国和西班牙,从世袭式官僚体系到择优录取型官僚体系的转变,推动了高度规范化的公务员制度的发展。公共雇员受到许许多多特定规制的约束,并且被划分为各种自治和自主的行政团体,即人们常说的“职系”。这些团组建立了以功绩为基础的招聘机制来征募新成员,并垄断公务员的奖励和惩戒管理(也参见 Finer 1997)。因此,英国似乎不用引进一种封闭性招聘制度就可以发展出专业型官僚组织。这表明,官僚队伍的专业化和封闭性在测量时要分开。

19 世纪晚期,西方国家的国家活动范围大大扩张,但这一历程在不同国家各有不同。西尔贝曼在对当时官僚结构之演变的分析中发现,在美国、英国、加拿大或瑞士等国家,公共官僚机构发展出了“专业取向”:类似于私人部门的雇员,公职人员被招募来完成一份特定的工作(Silberman 1993)。 44

第二个维度已被多个作者阐述过。根据来自欧洲公务员制度的经验,这些作者指出,存在“开放性”(例如英国、丹麦和荷兰)和“封闭性”(例如法国、德国和西班牙)两种官僚体系。在封闭性体系下,公职人员要通过正式的公务员准入考试才能加入行政机构的。他们享受终身任期,日常事务由自治自主的团组进行管理。在官僚体系的另一端,公务员体系更为开放:大多数公共雇员,像在私人部门一样,受一般性劳动法规的管制。但是,尽管体系是开放性的,这些公职人员也不是随随便便就能进入行政机构的,而是要根据“每个职位最适合的候选人”这一规则来遴选(Auer et al.1996; Heady 1996; Bekke and van der Meer 2000; OECD 2004)。

总而言之，学术研究已经表明,作为界定公共机构的关键特征，不同的就业制度不仅存在,而且还很重要。我们还解释了为什么数据至少要体现两个维度,即专业化和封闭性。需要注意的是,虽然我们是对全球范围内的国家(地区)进行抽样测试,这两个维度却主要是基于欧洲的经验得出来的。

3.2 问卷设计

政府质量调查的首要目的是测量各国(地区)公共行政的结构和行为。本章所分析的各个具体项目的详情载于附录3A。完整的调查表和详细信息,请参阅达尔伯格等人的成果(Dahlberg et al. 2011)。调查所产生的数据可在政府质量研究所的网页(www.qog.pol.gu.se)上查阅。

这份精简的调查表,涵盖了与公共行政的结构和运行有关的各种专题。然而,对公共行政的结构与运行,我们仍缺乏适用于各种社会的量化指标,如择优招聘、内部晋升、职业稳定性、薪资、公正性、新公共管理改革、效能/效率以及官僚代表性等。

45

问卷设计有两个因素值得特别关注。首先，调查表询问的是主观感受,而不是事实陈述。在这方面,它不同于埃文斯和劳奇的理念(Evans & Rauch 1999;Rauch & Evans 2000),它更符合全球政府质量的专家有关民意调查的普遍意见。因此,埃文斯和劳奇要求他们的受访者以百分比回答“大约多大比例的高级官员……通过正式考试制度进入公务员体系”,而我们则会问“考虑你所选的国家(地区),你认为以下情况发生的概率如何:公职人员通过正式的考试系统而被雇用”,答案选项从1(“几乎从未”)到7(“几乎总是”)排列(Rauch & Evans 2000, p. 56)。

这一策略的不足之处在于,在国家(地区)层面的评估上,主观界定的范围边界可能会产生偏离，特别是当专家对“通常”或“通常不”有不同的判断标准的时候。但我们仍然选择这一策略，这有两个方面的原因。

第一，这一方法使我们能够对大量的“事实性”问题使用相同的反馈量表，而不必为问卷中的每个单独问题再劳神费力。所以选择它的首要理由是问卷效率：使用更为标准化的问题格式，节约了纸面，也不会占用太多的回答时间。

第二，我们认为，即使是最博学的专家也很少能够准确地回答问卷中的那些问题。换言之，即使是埃文斯和劳奇使用的事实问题方式（Evans and Rauch 1999），也不代表专家们的回答不存在猜测成分。政府质量调查使这种猜测从一开始就更加明确，即询问总体看法，而不是“正确”答案。

两类问题之间的差异不应被夸大。归根结底，大多数问题都有事实根据。对于特定国家（地区）来说，在一个问题上总有一些答案比其他回答更准确。我们首先感兴趣的不是人们的主观感受，而是做出评价的现实基础。下面对受访者主观感受偏离度的评估表明，很少有例子能说明专家的个性特质对全面系统地预测所在国家（地区）的情况能产生影响。换言之，主观特性似乎并不会对测量的有效性构成严重威胁。

此外，每个国家（地区）至少有一名专家作答，比较的结果取决于不同专家看法的聚合性。实际上，这依赖于每个国家（地区）的平均结果。总的来说，平均数与能代表官僚结构的其他数据来源显示出很好的关联性。跨国（地区）来源数据间的交叉验证表明，我们的数据没有明显的系统测量误差。同时，答题人的意见分歧（也就是，平均数的变动情况）可以用作一种不确定性指标，对每个国家（地区）的评估都会有这种不确定性。这个指标可以衡量随机测量误差的程度。

46

调查设计的第二个问题涉及如何选择和确定调查的主体对象。更确切地说，询问针对的是一般行政部门，还是针对具体的公共行政部门和机构？这项调查本可以集中在某一个核心的公共行政机构进行，埃文斯和劳奇就是如此做的。但是，界定一个国家（地区）的"核心"部门很困难。埃文斯和劳奇围绕着一种特定的官僚产出来设计他们的研究，即支撑经济发展。我们的办法则是更为一般性的。这项调查除了研究增长或经济福祉等结果外，还旨在探讨公众舆论的后果，如普遍信任和主观幸福。对这些类型的产出而言，基层官员的特质可能与高级官员的特质一样重要。公共行政的哪个部门或机构最为重要，这不太容易提前确定（有可能的是，哪个机构最为重要，在不同国家或地区，各不相同）。因此，我们选择把公共行政体系当作一个整体进行调查，要测评的是受访者对整个公共行政体系的一般感受（有一个例外，军事方面明显不在我们考虑范围之内）。

在进行了试点调查之后，我们选择"公职人员"作为公共行政部门内测评的调查对象。当然，这存在争议。而且最值得注意的是，在一个国家（地区）内，公职人员的类型可能会有很大差异。当被要求提供一个总体判断时，受访专家可能感到左右为难。为了在某种程度上解决这个问题，在调查表的首页有以下澄清的内容：

> 在本项调查中，当问及公职人员时，我们希望您考虑一个能够反映本国（地区）公职人员普遍特征的典型代表，军方除外。如果您认为，在公共部门各分支机构之间，或者在国家（地区）/联邦与地方/州层面之间，或者在核心机构人员和从事公共服务工作的一般雇员之间，存在很大的差异，请尽量根据他们的平均表现作答。

47 诚然，知易行难。受访者对这一问题有许多评论。然而，通过分析数据的一致性和表面效度，我们得出结论：这一策略利大于弊。

3.3 数据收集

在 2007 年底 2008 年初进行了试点调查后，正式调查分为两轮进行。第一轮是从 2008 年 9 月至 2009 年 5 月，第二轮是从 2010 年

3 月至 11 月(详情见 Dahlberg et al. 2011)。为了获得专家样本,我们拟订了一份在国际网络上登记了的公共行政学者名单(例如中东欧公共行政学院和研究所;欧洲公共行政学者联合会;欧洲公共行政研究所;拉丁美洲发展管理中心;中美洲公共行政研究所;东南亚研究所和英联邦公共行政和管理协会),辅之以互联网上的搜索、个人联系、从试点调查中征聘的专家名单以及小比例的滚雪球式样本。总之,第一轮形成了 1361 人的专家样本,回收了 528 份也就是 39%的问卷,在第二轮 1414 人的样本中回收了 432 份也就是 31%的问卷。[2]此外还有 13 个人回答了分发到学者网络中的一个开放性链接问卷(我们无法追踪潜在受访者的人数),因此总共有 973 名专家对 126 个国家和地区作了回答。

表 3.1 提供了各国(地区)专家的人数分布情况。各国(地区)受访者的人数相差很大,最少的一些国家(地区)只有 1 人,最多的捷克共和国有 28 人,平均各国(地区)有 8 名专家回复了调查。这些国家(地区)几乎跨越了全球,包括西欧和北美洲,东欧和原苏联地区国家、拉丁美洲、亚洲乃至中东地区。在地域代表性方面,明显遗漏有两处:撒哈拉以南非洲、太平洋和加勒比海的岛屿国家。我们的样本尽管未覆盖世界上一些最贫穷的国家,但发达国家和发展中国家的大部分地区都包含在内。

48

表 3.1 各国(地区)有效答复问卷数量

国家(地区)	数量	国家(地区)	数量	国家(地区)	数量
阿尔巴尼亚	11	危地马拉	18	*巴拿马*	2
阿尔及利亚	3	*几内亚*	1	巴拉圭	6
阿根廷	17	*圭亚那*	1	秘鲁	9
亚美尼亚	16	洪都拉斯	3	菲律宾	15
澳大利亚	11	中国香港	12	波兰	11
奥地利	5	匈牙利	15	葡萄牙	9
阿塞拜疆	6	冰岛	4	波多黎各	7

（续表）

国家（地区）	数量	国家（地区）	数量	国家（地区）	数量
巴哈马	1	印度	15	罗马尼亚	17
孟加拉国	6	印度尼西亚	19	俄罗斯	6
巴巴多斯	1	爱尔兰	16	*卢旺达*	1
白俄罗斯	9	以色列	15	沙特阿拉伯	4
比利时	9	意大利	7	塞尔维亚	3
玻利维亚	9	牙买加	9	*塞舌尔*	1
波斯尼亚	7	日本	9	*塞拉利昂*	1
博茨瓦纳	3	约旦	4	*新加坡*	1
巴西	8	哈萨克斯坦	7	斯洛伐克	7
保加利亚	22	韩国	15	斯洛文尼亚	11
布基纳法索	1	*科威特*	2	南非	9
喀麦隆	2	吉尔吉斯斯坦	6	西班牙	7
加拿大	18	拉脱维亚	7	斯里兰卡	8
智利	17	黎巴嫩	3	*圣卢西亚*	1
中国	4	*莱索托*	1	*苏丹*	2
哥伦比亚	15	立陶宛	11	苏里南	3
哥斯达黎加	14	*卢森堡*	1	瑞典	10
克罗地亚	6	马其顿	7	瑞士	5
古巴	1	马拉维	3	中国台湾	3
塞浦路斯	2	马来西亚	8	*坦桑尼亚*	1
捷克	28	马耳他	4	泰国	10
丹麦	13	毛里塔尼亚	3	*东帝汶*	1
多米尼加共和国	5	*毛里求斯*	2	*特立尼达和多巴哥*	1
厄瓜多尔	5	墨西哥	11	*突尼斯*	1
埃及	3	摩尔多瓦	3	土耳其	20
萨尔瓦多	11	*蒙古*	2	*乌干达*	2
爱沙尼亚	10	摩洛哥	3	乌克兰	11

（续表）

国家(地区)	数量	国家(地区)	数量	国家(地区)	数量
埃塞俄比亚	1	莫桑比克	3	阿联酋	4
芬兰	11	尼泊尔	5	英国	12
法国	6	荷兰	14	美国	19
加蓬	1	新西兰	12	乌拉圭	10
格鲁吉亚	8	尼加拉瓜	17	乌兹别克斯坦	3
德国	12	尼日利亚	5	委内瑞拉	22
加纳	1	挪威	12	越南	15
希腊	22	巴基斯坦	3	*津巴布韦*	1
				合计	973

注：表中显示了 QoG 调查的有效回复数。由于答复率太低，本章的研究并不包含斜体字显示的国家。

3.4 现实中的官僚结构

49

现在我们来谈谈这个网络调查的主要结果。为了提高数据质量，本节的分析完全依靠至少有三名专家答复的 97 个国家(地区)。鉴于在比较研究中不可能对所有官僚特征进行比较，我们撇开了其他特点，集中讨论韦伯式官僚结构的人力资源维度。“人力资源维度”指的是公职人员的招聘、职业发展和奖励制度。需要强调的是，正如奥尔森指出的，韦伯式理想型官僚机构有好几个其他特点，如官僚组织、层级组织和基于规则的权威(Olsen 2008)。然而，根据前几节提出的理论原因，以及埃文斯和劳奇的经验建议，我们认为，人事政策或人力资源在建构官僚体制能力方面起着重要作用(Evans & Rauch 1999; Olsen 2008)。

为了这个目的，我们探讨了韦伯式官僚机构与就业特性有关的八个代表性问题。根据最流行的观点(在埃文斯和劳奇的 1999 年数据集中得到确认)，人们觉得这些特性应该是同时并存的。这些项目包括:人员招录从优拔擢(问题 2a)和依据正式考试(问题 2c)而不是政治标准(问题 2b 和 2d)的程度,体制内晋升是内部事务(问题 2e)和基于终身职业发展路径(问题 2f)的程度,还有竞争性薪资(问题 2k)和特别就业法保护(问题 8f)(对于调查问卷的摘录,包括刚才讨论的问题,见附录 3A)。

这些问题抓住了官僚体系的不同特征,可以被看作是反映官僚组织那些突出性维度的指标。表 3.2 显示了对以上八个项目在国家(地区)层面进行主成分因子分析的结果。我们的目标是要弄清楚,是否有一组内在的维度能够标示出各国(地区)间平均受访结果的差异。

正如表 3.2 第一组(A)所显示的那样,根据在 97 个国家(地区)得到的数据,精英招聘和内部晋升似乎与非政治化官僚机构在第一个维度上有着密切的联系。由于这些特征代表了“专业化”(相对于“政治化”)管理的理想状态,我们把这个维度称为官僚机构的“职业化”。

50

表 3.2　官僚机构的各项指数

	专业化	封闭性	薪酬
A.全球(n=97)			
精英招聘(q2_a)	**0.91**	0.08	0.07
政治招聘(q2_b)	**−0.88**	−0.03	−0.15
高级官员的精英招聘(q2_d)	**−0.80**	−0.08	0.09
内部招聘高级官员(q2_e)	**0.70**	0.43	−0.10
正式考试制度(q2_c)	0.34	**0.74**	−0.06
职业终身制(q2_f)	0.28	**0.78**	−0.24
特别就业法(q8_f)	−0.24	**0.78**	−0.03
薪酬竞争力(q2_k)	0.07	−0.09	**0.97**
B.**东方与西方国家/地区**(n=47)			
多维度:			
精英招聘(q2_a)	**0.91**	−0.15	−0.01

（续表）

	专业化	封闭性	薪酬
政治招聘(q2_b)	**-0.93**	0.14	-0.09
高级官员的精英招聘(q2_d)	**-0.85**	-0.13	-0.09
内部招聘高级官员(q2_e)	**0.82**	0.25	-0.08
正式考试制度(q2_c)	-0.08	**0.86**	0.08
职业终身制(q2_f)	0.23	**0.76**	-0.30
特别就业法(q8_f)	-0.37	**0.59**	-0.20
薪酬竞争力(q2_k)	0.05	-0.07	**0.97**
单维度:			
精英招聘(q2_a)	**0.93**	-	-
政治招聘(q2_b)	**-0.94**	-	-
高级官员的精英招聘(q2_d)	**-0.85**	-	-
内部招聘高级官员(q2_e)	**0.80**	-	-
C.南方国家/地区(n=50)			
多维度:			
精英招聘(q2_a)	**0.89**	0.22	0.10
政治招聘(q2_b)	**-0.78**	-0.20	-0.30
高级官员的精英招聘(q2_d)	**-0.79**	0.05	0.15
内部招聘高级官员(q2_e)	**0.64**	0.45	-0.27
正式考试制度(q2_c)	**0.81**	0.36	-0.17
职业终身制(q2_f)	0.43	**0.75**	-0.25
特别就业法(q8_f)	0.08	**0.87**	0.11
薪酬竞争力(q2_k)	0.01	-0.04	**0.92**
单维度:			
精英招聘(q2_a)	**0.92**	-	-
政治招聘(q2_b)	**-0.82**	-	-

（续表）

	专业化	封闭性	薪酬
高级官员的精英招聘(q2_d)	**-0.78**	-	-
内部招聘高级官员(q2_e)	**0.72**	-	-

注：各项目是从国家（地区）层面的主成分因子分析中进行最大方差旋转后的因子负载。>0.5 或 ≤0.5 的载荷以粗体突出显示。括号显示的是问卷项目。

51

然而，并非所有的“韦伯式”特征都是齐头并进的。尤其是，一些特性在第二个维度上集中显现出来。在第二个维度上，正式考试制度的运用和职业终身制以及通过特别就业法获得保护之间，有着密切的联系。这一维度反映出我们前面提到过的“开放的”（更类似私人部门的）和“封闭的”（更像公共性的）公务员体系的区别，我们称之为官僚体系的“封闭性”。

人们的直觉是，更具有公共取向的或者说“封闭的”行政体系，将能避免政治化，促进贤能治理。与此相反，表 3.2 中的分析表明，拥有较为封闭的官僚机构的国家，实质上并没有更多进行精英招聘，文职部门中政治化的东西也不少。最后一个要素是竞争性薪酬，从分析结果来看，并不和上述任何一个维度产生太多关联，因此应单独处理。

然而，更进一步的分析表明，这种维度结构并不普遍适用。我们分地区进行了更精细化的维度分析[3]，这里为节省篇幅我们省略相关细节。在这一分析基础上，我们发现，这种全球性模式似乎对西方（西欧、北美洲、澳大利亚及新西兰）和东方（东欧和原苏联）共 47 个国家也很适用（见 B 组的上部分数据）。然而对余下的“南方”，也就是来自拉丁美洲、东亚、东南亚和南亚、中东和撒哈拉以南非洲的一些零散地区，分析表明，头两个维度的构成上是有差别的（见 C 组上部分数据）。更具体地说，将正式考试作为公共部门招聘的机制，在这部分地区成为专业化维度的组成部分，而封闭性维度的指标仅剩下职业终身制和特别就业法律这两个了。

我们尚不确定公共部门就业结构出现这种差异的确切原因。我们只能推测,在国家建设的关键阶段,竞争性考试成为发展中国家招聘贤能的主要机制。相比之下,在欧洲,形成于“拿破仑式”传统国家(如法国和西班牙)内的封闭性官僚机构,要在内部建立精英招聘制度,就要把这些考试当作工具使用;而其他的地方,如在英国和斯堪的纳维亚国家,则执行其他形式的选贤用能机制(Painter & Peters 2010, pp. 20-23)。无论哪种源起的正式考试制度,它的双重性质都引出了一个对等测量的问题,因为我们要在世界范围内系统比较各国(地区)官僚结构。简单地说,表3.2下面两组(B组与C组)所暗示的是,专业化和封闭性在世界不同地区并非同一“物种”。这反过来又意味着,我们不能在所有国家(地区)中进行这两者间的对等测量。

然而,B组和C组的后半部分数据提供了这个测量问题的部分解决办法,即把专业层面的四个核心指标单独研究,特别重要的是不去考虑正式考试这一项,那么这种测量对所有国家(地区)都适用。因此,我们可以在各国(地区)之间放心地比较专业维度。余下的三项封闭性指标(正式考试、终身任职和特别就业法律)在“西方”和“东方”国家(地区)的样本中,可以合并成一项有意义的封闭性指标。

基于这些结果,我们构建了两个附加指标,即专业化和封闭性,它们与前几节中描述的理论假设是相关的,可以通过与这些维度紧密相关的各个具体问题的平均得分来计算,但封闭性指数只基于有限样本(“西方”和“东方”国家和地区)来计算。从理论上讲,这些指数可能从1到7不等,1代表完全不专业或完全开放的系统,7对应于一个完全专业化或封闭的系统。表3.3列出了这两项指数的基本说明资料以及剩余的竞争性薪酬指标情况。可以看到,这些样本中的国家(地区)官僚体系平均起来是稍显专业化的,而且更清楚看到的是,其值更接近于7级量表的中间值4。然而,薪酬被认为不怎么具有竞争性。表中还显示出,无论专家评估不同国家(地区)还是同一国家(地区),这些平均值之间存在着很大的差异。图 3.1 和图 3.2 列出了这些变化,考虑到潜在的国家(地区)内评估的不确定性,及对特定国家(地区)的特殊做法,置信区间定为 95%[④]。

52

表 3.3 官僚机构的三方面特征

	国(地区)内平均数	跨国(地区)标准差	国(地区)内标准差	协方差	$N(n)$
专业化	3.92	0.99	0.83	1.19	97(936)
封闭性	4.92	0.74	0.87	0.84	47(486)
薪酬	3.21	1.02	1.42	0.72	97(910)

注:每个维度从理论上可以划分 1 到 7 不同等级。国(地区)内标准差基于 n 个个体水平的受访者;国(地区)内平均数和协方差基于 N 个国家(地区)。

53

在图 3.1 中,我们发现,职业化指数得分高的大多数国家或地区,或者有盎格鲁-撒克逊传统,或受到这种传统的强烈影响,比如爱尔兰、新西兰、英国,或者具有斯堪的纳维亚式行政传统,例如挪威、丹麦和瑞典。这一点也不奇怪。此外,我们在这里也发现了如日本和韩国等有东亚行政传统的国家,拥有强大的专业官僚体制。我们还发现,一些公共部门政治化色彩较浓重的欧洲国家,例如西班牙和意大利,其职业化指数得分处于中间水平(Matheson et al. 2007; Dahlström 2009)。得分垫底的是几个拉美国家,根据潘特和彼得斯的看法(Painter & Peters 2010, p. 24),这些国家的行政传统“核心是家族主义”。

正如置信区间表明的那样,这些估值有相当大的不确定性。在这方面要特别注意的是博茨瓦纳、莫桑比克、尼泊尔、厄瓜多尔和吉尔吉斯斯坦。受访专家对这些国家公共行政的专业化程度存在相当大的分歧。然而,平均置信区间(在 0.05 水平上)是 1.01,几乎完全等同于跨国(地区)标准偏差。此外,国家(地区)间的标准差与国家(地区)内的标准差之比率约为 1.19(见表 3.3)。尽管存在专家主观意见上的不确定性,以及在某些情形下国家(地区)样本量比较小,但我们还是认为，这些数据对评估各国的专业化水平仍然很有意义。

图 3.2 显示了在有限的几个样本国家（仅“西方”和“东方”国家）里公务员体系有多“封闭”，而且，排名似乎与小样本研究中的观察结果相一致。排在前两位的是西班牙和法国。在对 19 世纪的公共行政进行的历史分析中，它们被认为是“组织取向”型官僚机构的最典型国家，与那些“专业取向”型官僚机构的国家迥然不同（Silberman 1993）。这两个国家（连同希腊、意大利和比利时等国）也在封闭性行政的当代排行榜中名列前茅，学者们（Painter & Peters 2010）和国际组织（OECD 2004）都做过这个排行研究。我们发现，在图 3.2 中所示的封闭性较低的一些国家，例如新西兰、澳大利亚、丹麦或者荷兰，在当代的排行榜中也被认为是更具开放性的（或者是更职业化的，或更为私人部门取向）（ibid.）。这些国家缺乏正式的考试制度。而更封闭的官僚体制（例如法国或西班牙）则有这类正式考试。例如，法国有“concours”（比赛），或者西班牙有“oposiciones”（对抗）。对终身任职的保障，以及由特定就业法规确立的其他各种公务员保障，在这些国家也都是缺乏的（Lapuente 2007; Bezes 2010）。在官僚封闭性测评中得分最低的有一个非常特殊的国家群体即白俄罗斯、格鲁吉亚和俄罗斯。这些国家官僚机构的政治化水平比较高，贤能治理的水平比较低，在官僚职业化方面得分也很低。这就是说，既然它们也在这一测评中得分很低，那么更开放的或更具私营部门导向的公共招聘机制并不会导致更少（或更多）的择优录用。

同样，这些点估计值也体现出了主观不确定性。平均置信区间（在 0.05 水平上）为 1.10，国家（地区）间标准差与国家（地区）内标准差之比率仅为 0.84。值得注意的国家有乌兹别克斯坦，那里的不确定性范围如此之广，以至于几乎不可能做出任何有意义的推断。类似的还有哈萨克斯坦、吉尔吉斯斯坦、阿塞拜疆和奥地利等国家。尽管这对于未来的数据使用者来说不是个好消息，但跨国（地区）比较模式仍然是有效的，这些数据足以体现出官僚体系之间的结构性差异。

54

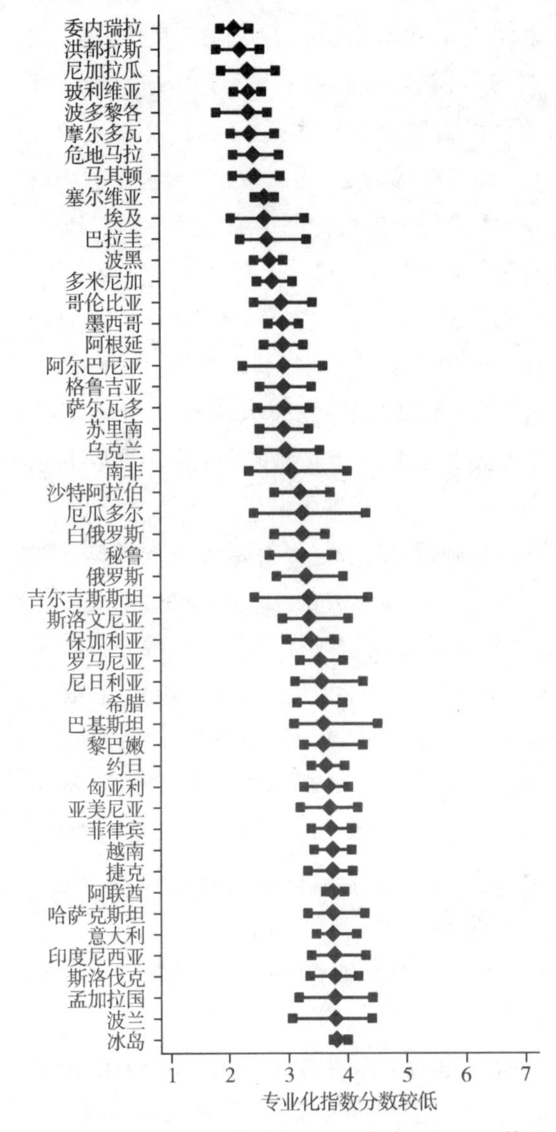

图 3.1 官僚专业化(置信区间 95%的国家和地区均值)

注:专业化指数是一个附加指数,由 QoG 调查中的四个指标构成,包括精英招聘、政治招聘以及高级官员的精英招聘和内部招聘。该图显示了 97 个国家和地区的专业化指数平均值,置信区间为 95%。

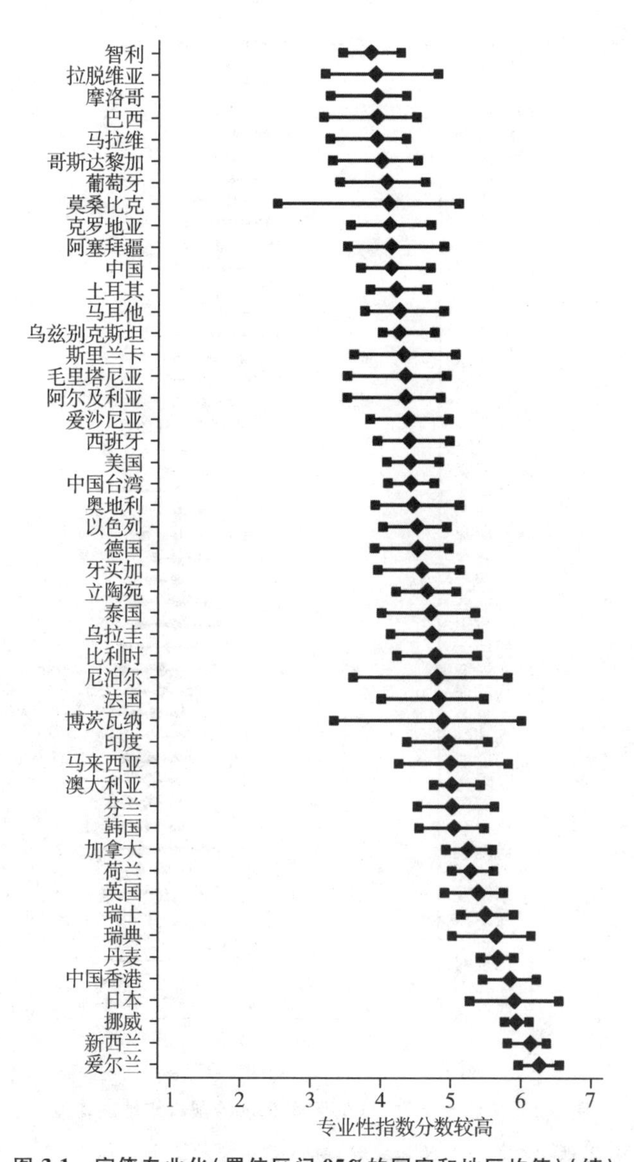

图 3.1　官僚专业化(置信区间 95%的国家和地区均值)(续)

56

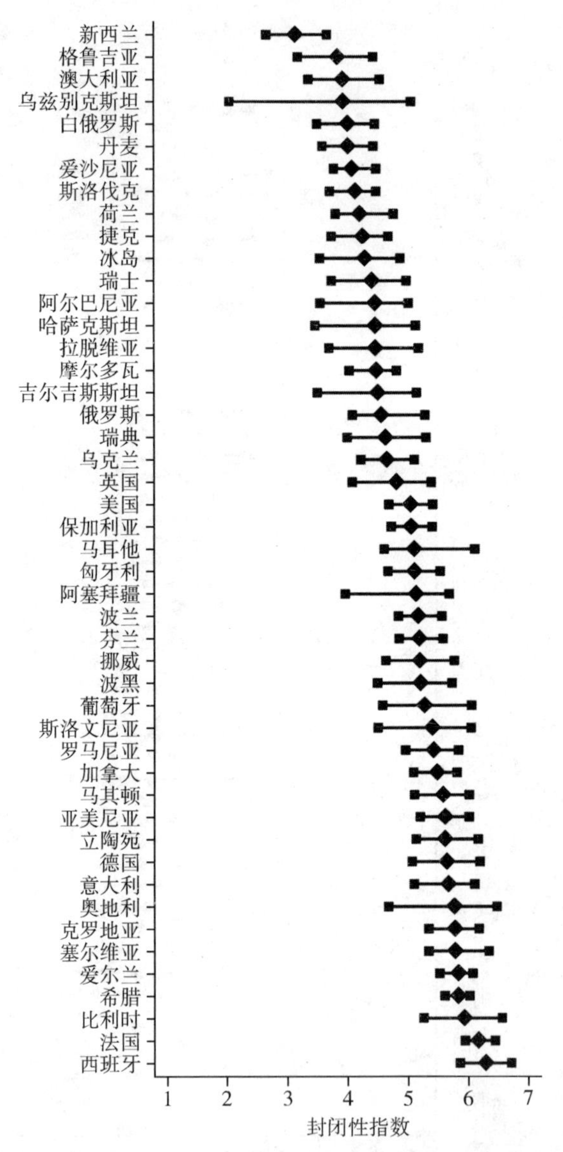

图 3.2　官僚封闭性(置信区间 95%的国家和地区均值)

注:封闭性指数是一个附加指数,由 QoG 调查的三个指标构成:正式考试制度、职业终身制、特别就业法。该图显示了 47 个国家和地区在 95%置信区间的封闭性指数均值。

57

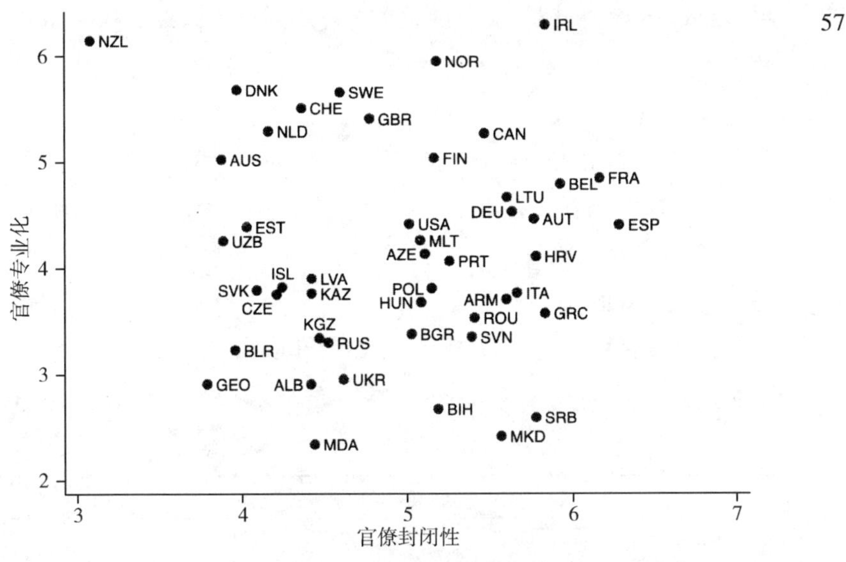

图 3.3　官僚专业化和官僚封闭性

注:此图总结了 47 个国家和地区官僚专业化和封闭性指数之间的关系。

基于 47 个国家和地区专业程度和封闭程度的数据而绘制的图 3.3,直观地表明专业化和封闭性是相互独立的两个维度。不同于通常的单一维度式官僚机构分类解释(公共职位的获取与晋升是以政治任命还是以功绩为基础),我们把官僚机构分成四种不同类型。在更为开放(或更私人化)的官僚机构中,既有基于任命的(例如摩尔多瓦、格鲁吉亚),也有基于功绩的(例如新西兰、丹麦)。在较为封闭或公开的类型下,有一些相对更强调择优录用的国家(例如爱尔兰、比利时和法国),但也有一些政治化程度相对较高、缺乏功绩考察的国家(例如希腊、意大利)。换言之,拥有一个更公开的官僚聘用制度,并不意味着拥有更具贤能导向的官僚体系(它们的相关系数为-0.05)。对有意构建贤能型官僚机构的决策者来说,这些发现有着重要启示。

58

3.5　交叉来源验证

我们接下来使用四种不同来源的官僚结构指标以检查两个维度的稳健性。表 3.4 报告了测试结果。验证的第一个来源是达尔斯托姆(Dahlström 2011)对18个国家中央政府办公厅内政治任命型官员的人数进行的一项调查。根据在公共行政方面的出版情况确定了2—4名权威专家,要求他们对这一数字进行估算。这项调查与我们确定专家样本的方式相似(虽然每个国家[地区]的专家样本量比较小),不过这一调查没有使用主观定义的反应量表,而是提出了确切的、更客观的事实陈述要求。我们用政治任命型官员数量的倒数来消除国家异常值,因为一方面,我们预计更专业化的官僚体制下政治任命型官员会更少,另一方面,官僚制度开放或封闭的程度与这个数字无关。

59

表3.4 交叉来源有效性检验

	专业化	封闭性
政治任命的数量	−0.67***	0.42*
	(18)	(18)
官僚质量(ICRG)	0.70***	0.03
	(87)	(41)
招聘指数(OECD)	0.08	−0.66***
	(25)	(21)
个性化程度(OECD)	0.31	−0.55***
	(28)	(25)

注:此表显示了与四种数据源的相关性。项目间是相互关联的,括号内数据是相关国家数量。*表示显著性水平为0.10,**表示显著性水平为0.05,***表示显著性水平为0.01。

表3.4报告的第二个来源是"官僚质量"指标,从1到4不等,政治风险服务集团在2008年提供的"国际信贷风险指导(ICRG)方法"报告中有这类数据,最近一年的情况都有。ICRG工作人员根据来自世界上143个国家的现有政治资料进行主观评估,其中87个与我们的国家样本重叠(ICRG 2009)。我们期望这项评估与专业化指标而不是封闭性指标有相关性。

第三和第四个来源与封闭性维度相对应。这两项数据都是经合组织通过其各部/机构的高级官员对政府的公共就业/管理工作的一项专门调查收集的。这些基本数据具有主观性,不过它们源于公务员自身的感受,而不是源于外部专家的看法。"招聘指数"的值从理论上讲它是从 0("基于职业的体制",即"封闭的")到 1("基于职位的体制",即"开放的")。这一指数由四个问题构建,其中两项问题探讨在招聘过程中竞争性考试与直接申请的关系,另一项问题涉及公务员职位在多大程度上向外部开放及招聘。这些方面与我们对开放式和封闭式官僚机构的理论区分密切相关(OECD 2009)。

第四个来源(也来自 OECD)是"个性化程度"测评。它指的是"管理规则和实践因人而异,不太由组织统一安排的程度"(OECD 2004, p. 17)。在那些被界定为封闭的、公共性的、组织至上的官僚体制下,候选人经过相对较大规模的职业竞争而加入公务员体系,他们的薪酬和就业条件是集体商定的,其晋升也受集体的管控并要得到上级批准,也就是说,公务员首先被视为集体的一分子。相反,在那些被称为开放的、私人化的、专业取向的或基于职位的官僚系统中,候选人(像他们的私营部门同行那样)被招聘来填补某一职位,他们的薪酬和就业条件更有可能建立在个人基础上。因此,我们期待这一测评与官僚机构的封闭性而不是专业化有关联。

正如表 3.4 所表明的那样,我们的假设得到了充分的证实。在有交叉观察验证的 18 个国家中,专业指数与政治任命者的人数呈负相关(-0.67),而与封闭性指数的关系仅略为显著(0.42)。此外,ICRG 的"官僚质量"与专业化有很好的相关性(0.70),与封闭性完全无关。相比之下,经合组织的两项指数与封闭性密切相关(相关系数分别为 -0.66和-0.55),但与专业化关系较弱,没有统计学上的显著意义。 60

我们选定的指标与劳奇和埃文斯(Rauch & Evans 2000)在 27 个重叠国家所获得的数据进行相关分析后,结果同样令人欣慰。他们的"贤能"指标虽然是综合性的,但最适合于考察正式考试制度的运用情况,与我们相应的正式考试指标关联度为 0.83,与我们精英招聘问题综合指标的关联度为 0.64。此外,他们对"职业稳定性"的测评,与我们对内部晋升方面的测评,关联度为 0.74;与我们对职业终身制的测评,关联度为 0.72。最后,我们对竞争性薪资的测评与劳奇和埃文斯(Rauch & Evans 2000)相应指标的关联度为 0.46。

3.6 答题者的知觉偏差

参加我们调查的答题专家各自的情况显然不一样。97 个样本国家(地区)达到了我们限定的每个国家(地区)至少有 3 名受访者的条件。受访者的普遍情况是:男性(比例为 71%),年龄 48 岁且拥有博士学位(72%),绝大多数受访者要么出生(89%)要么生活(93%)在他们选择测评的国家(地区)。在第二波数据收集中,我们首次提出就业情况,了解到 56%的受访者是大学学者,14%的受访者任职于非政府组织(NGO)或非营利性组织,15%的受访者受雇于他们所测评的政府。这些专家特性是否会影响到他们对官僚结构的认识?如果可以观察到的专家特性会系统性地影响到其主观感受,那么人们就会质疑它们能在多大程度上反映一个共同的基本现实。比如说,人们会质疑,专家样本的组成而不是现实中的官僚结构或实践,对某一国家(地区)的评估起决定性作用。

为了评估这种主观偏离造成的风险,在表 3.5 中我们对官僚组织的两个维度与所有专家的六个特性进行了回归分析。该表包含三列。第一列是对两轮调查所涉及的国家和地区(97 个)在专业化维度上的回归分析结果,而第二列是仅对第二轮调查所涉及的国家和地区(53 个)在专业化维度上的分析结果。我们列出第二栏的原因是,只有在第二轮调查中才能分析专家们就业情况对结果的影响。在第三栏中,运用两轮调查对结果中“西方”和“东方”国家和地区(共 47 个)的相关信息,我们列出了对封闭性维度进行回归分析的结果。

61

表 3.5 受访者感知偏差

	专业化	专业化	封闭性
女性	-0.033	-0.019	-0.137
	(0.072)	(0.118)	(0.104)

（续表）

	专业化	专业化	封闭性
博士	-0.164^{**}	-0.105	0.018
	(0.081)	(0.120)	(0.130)
出生年份	-0.000	0.000	0.005
	(0.003)	(0.004)	(0.004)
非本国(地区)出生	-0.061	-0.030	0.115
	(0.102)	(0.153)	(0.161)
非本国(地区)居住	-0.362^{***}	-0.283	-0.384^{**}
	(0.123)	(0.194)	(0.191)
本国(地区)政府雇员		0.350^{**}	
		(0.159)	
回答样本数	874	370	457
国家(地区)数	97	53	47

注：此表呈现六种不同的和潜在的受访者感知偏差。第一栏数据揭示了两波调查的专业化指数(97 个国家和地区)。第二栏只提供了第二次调查的专业化指数(53 个国家和地区)，因为只有第二次调查包含了第六种(本国和地区政府雇员)潜在的感知偏差。最后，第三栏列出了“西方”和“东方”国家和地区(47 个)的封闭性指数。项目是相互关联的，括号内是标准误差值。*表示显著性水平为 0.10，**表示显著性水平为0.05，***表示显著性水平为 0.01。

为了分析不同类型的专家对同一评价对象(特定或地区的官僚机构)的看法差异，这些评估完全依赖于专家之间的国家和地区变异值(用专业术语来说，我们对不同国家和地区的固定效应进行控制)。有了这种控制，可以看出，在对专业化或封闭性的估算中，并不存在性别或年龄差异带来的影响，出生在哪儿也不重要。然而，有一个系统性倾向，即受访者评估并非他们的居住地时，会认为官僚机构的专业化程度较低、更加开放(与在该地居住的专家相比)。然而，一旦对跨国(地区)间变异值加以控制，那些不是居住在他们所评估地内的专家们，比那些居住在评估地的专家们，在专业化评价的回归系数上

62

要低0.362,在封闭性评价的回归系数上,两个群体也相差0.384。同样地,身为政府雇员的专家们比那些不是政府雇员的专家们,在评价官僚组织更具专业性方面也具有同一水平的差异。这并不奇怪。最后,受访者中教育程度较高的人(有博士学位),更倾向于认为官僚机构不是那么职业化。

虽然我们必须承认数据中存在系统性差异,但从绝对意义上看,这种差异并不是很大。此外,当谈到国家(地区)得分的相对差异时,我们获得的结果对这些专家特性的控制而言是非常稳健的(控制之前和控制后的平均国家和地区得分之相关性为0.99)。因此,总的来说,虽然样本的主观偏离导致我们的数据出现一些杂质,但它们并没有严重到足以质疑我们对官僚机构维度分析的整体有效性。

3.7 官僚机构的维度

比较公共管理学界缺乏对诸多关键变量的比较数据,这阻碍了实证分析的进一步深入。本章展示了一项独特的尝试,能够为许多国家提供若干行政特征方面的数据。这些数据公开发布在政府质量研究所的网站(www.qog.pol.gu.se)上,希望将来有助于人们研究官僚机构绩效、国家能力,以及腐败和经济增长等各类社会产出。

本章既有理论上的也有实证上的贡献。借鉴行政史学家的工作,我们认为基于既有理论,人们应该意识到,韦伯式官僚机构具备诸多分析维度。理想型韦伯式官僚体制还有其他特性(如官僚组织、层级组织和基于规则的权威),这些在我们的研究中没有加以测量,但是我们根据官僚机构中的招聘制度和职业制度建立了两个分析维度:官僚机构的专业化(相对于“政治化”的,官僚体制在多大程度上是“专业化的”)和官僚机构的封闭性(在什么程度上,官僚机构更具“封闭性”或公共性,而不是“开放的”或私人性的)。

然而,这一章的主要贡献还在于实证方面。另外,我们也证明了不论是在西方民主国家还是原社会主义国家,官僚的招聘和职业特征都呈现出这两个维度。相比之下,在世界其他地区,如拉丁美洲、亚洲和非洲,只有专业维度是适用的。这些发现至少有两个意义。首先,它表明,基于欧洲行政历史经验的分析维度不能在没有实践检验的情况下,就套用在发展中国家身上。其次,它还表明,虽然一些官僚特性在世界范围内没有集中显现出来从而可以概括为某些维度,但另一些特性事实上显现出来并可以在某种维度上被概括。也许本章最重要的发现是,在所有不同制度背景下,我们都可以从专业化维度对公共行政进行有意义的比较。最后要说的是,我们对其他独立数据源也进行了这两个维度的验证,阐明受访者主观影响很小,因而我们的数据质量很有保证,研究结论有重要价值。

注　释

① 要注意的是,我们并不是说这两个维度就是韦伯式官僚体制的重要特性。我们是有意识地把其他特性如官僚组织、层级组织和基于规则的权威放在一边,专门分析招聘与职业体制。

② 在第一轮调查中,我们验证极端异常值的平均反应时间约是 15 分钟,第二轮则约为 18 分钟。我们给这些人发送电子邮件,邮件中包含一个可点击的链接,指向一个网页调查问卷。第一轮调查我们只提供了英文问卷,第二轮则另外提供了西班牙文和法文问卷。给这些参与者的激励是,向他们开放数据,给他们提供第一手的研究报告,以及获邀参加学术研讨会的可能。

③ 虽然地区层面上的分析会导致普适性的下降,但要开展的话,最为理想的自然是逐国(地区)进行这一维度结构上的验证。然而各个国家(地区)的专家样本规模比较小,不允许进行这一验证。

④ 由于每个国家(地区)平均受访者的样本规模不到 10 人,非参数引导置信区间比基于正常假设的参数计算更准确。使用 Stata 11.0 ,我们逐个样本进行了 1000 次运算,估算出偏度校正后的置信区间为 95%。

参考文献

Amsden, A. 1989. *Asia's Next Giant*, Oxford: Oxford University Press.
Auer, A., C. Demmke and R. Poltet. 1996. *Civil Services in the Europe of Fifteen: Current Situation and Prospects*, Maastricht: European Institute of Public Administration.

64 Barzelay, M. and R. Gallego. 2010. "The comparative historical analysis of public management policy cycles in France, Italy, and Spain: Symposium introduction". *Governance*, **23** (2): 209–23.

Bekke, H.A.G.M. and F. van der Meer. 2000. *Civil Service Systems in Western Europe*. Bodmin, UK: MPG Books.

Bezes, P. 2010. "Path-dependent and path-breaking changes in the French administrative system: the weight of legacy explanations". In M. Painter and B.G. Peters (eds), *Tradition and Public Administration*, New York: Palgrave Macmillan, pp. 158–73.

Brans, M. 2003. "Comparative public administration: from general theory to general framework". In B.G. Peters and J. Pierre (eds), *Handbook of Public Administration*, London: SAGE, pp. 424–39.

Dahlberg, S., C. Dahlström, V. Norell and J. Teorell. 2011. "The Quality of Government Institute Quality of Government Survey 2008–2010: A Report". The Quality of Government Institute, University of Gothenburg.

Dahlström, C. 2009. "The Bureaucratic Politics of the Welfare State Crisis: Sweden in the 1990s". *Governance*, **22** (2): 217–38.

Dahlström, C. 2011. "Who takes the hit? Ministerial advisers and the distribution of welfare state cuts". *Journal of European Public Policy*, **18** (2): 294–310.

Evans, P. and J. Rauch. 1999. "Bureaucracy and growth: a cross-national analysis of the effects of 'Weberian' state structures on economic growth". *American Sociological Review*, **64** (4): 748–65.

Finer, S. 1997. *The History of Government from the Earliest Times*, vols 1, 2, 3. Oxford: Oxford University Press.

Fischer, W. and P. Lundgreen. 1975. "The recruitment of administrative personnel". In C. Tilly (ed.), *The Formation of National States in Western Europe*, Princeton NJ: Princeton University Press, pp. 456–561.

Frant, H. 1993. "Rules and governance in the public sector: the case of civil service". *American Journal of Political Science*, **37** (4): 990–1007.

Heady, F. 1996. "Configurations of civil service systems". In H.A.G.M. Bekke, J.L. Perry and. T.A.J. Toonen (eds), *Civil Service Systems in Comparative Perspective*, Bloomington, IN: Indiana University Press, pp. 207–26.

Heclo, H. 1974. *Modern Social Politics in Britain and Sweden*. New Haven, CT: Yale University Press.

Henderson, J., D. Humle, H. Jalilian and R. Phillips. 2007. "Bureaucratic effects: 'Weberian' state agencies and poverty reduction". *Sociology*, **41** (3): 515–32.

ICRG. 2009. "International Country Risk Guide Methodology". The PRS Group. Available at: http://www.prsgroup.com/ICRG_Methodology.aspx (accessed January 28, 2009).

King, D. and B. Rothstein. 1993. "Institutional choices and labor market policy". *Comparative Political Studies*, **26** (2): 147–77.

Kiser, E. and J. Baer. 2005. "The bureaucratisation of states: toward an analytical Weberianism". In J. Adams, E. Clemens, and A.S. Orloff (eds), *The Making and Unmaking of Modernity: Politics and Processes in Historical Sociology*, Durham, NC: Duke University Press, pp. 225–48.

Lægreid, P. and L.R. Wise. 2007. "Reforming human resource management in civil service systems: recruitment, mobility, and representativeness". In J.C.N Raadschelders, T.A.J. Toonen, and F.M. Van der Meer (eds), *The Civil Service in the 21st Century: Comparative Perspectives*, Basingstoke: Palgrave Macmillan, pp. 169–82.

Lapuente, V. 2007. "A political economy approach to bureaucracies". Doctoral dissertation, University of Oxford.
Marier, P. 2005. "Where did the bureaucrats go? Role and influence of public bureaucracy in Swedish and French pension reform debate". *Governance*, **18** (4): 521–44.
Matheson, A., B. Weber, N. Manning and E. Arnould. 2007. "Study on the political involvement in senior staffing and on the delineation of responsibilities between ministers and senior civil servants". OECD Working Paper on Public Governance 2007/6, Paris, OECD.
OECD. 2004. "Trends in human resources management policies in OECD countries: an analysis of the results of the OECD survey on strategic human resources management". Human Resources Management (HRM) Working Party, OECD Headquarters, Paris, 7–8 October.
OECD. 2009. *Government at a Glance 2009*. Paris: OECD.
Olsen, J.P. 2006. "Maybe it is time to rediscover bureaucracy". *Journal of Public Administration Research and Theory*, **16** (1): 1–24.
Olsen, J.P. 2008. "The ups and downs of bureaucratic organization". *Annual Review of Political Science*, **11**: 13–37.
Painter, M. and B.G. Peters. 2010. "Administrative traditions in comparative perspective". In Painter, and Peters (eds), *Tradition and Public Administration*, New York: Palgrave Macmillan, pp. 19–30.
Pollitt, C. and G. Bouckaert. 2004. *Public Management Reform*. Oxford: Oxford University Press.
Rauch, J. and P. Evans. 2000. "Bureaucratic structure and bureaucratic performance in less developed countries". *Journal of Public Economics*, **75** (2000): 49–71.
Rothstein, B. and J. Teorell. 2008. "What is quality of government? A theory of impartial government institutions". *Governance*, **21** (2): 165–190.
Silberman, B. 1993. *Cages of Reason: The Rise of the Rational State in France, Japan, the United States, and Great Britain*. Chicago, IL: Chicago University Press.
Suleiman, E. 2003. *Dismantling Democratic States*. Princeton, NJ: Princeton University Press.
Van Rijckeghem, C. and B. Weder. 2001. "Bureaucratic corruption and the rate of temptation: do wages in the civil service affect corruption, and by how much?". *Journal of Development Economics*, **65** (2): 307–31.
Wade, R. 1990. *Governing the Market*. Princeton, NJ: Princeton University Press.
Weber, M. 1922 [1978]. *Economy and Society*. Berkeley, CA: University of California Press.
Weir, M. and T. Skocpol. 1985. "State structures and the possibilities for 'Keynesian' responses to the Great Depression in Sweden, Britain, and the United States". In P.B. Evans, D. Rueschemeyer and T. Skocpol. (eds), *Bringing the State Back In*, Cambridge: Cambridge University Press, pp. 107–68.
World Bank. 1993. *The East Asian Miracle. Economic Growth and Public Policy*, New York: Oxford University Press.

66 **附录 3A**

政府质量调查问卷摘录

问题 2. 请思考,在您选择的国家(地区),以下情况发生的频率如何?[回答范围从 1“几乎没有”到 7“几乎总是”]

a. 在招聘公职人员时,申请人的技能和优点决定了谁能得到这份工作。

b. 在招聘公职人员时,申请人的政治关系决定了谁能得到这份工作。

c. 公职人员通过正式的考试程序招聘。

d. 高级政治领导人雇用并解雇高级公职人员。

e. 高级公职人员从公共部门的雇员内部产生。

f. 公职人员一经雇用,就会在公共部门一直任职直至退休。

g. 向高级官员提供最多回扣的公司能够以利于公司的最低投标价获得公共采购合同。

h. 在执行政策时,公职人员不公平地对待社会中的一些群体。

i. 在授予私营公司经营许可证时,公职人员更青睐与他们有密切联系的申请人。

j. 高级官员的工资与私营部门经理的薪水相当,他们接受的培训和承担的责任也大致相似。

k. 公职人员的工资与其业绩有关。

l. 当被判定犯有不当行为时,公职人员会受到相应的制度惩罚。

问题 8. 您在多大程度上认同以下关于您所选国家(地区)现在状况的陈述?[回答范围从 1“完全没有”到 7“在很大程度上”]

a. 公职人员努力提高效率。

b. 公职人员努力实施最高政治领导制定的政策。

c. 公职人员努力帮助当事人。

67 d. 公职人员努力遵守规则。

e. 公职人员努力践行执政党的意识形态。

f. 公职人员的雇用受特殊法律的管制,这些法律不适用于私营部门雇员。

g. 公共服务部门提供公共服务受到来自私营企业、非政府组织或其他公共机构的竞争。

h. 提供公共服务的资金来自使用费和/或私人保险而非税收。

i. 妇女在公职人员中占有适当的比例。

j. 社会上的主要族群和宗教团体在公职人员中占有适当比例。*

k. 公职人员如果向媒体透露有关滥用权力的信息,则会面临严重的后果。*

l. 政府文件和记录向公众开放。*

m. 公共部门滥用权力可能会在媒体上曝光。*

* 注意:问题 8j、8k、8l 和 8m 仅包含在第二轮(2010)调查中。但是,本章不会分析这些问题。

第四章　需求型还是贪婪型腐败?

国际组织和各个国家尽管都在努力遏制腐败,但是很少有成功的反腐败案例。反腐败工作最主要的挑战是理解反腐为何鲜有成功,从而找到更有效的应对腐败的手段。对各国腐败程度的统一排名使腐败问题更加广为人知。这些排名在比较研究中发挥了主导作用,并且在许多方面指引着我们认识腐败及其造成的国际影响。然而,目前对腐败规模的强调显然限制了我们对腐败和反腐败措施所产生的社会效应的理解。

本章认为,反腐败计划失败的原因可以部分归结为对腐败规模的过度关注,而不是更好地理解腐败的不同形式。我把腐败分为"需求型"和"贪婪型"两种。与最常用的区分不同,这种区分并不是将焦点放在腐败的广泛性或造成的损失上面,而是侧重于腐败的最初动机。也就是说,行贿的基本动机可能是满足需要,也可能是贪婪。在公民依法享有某项服务但须以行贿为条件才能获取时,如获取出生证书或医疗服务,需求型腐败就发生了。当行贿被用来谋取本不属于自己的个人利益时,贪婪型腐败就发生了。这两类腐败的参与者之间的关系不同。需求型腐败经常伴随着胁迫和勒索,而贪婪型腐败建立在互惠共谋基础之上,更具有隐蔽性,且成本由许多参与者和纳税人共同承担。

我认为,这些不同形式腐败之间的平衡决定了政府与其辖下民众之间的某些重要关系,包括腐败对制度公信力的影响、国内反腐败力量的增长,以及增加公开性和透明度的努力。

69 此外，需求型腐败和贪婪型腐败的区分方式对理解腐败问题的传统中心理论——委托代理理论，形成了一种挑战。根据这一理论，如果委托人，如政府或公民，可以监督代理人——往往是政府部门，那么腐败是可以被遏制的（Becker & Stigler 1974；Rose-Ackerman 1978）。遵循委托代理的逻辑，反腐制度设计采取一系列政策或“工具箱”，来增加委托人监督代理人的机会，例如增加透明度，实行新闻自由、民主、分权制衡，进行分权化改革和私有化。然而，如果腐败是不显眼的，腐败影响是间接的，其代价被大量参与者和纳税人分担，那么这些反腐措施能够生效的基础也可能无法满足。如果腐败不引人注目，只可能有极少数的行动者参与反腐败活动，那么反腐败措施就可能因缺乏“委托人”而受挫。本章还表明，需求型腐败和贪婪型腐败的区分能帮助我们更好地运用集体行动理论理解反腐措施的效果，以及理解腐败水平总体较低的国家和地区的背景环境。集体行动理论是一种替代性理论视角，它在以前的反腐著作中很少出现（Persson et al. 2012）。

4.1　腐败行为的基本动机

需求型腐败和贪婪型腐败的区分基于这样一个认识：腐败动机因不同情景而变化。也就是说，行贿或涉及腐败的基本动机可能是为了满足基本需求，也可能是因为贪婪。正如上面介绍的，公民行贿可能是为了获得法律授予他们的，但必须以行贿为条件的服务（“需求型”）（见 Karlins 2005），或是为了获得他们在法律上本无权获得的好处（“贪婪型”）。这两种不同腐败形式下，行为者之间的关系是不同的。需求型腐败基于敲诈和勒索，而贪婪型腐败基于勾结。对勾结式腐败和勒索式腐败之间的差异，已经有了相当多的描述和研究（Klitgaard 1988；Flatters & MacLeod 1995；Hindricks et al. 1999；Brunetti & Weder 2003），尤其是在关于逃税的研究方面。需求型腐败和贪婪型腐败的区别与动机的区别密切相关，因为行贿基本动机的不

同往往意味着参与者之间的关系不同。然而,在这两种不同形式的

70 腐败中,行贿动机之差异的意义没有得到足够的重视。因此,大多数其他类型的腐败研究通常关注的是规模(小或大/行政或国家俘获)、行动类型(贿赂、回扣、串通投标、欺诈)和参与者类型(政治的或事务性的),而需求型和贪婪型腐败之区分关注的却是参与腐败的基本动机的性质。

最为普遍采用的区分腐败的方式是看腐败的规模或程度。小腐败和大腐败之间的区别也涉及腐败问题的规模和程度。尤斯兰纳(Uslaner 2008)在他关于不平等的研究中就采用这种区别方式,认为小的腐败比大的腐败引起的不公正较少。因为小的腐败是一种低层次的腐败,只涉及少量的金钱;而大腐败发生在更高的层次,涉及更大的金额,引起更多的不平等。另一种常见的区分是海登海默(Heidenheimer)基于腐败的道德可接受性而做的区分,其中小腐败更可能是"白色的"(Heidenheimer 2002; Uslaner 2008),因为它更容易被公众接受。然而,从道德可接受性的角度来分析腐败的问题在于,它也没有逃离关注腐败规模的窠臼。小的腐败可以变成白色腐败,因为每个人都这样做,或者因为每个人都知道你需要这样做才能得到你应享有的服务。但极不常见的小腐败也不能算得上白色腐败。同样地,公务员为一个缺乏工作资质的亲戚提供一份工作的行为,这在世界许多地方是人们通常料想得到的,所以这一行为也可能被认为是白色腐败。然而,在许多低腐败水平的背景环境下,这种做法被认为不可接受。因此,道德上可接受与否的界限与腐败问题的规模有关,不能解释问题的性质。

关注规模、盈利或交易金额存在另外一个问题,即用来交易的金钱方面的绝对额度并不等同于腐败成本和腐败收益。将它描述为受贿者和行贿者的相关收入更为恰当。结果是,卷入需求型腐败中的某个人,比如通过行贿来获得他有权享有的医疗保健的人,搞腐败的成本相对于他本人的获益而言是很高的,即使这笔钱在参与贪婪型腐败的支出面前是那么微不足道。相反,贪腐收获的意外之财,对一

个生活优渥的人来说影响微小,即使这笔额外收入绝对数量不菲。所以,仅仅通过研究盈利和规模来了解腐败行为的性质以及显著性是不够的,因为大规模的腐败在社会上不一定很显著。相对于巨额腐败,贪婪型腐败的规模可大可小(不管是以绝对还是相对的交易金额来衡量),也可能常见或罕见(定义为在不同的人群中扩散)。

71

我们来举几个例子说明需求型腐败和贪婪型腐败之间的区别。一个人在办理护照或医疗保险时已经支付了法定费用,之后仍被迫支付额外的一笔钱给一个公务人员以获得服务,这就是典型的需求型腐败。一个企业家给一个参与采购的公务员送礼或提供服务,或是一个游说团体邀请某个重要政治家去豪华度假村,这就是贪婪型腐败。需求型腐败往往是非法的,但贪婪型腐败既可以是合法的,又可以是非法的。这两种腐败的区别在于,公民贿赂行为所要获得的收益是不是其依法应享有。不过,需求型腐败和贪婪型腐败应被视为一个连续体,只是部分腐败行为更易于被归在某一端而已。

4.2　理解贪婪型腐败

在这个世界上,各国腐败程度各不相同。这一事实通过一系列指数排名而广为人知。这些腐败指数对应着国家对腐败的控制程度。像瑞典、丹麦和新西兰这样的国家一直名列前茅,而阿富汗和索马里等国家则被视为世界上最腐败的国家。然而排名关注的是不同国家的腐败水平,很少有研究去思考不同背景下腐败类型的差异以及这种差异带来的影响(见 Johnston 2005)。

需求型腐败和贪婪型腐败的区别基于一个前提:不同情景下腐败的动机各不相同。然而,国际反腐机制及其所采取的措施,很大程度上依赖于对腐败总体水平的评估,或是依赖于腐败的单一层面(往往是向政府官员行贿的频率,而这一测评通常只适用于需求型腐败而不是贪婪型腐败)。因此,尽管有几个指数评估了社会腐败的总体水平(例如,全球清廉指数和世界银行对控制腐败的测量),但在跨国调查中,很难找到区分需求型贪腐和贪婪型腐败的特别标准。尽管72不同的批评声音都反对仅凭一个数字来量化腐败(Johnston 2001; de Haan & Everest-Phillips 2007; Andersson & Heywood 2009; Warren & Laufer 2009),但就学术和政策目标而言,腐败评级仍然具有重要的参考价值。为了更好地理解需求型腐败和贪婪型腐败,我采纳了一项来自瑞典的研究。瑞典在国际比较中一直被列为最为清廉的国家之一(Transparency International 2010)。

在瑞典,腐败引发的问题,相比索求无度的政府引起的问题来说,似乎微不足道。然而,在瑞典,需求型腐败虽然的确不存在,但贪婪型腐败还是有的。对低需求型腐败的背景环境加以研究,其好处就在于,贪婪型腐败的存在可以清楚地表明,需求型和贪婪型腐败是两种不同类型的腐败。更好地理解低需求型腐败背景环境下的腐败,能够使我们对贪婪型腐败的形式及后果,以及克服贪婪型腐败的努力所能产生的效果,有更多的认识。

下面,我用瑞典公民的面板数据来探讨需求型腐败和贪婪型腐败之间的区别。根据 2009 年的一份民意调查,只有1.2%的受访者说他们在过去的 12 个月里被要求向政府官员行贿。贿赂私营部门的比例是 1.3%(Oscarsson 2010)。瑞典超低的腐败发生率与我们网络调查得到的结果相吻合。[①]受访者说他们缺乏腐败的个人经验,引用国际研究中表明瑞典腐败水平相对较低的话来说就是:"总之,我认为瑞典是腐败程度最低的国家之一。我觉得腐败算不上是瑞典的一个大问题,甚至也算不上是中等程度的问题。"

不过,受访者认为,虽然瑞典不存在传统意义上的腐败,但互惠式交易是一种相对常见的隐蔽性腐败,尽管在统计上这一数据难以获取。我们的网络调查参与者多次表示,瑞典的腐败与其他国家的系统性腐败非常不同:

> 我认为,即使瑞典有腐败存在,也不能与非洲、中东和南美洲等国家的腐败相比。我们对腐败的印象来自这些国家,这些国家的腐败不能与瑞典发生的违规行为相提并论。

我认为，在瑞典存在的腐败没有什么负面作用。在许多情况下，人们不认为自己是腐败的，因为他们不接受贵重物品，如金钱或有价值的东西。

一些受访者指出，在瑞典腐败现象很少见，相应地，腐败类型也很难识别：

73

不是很明显，但这并不意味着它不存在。

我认为瑞典存在的腐败更多的是为了提供好处而不是纯粹的金钱。这易于隐藏贿赂行为。

在东方，公开的腐败通常是"给我一些东西，我会如你所愿"。在瑞典则是某种隐藏的腐败。例如，通过奖金、企业卡特尔联合、垄断、积分制、礼品、折扣等来获得好处。

我们的受访者经常注意到，在瑞典，虽然传统形式的腐败可能很少，但还有其他类型的做法可被视为腐败。这些腐败既包含非法行为，也包含合法行为，并且非常类似于我们定义的贪婪型腐败。他们提到的合法行为，受到的关注历来较少，但最近已有文献讨论并称其为"影响力腐败"或"合法腐败"。赫尔曼等人将"影响力"定义为"不必向公职人员支付非法的私人报酬，公司就能影响法律的制定从而获取好处"(Hellmann 2000, p. 6)。同样，合法腐败"涉及对立法程序(以及法律认可的规则)的操纵，以牺牲公众利益为代价而获得私人收益"(Campos & Pradhan 2007, p. 9)。考夫曼写道："腐败也应该包括可能在严格意义上合法的一些行为，但其中的博弈规则和国家的法律政策、法规以及制度，可能在某种程度上已经被某些既得利益者不正当的影响力所左右，为的是他们的私人利益(总体上不是为了公众的利益)。严格地讲，这可能不是非法的，但也是不道德的，是逾越法理之外的。"(Kaufmann 2008)

根据我们的调查，在瑞典，这种形式的腐败的例子有：一些政治家青睐特定的大公司，一些游说团体为特定政策开展各种活动，一些高级职位的委任并非基于贤能而是带有强烈政治色彩。这些都代表了某种形式的对公正性规范的背离(Rothstein & Teorell 2008)。因此,有一种看法认为,腐败定义应该包括这样一些实际活动,即它们虽然严格意义上不是非法行为,但可能产生绕过规则的不正当影响力。有趣的是,这也发生在政治的"输入"端:

某些政治家可能会支持一些大公司。

74 政治家允许他们自己被游说团体以各种方式吹捧。

一些受访者指出,规则会因为社会地位较高的人而扭曲:

那些混在特定圈子里的人,能够获得更高的职位任命,以及道德灰色地带中的各种红利和"边缘效益"。普通瑞典人在现实生活中很难感受到这些。

当涉及"重要人物"时,就会出现更有利于他们的对规则和准则的解读。而这并太不适用于"普通"瑞典人。

对法律意图及其严肃意义缺乏尊重。

一些受访者表示,某些可称之为腐败的东西是"镶嵌于体系的",某些利益集团、劳工组织和政党之间有密切关系:

瑞典的腐败水平相当低。但是,在瑞典,存在不违犯法律的腐败。当某些组织资助政党以期望获得政治影响力时,这就是腐败。

事实上,我们2011年的网络调查显示,调查参与者认为,贪婪型腐败比需求型腐败发生得更为频繁。

表4.1显示了我们的调查对象对不同形式的腐败频率的主观认识。尽管大部分瑞典人认为自己国家的腐败总体水平非常低,但是调查对象认为,贪婪型腐败比需求型腐败更为普遍。2010年的调查中也问了类似的问题,即对不同腐败形式的接受程度(Bauhr & Oscarsson 2011)。[②]这项研究显示,在瑞典,人们对贪婪型腐败和需求型腐败的接受度存在显著差异。因此,贪婪型腐败对当前反腐败政策构成严重挑战。

表 4.1　对需求型腐败和贪婪型腐败的看法

问题	平均值	最小值	最大值	回复样本
需求型腐败				
除所有已支付的法定费用外，个人为通过护照审批被迫向公务员支付额外费用	1.62	1	7	490
为了得到良好的照顾，除已支付的医疗费用外，个人预计会向医生支付额外费用	1.97	1	7	503
公职人员因其本职工作索取报酬	2.51	1	7	501
贪婪型腐败				
企业家向参与采购的公务员提供礼物或服务	4.85	1	7	511
政治家决策受向其提供免费旅行的游说团体左右	4.90	1	7	521
组织通过对某一政党的资助影响政策进程	4.92	1	7	507
与普通公民相比，上层人士的公司更容易获得建筑许可证	5.36	1	7	513

注：此表显示了 2011 年与哥德堡大学舆情和民主研究实验室合作进行的网上调查的结果。受访者不构成瑞典人的代表性样本，不应当用于对全体瑞典人做出推断。此表显示受访者对“在您看来，在当前瑞典，下列情况在多大程度上会发生？”的回答，取值从 1（不会发生）到 7（频繁发生）。

4.3　需求、贪婪与制度信任

腐败对制度信任的危害已经被实证研究充分证实。尽管腐败和制度信任事实上是互相影响的（Hetherington 1998；della Porta & Vanucci 1999；Rothstein & Stolle 2008；Morris & Klesner 2010），最近

的许多研究却强烈主张腐败对制度信任有负面影响(della Porta 2000; Selingson 2002; Anderson & Tverdova 2003; Chang & Chu 2006)。然而,这些研究大多侧重于腐败的规模,没有对不同类型的腐败进行区分。这类研究通常使用的是关于国家腐败总体水平的测量指标,如世界银行的腐败控制指数和透明国际的全球清廉指数,或者个人层面的测评指标,如从世界价值观调查中得出的行贿频率。换言之,国家间的腐败差异主要表现在规模而非类型上。

76

制度信任事实上是对政府绩效的一种评估(Mishler & Rose 2001),不同腐败形式之间的显著性差异有可能影响到它们对制度信任产生的作用。因为贪婪型腐败通常比需求型腐败更不引人注意,对制度信任的负面影响相比需求型腐败产生的负面影响可能较为有限。在某些情况下,贪婪型腐败甚至可能与高度的制度信任并存,包括对社会中腐败管控机制(如司法系统)的制度信任。更具体地说,尽管需求型腐败会削弱制度信任,但贪婪型腐败并不一定如此。[3]

这种关系如图 4.1 和图 4.2 所示。腐败排名如此重要的原因之一是,人们很难获得满意的跨国数据来衡量腐败的其他方面,尤其是从需求和贪婪这两个维度。因此,在实证研究中区分需求型和贪婪型腐败,关键的问题在于高质量跨国比较测评不太可行。下面的分析以世界价值观调查数据(研究需求型腐败和制度信任之关系)和世界营商环境调查数据(研究贪婪型腐败与制度信任之关系)为基础。这些数字分别表明了需求型和贪婪型腐败对制度信任的影响。[4]

图 4.1 再次证实了文献中的发现,即腐败和制度信任的负相关性(Anderson & Tverdova 2003)。一个国家的需求型腐败越多,人们对司法系统的信任就越低。然而,图 4.2 更令人困惑。贪婪型腐败的不显著性让我想到,贪婪型腐败可能会与高度的制度信任并存。但图 4.2 显示,贪婪型腐败甚至可能与对制度的信任度呈正相关。虽然这种颠倒的关系很难解释,但数字清楚地表明:贪婪型腐败和制度信任的关系与通常认知的腐败和制度信任之间的负相关关系,可能有根本不同。

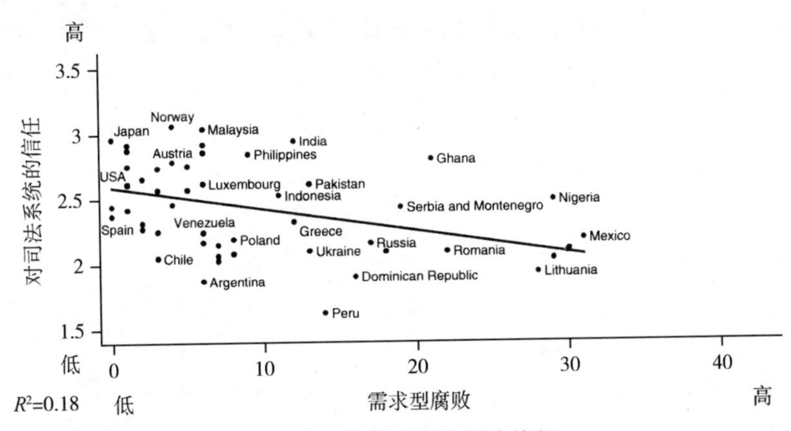

图 4.1　需求型腐败和制度信任

注：需求型腐败的衡量标准是一个国家的人口对下面的问题回答“是”的百分比：“在过去的 12 个月中，您或您家中的任何人是否以任何形式行贿过？”(Transparency International Global Corruption Barometer 2005)。对司法系统的信任是以下面这个问题答案的国家均值来衡量的：“我将列举一些组织。对于每一个组织，您能告诉我您对它们有多信任：非常信任，比较信任，不太信任，或根本不信任？”(World Value Survey 2005-2008)。所有数据由J.特奥雷尔、M.萨曼尼、S.霍姆伯格和B.罗斯坦整理。见 The Quality of Government Dataset, version 6 Apr 11, The Quality of Government Institute, University of Gothenburg, http://www.qog.pol.gu.se。

数据来源：Global Corruption Barometer/World Values Survey。

需求型腐败和贪婪型腐败对制度信任可能有不同影响。贪婪型腐败似乎不符合预期的腐败与制度信任之间的关系模式，虽然这些结论在理论上行得通，对现实也具有警示意义。我们对需求型和贪婪型腐败的测评都运用了一种间接代理指标，仔细地看，任何一个代理指标都不是这一概念分类下唯一的测量方式。这两种调查的任何一个都不能完全把需求型或贪婪型腐败测量出来，但是为解决问题而支付报酬，即世界营商环境调查中的指标，有可能反映出贪婪型腐败而不是需求型腐败的某些特质。然而，它也可以用来揭示需求型腐败的大致程度，按照常理来讲，这种报酬一般是用来获得许可证之类的东西，而这类东西对于经商来讲在法律上本是有权获得的。此外,如果大部分人曾经行贿,那么腐败就可以被视为与人们的日常服务相关,因此这类贿赂更有可能反映出需求型腐败的相关情况。然而,尽管贪婪型腐败和制度信任的确切关系值得进一步研究,但在实证研究中,腐败和制度信任之间的关系显然受所测评之腐败属于何种类型的影响。

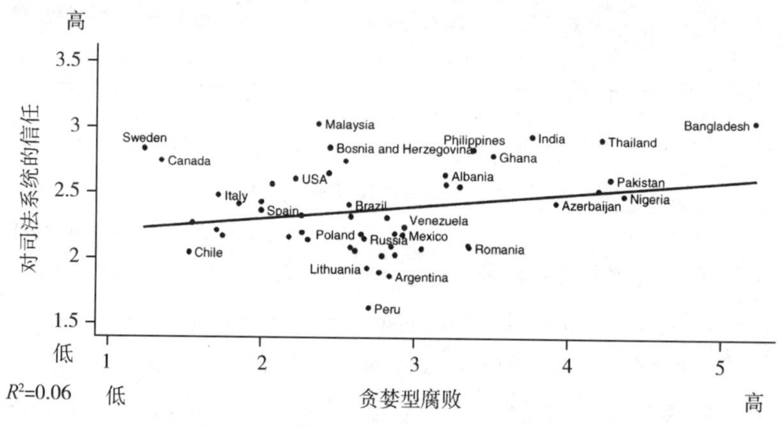

图 4.2 贪婪型腐败和对司法系统的信任

78

注:通过对变量进行编码,更高的值意味着更大的需求、更高的贪婪程度和更多的信任。贪婪型腐败是通过对"我所在的行业、公司为了完成工作,通常必须支付一些不合规的'额外费用'"这一问题的平均回答来衡量的。此处编码为1=从不,6=总是(World Business Environment Survey 2000)。对司法系统的信任是以下面这个问题答案的国家平均值来衡量的:"我将列举一些组织。对于每一个组织,请您告诉我您对它的信任程度:非常信任,比较信任,不太信任,或根本不信任。"(World Value Survey 2005-2008)。所有数据由J.特奥雷尔、M.萨曼尼、S.霍姆伯格和B.罗斯坦整理。见The Quality of Government Dataset, version 6 Apr 11, The Quality of Government Institute, University of Gothenburg, http://www.qog.pol.gu.se。

数据来源:World Business Environment/World Value Survey。

4.4 需求型腐败、贪婪型腐败和反腐败的集体行动

需求型腐败和贪婪型腐败的区分,还挑战了当前反腐败工作的

基本假设，即腐败会引发某种程度的反腐败的动员与集体行动。当前大多数反腐败努力都是基于委托代理理论的逻辑（Persson et al. 2012）。这一理论有许多形式。贝克尔和施蒂格勒（Becker & Stigler 1974）以及罗丝-阿克曼（Rose-Ackerman 1978）的开创性工作都提出，腐败问题可以控制，只要“委托人”（公民或政府机构）有机会监控“代理人”（通常是政府机关）。这种观点认为，当腐败行为带来的好处超过可能的查处代价时，腐败就会出现。[5]在实践中，这个建议已经产出了多重反腐败举措，如公共部门改革、私有化、民主化、透明化和加强公民社会等（World Bank 2000）。

然而，越来越多的研究表明，反腐败努力往往不能产生预期效益的原因是，没有愿意执行当前反腐败法规的行动者，或者这样的行动者很少（Robinson 1998; Johnston 2005）。因此，纵然反腐败的立法和正式机构已经到位，这并不意味着相关法律就会得到执行。用委托代理理论的术语来说，大多数反腐败措施假设“委托人”是存在的，即有很多愿意执行反腐败法规的主体，如公民社会、政府机构或公民。然而，有好几个理由可以说明这种假设可能不成立。这些理由包括正式投诉机制效能低下、个人参与反腐败工作成本高昂。

很少有人关注那些不起眼的腐败对公民参与的影响。贪婪型腐败可能持续多年而不被发现，它的成本是扩散性的，并由大量的参与者来分担。此外，它对于民主制度的侵蚀也非常缓慢。因此，虽然世界上大多数地方的反腐败人士或机构对腐败进行强烈的道德谴责，但由于腐败无法被直观感受到，政府机构或公众可能不会采取什么强硬的举措。贪婪型腐败还不一定涉及“委托人”，更谈不上驱动“委托人”采取行动。如果贪婪型腐败与高制度信任并存，特别是认为政治体系有能力控制腐败这样一种信任与贪婪型腐败并存，那么大众动员起来反对贪婪型腐败就更不可能了。如果贪婪型腐败与高制度信任并存，公民可能（内在无根据地）信赖政治体系抵制腐败的能力，并假定政府能够处理好腐败问题。我们的受访者也明确表示，他们相信制度有应对腐败的能力。

用瑞典一位受访者的话来说："谢天谢地，在瑞典成为真正的民主国家之后，传统上的腐败就变得很稀少了。贿赂之类的东西在我们的社会没有立锥之地。"同样，受访者表达了对腐败控制机制的信任："我认为我们的官僚体系有很多屏障和控制机制来防止腐败。"在瑞典，对体制有能力控制腐败的信任并不是没有根据的，而且当人们认为有必要对体制施加影响时，这种信任也有利于他们参与进来。80 然而，贪婪型腐败很少能激发公民的干预行为。

因此，对需求型腐败和贪婪型腐败的区分有助于我们理解遏制腐败会遇到的各种困难。更具体地说，它帮助我们理解：为什么低需求型腐败的社会，可能不会催生有效的公民参与来反对贪婪型腐败。如果腐败在日常生活中不能被清楚地感受到，或者它的后果被稀释了或者被分担了，那么在更大范围内，就更难以动员公众参与来反对这种腐败。这一点很重要，因为它对下列问题之原因提供了解释：在一些国家，通常是严格控制腐败的，某种形式的合法腐败尽管对经济产生不利影响，多年来却未受抑制。有分析人士指出，像近年来金融危机这样急剧的国际形势之变化，其根源就在于各种合法腐败的存在(Kaufmann 2009)。因此，把导致金融危机的各种因素和公众长期以来对贪婪型腐败的冷淡态度的形成过程，这两方面联系起来理解是很重要的。

反腐败工作的关键问题是如何一开始就使反腐败行动者参与进来。最近的研究强调了腐败问题的两难社会困境(Gatti et al.2003; Bauhr 2011; Bauhr & Grimes 2011; Bauhr & Nasiritousi 2012; Persson et al. 2012)。腐败参与者的短期个人利益最大化会损害公共利益，但如果他们不参与腐败则会使所有参与者的境遇更为糟糕，这就是两难困境(Olson 1965; Ostrom 1998)。许多文献提出，在诸如环境保护、国际安全和腐败等动态领域，要尝试克服两难社会困境，促进集体行动，一个核心理念就是互惠原则、信誉和信任对寻求最优结果而言极为重要(Ostrom 1998)。换言之，能最终阻止参与者寻求自身短期利益最大化并促使其为社会共同利益行事的，就是他们预期其他人也会为共同利益行事。如果腐败被视为社会困境，一个人是否参与腐败行为就会严重依赖于对他人行为的预期，或依赖于对所在社会腐败无可救药的预期（Persson et al. 2012）。

遵循这个逻辑，对反腐败措施之效果的理解应当包括对这些举措如何改变对他人行为的预期的分析。然而，我们对反腐败措施什么时候以及怎样改变我国民众的行为预期的理解非常有限。增加透明度和揭露腐败现象是反腐败政策措施之一，它们有可能改变人们对行贿的心理倾向（Bauhr & Nasiritousi 2012）。一方面，它让违法行为得到查处和惩罚，另一方面，如果增加腐败曝光率使得腐败问题的规模更加明显，这可能会改变人们对他人行为的期望，使得人们认为国人比他们之前设想的更为腐败（Bauhr 2011; Bauhr & Grimes 2011）。最糟糕的是，透明甚至可能增加腐败，因为它降低了行贿的社会和道德门槛。

81

需求型腐败与贪婪型腐败之间的平衡，可能会决定腐败的透明效果。在高需求型腐败的背景环境下，人们在日常生活中常常能经历或感受到腐败，透明度和曝光本身对改变对他人行为之预期的潜力应该相当有限。与高需求型腐败环境相反，大多数生活在低需求型腐败环境中的人，没有贪污腐败的任何体验。这使得普通公民严重依赖间接的腐败信息。在这些情形下，增加透明度和曝光腐败显然有改变对他人行为之预期的风险，从而可能会破坏腐败的低水平均衡。既然对腐败的监督指控并不基于普遍经验，那么指控腐败可能会或多或少地影响到人们对社会中腐败之顽固性的主观认识（Bauhr 2011）。

我们网络调查的几个参与者对腐败的曝光度持续增加表示了担忧，并提醒说，媒体对腐败故事的过度宣传会产生“腐败成了一个重要问题”的虚假印象，这反过来可能引发更多腐败。被采访者评论说，他们认为腐败现象比以前更普遍了，在大众媒体对腐败的兴趣持续增加后，“感觉好像腐败经常发生，又或许是今天的媒体比以前更关注腐败吧”。我们的另一位受访者很好地描述了这个进退两难的局面:“这个问题解决了是很好。但另一方面,新闻的放大效应可能让它看起来比实际更常见,这会导致更多的腐败。”

提升透明度对腐败的影响是复杂的,需要进行更详细的分析。然而,更好地理解腐败的社会困境,以及反腐败措施如何改变人们对他人行为的预期也很重要。根据集体行动理论的逻辑,人们参与腐败或反击腐败的行为,严重依赖于他们对所在社会环境腐败程度的主观认识(Andvig & Moene 1990; Ostrom 1998; Gatti et al. 2003; Persson et al. 2012)。需求型腐败和贪婪型腐败的区别,可以阐明反腐败措施在何种条件下能够改变人们对他人行为的预期,从而有助于我们了解反腐败措施的潜在影响,以及如何改进这些措施。

82

4.5 区别需求型和贪婪型腐败的意义

本章认为,超越对腐败规模的关注,区分需求型腐败和贪婪型腐败对于我们理解腐败的影响和反腐败措施的效果有多重意义。我为此提出三个相互关联的命题。第一,贪婪型腐败的相对不明显使得腐败与制度信任可以在低需求型腐败的环境下共存。关于腐败与制度信任的相关研究通常发现,腐败与制度信任成负相关关系,也就是说,更多的腐败会削弱人们对制度的信任(della Porta 2000; Bowser 2001; Selingson 2002; Anderson & Tverdova 2003; Chang & Chu 2006)。[6]需求型和贪婪型腐败的区分,在这里被用来质疑腐败是否总会危害到人们对制度的信任。第二,贪婪型腐败不一定能激发人们参与反腐败行动。贪婪型腐败会引发人们的道德愤慨,但可能无法激发集体行动。在日常生活中,贪婪型腐败能长时间不被察觉,因为腐败的成本被平摊了,而且它对民主制度的侵蚀很慢。第三,在低需求型腐败的环境下,增加透明度和腐败曝光度可能产生无法预料的影响。在这种环境下,日常生活中大多数人缺乏腐败经验。人们对腐败的看法可能或多或少地受间接资料和权威媒体对腐败的解说的影响,这反过来可能向人们灌输一种其他人都在搞腐败的意识,从而使腐败合法化、普遍化。

从以上分析中能得出一个更普遍性的结论：更好地分析政策措施建立的根本条件，例如委托人强化反腐败机制的意愿，有助于反击腐败。对委托人的决心和行动来讲，行贿的基本动机以及腐败的可见性和/或显著性是潜在的重要因素。这也表明，在低需求型腐败的环境下，控制贪婪型腐败何其困难！低需求型腐败的社会，因找不到委托人而饱受贪婪型腐败之苦。致力于增加腐败可见性的政策措施可能适得其反，因为人们对腐败之顽固程度的预期会或多或少地受到外界间接评论的影响。换句话说，反腐败的努力将得益于思考这样一个问题：政策措施如何影响人们对于腐败顽固性的预期，以及在不同腐败类型和社会类型间，这种影响又是怎样变化的。

83

总之，腐败问题的性质在国家内部和国家之间都有很大差别，因此有理由推断，从某一套理论得出的政策意蕴不足以套用在所有类型的腐败上，或者说，对腐败这一复杂问题不存在一刀切的解决办法。本章表明，更好地理解不同形式腐败之间的平衡，可以用来解释如下重要关系：腐败对制度信任有何影响，对公民参与反腐败有何影响，以及对增加透明度和揭露腐败等措施有何影响。特别是，它展示出，超越传统的委托—代理模型，从另一种角度更好地探索理解腐败问题及其两难社会困境，我们将会收获多多。

注　释

① 本部分的分析基于对瑞典受访者做的一项自选样本式网络调查。该调查由哥德堡大学舆情和民主研究实验室（LORe）与政治科学系的舆情和民主跨学科研究中心合作完成。这项调查在 2011 年 1 月进行，共有 554 名受访者。面板数据不构成代表性样本，不应该用来推断瑞典人都是这样认为的。然而，有一些迹象表明，答案可能是相对稳健的。例如，在政府采购过程中企业家赠送礼物或提供服务给相关公务人员，对这一做法是否接受的测评中，面板数据的均值为 1.53，而根据 SOM 研究所（哥德堡大学的社会、舆情与传媒研究所，Society, Opinions and Media）的一组有代表性的样本，均值是 1.55

(Bauhr & Oscarsson, 2011)。同样,对于是否接受一个公务人员在履行职责过程中额外索要费用的问题,面板数据的平均值是 1.17,而代表性样本的平均值是 1.22。在此次网络调查和 SOM 研究所进行的代表性调查中都涉及一个问题:“您认为,在何种程度上,下列行为是可以接受的?”答案范围从 1(不能接受)到 7(总是可以接受)。

② 这项调查是由哥德堡大学 SOM 研究所进行的。

③ 这个命题可能因此与尤斯兰纳(Uslaner 2008)的观点有所冲突。他认为在非洲和摩尔多瓦,大规模腐败相比小规模腐败对公众信任度具有更强的影响。这被解释为是由于大规模腐败带来了更多的不公平。

④ 司法系统被视为制度信任的代表,因为它是一个相当中性的制度(Campbell 2004; Rothstein & Stolle 2008)。虽然司法系统可能不会卷入任何一种类型的腐败中去,但经常被视为承担着反腐的责任。

84 ⑤ 根据这种观点,腐败可以根据克里特加尔德(Klitgaard)的公式理解为“自由裁量权+垄断-责任=腐败”(Klitgaard 1988)。

⑥ 这种关系很可能是互相激发的,在制度信任度低的地区,会产生更多的腐败(Hetherington 1998; della Porta & Vanucci 1999; Rothstein & Stolle 2008)。

参考文献

Anderson, C.J. and Y.V. Tverdova. 2003. “Corruption, political allegiances, and attitudes toward government in contemporary democracies”. *American Journal of Political Science*, **47**(1): 91–109.

Andersson, S. and P.M. Heywood. 2009. “The politics of perception: use and abuse of Transparency International’s approach to measuring corruption”. *Political Studies*, **57**: 746–67.

Andvig, J.C. and K.O. Moene. 1990. “How corruption may corrupt”. *Journal of Economic Behavior and Organization*, **13** (1): 63–76.

Bauhr, M. 2011. “Need or greed corruption? Trust, collective action and the effectiveness of anti-corruption policies”. Under review.

Bauhr, M. and M. Grimes. 2011. “Indignation or resignation? The implications of transparency for societal accountability”. Under review.

Bauhr, M. and N. Nasiritousi. 2012. “Resisting transparency: corruption, legitimacy and the quality of global environmental policies”. *Global Environmental Politics*, **12** (4).

Bauhr, M. and H. Oscarsson, 2011. “Public perceptions of corruption. the prevalence and moral rejection of corruption in Sweden”. The QoG working paper series, 2011:11, The Quality of Government Institute, University of Gothenburg.

Becker, G. and G. Stigler. 1974. “Law enforcement, malfeasance, and compensation of enforcers”. *Journal of Legal Studies*, **3**: 1–18.

Bowser, D. 2001. "Corruption, trust, and the danger to democratisation in the former Soviet Union". In D. Lovell (ed.), *The Transition: Essays on Post Communism*. London: Ashgate.

Brunetti, A. and B. Weder. 2003. "A free press is bad news for corruption". *Journal of Public Economics*, **87**: 1801–24.

Campbell, W.R. 2004. "The sources of institutional trust in East and West Germany: civic culture or economic performance?". *German Politics*, **13** (3): 401–18.

Campos, J.E. and S. Pradhan (eds). 2007. *The Many Faces of Corruption: Tracking Vulnerabilities at the Sector Level*. Washington, DC: World Bank.

Chang, E.C.C. and Y. Chu. 2006. "Corruption and trust: exceptionalism in Asian democracies?". *Journal of Politics*, **68** (2): 259–71.

de Haan, A. and M. Everest-Phillips. 2007. "Can New Aid Modalities Handle Politics?" Research Paper No. 2007/63, UNU – WIDER, October.

della Porta, D. 2000. "Social capital, beliefs in government, and political corruption". In S. Pharr and R. Putnam (eds), *Disaffected Democracies: What's Troubling the Trilateral Countries?* Princeton, NJ: Princeton University Press, pp. 202–29.

della Porta, D. and A. Vanucci. 1999. *Corrupt Exchanges: Actors, Resources, and Mechanisms of Political Corruption*. New York: Aldine de Gruyter.

Flatters, F. and B. MacLeod. 1995. "Administrative corruption and taxation". *International Tax and Public Finance*, **2**: 397–417.

85

Gatti, R., S. Paternostro and J. Rigolini. 2003. "Individual attitudes toward corruption: do social effects matter?". World Bank Policy Research Working Paper 3122, Washington, DC.

Heidenheimer, A.J. 2002. "Perspectives on the perception of corruption". In A. Heidenheimer and M. Johnston (eds), *Political Corruption*, 3rd edn. New Brunswick, NJ: Transaction, pp. 202–29.

Hellman, J.S., G. Jones and D. Kaufmann. 2000. "Seize the state, seize the day. State capture, corruption, and influence in transition". Policy Research Working Paper, World Bank, Washington, DC.

Hetherington, M.J. 1998. "The political relevance of political trust". *American Political Science Review*, **92**: 791–808.

Hindricks, J., M. Keen and A. Muthoo. 1999. "Corruption, extortion and evasion". *Journal of Public Economics*, **74**: 395–430.

Johnston, M. 2001. "The definitions debate: old conflicts". In A.K. Jain (ed.), *New Guises: The Political Economy of Corruption*, New York: Routledge, pp. 11–32.

Johnston, M. 2005. *Syndromes of Corruption: Wealth, Power, and Democracy*, New York: Cambridge University Press.

Karlins, R. 2005. *The System Made me Do It: Corruption in Postcommunist Societies*. New York: M.E. Sharpe.

Kaufmann, D. 2008. "Capture and the financial crisis: an elephant forcing a rethink of corruption?". *The Kaufmann Governance Post*, November 3. Available at: http://thekaufmannpost.net/capture-and-the-financial-crisis-an-elephant-forcing-a-rethink-ofcorruption/ (accessed 10 May 2011).

Kaufmann, D. 2009. "Mad money, legal corruption, and the financial crisis". *The Kaufmann Governance Post*, March 15. Available at: http://thekaufmannpost.net/mad-money-legal-corruption-and-the-financial-crisis-cramer-vs-stewart-in-comedy-central/ (accessed 10 May 2011).

Klitgaard, R. 1988. *Controlling Corruption*. Berkeley and Los Angeles, CA: University of California Press.

Mishler, W. and R. Rose. 2001. "What are the origins of political trust? Testing institutional and cultural theories in post-communist societies". *Comparative Political Studies*, **34** (1): 30–62.

Morris, S.D. and J.L. Klesner. 2010. "Corruption and trust: theoretical considerations and evidence from Mexico". *Comparative Political Studies*, **43** (10): 1258–85.

Olson, M. 1965. *The Logic of Collective Action: Public Goods and the Theory of Groups*. Cambridge, MA: Harvard University Press.

Oscarsson, H. 2010. "Mutor och korruption". In S. Holmberg and L. Weibull (eds), *Nordiskt ljus.Trettiosju kapitel om politik, medier och samhälle*. SOM-rapport 50, Göteborgs universitet.

Ostrom, E. 1998. "A behavioral approach to the rational choice theory of collective action". *American Political Science Review*, **92** (1): 1–22.

Persson, A., B. Rothstein and J. Teorell. 2012. "Why anti-corruption reforms fail: systemic corruption as a collective action problem". *Governance* (forthcoming).

Robinson, M. 1998. "Corruption and development: an introduction". *European Journal of Development Research*, **10** (2): 1–14.

Rose-Ackerman, S. 1978. *Corruption: A Study in Political Economy.* New York: Academic Press.

86 Rothstein, B. and D. Stolle. 2008. "How political institutions create and destroy social capital: an institutional theory of generalized trust". *Comparative Politics*, **40**: 441–67.

Rothstein, B. and J. Teorell. 2008. "What is quality of government? A theory of impartial government institutions". *Governance: An International Journal of Policy, Administration, and Institutions*, **21** (2): 165–90.

Selingson, M.A. 2002. "The impact of corruption on regime legitimacy: a comparative study of four Latin American countries". *Journal of Politics*, **64** (2): 408–33.

Transparency International. 2010. "Corruption Perceptions Index". Available at: http://www.transparency.org/policy_research/surveys_indices/cpi/2010 (accessed 17 March 2011).

Uslaner, E.M. 2008. *Corruption, Inequality, and the Rule of Law: The Bulging Pocket Makes the Easy Life.* Cambridge: Cambridge University Press.

Warren, D.E. and W.S. Laufer. 2009. "Are corruption indices a self-fulfilling prophecy? A social labeling perspective of corruption". *Journal of Business Ethics*, **88**: 841–9.

World Bank. 2000. *Anti-Corruption in Transition: A Contribution to the Policy Debate.* Washington, DC: World Bank.

第五章　公正与公共关怀伦理

政府质量首先取决于公正，这一理论适用于整个政府体系，涵盖国家的福利政策领域，如教育、医疗、环境、执法（Rothstein 2011）。政府质量理论类似于法治理论，但有一个重要区别：它将福利国家的政府部门纳入其范畴。所以这两个理论分道扬镳了。政府质量理论的核心是，如何将公正作为一个原则和工具，来准确地展示与福利国家相关的领域如何得以改进。这是一个雄心勃勃且有一定难度的任务，因为先前有关政策执行方面的研究已经充分显示出，政府的各种官僚体制工具并不能很好地应付这些领域的问题（Pressman & Wildavsky 1984; Wilson 1989; Meyers & Vorsanger 2003）。因此，要把作为公正的政府质量这一理论立起来，就有必要更精确地阐明，在各种福利国家政策领域，政府质量怎样才能建立起来。

基本的政治常识告诉我们，福利国家相关领域的政府质量至关重要。无论是从预算安排的数目还是比例来看，现代国家的一大块是由福利国家所涉及的领域构成的（Huber & Stephens 2001）。此外，公民对国家的信任，似乎首先受他们对福利领域各种产出的感受，以及对自身与国家间互动情况的感受的影响，因为相比其他领域，在福利政策领域内，公职人员和公民之间的联络最为频繁（Rothstein & Stolle 2003; Rothstein & Kumlin 2005）。这两个原因决定了在福利国家相关领域必须解决好政府质量问题。

在这一章中，我将详细阐述包括福利国家领域在内的整个国家应当怎样做才能使政府质量达到较高水平。在执行、管理和女权主

义理论领域内,先前的研究提出了一种官僚模型。我首先将对此给
88
出总体性批判。随后我将提出,公共伦理为提高政府质量提供了一个有意义的视角和工具。特别是在福利国家相关领域,公共关怀伦理(PEC)对提高政府质量而言极具价值。

5.1 公正的官僚机构及其批判

公正理论指出,公正是政府质量的关键。在这里公正指的是政府的程序性方面,而无关其实质性内容。该理论进一步表明,政府输出端的公正比输入端的公正更为重要。在这一语境下,公正实质上意味着政府机构以相似的方式处理相似的案件,并且只有在法律预先规定的情况下才会关注某一具体情况或问题(Rothstein 2011)。该理论进一步指出,公职人员在处理日常事务时不应受个人感情和利益的影响(Cupit 2000)。这里所使用的公正概念深受韦伯式公职人员之公正性概念的影响,而公职人员的公正是官僚政府的核心原则(Gerth & Mills 1946)。同时,作为公正的政府质量这一概念挑战并扩展了韦伯式理念,因为它可以适用于包括福利国家分支部门在内的整个政府体制,而国家福利部门在韦伯时代并不存在。因此,如果要在这些新兴政府领域解决政府质量问题,就需要对公正理论再加以阐述。

我们在讨论官僚制前必须承认,它是一个非常成功的政府模式。它经过历史验证,已成为世界范围内影响最广泛的政府模式。尽管如此,甚至也正因为如此,官僚机构也面临着相当多的批评,下面是其中几个具有代表性的理论观点。

观点一:人的多样性与单一性官僚体系存在矛盾。

这种批评把官僚机构描绘为僵化的、不人道的和行动迟缓的,说它偏离了人们的实际关切和需求。这种批评的大众化版本很常见,例如,乔治·奥威尔(George Orwell)的反乌托邦小说《一九八四》就是这么形容官僚机构的。这种批评集中在官僚机构的制度特征上:

如何将人们大量的需求和关注压缩进一个较小的预设好的规则体系中。作为一个公民,这个过程可能使人感觉到被贬损,感觉到憋屈,因为你必须适应这套规则。此外,缓慢的立法程序、指令的等级链条都会导致人们经历痛苦的时间更久。这些痛苦都是官僚机构并无意于满足人们的需求而引发的。在韦伯式官僚体制下,一切都是精准的,没有什么制度空隙可钻,如果人的需求没有恰好落入什么预设的空间里,而且人们犯了错误也无法迅速得到纠正,这时痛苦就产生了。 89

但是,现实中的确存在着为人的需求而预设的一些制度性空隙,这在福利国家官僚体系中引发了严重的问题。有关政策执行方面的文献已经证明,街道社区一级的基层政策必须关注公民层面的大量具体因素,以便为特定的事项选择合适的政策工具(Lipsky 1980; Wilson 1989)。用笼统的规则来处理基层事务是有问题的,因为计划总是赶不上变化。解决这一问题的一种方法是,在执行中给予公职人员相当大的自由裁量权。这正是不少福利政策领域的特征。

根据这一批评,官僚机构的刚性结构需要通过一些方式变得更加灵活。例如分权,它允许适当调整中央政策以提出符合地方需求的解决方案。还比如赋予公职人员以自由裁量权,从而使他们能根据公民个体的实际情况对政策的具体实施做出个性化调整。

观点二:市场与官僚机构存在矛盾。

第二种批评认为官僚机构是低效的。这种批评尤其指向官僚机构的等级科层制和立法体系的缓慢运作。公共选择学派的批评最尖锐,他们说官僚们总想使自身利益最大化(Downs 1993)。从这个角度看,官僚机构有一些市场导向的解决方案是更为理想的,因为它们可以促进竞争从而提高效率。以市场为导向的解决方案具有激发企业家精神的额外优势,尽管官僚体制可能会抑制个人的主动性和创造性。市场化解决方案的最后一个优点是,公民个体偏好对政府输出而言变得更为重要,因为市场的逻辑是去满足顾客需求。这种批评赞同在公共服务供给中提供特殊服务,这通常被称为"个性化议程"(Lloyd 2010)。

根据这一批评,官僚体制需要更为市场化的解决方案,因为这类方案被认为更有效率,能更好地激发公职人员的个人天赋和领导才能。这些解决方案还能更好地满足公民的个人偏好。

观点三:主观性与客观性存在矛盾。

最后一种批评直接反对公正原则本身。公正的判断本身是不可能的,因为人们在做出判断时不可避免地要用到自己的价值观和经验(Young 2000; Stensöta 2010)。根据这个观点,尽管我们无法做出完全公正的决策,但必须找到办法来弥补内生于主观判断中的偏见。

90

解决主观判断受个人经验和价值观影响的一种方法是,要保证公职人员拥有足够多的、多元化的经验和价值观。人们一直强调,这种多样性有助于做出更好的判断,因为我们仅能充分理解与我们有着相似经历的人的生活环境。按这个原则推理,那么有特定经历的公民就能与有类似经历的公职人员打交道,最终的决策也就能更好满足他们的需要。一个多元化的公职人员核心群体,会使这类情形变得更具可能性。

以上大多数批评特别适用于教育、医疗保健、社会福利、环境政策和执法等领域。这些领域需要人性关怀服务导向的政策。在这些领域,政府雇员有相当多的自由裁量权(Lipsky 1980),新的公共管理举措也很常见(Pollitt & Bouckaert 2004)。

5.2 福利国家政策的公正执行

政府质量在于福利政策的公正执行,这一论点可以从两个方面来阐述。第一,公正的执行并不一定意味着所有的政策必须对所有公民开放(Olsen 2006)。好的政策也可能仅针对特定群体,只要属于这一群体的公民在政策实际执行中得到了公正对待。第二,公正对待并不一定意味着相关目标群体中的每一个公民都得到了完全相同的资源。相反,大多数此类政策要取得相同的结果,就是要使不同的公民得到不同程度的关注,享用不同的资源(Rothstein 2011)。

第一点必须要得到广泛承认,因为大多数政策并非针对所有人,而是针对部分群体的。但第二点更为棘手。给目标群体的不同公民以不同程度的关注和不同的资源,这怎样才能被证明是正当的?体现公正原则的那些规则显然不够具体,不能很好地告知公职人员在特定的时间内应该使用什么工具执行什么任务,以及投入多少资源。在这一方面,公正作为一种消极的限定因素发挥作用,它要求公职人员避免因个人偏好以及不确定的好恶影响到他们的政策,但它对如何选择政策工具、划分资源和给予关注缺乏足够的正面指导。因此,实践中要确保政府质量,就需要另外一种指导,这种指导可能另有理论来源。

91

5.3 专业规范

专业规范通常为公职人员制定高质量的政策提供指导。专业性最终是建立在科学知识或实践经验基础之上,这两者都说明了哪些政策工具可能产生什么结果。对于一个较为发达的以科学为基础的行当比如医学行业来说,这没有问题,因为诊断和治疗要基于严格的科学研究。但在其他新兴的专业化或半专业化行当里,科学基础一事更具争议性。在这些领域,已有研究表明,专业规范只是影响基层官员决策的一个因素,而其他因素,如处理案件的数量、领导力、个人对政策目标的理解、年龄、性别、种族等,同样会影响到政策结果(Lipsky 1980; Meyers & Vorsanger 2003)。在这些领域,专业规范不足以解决执行是否恰当的争议。出于这个原因,我们必须寻找其他途径来帮助实现政府质量。

5.4 公共伦理的价值

近几十年来,公共伦理的创设被广泛认为是实现高质量政府的方式(Cooper 1990)。广义地讲,公共伦理强化了存在于更正式的政府模式中的那些公共价值。如果不强化这些价值,它们可能就会被忽视。与当代公共行政的公共性讨论密切相关的有关公共伦理的讨论,认为正是公共性将公共行政机构与市场取向的组织区别开来(Rainey 2009)。公共组织与私人组织的区别至少体现在三个方面:组织目标、员工激励和组织绩效(Bozeman 2010)。

92 我认为,公共伦理为专业规范做了补充,以两种明显有益的方式为如何在福利国家相关领域提高政府质量提供了指导。首先,它可以为福利国家在专业化不够成熟的领域和新兴或半专业化的领域的运行提供指导。其次,公共伦理可以通过统一的伦理标准来联系各个政府子系统。通过适当的界定,特定的专业标准通常能适用于不同的专业子领域。

公共伦理一般通过各种特征来定义,例如奉献、问责制、诚信、组织化的公民行为以及一些公共利益观(Rayner et al. 2011)。通过指明公共伦理怎样改进与特定正式模型相关的治理,公共伦理的具体内容可以得到明确。在官僚组织中,公共伦理就像是一张安全网,它鼓励公职人员在正式规则有可能违背一些更具原则性的内在价值——如《联合国世界人权宣言》所阐明的那些价值规范——之时,进行内部揭发(Lundquist 1988)。就新公共管理模型来说,公共伦理有助于强化上述这些价值,因为人们在追求效率时可能会忽视这些价值观(Chapman & O'Toole 1995; Frederickson 1999; Brady 2003; Cooper 2004; Macaulay & Lawton 2006)。

在这里,公共伦理被概括为一套价值导向原则。公职人员在履职中需要做出有效判断时,可以参考公共伦理。公共伦理可以以一种组织文化的形式,渗透在组织机构之中。

当代对公共伦理的讨论包括对公共伦理所含内容的争议。上面提到的公共伦理之价值观,如奉献、问责制、诚信、组织化的公民行为以及一些公共利益观,是很宽泛的,在实践中可能存在问题,因为公职人员很难在特定时间内决定遵从何种价值标准。宽泛的概念具有模糊性,使公职人员难以遵循,因为包含在定义中的各个伦理价值观在实践中甚至可能相互矛盾。因此,列出一长串伦理价值观的方法,可能实际上对提升政府质量毫无用处。

关于如何具体阐明公共伦理的概念,学者们已经提出了好几项建议。一些学者主张回归传统的公共服务理念,侧重点在于公共责任(Chapman & O'Toole 1995; Frederickson 1999; Olsen 2006; Bozeman 2010)。另一些人则依据民主价值观,强调公民需求比韦伯式官僚体系那些技术性规范更为重要(Goss 1996; Denhart & Denhart 2000)。还有一些人认为,任何有关公共伦理的讨论都应该考虑到新公共管理趋势,而公共伦理的"新"特征可以通过传统的公共价值与新的管理主义价值的融合而衍生出来(Pratchett & Wingfield et al.1996; Brereton & Temple 1999; Brewer et al. 2000; Grimshaw et al.2002; Brady 2003; Lawton 2005; Macaulay & Lawton 2006)。还有些其他研究,更具有方法论色彩,强调公共伦理的动机基础(Perry et al. 1996; Perry & Hondeghem 2009)。

93

就我们讨论的中心问题即福利国家相关领域的政府质量而言,明确公共伦理之内容的各种途径更为有限,其本身也存在很多问题。与韦伯式公正概念联系紧密的研究途径并不能解决问题,因为它们只对公正的概念做了有限的补充。另一方面,从更贴近管理主义的角度探讨公共伦理的具体内容也存在问题。在市场中,问责机制实际上由"用脚投票"的顾客组成。这种机制在市场环境中可能运作得很好,但在国家层面,问责机制通常建立在公职人员和官僚机构之中,这就会产生问题。建立在国家合法性基础之上的机制最终依赖于公职人员公正行事的能力,它不一定要让顾客满意。我们需要找到一个解决方案,使公职人员和政府机构负起责任。我们要的似乎是这样一种公共伦理:它聚焦于福利国家相关领域的重要问题,但是又能在公职人员中维持一种问责机制(Stensöta 2010)。

5.5　公共关怀伦理

我支持如下观点:公共关怀伦理能够为公共伦理在福利国家相

关领域,乃至整个政府体制中提供合适的框架(Stensöta 2004, 2010)。下面两个理由能支持这一判断。首先,如果关怀被广义地概括为人们为了维护和修复他们所生活于其中的世界,并尽可能愉快地生活所做的一切事情(Tronto 1994),那么大量的政策都可以被视为关怀政策,包括学校教育和学前教育、医疗和护理、疾病和失业保险、环境保护、社区矫正和执法等各方面政策。其次,尽管这些政策可能看起来彼此之间差异很大,但它们的共同目标是关爱公民。根据关怀伦理之理论,要提供优质关怀,人们必须要注意一些特定事情,因为关爱活动有别于其他类型的活动(Tronto 1994, 2010; Sevenhuijsen 2000; Young 2000, 2006; Williams 2001; Sevenhuijsen et al. 2003; Hankivsky 2004; Robinsson 2006; Engster 2007; Scuzzarello et al. 2009; Stensöta 2010)。

94

关怀伦理所持的世界观是人们相互依赖。这就突破了认为人们自主或者独立的自由主义世界观。所有人都应被视为既有依赖性,又有自主性。我们出生伊始是有赖他人抚育的孩子,最终我们大多数人都将作为要依靠他人的老人而死去。在生与死之间,我们大多数人有时会生病,或者有时无法养活自己,或者即使在我们状态极佳的时候,生活中缺少其他人也会让人很不愉快。关怀不是只针对特定情况或人群的,而是一种人类的普遍需求。此外,在这种伦理规范中,所有人都被视为能够给予和接受关怀,而不是说某些人比其他人更"天生地"愿意照顾他人。

这种伦理规范也意味着,关怀作为一个公共和政治问题,天然地在公共事务中占有一席之地。

卡罗尔·吉利根(Carol Gilligan)将关怀伦理从以公正为原则的道德讨论中剥离了出来,为的是让人们把关怀伦理本身当作一种道德权利(Gilligan 1982)。她把关怀伦理定义为看待道德问题的另一种方式,以及我们如何解决道德问题的手段。更确切地说,吉利根认为,道德问题是由与之相反的责任引起的。她建议我们在寻求解决道德困境问题时,要考虑道德问题的背景;把道德之发展描绘为一种进程,在这一进程中,我们对道德问题及其背景之关系的理解,以及对道德应承担什么责任的理解,是在不断深化发展的。这种道德观与正义伦理观形成鲜明对比。正义伦理观认为,道德问题由竞争性权利产生。这意味着,道德问题要通过一定原则指导下的正式的抽象思维来解决,而我们对权利、规则、规范的理解所取得的进展,也就构成了道德的发展(ibid.)。

在关怀伦理领域,人们的研究观点分为两派。一派是吉利根或萨拉·鲁迪克(Ruddick 1995)等人的创新性理论。另一派是第二代关怀理论学者的主张,他们把关怀伦理当作一个政治问题来对待,认为在上面所述从生到死的整个生命过程中,所有人的生存与福祉都有赖于关怀(Sevenhuijsen 1998; White 2000; Hankivsky 2004; Stensöta 2004, 2010; Tronto 2010)。第二代研究学者认为,为了实现关怀所真正具有的潜力,它必须超越以前的某些限制:它被限制在私人领域,并未渗透到公共领域;它往往被视为女性事务,几乎与男性无关;它被视为道德问题而不是政治问题(Tronto 1994)。虽然我们大多数人都明白,如果没有关怀,人类就无法生存,但是关怀还是很容易在社会、政治和私人生活中服从于其他目标和利益。

95

关怀伦理理论专注于把关怀活动自身和应该如何提供关怀区分开来。这个讨论范围很广,但学者们强调,要提供良好的关怀必须承认以下两点:首先,对人类需求的背景环境保持敏感至关重要;其次,要确定初始的需求是否得到了满足,并及时做出反馈。我下面详细说明这两点。

首先,从关怀伦理理论视角来看,对背景环境保持敏感是提供优质关怀的一个前提条件。汉凯弗斯基(Hankivsky 2004)认为,关怀视角与公平视角的区别在于,在前者看来,对背景环境的敏感具有必要性,但从后者看,它只是可选项之一(Okin 1989; Kymlicka 1990)。在关怀伦理理论中,背景环境因素对给予和接受高质量的关怀都十分重要。在许多政策领域,深入了解公民背景信息对于采取正确的政策方案至关重要。这在有关政策执行的研究中已经得到阐明。

此外,对背景信息的强调也表明,经验很重要。有一种批评说,公正的判断实际上是不切实际的,因为判断总会受到评判者个人价值观与经验的影响。联系到这一批评,强调经验就很重要。如果我们认为经验和价值观会影响到判断,那么我们必须承认和关注这些经验和价值观,以及背景环境中的重要信息(Stensöta 2004)。

伊丽丝·玛丽安·扬(Iris Marion Young)强调了将差异纳入政治之中的重要性。她认为,在一个不平等的世界里,政治不能仅仅建立在人与人之间的相似性上,政治还必须包容人与人之间的差异。她说,如果政治领域只接受相似性,那么使我们相互区分和通往更公平社会的东西就被排斥在政治领域之外了。因此,在一个不平等的社会中,如果我们想要创造更高水平的平等,构成我们的差异的经验必定要在政治讨论中占据一席之地(Young 2000)。在我看来,她这种对于差异必要性的论证实际上就是在说,人们不同的背景环境要得到重视。

其次,回应性是关怀的一个必要伦理成分(Tronto 1994; Hankivsky 2004; Stensöta 2004)。要提供高质量的关怀,我们就需要从被关怀者那里得到反馈,以便知道他们的需求是否已经被满足。从这个意义上说,回应性也降低了所有关怀关系中固有的家长作风的风险。家长作风意味着,关怀提供者表现得好像比接受者更能理解他们的需求。回应性还可以弱化关怀关系中存在的权力层级。它提供了一种聆听受众声音的方式,但没有像在市场模型中那样把问责机制移交给客户。

96

以这两个标示公共关怀伦理特性的理论主张为起点,我将详细说明公共关怀伦理与福利政策执行及制度的关系。

5.6 执行与管理的道德规范

如果关怀在所有情况下对所有人都是重要的,那么就必须把它融入我们的公共事务、政治和整个国家机器中。公共关怀伦理究竟是如何促进政府质量的？前述针对官僚机构的三大批评，都可以从关怀的角度来认识和讨论。

公共伦理的既有研究也尝试过讨论关怀伦理（Stewart et al. 2002；DeHart-Davies et al. 2006）。这些尝试很大程度上是从关怀伦理理论的第一代关怀概念出发展开论述。在这些论述中，关怀伦理和正义伦理是对立的，性别的伦理差异是关注的中心点。这一研究没有把公共关怀伦理的概念纳入公共行政之中，而这正是我在这里要尝试做的事情。

5.7　官僚体系与无条件关怀

最近，弗吉尼娅·赫尔德（Virginia Held）讨论了关怀的无条件性特征（Held 2010）。她通过被家暴者的例子来说明这一点，这些受害者在家中被与自己关系亲密的人殴打。她认为，许多帮助受害者的政策要求受害者离开施虐者。正如赫尔德所指出的，这使得许多受害者处于巨大的压力之下，甚至使他们不愿意寻求支持。相比之下，以关怀为导向的思维是无条件地支持他们，无论他们是否选择离开施暴当事人（ibid）。

根据官僚体系逻辑，官僚机构应该只处理事先规定的问题，并且只能以事先设定好的方式处理个案情形。这一原则虽然以法治为基础，但如果特定需求没有合适的预设解决空间，这也可能导致一些问题被遗漏而无法得到解决。在如下一些情形，例如，去公共部门办事的人被繁文缛节所累，或者被当作皮球一样踢来踢去，也就是说，部分机构会利用它们的权限将申请人拒之门外（Brodkin & Majmundar 2010），这时各种问题都有可能出现。

97

运用关怀伦理理论应对这种情况，可以减少被公共关怀排除在外的风险。关怀伦理的首要目标是确保需求被适当满足，不能因为体制无法满足某人的需求而把其排除在外。关怀伦理将敦促公职人员不使用排他性权力，而是要找到适当方法，将有需求的人纳入相应机构的工作清单之中,或将其事务转交给更合适的机构,并确保该机构对这一事务真正承担起责任。

提供无条件的支持并不意味着对任何需要总是无条件地说“是”。提供无条件的支持意味着,不能拒绝提供支持,尽管这可能需要受助者通过接受适当的指导来更好地自力更生。在所有以促进人们改变、发展和成长为目标的领域,例如在学校、幼儿园和监狱中,以及在疾病康复和就业指导等帮扶性政策领域中,接受者都需要被拉一把和送一程。在这些领域,各种专业规范都可以成功地与关怀伦理相互补益,提供适当的扶持帮助,以防止有人被排除在关怀之外。

人们已经提出了相关的制度性解决方案,这些方案是支持公共关怀伦理逻辑的。比如说,有一些制度就规定,职能交叉的各部门要通力合作以更好地履行各自职责。

5.8 市场上的顾客与回应性公共雇员

官僚机构在处理客户/消费者偏好方面常常被人诟病,而在这个方面,市场显然是一个更好的选择。当前人们普遍需要更定制化的待遇,市场导向的解决方案被认为比官僚导向的解决方案更能满足这一需求。然而,让客户来选择并不能解决所有问题。例如,一些需要长期关怀的人现在可以组织起来互助,这可以被视为一种新增的顾客选择。虽然这个办法可能对一些人很管用,但在其他情形下,例如有些人有个人困难,那么要把他们组织起来实现互助可能就变成一个过分的要求(Lloyd 2010)。

关怀伦理表明,回应能力是重视当事人需求的另一种方式的核心要素,它不涉及市场机制。回应性意味着公职人员必须确保当事人的需求被满足。这可以很好地避免家长作风,即防止公职人员或专业人员认为他们比民众自己更了解民众需求。另外,关注公职人员的回应能力可能比关注当事人的偏好更合适,因为前者将决策权

98

力保留在公职人员手中。公职人员必须具有回应能力，但决策权并不像在市场上那样要转移给客户。

回应性缓和了官僚结构所具有的强调等级与服从的生硬的组织氛围。回应性提供了一种方式，使当事人能发出自己的声音，却不必同时给予他们问责的权利。无论是在行政层级中，还是在行政体系之外，回应性都可以被视为在更广泛的关系范围之内提高政府质量的有力工具。

朱莉·怀特（Julie White）提出了使回应性得以维系的制度性方案，即让被关怀者发声，并能够表达有关他们需求被满足与否的意见（White 2010）。怀特建议，应当在关怀提供者和被关怀者之间建立对话制度。参与式民主研究会涉及这样的建议。同样，琼·特龙托（Joan Tronto）建议，应该通过专业人士与受关怀者的互动沟通过程来评估需求是如何得到满足的（Tronto 2010）。

5.9　客观性与经验判断

根据政府质量理论，公正处理公务，要求公职人员摆脱个人情感，不考虑个别对象的特殊情况和后果。一种批评观点认为，这种公正性在现实中是不可能的，因为人类总是根据他们以前的经历和身份地位做出判断。如果仅从有权者一方的角度来看，特定的判断似乎是中立的；然而从那些更加边缘化的群体的角度来看，则并非如此（Young 2000）。

从关怀角度看，经验是重要的，因为我们需要凭借经验来建立价值观，要从其他事情中学习如何关怀他人（Stensöta 2004）。此外，有相当多的证据表明，当公职人员并不超脱于许多政策实践而是参与其中时，这些关怀帮扶性政策就能够发挥出更好的效果。有研究认为，当事人与公职人员之间的信任，对于帮助人们摆脱传统角色并实现建设性变革十分必要。但是，超然中立的、以施加控制为己任的官僚们，很难与当事人建立起这一信任关系（Brodkin 2007）。

99 自第一代研究者以来,参与就一直被认为是任何一种关怀伦理都要具备的特质。从我对公共行政中的关怀伦理的分析来看,参与和中立之间的经验维度构成了唯一的维度:只有在这个维度上,公职人员才会发现,关怀伦理和公正伦理实际上相互矛盾(Stensöta 2010)。

根据定义,参与具有回应性,因为它要同时关注当事人和公职人员的背景环境及个体经验。

关怀伦理强调经验优先性,也可以丰富我们对公职人员招募的相关认识。关怀伦理强调经验的多样性:公职人员要做出好的决策,公共行政系统就需要汇聚丰富的经验。当回应性被视为高质量治理的重要一环时,经验就更加重要了。当管理层具有丰富的经验时,公职人员对大量当事人及其处境做出适当回应的机会也就增多了。

当代公共行政系统是按这种考虑去招募人员的,这有很多例证。比如,瑞典执法部门几十年来一直坚持其核心团队要能够代表瑞典人口的各个方面,当然,犯罪分子要排除在外(Stensöta 2004)。

5.10 共鸣国家

本章探讨了在福利政策领域我们该如何提高政府质量这一问题,而仅有公正是不足以产生适当的政策执行的。我提出,公共关怀伦理应该贯穿整个国家,因为它可以解决许多官僚体制问题,比如僵化、冷漠和自以为是的公正判断。

公共关怀伦理认为,人们是相互依存的。它强调要对政治和行政执行的环境保持敏感,同时要更加重视回应性。

我认为,首先,满足需求这一绝对准则(这是关怀观内在的要求),在当事人与公职人员的互动中辅之以牢固的专业知识,同时考虑各种帮扶因素,这些都有助于减少行政排斥。其次,我进一步提出,公职人员的回应能力建设,相比于其他以市场为导向的解决方案,能更好地保障当事人的选择,并且可以保护他们免受家长作风的 100

伤害。最后,从公共关怀伦理的角度来看,我认为经验是重要的知识来源。公职人员以经验为基础的参与,对于实现关怀和帮扶性政策的目标非常重要。因而,通过招聘组建一个代表多种经验的多元化的公职人员核心团队,非常有必要。

公共关怀伦理可以为整个公共部门的公职人员提供指导。在提供道德准则的同时,公共关怀伦理还可以通过以下方式加以落实:制定促进各类机构合作的制度方案,以及做出有关公职人员与公民的某些审慎安排。

参考文献

Bozeman, B. 2010. "Hard lessons from hard times: reconsidering and reorienting the 'managing decline' literature". *Public Administration Review*, **70**: 557–63.

Brady, F.N. 2003. "'Publics' administration and the ethics of particularity". *Public Administration Review*, **63** (5): 525–34.

Brereton, M. and M. Temple. 1999. "The new public service ethos: an ethical environment for governance". *Public Administration*, **77** (3): 455–74.

Brewer, G.A., S. Coleman Selden and R.L. Facer II. 2000. "Individual conceptions of public service motivation". *Public Administration Review*, **60** (3): 254–64.

Brodkin, E.Z. 2007. "Bureaucracy redux: management reformism and the welfare state". *Journal of Public Administration Research and Theory*, **17**: 1–17.

Brodkin, E.Z., and M. Majmundar. 2010. "Administrative exclusion: organizations and the hidden costs of welfare claiming". *Journal of Public Administration Research and Theory*, **20** (4): 827–48.

Chapman, R.A. and B.J. O'Toole. 1995. "The role of the civil service: a traditional view in a period of change". *Public Policy and Administration*, **10** (2): 3–20.

Cooper, T.L. 1990. *The Responsible Administrator: An Approach to Ethics for the Administration*. San Francisco, CA: Jossey-Bass.

Cooper T.L. 2004. "Big questions in administrative ethics: a need for focused, collaborative effort". *Public Administration Review*, **64** (4): 395–407.

Cupit, G. 2000. "When does justice require impartiality?". Paper presented at the Political Studies Association's 50th Annual Conference, London, April 10–13.

DeHart-Davis, L., J. Marlowe and S.K. Pandey. 2006. "Gender dimensions of public service motivation". *Public Administration Review*, **66**: 873–87.

Denhart, R.B. and J.V. Denhart. (2000). "New public service: serving rather than steering". *Public Administration Review*, **60** (6): 549–59.

Downs, A. 1993. *Inside Bureaucracy*. Long Grove, IL: Waveland Press.

Engster, D. 2007. *The Heart of Justice: Care Ethics and Political Theory*. Oxford: Oxford University Press.

Frederickson, H.G. 1999. "Ethics and the new managerialism". *Public Administration & Management*, **4** (2): 299–324.

Gerth, H.H. and C.W. Mills. 1946. *From Max Weber: Essays in Sociology*. New York: Oxford University Press.

101 Gilligan, C. 1982. *In a Different Voice: Psychological Theory and Women's Development.* Cambridge, MA: Harvard University Press.

Goss, R.P. 1996. "A distinct public administration ethics?". *Journal of Public Administration Research and Theory*, **6** (4): 573–97.

Grimshaw D., S. Vincent and H. Willmott. 2002. "Going privately: partnership and outsourcing in UK public services". *Public Administration*, **80** (3): 475–502.

Hankivsky, O. 2004. *Social Policy and the Ethic of Care*. Vancouver and Toronto: UBC Press.

Held, V. 2010. "Can ethics of care handle violence?". *Ethics and Social Welfare*, **4** (2): 115–29.

Huber, E. and J.D. Stephens. 2001. *Development and Crisis of the Welfare State: Parties and Policies in Global Markets*. Chicago, IL: University of Chicago Press.

Kymlicka, W. 1990. *Contemporary Political Philosophy*. Oxford: Oxford University Press.

Lawton, A. 2005. "Public service ethics in a changing world". *Futures*, **37** (2–3): 231–43.

Lipsky, M. 1980. *Street Level Bureaucracy: Dilemmas of the Individual in Public Services*. New York: Russell Sage.

Lloyd, L. 2010. "The individual in social care: the ethics of care and the 'personalisation agenda' in services for older people in England". *Ethics and Social Welfare*, **4** (2): 188–200.

Lundquist, L. 1988. *Byråkratisk etik*. Lund: Liber.

Macaulay, M. and A. Lawton. 2006. "From virtue to competence: changing the principles of public service". *Public Administration Review*, **66** (5): 702–10.

Meyers, M.K. and S. Vorsanger. 2003. "Street-level bureaucrats and the implementation of public policy". In G.B. Peters and J. Pierre (eds), *Handbook of Public Administration*, Thousand Oaks, CA: Sage, pp. 153–4.

Okin, S.M. 1989. *Justice, Gender, and the Family*. Princeton, NJ: Princeton University Press.

Olsen, J.P. 2006. "Maybe it is time to rediscover bureaucracy". *Journal of Public Administration Research and Theory*, **16** (1): 1–24.

Perry, J.L., R.F. Durant, R. Kramer, D. Mesch and L. Paarlberg. 1996. "Measuring public service motivation: an assessment of construct reliability and validity". *Journal of Public Administration Research and Theory*, **61**: 5–22.

Perry, J.L. and A. Hondeghem. 2009. *Motivation in Public Management: The Call of Public Service.* Oxford: Oxford University Press.

Pollitt, C. and G. Bouckaert. 2004. *Public Management Reform: A Comparative Analysis.* Oxford: Oxford University Press.

Pratchett, L. and M. Wingfield. 1996. "Petty bureaucracy and woolly-minded liberalism? The changing ethos of local government officers". *Public Administration*, **74**: 639–56.

Pressman, J.L. and A. Wildavsky. 1984. *Implementation*. Berkeley, CA: University of California.

Rainey, H.G. 2009. *Understanding and Managing Public Organizations*. San Francisco, CA: Jossey-Bass.

Rayner, J., H. Williams, A. Lawton and C. Allinson. 2011. "Public service ethos: developing a generic measure". *Journal of Public Administration Research and Theory*, **21**: 27–51.

Robinsson, F. 2006. "Care, gender and global social justice: rethinking 'ethical globalisation'". *Journal of Global Ethics*, **2**: 5–25.

Rothstein, B. 2011. *The Quality of Government. Corruption, Social Trust, and Inequality in International Perspective*. Chicago, IL: University of Chicago Press. 102
Rothstein, B. and S. Kumlin. 2005. "Making and breaking social capital: the impact of welfare state institutions". *Comparative Political Studies*, **38**: 339–65.
Rothstein, B. and D. Stolle. 2003. "Social capital, impartiality and the welfare state: an institutional approach". In M. Hooghe and D. Stolle (eds), *Generating Social Capital: Civil Society and Institutions in Comparative Perspective*, New York: Palgrave Macmillan, pp. 191–210.
Ruddick, S. 1995. *Maternal Thinking: Towards a Politics of Peace*. Boston, MA: Beacon Press.
Scuzzarello, S., C. Kinnvall and K.R. Monroe. 2009. *On Behalf of Others: The Psychology of Care in a Global World*. Oxford: Oxford University Press.
Sevenhuijsen S. 1998. *Citizenship and the Ethics of Care. Feminist Considerations on Justice, Morality and Politics*. London: Routledge.
Sevenhuijsen, S. 2000. "Caring in the third way: the relation between obligation, responsibility and care in third way discourse". *Critical Social Policy*, **20**: 5–37.
Sevenhuijsen, S., V. Bozalek, A. Gouws and M. Minnaar-McDonald. 2003. "South African social welfare policy: an analysis using the ethics of care". *Critical Social Policy*, **23**: 299–321.
Stensöta, H.O. 2004. "Den empatiska staten. Jämställdhetens inverkan på daghem och polis 1950–2000" [The empathetic state: the impact of gender equality on child care and law enforcement 1950–2000]. Dissertation, University of Gothenburg.
Stensöta, H.O. 2010. "The conditions of care: reframing the debate about public sector ethics". *Public Administration Review*, **70**: 295–303.
Stewart, D.W., N.A. Sprinthall and J.D. Kem. 2002. "Moral reasoning in the context of reform: a study of Russian officials". *Public Administration Review*, **62** (3): 282–97.
Tronto, J.C. 1994. *Moral Boundaries: A Political Argument for an Ethic of Care*. New York: Routledge.
Tronto, J.C. 2010. "Creating caring institutions: politics, plurality, and purpose". *Ethics and Social Welfare*, **4**: 158–71.
White, J.A. 2000. *Democracy, Justice and the Welfare State*. University Park, PA: Pennsylvania State University.
Williams, F. 2001. "In and beyond New Labour: towards a new political ethics of care". *Critical Social Policy*, **21** (4): 467–93.
Wilson, J.Q. 1989. *Bureaucracy*. New York: Basic Books.
Young, I.M. 2000. *Inclusion and Democracy*. Oxford: Oxford University Press.
Young, I.M. 2006. "Responsibility and global justice: a social connection model". *Social Philosophy & Policy Foundation*, **23**: 102–30.

第二部分

如何提升政府质量？

第六章　我们可以在多大程度上相信民主?

本章所讨论的是一个存在诸多争议且范围宽泛的问题,即哪一种政治制度可以产出更高的政府质量。不同类型的政治制度(例如,包括自由与公平选举的多党民主制度、一党制、君主制、军人独裁政府、强人政治体制)与不同类型的政府质量(例如,有效、公正且腐败程度较低的政府)之间,是否具有系统性的实证关系?换言之,民主制度下的政府质量是否总是优越于独裁统治下的政府质量?

就发达国家的经验而言,在政府质量方面表现较好的国家,绝大多数为民主国家。事实表明,那些长期保持稳定的民主国家,例如瑞典、丹麦、荷兰或者澳大利亚等,经常在这些政府质量排名中居于前端。然而,发达的资本主义民主制度与较好政府质量之间这一明显的对应关系并不能够说明,民主制度就是这些国家产生较好政府质量的关键因素。相反的意见是,民主得到巩固或许是善治的某些特性(例如公民被平等对待、法治等)盛行的结果。换言之,民主制度与政府质量都可能是某些社会、经济或者文化因素共同发挥作用的结果。

观察当代的发展中国家,我们可以发现,民主制度与政府质量之间的关系模糊不清。近年来,围绕该问题产生了激烈的讨论。在全球范围内的发展中国家,民主制度似乎并不能满足善治的预期。例如,《纽约时报》的一篇文章(“In democracy Kuwait trusts, but not much”, 6 May 2008)指出,科威特是波斯湾地区民主推行得较好的地方,却“一直笼罩在它那些富有活力的邻居的阴影之下,这些邻居有迪拜、阿布扎比、卡塔尔,这些地方反而在绝对的君主专制政体之下实现了经济的繁荣”。文章进一步认为,在科威特,大多数人认为民主给他们带

106

来了挫折感。他们认为,民主政府会被民主制度繁复的规则拖累,无暇顾及基础性公共服务供给,而且但凡政府提出改革措施,就会受到议会的掣肘与阻挠。科威特虽然拥有大量石油储备,但是很多分析人士指出,由于民主政治“耽搁事情”,科威特成为一个僵化的福利国家,同时“缺乏商业和投资机会”(ibid.)。

类似的情况也出现在中国与印度的多项比较中。中国与印度或许是当前全球发展最快的两个国家。这些比较揭示了两个不同政治体系间的一些矛盾。一方面,印度所展现出的经济实力,被认为在不久的将来可能超越中国。例如,印度的经济增长率(2011 年在 9%左右)将很快超越中国两位数的增长率。另一方面,中国在人类发展的诸多核心指标方面远远领先于印度,例如教育、预期寿命和基本医疗等领域。在过去几年里,中国在这些方面的成就还在不断增加。比如说,一个刚出生的中国婴儿,其预期寿命为 73.5 岁(印度人的预期寿命是 64.4 岁),平均受教育年限为7.5年(印度人只有 4.4 年),活到 5 岁的概率是印度的 3 倍。经济以令人惊讶的速度增长,虽然使印度政府在国内与国际上赢得了广泛赞誉,但是人们认为印度大部分社会发展成果仅仅为一小部分人所享有。诸多急迫的问题,例如大量营养不良的儿童、较低的妇女识字率、可怜的公共卫生投入等,似乎都在印度这一世界上最大且稳固的民主国家的关注之外。相反,如森所言,尽管中国不同于西方民主国家,但中国的政府官员“有强烈的意愿致力于消除贫困、营养不良、文盲和缺乏医疗等公共事务,这些对中国的发展很有帮助”(Sen 2011, p. 5)。

以上数据是否表明,至少对于发展中国家而言,典型民主政体无法产生更好的政府质量?如森所言(ibid., p. 4),我们的回答是“当然不是”,民主不是快速发展的敌人。在图 6.1 中,我们展示了民主水平和政府质量的关系。在 y 轴上,我们采用来自世界银行关于政

府质量的标准测量；在 x 轴上，我们采用来自特奥雷尔等人（Teorell et al. 2011）关于民主程度的标准测量。我们发现那些表现出高政府质量的国家（例如芬兰、挪威、瑞典、加拿大、荷兰）通常拥有极其自由且公正的民主制度。但同时一些威权国家，例如新加坡、卡塔尔或马来西亚，在政府质量方面会胜过很多民主国家，例如意大利或者希腊。

换言之，图 6.1 显示了民主程度与政府质量之间的非线性关系。由图可见，两者之间的关系更类似于 U 形或者 J 形曲线。即便我们可以认为，民主达到一定水平后，民主选举质量和政府质量之间确实存在着一种关系，但这真的是因果关系吗？或者这仅是一种假性关系？因为，可能存在着第三变量（如经济发展程度）推动一个国家从不太公平自由的选举向更加公平自由的选举转型，同时推动国家从低效腐败的管理转向高政府质量的管理。

107

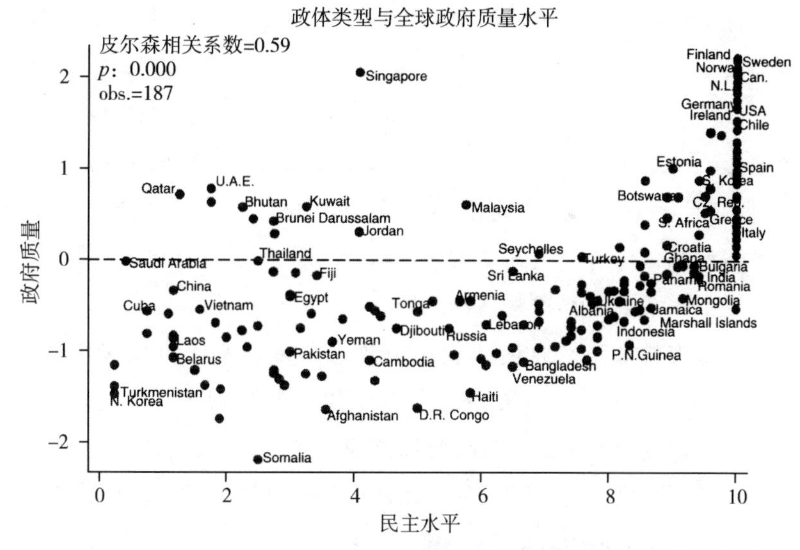

图 6.1　民主与政府质量的非线性关系

注：民主程度的测量综合了自由之家和政体数据库的测量方法，得分越高意味着民主制度越稳固。对所有国家来说，政府质量指数综合了“政府有效性”与“腐败控制能力”的测量结果（取平均值）。

数据来源：Teorell et al. 2011。

为了系统地说明这些问题,我们需要更加广泛的实证分析——要涵盖足够的政权数量并进行有意义的长期观察——和更加宏大的理论解释,以说明政体特征与政府质量发展之间潜在的因果联系。本章是这两个方向的一般性调查研究的结果:以不同的文献为基础,对政治体制进行更大规模的跨部门和历时性综合比较,重点在于刻画出政体与政府绩效之间清晰的因果关系。这里展现的大部分研究发现,是对先前发表的两篇文章(Charron & Lapuente 2010, 2011)的研究成果进行更具延展性和复杂性的概括(例如,进行回归分析而不是列出图表)。那两篇文章分别解释了民主与威权国家类型下,不同国家在政府质量上有何变化。

108

一般而言,我们认为"民主制度能取得什么成就很大程度上依赖于"一系列条件。这一观点与森的观点(Sen 2011, p. 5)相似。然而,森认为政治家在民主制度中发挥核心作用,因为政治家可以决定哪些社会议题转化为政治议题。与森不同,我们认为,民众的需求也可以改变民主社会(例如,使一个国家由相对贫穷转为富裕)。总的来说,本章认为,一个国家的政府质量是政治家和民众这两大供给侧因素影响的结果,核心问题在于,政策提供者追求政策质量的动机何在:他们是民主选举产生的,还是独裁统治者?而且,在专制体制下,哪种类型的体制有更大的动力让统治者去追求更好的政府质量?为什么呢?本章要解释这些理论问题。

本章安排如下。政治体制对于政府质量之影响有大量比较研究,第二节进行这一方面的文献综述。第三节将展示我们的理论研究。一方面,我们列出了在前两篇文章中形成的理论认识;另一方面,依据阿尔伯特·赫希曼(Albert Hirschman)提出的"退出、表达与忠诚"(Hirschman 1971)等基本概念,我们引入了一种隐含式"社会契约"的类型学研究。在不同体制下,统治者与民众之间的社会契约各有不同。简单地说,公民为了突显自身在政府质量上的偏好(无论偏好是什么样的,是希望建立一个公正有效的政府以提供公共产品,还是提供定向的私人产品、寻租与腐败交易),在拥有自由与公正选举的民主社会下,倾向寻求“退出”机制(投票选择另外的候选人)来实现偏好;在一党制政体下,则倾向通过“表达”机制(通过政党的决策结构导入自我需求)来实现偏好。在缺少退出或者表达机制的政体中,即君主制、军人独裁、强人政治体制,内在的社会契约只有依赖于“忠诚”:无论统治者提供的政府质量如何,公民——更准确地说是臣民——都被要求对他们的统治者保持忠诚。第四节提供了民主制度与威权制度的实证研究结果。第五节讨论了未来的研究计划与可能的规范性解释。

6.1　两类核心文献

在最近二十年,人们做了很多研究来分析不同类型的政治体制对政府质量多个方面的影响(例如 Clague et al. 1996; Montinola & Jackman 2002; Sung 2004; Keefer 2007; Bäck & Hadenius 2008)。这些不同方面都有其代理指标,如腐败、法治、产权保护或者官僚体系的质量,而且这些变量之间具有密切的相关性,它们在本书中会多次出现。首先,这些研究对比了民主政体与威权政体;其次,这些研究比较了民主体制内部的差异。例如,对总统制和议会制加以比较,或者研究民主体系中有多少有效的否决人。 109

我们注意到,现有研究忽视了一个重要的内容,即在威权政体内部,不同国家之间的政府质量有着显著差异——正如我们在图 6.1中所见。例如,一些强威权国家(例如卡塔尔、文莱、不丹)在政府质量方面有着比民主国家(像印度、秘鲁或者保加利亚)更好的表现;与此同时,其他一些威权国家(例如白俄罗斯、土库曼斯坦或者索马里)在政府质量方面有着极其糟糕的表现。要是仅仅根据选举的自由公正程度这一变量去分析所有的威权国家,我们就不能充分了解政府质量在全球范围内的变化。因此,我们需要打开威权制度的“黑箱”,发现能够解释非民主国家在政府质量方面呈现重大差异的系统性模式。本章的第三节旨在打开这一“黑箱”,并试图研究不同类型的威权国家领导人提高政府质量的动机何在。

6.1.1 制度主义的观点：供给侧因素

对众多研究民主制度(对非民主制度亦然)与政府质量之关系的文献进行一个详细的梳理,这不在本章研究范围之内。但是,我们可以从两类不同的研究文献中提炼出主要的研究贡献。这两类文献的基本观点形成了本文的基本理论假设,该假设将在下一节展示。第一类文献带有明显的制度主义特征,强调相关的供给侧因素,即政治体制中发生的事情解释了政府质量之差异。第二类文献包含了一些现代化理论的要素,强调需求侧因素的重要性,即一国的政府质量反映了社会的质量。

首先,许多作者运用不同的方法,指出民主与腐败之间存在着

110 "矛盾"关系(Harris-White & White 1996, p. 3; Sung 2004, p. 179)。这一认识似乎表明自由公正的选举对政府质量(此时的政府质量通常以较低的腐败程度来表示)有显著影响,但这一影响是非线性的(Montinola & Jackman 2002)。在民主化的早期阶段,民主制度的建立会降低政府质量的水平,但是从一个特定的时间点开始,民主制度就会变成提升政府质量的积极因素——在蒙蒂诺拉(Montinola)和杰克曼(Jackman)对 60 多个国家的横向比较中可以发现,民主制度与政府质量之间呈现 U 形关系。大量案例的定性研究也表明,当国家进入民主化转型时期,政府质量往往会变差。例如很多原殖民地国家的独立过程(例如勒马尔尚[Lemarchand 1972]对非洲的研究,斯科特[Scott 1972]对东南亚的研究,韦德[Wade 1985]对印度的研究,萨亚勒[Sayari 1977]对土耳其的研究),原社会主义国家在 1990 年之后的改革(例如威尔斯[Varese 1997]对俄罗斯的研究),以及民主化浪潮之后的拉丁美洲国家(例如维兰德[Weyland 1998]的研究),都表现出这一特性。

基弗做了大量定量研究来弄清楚民主发展多久才能使民主制度与政府质量之间呈现正相关(Keefer 2007)。基弗还和弗拉伊库

(Vlaicu 2007)发展了一个理论模型，来帮助我们理解民选官员的行为。基于这些研究，他们提出了一种可以解释民主与政府质量之间非线性关系的理论。

简言之，他们认为，在政府质量方面，新兴民主国家弱于老牌民主国家，因为新兴民主国家的候选人没有足够的能力向选民兑现选前承诺。对于政治家而言，兑现选前承诺不仅是昂贵的，而且需要花费大量时间。另外，对于老牌民主国家而言，政治家享有政策提供者的声誉，新兴民主国家的政治家却没有这一声誉。新兴民主国家的政治家为了顺利当选，需要求助于被广大选民信任的“赞助人”，这些“赞助人”会成为政治家与选民之间的调停人。国家政治候选人的这一行为策略有着明显的代价——更容易滋生腐败。候选人更愿意提供使“赞助人”的核心选区受益的特殊产品，例如工作岗位和在公共项目中搞腐败，同时候选人又缺乏足够的动力提供纯粹的公共服务，例如义务教育和产权保护。基弗使用“民主年龄”作为“政治可信度之获取”理论的代理指标，这一变量代表一国自由公正的选举制度连续运行的时间(Keefer 2007)。但他指出，这一代理指标可能具有潜在的问题，因为对于民主制度而言，有意义的变量不是民主规则运行的具体时间，而是在这些年里，就声誉建设而言，发生了哪些实质变化。

巴克和哈德纽斯利用规模更大的数据库，发现民主程度和“管理能力”之间存在着强曲线关系(Bäck & Hadenius 2008)。“管理能力”被定义为政府质量的代理指标，反映一国治理的有效性以及腐败程度。两人不仅提供了一个覆盖面极广的大样本分析，还提出了原始假设：一个国家所展现出的管理能力，通常是驱动和监管国家机器的两种可供选择的机制作用的结果。一方面，驱动和监管是自上而下的，上级官员要阻止下级官员与公职人员利用自身的职权谋取私利，但也要给予他们有效执行政策的适度激励。对于自上而下的监管机制而言，威权政体比民主政体做得更好，因为威权政体同时具备等级体系和压制能力。另一方面，驱动与监管的动力也可以来自下层，即

111

公民或者国家治理成果的享有者,他们也可以对政府官员施加一定的压力。自下而上的压力是民主稳固型国家赖以生存的机制,这主要归功于言论自由与选举式大众参与。这一发现意味着,介于两种机制中间的体制或者混合型体制在为政府质量提供激励时是最糟糕的,它们失去了威权体制下那种自上而下的控制力,同时自下而上的民主机制(例如,积极的选民与自由的媒体)也不能充分发挥作用。这就解释了为什么介于民主与威权之间的中间型政体在管理能力方面排名最差。

巴克和哈德纽斯的理论很有说服力,并且帮助我们理解为什么民主稳固型国家的政府质量会好于民主转型国家的政府质量。然而,我们认为,他们的理论缺乏一些个体层面的因果机制研究。个体层面的研究会使他们的阐释更具可信性。我们的问题是:威权政体的领导人在什么时候有动力提供有效管理?这又是为什么?对于民主稳固型国家而言,现有的解释停留在结构层面,缺乏个体层面的思考。这就遗留下一个问题:哪些公民会愿意承担监督公共权威这一具有挑战性的任务?对此,我们首先就要提炼出,什么是集体行动中最重要的问题。他们两人的原创性理论以相对明显的潜在假设为前提,这一假设关系到行为人偏好。不过,他们的假设有可能过分乐观了。他们的理论假设是,统治者与公民都期待国家提高管理效率并减少腐败,任何一方似乎都不可能从腐败行为中获益。然而,如果(威权政体下的)统治者与(民主政体下的)公民均不能提高政府质量,那不是因为他们对于政府质量不感兴趣,而是由于相关的控制机制没有发挥作用。一般来说,人们都假设腐败与政府管理不善最有益于政府官员。然而,改进这些控制机制又和反腐联系在一起,难度相当大,比如在众多独裁政体国家的最高层,就有不计其数的关于腐败的托词。

112

另外,基弗(Keefer 2007)与巴克、哈德纽斯(Bäck & Hadenius 2008)都预测,存在着一些新兴民主国家,在由威权政体向民主政体转型的过程中不会遭遇管理能力变差或者政府质量变差的情形。一些学者对从制度主义路径来研究政府质量的做法进行了批判（如 Welzel & Inglehart 2008），认为很多转型国家——例如，民主德国、捷克斯洛伐克等中欧原社会主义国家或者几十年前的西班牙——在民主化的早期就展现出了中等水平（甚至较高水平）的政府质量。与此同时，一些民主稳固型国家，例如印度，在政府质量方面依然有着严重的缺陷。

6.1.2　文化主义视角：需求侧因素

以上对制度主义相关文献进行了简要概述。从中我们可以看出它的预期是：总体上，民主转型国家的政府质量会比完全威权型国家的政府质量差，比起最好的政治体制——也就是充分的或老牌的民主国家——所提供的政府质量，就更不知道差到哪里去了。与之相对，文化主义相关文献则强调另外一种转型模式：一种价值而不是制度的转型。

对于制度主义的学者而言，当谈及政策制定和实施时，关键玩家是政策的提供者（统治者），而那些需要政策的人（公民）扮演着十分消极的角色。公民被假定为渴求高水平的政府质量，这样的环境允许他们在如人力资本和技术等领域做适当的投资。克拉克（Clark 2007, p. 210）批评说：

> （政治经济制度主义者）偏好的假定是，在所有人类社会中，人类的需求和理性本质上是相同的。欧洲中世纪的农民，印度的苦力，雨林中的雅诺马马人，土著居民塔斯马尼亚人，所有这些人都有着相同的期待并且有相同的能力实现这些期待。然而，支配着经济生活的社会制度，把这些社会区别开来。

但是，制度以及制度对统治者的行为激励，是造成不同国家间政府质量差异的核心要素，这一想法是否切合实际？大多数以制度主义方法研究政府质量的理论有一个内在假设，即公民是善良的理性经济人,如果没有合适的制度,统治者一定会利用他们。但是,这一113假设并不总是令人信服。根据很多制度主义者的观点,统治者被看作是增长型政策的主要阻碍。但是普沃斯基和利蒙吉(Przeworski & Limongi 1993, p. 53)认为,观察一下全球社会变革的过程,我们就会对"毫无疑问,统治者必定是坏蛋"这一观点产生怀疑。

需求方面的因素——来自公民或者政策消费者方面的解释——有助于说明不同国家之间政府质量方面的差异。特别是,文化价值因素在解释不同社会现象方面有着重要作用。正如一些经济历史学家所言,有充分的证据表明,英国民主制度的出现与产权保护之间不具有唯一的相关性,而传统制度主义对于工业革命的解释认为,民主制度意味着产权保护。根据克拉克(Clark 2007, p. 259)的表述,在英国的前工业化时期,存在着一个被忽视但十分重要的文化变革——"中产阶级文化"扩散至整个社会。他给出了证据:在英国工业革命开始前的数十年间,利率的风险溢价环境(可能被制度所影响的东西)没有发生根本性变化。因此,肯定存在其他因素驱动利率的下降,即时间偏好或者主观的未来贴现率。根据众多人类学家与经济学家的研究,克拉克认为,未来贴现率(或者人们的"无耐心"程度)会伴随收入增加急速下降:富人比穷人有更低的时间偏好率。然而,一旦人们降低了自己的未来贴现率,就意味着他们变得更有耐心,偶然的收入降低很难改变这一点。[①]

文化主义者的理论不太关注统治者(以及制度如何塑造统治者的行为动机),而是关注"普通人"(Welzel & Inglehart 2008)。该理论认为,在普通人中盛行的价值会决定一个社会的政策质量。很明显,不同历史时期的文化主义解释者所强调的价值类型不同。早期的文化主义者(Banfield 1958; Wraith & Simkins 1963)区分了两类社会:一类社会盛行"部落忠诚"价值,另一类社会的成员普遍接受的价值是"法治"。最近,韦尔策尔和英格尔哈特(Welzel & Inglehart 2008)复兴了现代化理论,认为人们在经济发展中获得的新增资源使得个人更有能力参与复杂的集体行动,例如向统治者施加压力以提高政府质量，并且往往使得他们更有能力推动社会主导性文化价值由"生存性"向"自我表达性"转变。因此，在自我表达价值作为主要文化价值的社会中，统治者往往会提供更好的政府质量。

韦尔策尔和英格尔哈特提出两组在统计学上有很强相关性的命题来标示他们的理论：首先，社会的经济发展水平越高，自我表达价值在社会中就越普遍；其次，自我表达价值越普遍，一国的政府质量就越好。我们认为，这一发现尽管非常简单，但很有意蕴，因为它指出了制度主义理论的一项重要缺失：在研究政府质量时，应该讨论需求方的动机对于政府质量会产生什么作用。然而，这也存在下面的问题，诸多变量之间所存在的直接相关性，既不能表明存在着某种因果关系，比如说在自我表达价值的重要性与政府质量之间存在这种因量关系，也不能表明某种价值可以导致特定程度的政府质量，或者某种程度的政府质量可以带来某种社会文化价值。我们在先前发表的关于民主与政府质量的文章中（Charron & Lapuente 2010），一方面控制可选变量，另一方面观察不同变量的历时性变化，以实证研究的方法阐释了这些问题。在下一节，我们将从理论上讨论如下问题：在何种环境下，公民的价值（也就是需求侧因素）会超越和/或者补充制度因素（也就是供给侧因素）对政府质量的影响？

114

6.2 政府质量中的"退出、表达与忠诚"理论

这里，立足于赫希曼（Hirschman 1971）提出的"退出、表达与忠诚"概念，我们把在其他地方（Charron & Lapuente 2010, 2011）已经展示的实证结果与理论假设融为一体。我们认为，退出、表达与忠诚这三个概念有助于理解政治系统中公民与统治者之间的关系，或者说有助于理解双方之间内在的社会契约。同时，这三个概念也有助于我们理解在提升政府质量方面需求侧因素和供给侧因素的互动关系。

赫希曼的类型学研究被设计用来描述两种主要的可相互替代的

机制。任何一个组织(无论该组织是公共组织、政党、私人企业或者民间社会组织),都可以用其中一种机制来防止该组织提供的产品或服务的质量下降。"退出"是指,组织的成员(例如,某一特定产品的顾客,或者政治系统中的公民),可以从双方确立的关系中撤出。另外一种机制是,组织成员可以通过投诉或者提出改进建议的方式,即诉诸"表达",来改善他们获得的产品或服务的质量(例如,本文中的政府质量)。当然,我们有必要修正赫希曼的核心观念,使之适用于对政府质量的研究。

在拥有自由与公正选举制度的民主国家,公民如果对当前政府的治理质量不满意,他们就可以在下一次投票中选择其他候选人。这事实上就是说他们能选择退出机制。因此,只要选举是自由且公正的,那么民众的偏好就应该可以影响政府质量。需要强调的是,在不同的社会经济发展阶段,民众对于政府质量的偏好是不同的。随着生活水平的提高,民众的政策需求也会日趋复杂。我们假定,对于生活在较低收入水平社会中的民众而言,他们更偏爱"即期消费"型的产品或服务。例如,如果现任当选者给予投票人恩惠性工作岗位或者定向受惠的政策,那么投票人就会对当选者表示满意。[2]相反,在高收入的社会中,投票者会需要其他类型的政策。按照上文所提到的文化主义研究者的理论逻辑,我们预测,社会生活水平越高,该社会中的投票人越倾向于让现任当选者投入更多的精力以提高政府的管理能力。对于管理能力的投资,虽然短期花费甚高,但是有助于社会的长期发展,也就必然会提高该国的政府质量。在更加富裕的社会中,投票人更容易放弃恩惠性工作岗位,以换取绩优治理,使得政府能提供有效而且公正的公共政策,而这些政策会显著提高社会的总体福利水平。

115

对于独裁国家,我们首先要注意到,正如关于这些政体的大量研究所言,在那些民主外衣粉饰下的独裁国家,也存在着与上文所述相关的差异。甘地和普沃斯基(Gandhi & Przeworski 2006, p. 16)生动地指出,"独裁主义的世界展现出令人迷惑的差异性";格迪斯

(Geddes 1999, p. 121)强调说,不同的独裁政体之间的差异和独裁政体与民主政体之间的差别一样大。在本章中,我们将沿用格迪斯(Geddes 1999)的被学界公认为最有影响力的对独裁政体的类型划分,即“强人政体、军人政体和一党制政体”(Hadenius & Teorell 2007, p. 145)。但在此基础上,我们增加了第四类政体——君主制,它被认为是格迪斯政体分类研究中的缺失部分(Ulfelder 2005, p. 314-315)。

我们假定,在一党制国家与其他独裁国家之间存在着重要的差异。不同于其他独裁体制国家,一党制国家以不断强调服务于“人民”(ibid., p. 317)的利益来证明其正当性。军人政体代表军队的利益,君主政体代表神圣家族的利益,强人政体代表“强人派系”的利益,可是一党制政体缺少一个预先存在的组织。所有这些威权政体必须先创造自己的组织来动员公众的支持(Gandhi & Przeworski 2007, pp. 1282-1284)。甘地和普沃斯基(ibid., p. 1292)指出,相比其他的威权国家,一党制政体在更大程度上趋向于吸引所有类型的组织,包括工会、青年组织、妇女组织、运动俱乐部甚至集邮协会等。 116 与其他威权政体更加不一样的是,一党制政体会关注和吸收更大型社会组织的表达。同时,这类政体也会将机会给予社会中“最有能力、有野心、向社会上层不断奋斗的个人,尤其是具有农村或者城市边缘背景的个人。如果没有这类机会,这部分群体的社会流动性相当有限”(Geddes 1999, p. 134)。

换言之,我们认为一党制政体,在提高政府绩效方面,发展出了赫希曼的“退出”机制之外的另一种替代性机制,即“表达”。也就是说,在一党制政体下,提升政府质量的机制由“退出”转变为“表达”:你不能退出这个政府(除非你主动离开或被放逐),但是如果你的诉求清晰且有力,那么它必将被政府倾听或者采纳。沿用我们研究民主政体的理论逻辑,可以预测,对于一党制政体最终会以何种方式满足民众需求的问题,文化主义理论已经给出了其预计的答案——低收入国家表现出较低的政府质量,高收入国家表现出较高的政府质量。不论哪种收入水平，如果一个国家在民主体系下实行一党制，就会以一种发散的方式对政府质量产生影响，最终效果取决于该国经济的富裕程度。民主政体与一党制政体对于政府质量的影响都要依据国家的经济发展程度而定。当经济发展水平较低时，民主政体和一党制政体（与君主制、军人政体和强人政体相比较）都会对政府质量产生消极影响；当经济发展水平较高时，两种政体形式预计会对政府质量产生积极影响。

那些既没有退出也没有表达机制的威权政体，诸如君主制政体、军人政体和强人政体，会出现什么情况呢？我们认为，这些体制下潜在的社会契约仅仅依赖于“忠诚”机制。公民——尽管在这些体制下使用“臣民”可能更加准确——必须对他们的统治者保持忠诚，无论统治者提供的政策多么糟糕，除非他们逃离或者叛乱（逃离或者叛乱的可能性不在本章的研究范围之内，本文的关注点是政府质量而不是政体的崩溃）。在具有退出（实行自由与公正选举的民主制）或者表达（一党制政体）机制的政体形式中，我们可以预计，公民的需求越复杂，该国的政府质量水平就会越高（由于资料有限，公民需求的复杂程度只能通过国家的富裕程度来测量）。相反，在那些仅仅依靠忠诚机制维系的政体中，公民的“需求”不发挥作用，只有供给侧因素发生影响。

我们假定，军人政体、君主制政体以及强人政体中的统治者所采取的行动，均符合克莱格（Clague）等学者提出的经典供给侧理论解释。依据奥尔森（Olson 1993）将独裁者分为“流寇”与“坐寇”的经典理论，克莱格等人认为，统治者提供更多的公共物品或者公共服务来促进经济发展，他们就能够拥有更长久的统治时限或投资回报期限。因为，同采取直接掠夺的策略（例如横征暴敛、将公共财富转移至私人账户等行为）相比较，采取这一促进经济发展的策略可以最终获得更多的税收（凭借增长的课税基础）。相反，如果统治者是自私的，也不想长久执政，就可能更偏向掠夺性行为，而不是提供公共产品。我们认为，对于理解那些不受“退出”与“表达”机制限制的统治者——

117

他们可以根据个人利益选择最佳策略——的行为而言,供给侧因素的解释更加令人信服。换言之,我们可以假定,一般来说,除了一党制政体这类拥有容纳社会"表达"机制的威权国家之外,其余各种类型的威权国家统治者(军事独裁者、君主以及政治强人)都遵循如下规律:他们执政的投资回报期限越长,所提供的政府质量的水平越高。

无论一个人从事什么类型的具体工作,计算他的投资回报期都十分困难。如果这个人是国家的统治者,计算的难度更大。文献中的标准研究方式,特别是从克莱格等人的研究开始,往往是通过推测统治者的心理倾向进行计算:根据统治者已经执政的时间计算其投资回报期——统治者在位的时间越长,越能说明其保持权力的能力,因此,在位时间能够作为预测其是否继续长期执政的指标。但是,这种预测方式除了过于简单外,还有很大的局限——例如,我们不能说一个已经在位 35 年的统治者一定会比在位 15 年或者 20 年的统治者拥有更长的投资回报期。出于这个原因,这里将采用赖特(Wright 2008a)提出的测量方法,即依据政体失败的预期或可能性来计算投资回报期。政体失败的可能性对每个统治者来说都不一样。这种可能性取决于文献研究中已经发现的可用以解释政权垮台的因素,例如经济发展与增长的水平、政体类型、外国入侵或者内战等。正如本文的实证部分所显示的,作为执政投资回报期的代理指标,政体失败的可能性越高,那么统治者的投资回报期就越短。政权失败的可能性对于非一党制统治者提供公共服务的意愿有着非常重要的影响。

总之,我们认为,在政府质量方面,不同政体之间的核心差异在于,带有退出或者表达机制的政体(分别是民主政体和一党制政体),政府质量的水平在一定程度上取决于公民需求。我们要再一次指出,不能认为民众总是想要更高水平的政府质量。我们要根据一个社会中流行的基本价值,去推测一个社会对于公正或善治的需求是较大或是较小。另外,在那些仅仅依靠忠诚机制维系的政体(也就是君主制政体、军人政体和强人专制政体)中,政府质量的水平往往是统治者个人利益计算后的结果:高水平的政府质量伴随着较长的执政投资回报期,较短的执政投资回报期则与低水平的政府质量为伴。

118

6.3 实证分析

我们已经发表的两篇文章(Charron & Lapuente 2010, 2011)通过广泛的资料验证了这些理论假设,其结果也说明:无论是在民主国家、半民主国家,还是在威权国家,政府质量的潜在"供给",在很大程度上要依公民需求而定。在这里,为了表达得更加清楚明确,我们分两步来概述这些研究发现。首先,我们通过数据证明,民主制度对于政府质量没有独立的影响。只有当公民普遍具有提高政府质量的需求时,才能在民主制度中看到高水平的政府质量。其次,根据格迪斯(Geddes 1999)的方法,我们分别检验了四种不同类型的威权政体(军人政体、君主制政体、一党制政体、强人政体)的政府质量。我们发现,与其他三类非民主政体相比,一党制政体对政府质量方面的需求最具回应性。

6.3.1 民主制度的影响

如何对政府质量与民主程度进行测量,这是头等重要的问题。对于任何一个抽象性概念,如何加以测量是所有研究人员都要面临的首要挑战。目前有几种可供选择的研究方法。但是,跨时空地测量公共部门的腐败极其困难,因为腐败行为本身具有私密性。近来的文献主要采用了两种方法。第一种是"硬测量"(hard measure),即通过认罪率或者报道的腐败案例数量测算腐败程度(Alt & Lassen 2003; Goel & Nelson 1998)。第二种方法,以主观感受为基础指标测量政府质量或者腐败,这一方法在跨国比较研究中较为通行。如下理由可以支持该方法成为测量政府质量的通行办法。

首先来看"硬测量"。这一测量方式如果用于跨部门的横向分析，能更好地反映出一个国家司法系统的情况或者侦察腐败的能力，而不是腐败的实际程度。因此，“硬测量”可能导致有偏颇的结果。基于主观感受的测量，要么是在调查研究中建立完善起来的，要么是以某国专家的风险评估为基础的。这种测量办法也有内在的偏好或偏见——在本文的案例中，这个偏见是指经济方面的偏见，因为这种测量主要是针对一国的营商风险进行评估。然而，以主观感知为基础的测量指标，是带着比较目标建立起来的，更具可行性，对于想对大量国家进行比较分析的学者来说，很有吸引力。此外，考夫曼等人（Kaufmann et al. 2008, p. 3）在总结有关腐败指标的争论时说：“感知之所以重要，是因为行为人将他们的行动建立在感知、印象与观念之上。”如果人们或者外国公司认为一个国家的管理是腐败且失序的，那么鉴于可能产生的有害后果，他们就不倾向于使用该国的公共服务。

119

在查伦与拉蓬特（Charron & Lapuente 2010）的文章中，政府质量被定义为一个国家以公正且没有腐败的方式进行活动，而且这两种测量方法都被使用。第一种测量方法的数据来自政治风险服务（PRS）的国际国别风险指南（ICRG），使用巴克和哈德纽斯（Bäck & Hadenius 2008）提出的指标。这一分析覆盖了1984—2003年140个国家的情况。国家公正行事且无腐败这两个政府质量的组成要素，分别用官僚质量和全球清廉指数来代表，并且被整合为（从0到10排序）单一指标，数值越大意味着政府质量越好。第二种测量方法是应用世界银行的政府效能测量。这一测量包含了关于专家、家庭与商业精英的调查，目前覆盖了200多个国家。该指标的缺陷是时间跨度有限：它开始于1996年，每年调查两次直到2000年，从2002年开始每年只进行一次调查。这导致的结果是，查伦与拉蓬特开展的这一研究只能使用世界银行的政府质量测量数据，来对政治风险服务这一组织所提供的适用于更大时间序列分析的数据进行横向稳健性检验。

对于其他的变量——供给和需求（如民主制度与经济发展），我们综合了自由之家与政体数据库这两个组织的数据来测量民主程度。这些综合数据来自政府质量研究所的数据库(Teorell et al. 2011)。自由之家的得分从0—10排序,政体数据库的得分也是从0—10进行测量。之后,我们对这两种测量得分取平均值。“经济发展程度”是需求因素的代理指标。如一国民众的平均未来贴现率就是其中之一。尽管生活水平或者受教育程度等更加精确的替代性指标,比起一国民众平均的主观贴现率更具优越性,但是在不同时空情形下要获得这些指标数据不太可能。由于人均国内生产总值(GDP)指标(来自世界发展指数)用途广泛且易于获取,我们也要加以运用。我们把政府质量的“供给”与“需求”两方面结合起来检验本章提出的基本假设,形成了一个民主与收入之间的交互作用项。

另外,我们控制了很多其他因素,例如民主与政府质量之间非线性关系的可能性。我们还对巴克和哈德纽斯(Bäck & Hadenius 2008)提出的民主程度指数进行了修正(例如,采用修正后的民主得分指标)。同时,我们也修正了基弗(Keefer 2007)关于民主时间与经历对政府质量有影响的假设,建立了一个指标来测量一个国家在第二次世界大战后被认为是民主国家所持续的时间。我们还纳入了一些先前研究中采用过的控制变量,其数据在本研究进行期间也是有效的。比如,国家的贸易开放程度(例如 Sandholtz & Gray 2003),它用进出口总额与GDP的比值来衡量。再比如,我们引入了一个虚拟变量,来表示一国是否曾是英国的殖民地(La Porta et al. 1999; Bäck & Hadenius 2008)。在横向比较分析中,我们还引用了好几种其他变量,例如表达自由程度(来自自由之家)、受教育程度(Barro & Lee 2000)、种族分化程度(Alesina et al. 2003)、否决人的数量(Beck et al. 2001)。此外,横向研究还可以让我们把收入不平等程度(基尼系数,Galbraith & Kum 2005)纳入进来。由于一个国家内部对政府质量的需求多种多样,这就要控制使用家庭收入不平等的测量指标。所有横截面研究的变量均来自政府质量研究所的横截面数据库(Teorell et al. 2011)。

120

时间序列模型带有控制变量和滞后因变量，以解释与序列相关性有关的问题（参见 Charron & Lapuente 2010，p. 458）。在这一模型中，我们使用系数估计，来预测不同民主程度与经济发展程度（例如，供给和需求）对应的政府质量水平。在图 6.2 中，我们总结了在相互关系项上的研究发现。例如，我们展现了三组不同的国家中民主制度对政府质量的影响，分别是经济发展水平低的国家（后 5%的国家）、平均水平国家（50%的国家）、经济发展水平高的国家（前 5%的国家）。我们计算了在经济发展的三个水平上，由“低度”民主向“高度”民主（得分为 1—10，我们结合自由之家与政体数据库得分而取平均值）发展时，政府质量的预期变化。

数据显示，在经济发展水平较低时，民主对于政府质量呈现出明显的消极影响。对于处于“灰色区域”或者转型时期的国家，民主对于政府质量的影响虽然是积极的，但在统计上不太显著。当一国处于经济发展的高水平时期——我们认为这种情况下社会对制度质量之需求是最旺盛的，民主对于政府质量的影响是积极且显著的。我们发现，即使在对上面所列出的所有控制变量加以控制后，民主对政府质量的积极作用也强烈地受到经济发展因素（例如公民之需求）的影响。有趣的是，把我们的交互作用项放到这一模型中来看，“修正后的民主程度”与“民主年龄”等变量对政府质量的影响，在统计学上并不具有显著性。

6.3.2　非民主政体类型与政府质量

不同类型的威权政体对政府质量有什么影响？回到图 6.1，我们发现在非民主国家之间，制度与政府质量之关系呈现出巨大差异。供给与需求理论可以再次被用来解释这些威权国家内部存在的差异。如前文所言，我们想要弄清楚的是，是否存在某一种特殊的非民主政体，它在政府质量方面比其他非民主政体更具有系统性的优势——可以最大限度地回应民众对于较高政府质量的需求。在上一节,我们从理论上对所有国家都做了这一检验。现在,我们需要实证支持。尽管存在着好几种关于非民主政体的数据资源(当然,没有一个是完美的),但只有一种数据资源相对其他的来说更适用于我们的理论。我们选择格迪斯(Geddes 1999)和赖特(Wright 2008b)的数据,把1100个观察值(总计77个国家和地区共20年[③])适当地分成四组,对应不同的威权国家类型。

121

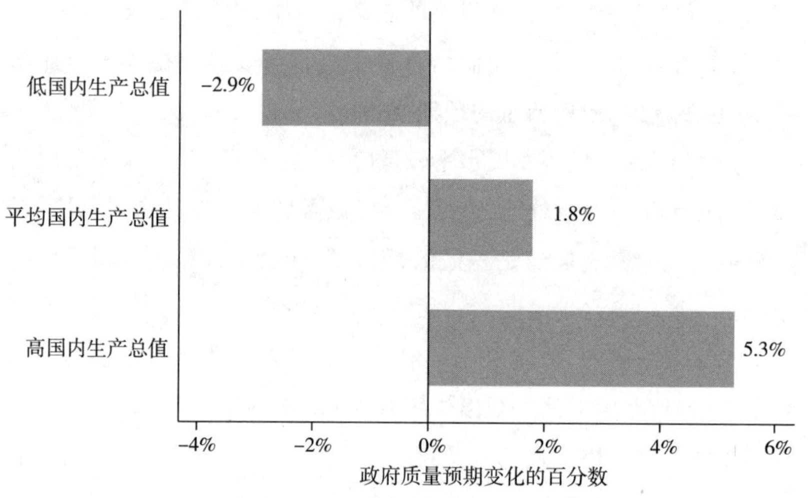

图6.2 威权国家经济发展水平高、中、低三个阶段的民主化对于政府质量的影响

注:在样本中,就年度国家的GDP水平来说,GDP的高、中与低对应的是第95、第50和第5百分位数。民主程度之得分从0到10移动(结合了自由之家与政体数据库的数据之后),政府质量也会相应变化。

资料来源:Charron & Lapuente 2011; Teorell et al. 2011。

在一党制政体中,"掌控政策、授予政治职位,均取决于唯一的政党";在军人独裁政体中,"一群军官来决定谁将掌权以及对政策施加影响"(Geddes 1999, p. 121)。然而在君主制下,权力的代际交替通过继承实现。最后,强人政体的基本特征是,"尽管也有政党和军队,但是这些组织要么没有得到充分的发展,要么没有足够的自主性,不能阻止领导人对国家政策以及政权的人事布局进行个人控制"

(Geddes 2003, p. 273)。

图 6.3 显示了在 1984 年至 2003 年之间四种类型威权国家的政府质量总体情况的平均值。我们发现,在四种类型的威权政体间进行 t 检验时,一党制政体和君主制政体同时在两种测算(国际国别风险指南与全球治理指数)中都表现出相当高的政府质量。但在这一检验中,两种政体不能相互区别开来。同样,军人独裁政体与强人政体也不能从统计上区别开来。

122

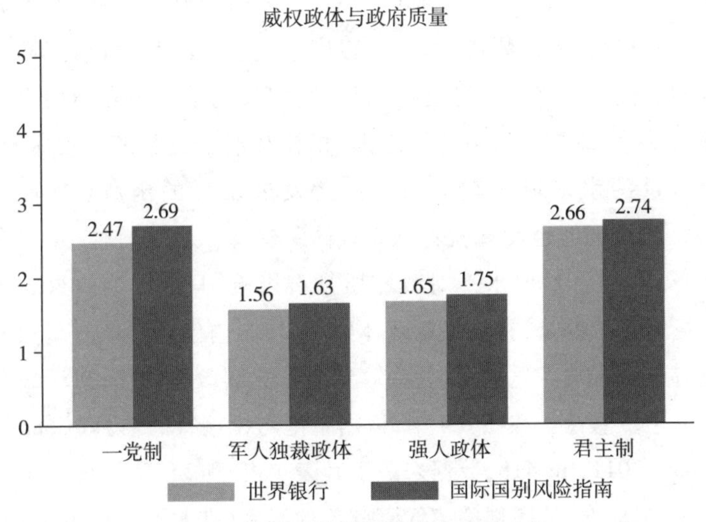

图 6.3　威权政体类型与政府质量水平

注:世界银行的数据是结合了"政府效能"与"控制腐败"而得到的,同时国际国别风险指南(ICRG)则结合了腐败与"官僚有效性"的得分。两大数据是每种政体类型在 1984 年至 2003 年之间数据的平均值。两大数据也都被重新调整,从 0 至 5 排序,得分越高意味着政府质量的水平越高。

类似于前文中对于"供给"与"需求"因素对政府质量之影响的检验,我们事先假定,一党制政体比其他非民主政体通常更能够回应民众对于制度改进的需求。其他非民主政体内的"核心圈子"范围更小,而且更不需要依赖广泛的支持以维持政权。但是,我们需要进一步检验"投资回报期"是否对四种威权政体中的任何一个(或者更多)有独特的影响。我们要再次说明,"投资回报期"是用来测算政体失败的预期可能性。赖特(Wright 2008a)以一系列因子为基础来开展这一测量,这些因子有:人均国内生产总值的对数、经济增长($t-1$)、穆斯林人口占比、内战($t-1$)、外国占领、政体类型、区域控制以及控制政权的持续时间。测量结果的数值越高,政体失败的可能性就越大。于是,我们可以把非民主政体的类型与经济发展程度和"投资回报期"进行交互分析。

我们使用一系列技术参数,检验全球治理指数(WGI)与国际国别风险指南(ICRG)中的政府质量变量,同时控制石油储备、民族语言异质化程度、人口数量、民主化程度等变量,并运行可修正第一阶序列相关性的模型。通过这些工作,我们找到了对于先前假设观点的强力支撑,即在一党制政体之内,相较其他三类非民主政体而言,政府质量的水平最适宜被当作经济发展水平的函数(例如,"需求")。我们同时也发现,在"强人政体"与"军人独裁政体"中也存在该情形,即经济发展水平对政府质量有影响,只是影响效果相当有限。更有意思的是,在君主制政体中,人均国内生产总值对于政府质量没有显著影响。这说明,这些政体与一党制政体相比,对于民众的需求缺乏敏感性。在图 6.4 中,依据查伦与拉蓬特的估算(Charron & Lapuente 2011, p. 418,数据来源于其表 1、模型 2),我们展示了以人均 GDP 为标准,从底部的第 5 百分位的国家(非常贫穷的国家)到顶部的第 95 百分位的国家(非常富裕的国家),政府质量的预期变化。人们会发现,一党制国家的政府质量可以提升超过 168%,而君主制国家政府质量水平只增长 3.4%。

另一方面,我们在验证投资回报期与四类非民主政体的相互关系时,发现在 7 个不同的模型设定中,一党制政体对投资回报期的敏感度最低,即政府质量并不是它们的函数。然而,特别是在军人独裁政体与君主制政体中,随着投资回报期的拉长,体制倾向于做长远投资(比如政府质量)。这意味着,此类体制在其失败的风险不高时,努力提升政府质量是极有可能的。

123

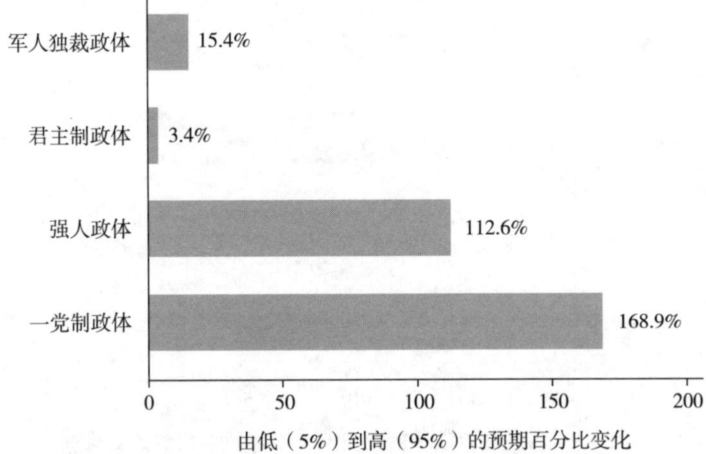

图 6.4　四类威权政体下经济发展水平对于政府质量的影响

注：数字代表当经济发展由低水平（第 5 百分位）向高水平（第 95 百分位）变化时，不同威权政体下政府质量的预期平均变化（ICRG 数据）。

来源：Charron & Lapuente 2011。

当观察投资回报期对于四类非民主政体中每一类政体的影响时（如图 6.5 所示），我们就要计算每一类型下投资回报期从最短到最长所导致的政府质量（用 ICRG 指标表示）的变化。[④]我们发现，在一党制和强人政体国家中，投资回报期对政府质量的影响不显著，然而在君主制和军人独裁政体中，特别是在后一政体中，政府质量对于投资回报期的变化很敏感。举个例子说，在一党制政体中，投资回报期取值从最小值到最大值的变化（比如从 0.001 到 0.19），使得政府质量降低了大约 7.9%（$p=0.837$）。然而，在军人独裁政体中投资回报期从最小值到最大值的同样变化（比如从 0.02 至 0.316），将导致政府质量下降 12.8%（$p=0.024$）。投资回报期从最小值到最大值的变化如果发生在君主制国家中，将导致政府质量下降 18.4%（$p<0.02$）。值得注意的是，强人政体中政府质量数据的正增长在统计学意义上不具有显著性。这样，我们发现，人均 GDP 和投资回报期对四类非民主体制的政府质量之影响存在着显著的差异。

125

124

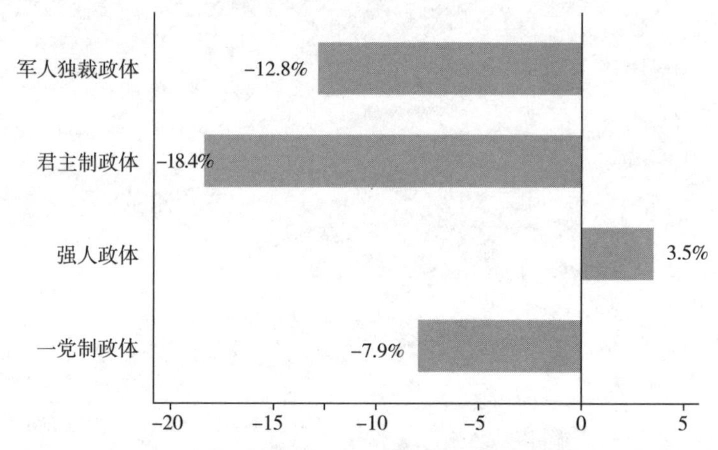

图 6.5　四类威权政体的投资回报期与政府质量的变化

注：数字代表当投资回报期从最小值向最大值变化时，威权政体中政府质量的预期平均变化（ICRG 的数据）。

来源：Charron & Lapuente 2011；投资回报期数据来源于 Wright 2008a。

6.4　结论

本章所阐明的研究发现对学者以及实际工作者都具有吸引力。普沃斯基和利蒙吉（Przeworski & Limongi 1993）从科学视角开启了关于民主与专制的争论，并分析了政体类型与发展之间的关系。在最近二十年的学术研究中，一些有影响力的学者广泛地证明了，对于不同的发展模式而言，民主制度的优越性究竟何在。例如，博伊克斯（Boix 2003）在《民主与再分配》（*Democracy and Redistribution*）一书中，从理论上主张并以实证研究支撑了这样一个观点：在寻租与政府效能方面，平均而言，民主国家要优于非民主国家。另外，根据布埃诺·德·梅斯基塔等人（Bueno de Mesquita et al. 2005）在《政治生存的逻辑》（*The Logic of Political Survival*）一书中提出的被广泛接受且有说服力的观点，我们认为，在政体类型与政府质量之间，存在着非常清晰的关系。根据这一逻辑，与威权国家的统治者相比，民主国家的领导人会拥有一个更大规模的民众性"胜利联盟"，领导人的权力就来自这一联盟。这实质上意味着，民主国家的领导人通过定期选举，可以最大限度地对大多数民众负责；而且为维护其统治的合法性，领导人必须满足民众对于提供高质量且公正的公共服务、减少公共部门的腐败、厉行法治以保护公民财产并维护契约的需求。

以上观点充满吸引力，通常也是有说服力的，对于西方民主国家的公民而言更是如此。但是我们的分析以及好几本著作——本章就是在这些著作基础上形成的——却发现，政体类型与政府质量之间的关系，远比那些相当有影响力的学者向我们证明的更为复杂、微妙。图 6.1 清楚地表明，在威权与民主谱系的任何一端，政府质量都有着极大的差别，而对于处在中间"灰色地带"政体类型的国家来说，政府质量普遍较差，且变化不大。政体类型与政府质量之间呈现出 J 形关系，体现为领导人*供给*政府质量的动机与民众对于可实现政府质量的中长期投资的*需求*两者间的函数。当我们考察某种特殊的威权政体，即一党制政体时，这一函数依然成立。一党制政体依赖更广泛的支持联盟，相比君主制与军人独裁政体等其他威权政体，它对民众的需求更加敏感。

126

这些发现对于学者以及对发展感兴趣的实际工作者而言，具有多方面启示。立足于阿玛蒂亚·森以及许多其他学者所做的工作，我们必须时刻牢记，自由公正的选举或者竞争性的政党制度，都不是发展的灵丹妙药。德雷兹（Drèze）和森认为，就人类发展来说，民主制度要想取得理想的结果——在本文中表现为更高的政府质量——就要先达到一个门槛，即社会群体间要有某种特定的平等，因为"公平的权力分配是民主的基本要求"（Drèze & Sen 2002, p. 353）。我们的观点与发现在一个更宽泛的意义上说也是行得通的：在经济发展的初期阶段，如果先决条件不具备，民主制度的引进可能对治理产生严重的消极影响，并导致高度腐败。在民众对于高水平政府质量缺乏需求的时候，民主选举产生的领导人不会选择代价高昂的投资以改善政府质量,导致这一切的就是经济发展水平的限制与不公平的资源分配。于是乎,对于"民主与经济发展"谁先谁后这一"鸡与蛋"式的争论,我们给出的答案是,如果想实现政府质量和公正廉洁,经济发展就要排在民主之前,它比民主更为重要。

注 释

① 经济学家一直认为时间偏好率是人们的本能特点(Clark 2007, p. 172;对于此内容的充分描述见 Rogers 1994)。

② 这一描述接近于卡尔多(Kaldor 1955)关于经济学的经典理论,即穷人更可能即时消费,而不是对未来的消费进行投资。参见克拉克(Clark 2007, p. 172),他对于这一观点及来自实验与人类学田野调查两方面的潜在证据做了一个评论。

③ 之所以是 1100 而不是更大的数值,是因为按照自由之家与政体数据库对民主的测量,得分超过 6 的国家都会被我们剔除。

④ 每一组的投资回报期都有不同的最小值和最大值,每一个威权政体类型小组所使用的数值范围也是独特的。例如,在军人独裁政体中投资回报期的最小值和最大值对于全部样本而言都是从 0.02 至 0.316,在君主制政体中则是从 0.00045 至 0.133。

参考文献

127

Alesina, A., A Devleeschauer, W Easterly, S. Kurlat and R. Wacziarg. 2003. "Fractionalization". *Journal of Economic Growth*, **8**: 155–94.

Alt, J. and D. Lassen. 2003. "Political and judicial checks on corruption: evidence from American state governments". *Economics and Politics*, **20** (1): 33–61.

Bäck H. and A. Hadenius. 2008. "Democracy and state capacity: exploring a J-shaped relationship". *Governance*, **21** (1): 1–24.

Banfield, E. 1958. *The Moral Basis of a Backward Society*. New York: Free Press.

Barro, R. and J. Lee. 2000. "International data on educational attainment, updates and implications". Working Paper 7911, National Bureau of Economic Research, Cambridge, MA.

Beck, T., G. Clarke, A. Groff, P. Keefer and P. Walsh. 2001. "New tools and new tests in comparative political economy: the Database of Political Institutions". *World Bank Economic Review*, **15** (September): 165–76.

Boix, C. 2003. *Democracy and Redistribution*. New York: Cambridge University Press.

Bueno de Mesquita, B., A. Smith, R. Siverson and J. Morrow. 2005. *The Logic of Political Survival*. Cambridge, MA: MIT Press.

Charron, N. and V. Lapuente. 2010. "Does democracy produce quality of government?". *European Journal of Political Research*, **49** (4): 443–70.

Charron, N. and V. Lapuente. 2011. "Which dictators produce quality of government?". *Studies of Comparative International Development*, **46** (4): 397–423.

Clague, C., P. Keefer, S. Knack and M. Olson. 1996. "Property and contract rights in autocracies and democracies". *Journal of Economic Growth*, **1** (2): 243–76.

Clark, G. 2007. *A Farewell to Alms: A Brief Economic History of the World*. Princeton, NJ: Princeton University Press.

Drèze, J. and A. Sen. 2002. *India: Development and Participation*. Delhi: Oxford University Press.

Galbraith, J.K. and H. Kum. 2005. "Estimating the inequality of household incomes: toward a dense and consistent global data set". *Review of Income and Wealth*, **51** (1): 115–43.

Gandhi, J. and A. Przeworski. 2006. "Cooperation, cooptation, and rebellion under dictatorships". *Economics and Politics*, **18** (1): 1–26.

Gandhi, J. and A. Przeworski. 2007. "Authoritarian institutions and the survival of autocrats". *Comparative Political Studies*, **40** (11): 1279–1301.

Geddes, B. 1999. "What do we know about democratization after twenty years?". *Annual Review of Political Science*, **2**: 115–44.

Geddes, B. 2003. *Paradigms and Sand Castles: Theory Building and Research Design in Comparative Politics*. Ann Arbor, MI: University of Michigan Press.

Goel, R. and M. Nelson. 1998. "Corruption and government size: a disaggregated analysis". *Public Choice*, **97** (1): 107–20.

Hadenius, A. and J. Teorell. 2007. "Determinants of democratization: taking stock of the large-N evidence". In D. Berg-Schlosser (ed.), *Democratization: The State of the Art*, Opladen & Farmington Hills: Barbara Budrich, pp. 143–56.

Harris-White, B. and G. White. 1996. *Liberalization and New Forms of Corruption*. Brighton: Institute of Development Studies.

Hirschman, A.O. 1971. *Exit, Voice and Loyalty*. Cambridge, MA: Harvard University Press. 128

Kaldor, N. 1955. "Alternative theories of distribution". *Review of Economic Studies*, **23** (2): 83–100.

Kaufmann, D., A. Kraay and M. Mastruzzi. 2008. "Governance Matters VII: Governance Indicators for 1996–2005". World Bank Policy Research Department Working Paper 4654, Washington, DC.

Keefer, P. 2007. "Clientelism, credibility, and the policy choices of young democracies". *American Journal of Political Science*, **51** (4): 804–21.

Keefer, P. and R. Vlaicu. 2007. "Democracy, credibility, and clientelism". *Journal of Law, Economics, and Organization*, **24**: 371–406.

La Porta, R., F. Lopez-de-Silanes, A. Shleifer and R.Vishny. 1999. "The quality of government". *Journal of Law, Economics and Organization*, **15** (1): 222–79.

Lemarchand, R. 1972. "Political clientelism and ethnicity in tropical Africa: competing solidarities in nation-building". *American Political Science Review*, **66** (1): 68–85.

Montinola, G.R. and R.W. Jackman. 2002. "Sources of corruption: a cross-country study". *British Journal of Political Science*, **32**: 147–70.

Olson, M. 1993. "Dictatorship, democracy, and development". *American Political Science Review*, **87** (3) September: 567–76.

Przeworski, A. and F. Limongi. 1993. "Political regime and economic growth". *Journal of Economic Perspectives*, **7** (3): 51–69.

Rogers, A. 1994. "Evolution of time preference by natural selection". *American Economic Review*, **84** (3): 460–81.

Sandholtz, W. and M.M. Gray. 2003. "International integration and national corruption". *International Organization*, **57**: 761–800.

Sayari, S. 1977. "Political patronage in Turkey". In E. Gellner and J. Waterbury (eds), *Patons and Clients in Mediterranean Societies*, London: Duckworth, pp. 103–13.

Scott, J. C. 1972. *Comparative Political Corruption*. Englewood Cliffs, NJ: Prentice-Hall.

Sen, A. 2011. "Quality of life: India vs. China". *The New York Review of Books*, May 12.

Sung, H.-E. 2004. "Democracy and political corruption: a cross-national comparison". *Crime, Law and Social Change*, **41**: 179–94.

Teorell, J., N. Charron, M. Samanni, S. Holmberg and B. Rothstein. 2011. The Quality of Government Dataset, version 6Apr11. The Quality of Government Institute. University of Gothenburg, Available at: http://www.qog.pol.gu.se (accessed June 10, 2011).

Ulfelder, J. 2005. "Contentious collective action and the breakdown of authoritarian regimes". *International Political Science Review*, **26** (3), July: 311–34.

Varese, F. 1997. "The transition to the market and corruption in post-socialist Russia". *Political Studies*, **45**: 579–96.

Wade, R. 1985. "The market for public office: why the Indian state is not better at development". *World Development*, **13**: 467–97.

Welzel, C. and R. Inglehart. 2008. "The role of ordinary people in democratization". *Journal of Democracy*, **19** (1): 126–40.

Weyland, K. 1998. "The politics of corruption in Latin America". *Journal of Democracy*, **9** (2): 108–21.

Wraith, R.E. and E. Simkins. 1963. *Corruption in Developing Countries*. London: Allen & Unwin.

129 Wright, J. 2008a. "Insurance or investment? How authoritarian time horizons impact foreign aid effectiveness". *Comparative Political Studies*, **41** (7): 971–1000.

Wright, J. 2008b. "Do authoritarian institutions constrain? How legislatures impact economic growth and foreign aid effectiveness". *American Journal of Political Science*, **52** (2): 322–43.

第七章　新闻自由与腐败

一直以来,一个影响广泛且被普遍接受的理念是,自由且独立的新闻出版在对抗腐败的过程中起着重要作用。世界银行和透明国际等国际组织均将新闻媒体与自由出版视为控制腐败的重要措施之一。大量的政策方案与一般性的建议都不断强调新闻媒体要具备多元性、自由性与竞争性。然而,媒体与自由出版在现实中对抗腐败的成效究竟如何? 关于此类情况,我们的了解虽然在不断深化,但总体上还相当有限。

本章阐明,关于新闻自由与腐败之间关系的研究仍然大有可为,一些新的研究方法也需要被引进。我们对两者间关系进行了迄今为止最周密的稳健性检验。我们把新闻自由与腐败间关系的两种不同模型加以结合,使用政府质量研究所的数据库,得到了规模更大且更加完善的相关数据。我们也把一系列关于腐败的不同测量方法及结果纳入本研究之中。那些带有很多时间恒定型变量或者几乎都是时间恒定型变量的模型,在进行推导时经常出现一些问题。为解决这些人们所熟知的问题,我们还采取了一种新的评估技巧。

在我们的延伸性分析中,新闻自由与腐败之间总是表现出很强的相关性:新闻出版越自由,国家也就越清廉。我们也相信,新闻自由对于腐败程度的影响,在大部分民主国家,都是极其显著的。

7.1　新闻自由和腐败

新闻自由的概念在大众传播学的文献中已经得到了广泛的讨

论。早期的定义受到了二战后地缘政治结构的影响,主要的关注点在于免受政府的控制(例如 Lowenstein 1970; Weaver 1977; Picard 1985; Hachten 1987; Hagen 1992)。后来,这一概念的定义在古典的自由观对媒体自由的认识与更激进的民主观对于媒体自由的认识之间变动。古典自由观认为,媒体的职责是保护个人免受国家权力滥用的侵扰;更激进的民主观认为,在媒体所热衷的自由或者独立程度与民众在获取媒体内容时所享有的自由之间,存在着失调,媒体应当想办法保持二者的平衡(参见,例如 Curran 1996; Price 2002; McQuail 2005)。

131

民众可以接触媒体内容,以及信息有效性,都是重要的潜在假设,也是维护市场经济有效运行的关键性要素。在政治领域也有类似的假设。例如,民众需要获取信息来增长自己的见识,以便在选举中做出明智的选择。为避免市场失灵,或者实现资源有效分配,经济学家也越来越强调信息的重要作用(Stiglitz 2000)。经济学家和政治学家经常使用委托代理理论来描述委托人与代理人之间的信息不对称问题(Besley & Burgess 2002; Aidt 2003; Coyne & Leeson 2004; Miller 2005; Teorell 2007; Lindstedt & Naurin 2010)。在这一情形下,民众或者投票者代表着委托人,政治家或者官僚则成为代理人。腐败的起源可以追溯到一种信息不对称,代理人比委托人在信息方面有更大的优势。[①]一般认为新闻自由有助于增加透明度或者实现更加自由的信息流动,从而减少委托人与代理人之间的信息不对称。

理论上,腐败的原因和决定因素都源于一国经济、政治、社会系统中的诸多特性。特瑞斯曼认为,国家官员会掂量其腐败行为的预期代价与预期收益,而该国的历史传统可能会影响到他们对腐败行为的代价与收益的认识(Treisman 2000, p. 403,另外参见 Root 1996; Rothstein 2011)。腐败行为最明显的代价就是,存在被抓或者被惩罚的风险。出于一系列的原因,人们一般会认为,在自由的新闻媒体能够为民众提供公正有效的信息,同时能独立地监督政治权力持有人的地方,腐败行为被曝光的风险更大(参见,例如 Norris 2000, 2006; Zaller 2003)。经济发展除对民主有明显的影响外,还有助于普及教育、提高人们识字能力以及促进非个性化人际关系的扩展。总的来说，在媒体表达更为自由，民众受教育水平更高，同时经济更为发达的民主国家，腐败的发生概率较低（Treisman 2000, p. 405）。

然而，因腐败被抓的可能性还取决于一国法律体系的有效性。132 第一，特瑞斯曼认为，对于因官员腐败行为而受到利益侵害的私人产权所有者来说，法律体系给予他们的追索权以及保护程度，在不同国家各不相同。此外，在法律体系创设时的构想及意图方面，不同的法律体系也不一样，有普通法法系与民法法系之分（参见 David & Brierly 1985; La Porta et al. 1999）。[2]不同法律体系间的另一个差异在于，社会中盛行的对法律体系如何被执行的预期以及实际执行情况，即特瑞斯曼所说的"法律文化"，是不一样的。第二，在法律的程序方面，不同国家之间也有差别。特瑞斯曼指出，在英国及英国的前殖民地国家，法律程序关注的重点是法律的社会角色，以及法律在维护社会秩序方面的重要性。而在其他国家，社会秩序并不与坚守法律程序密切相关，相反，社会秩序更大程度上是与社会等级体系及公共权威相关联的。因此，我们认为，带有不同殖民传统的国家就会有不同的法律文化，从而对腐败有着不同的敏感程度，无论该国采用普通法法系还是民法法系。[3]基于上述理由，我们推测，在采用普通法法系的国家（尤其是英国和英国前殖民地国家），法律体系会更有效率，且腐败程度更低（Treisman 2000, p. 402）。

另外，国家历史传统以另外一种方式对人们认知腐败成本产生影响，即通过宗教。特瑞斯曼（Treisman 2000, p. 401）认为，宗教传统往往决定着当地文化对社会等级体系的态度。在天主教、东正教、伊斯兰教等更具"等级性的宗教"所支配的地方，对权力所有者的挑战不会太多；而在由更具平等主义或个人主义的宗教（如新教）所塑造的文化中，这种挑战可能会多得多。然而，教会与国家之间不同的制度关系，也会对腐败程度产生影响。在新教这样的宗教传统下，教会组织在监督和谴责国家官员滥用职权方面发挥着作用。然而在其他宗教传统中，比如说像伊斯兰社会，教会与国家等级体系紧密交织，它扮演监督国家权力滥用的角色，就不那么常见了（例如，La

Porta et al. 1997; Serra 2004)。这就意味着,带有新教传统的国家,腐败行为不会那么普遍。

腐败行为中的预期收益可能包含相当复杂的影响因素。理性的官员要通过预期收益来平衡腐败的预期成本。正如特瑞斯曼所言,"大量的腐败行为都包含政府官员与私营合作伙伴人之间的讨价还价。政府官员运用手中的公权力为合作伙伴创造出的收益,是合作伙伴在没有国家干预的情况下远不可能获得的收益"(Treisman 2000, p. 405)。管制与收税等国家行为,被用来为合作伙伴创造超越市场中其他竞争者的优势条件。作为回报,这些合作伙伴将一部分收益回馈给政府官员。

133

特瑞斯曼认为,一些因素会影响政府官员通过干预市场为合作伙伴创造收益的规模。最为明显的是,国家对于经济的控制程度与腐败规模之间存在着正相关性——国家越大,国家的控制能力越强,腐败的空间就越大(Tanzi 1994)。在国内市场上,政府官员为合作伙伴提供利益保护的能力的大小取决于该国的贸易开放程度以及进口贸易带来的外部竞争(Treisman 2000, p. 435,也可参见 Mauro 1995; Ades & Di Tella 1999)。由此,我们可以总结出,当一个国家拥有民主制度、经济发达、新闻自由,以及民众拥有较高的受教育水平与文化程度时,该国的腐败程度会较低。另外,历史传统也是决定腐败的重要因素。

我们如果分析先前关于新闻自由与腐败的实证研究,会发现在两者之间有着清晰的相关性(Stapenhurst 2000; Ahrend 2002; Brunetti & Weder 2003; Chowdhury 2004; Macdonell & Pesic 2006; Freille et al. 2007; Olken & Barron 2009; Lessmann & Markwardt 2010)。一些常见指标,例如报刊发行量(Besley & Burgess 2002; Adserà et al. 2003; Pellegrini & Gerlagh 2008)、媒体所有权(Djankov et al. 2003; Besley & Prat 2006)以及媒体竞争程度(Suphachalasai 2005),都对腐败程度有强烈的直接影响。即使用其他方式测量,考虑其他重要解释性变量,这种关系仍然成立。然而,新闻自由在促进公众获取信息(也就是保证透明)方面的角色,公民运用制裁机制以及他们实际上

能够让“政治无赖出局”的能力（也就是肩负或履行政治责任），是两个不同的事项，把它们区别开来很重要（参见 Lindstedt & Naurin 2010）。

在关于新闻自由与腐败关系的研究中，最有雄心且严谨的理论成果来自布鲁内蒂和韦德的研究（Brunetti & Weder 2003）。他们对自变量与因变量同时展开了相互补充的测量，进行了好几种稳健性检验（他们检验了两种不同的新闻自由指标和四种不同的腐败测量，而且都是历时性的跨国研究）。研究结果显示，新闻自由对于四个腐败控制指标中的三个有显著的积极影响。由此他们得出结论，如果一个国家新闻媒体的活动不受任何限制，那么该国的腐败程度通常较低。这个结论看上去不足为奇，但重要的是，布鲁内蒂和韦德反驳了关于新闻自由与腐败之间的因果关系可能是一个潜在的内生性问题的怀疑，该问题源于腐败政府限制新闻自由的动机（参见 Sussman 2001; Norris 2006）。 134

布鲁内蒂和韦德根据自己的统计分析，总结说：“就统计数字而言，如果实现了媒体自由，那么印尼的腐败水平就会降低到像新加坡的一样，俄罗斯联邦的会降低到像斯洛伐克共和国的一样，尼日利亚的会降低到像比利时的一样”（Brunetti & Weder 2003, p. 1821）。这种说法体现了先前研究中有关新闻自由与腐败关系之本质的一种相当天真的观点。实际上，高度的新闻自由并不是医治腐败的速效丸。相反，林德斯泰特和那奥连（Lindstedt & Naurin 2010）认为，如果我们要看到减少腐败的任何实质成效，那么所有以新闻自由为核心的改革都应该搭配一些举措，这些举措要强化民众运用有效信息开展行动的能力。

林德斯泰特和那奥连关于透明度与腐败关系的研究证明了，我们要对腐败与新闻自由间关系进行充分论证才能理解其因果机制。他们认为，仅仅能获得信息并不足以防治腐败，除非支撑宣传（publicity）与责任（accountability）的有利条件，即媒体发行量、自由公正的选举和受过教育的选民，也在恰当地发挥作用。他们的这一观点得到了实证结果的有力支持。

此外,林德斯泰特和那奥连还试图发展委托—代理模型。他们说,无论信息如何有效或者容易获取,就代理人的行为准则而言,我们都不能想当然地认为,信息透明是理所当然的。在他们看来,经济学家没有认识到,获取信息也需要成本。缺乏需求、缺乏中介、民众缺乏处理信息的能力,都会妨碍我们走向善治。林德斯泰特和那奥连(Lindstedt & Naurin 2010, p. 315)总结说:“更多地公开宣传与问责,会增强信息的透明度以降低腐败。”

莱德曼等人(Lederman et al. 2005)探讨了政治制度与腐败之间的联系,以及解释性变量对腐败的独特作用。他们的研究结果显示,腐败会因民主制度、议会制度、民主稳定以及新闻自由等因素而系统性地减少。此外,剔除新闻自由变量的同时保留其他控制变量,腐败程度的下降依然存在。可见,该研究发现了经济发展对于腐败的影响。这一研究结果很有意思,它表明,先前只对新闻自由与腐败之间的相关性进行实证研究得不出什么特别有意义的结论。

在一个更宽广的视角下对腐败解释模型中的变量进行互动效果评估,很有必要。这在阿伦德(Ahrend 2002)关于教育对腐败的影响的研究中得到了说明。阿伦德的分析表明,教育与腐败间关系的本质取决于新闻自由。他注意到,教育可以减少腐败,是通过高度新闻自由这一渠道实现的。只有在新闻充分自由的国家,教育才会对减少腐败产生积极影响。根据他的研究,因果链条是从高度新闻自由传向低腐败。基于这个因果链条,他们进一步阐释了改进或细化的政策建议。

135

莱斯曼和马克沃特(Lessman & Markwardt 2010)调查了分权和腐败之间的关系,并考察由新闻自由反映出来的公共监督是否在分权对腐败的影响方面产生效果。他们的主要发现是,在发展中国家,仅当存在着一个可以加强官僚责任性的监督主体时,这也就意味着新闻自由是一项可能性的制度安排,分权的好处才会显露出来。在新闻自由度较高的国家,分权才能发挥出对抗腐败的力量,而当新闻自由程度较低时,国家反而饱受分权之苦,腐败不消反涨(ibid., p. 632)。

很多关于新闻自由与腐败关系的研究,都致力于开放性与腐败之联结的经济侧(如贸易、贸易壁垒、自由资本等)的实证研究。不过,查伦(Charron 2009)的分析则考虑了其他的全球化要素。他在检验国际开放性的两种非贸易形式(社会的和政治的形式)与腐败之间的关系时,把国家层面的新闻自由程度纳入考虑之中。研究特别关注了在国际开放性对一国政府之腐败的影响方面,国际性变量(社会与政治之开放性)如何受制于国内制度(新闻自由程度)。该研究以实证的方式证明,在缺乏新闻自由的情况下,社会与政治的开放性(贸易开放、国际组织、信息的社会流动)很少或几乎不对腐败产生影响。另外,实证数据表明,在新闻自由的前提下,政治与社会的开放性对于反击腐败有显著影响;但当新闻自由程度很低时,这些国际力量对腐败的影响便微不足道了。

最后,乔杜里(Chowdhury 2004)也对这一主题进行了简明的研究。这一研究与布鲁内蒂和韦德(Brunetti & Weder 2003)所做研究有些类似,不过他的研究包含了民主对腐败的影响。按照他的观点,作为一种信息装置的媒体和作为一种惩罚机制的民主,两者应该都有助于约束腐败。本文的实证结果也支持了他的结论。无论在什么环境下,新闻自由和民主对腐败都有强烈且显著的制约作用。

136

这些研究尽管都得出了相同的结论(除了莱德曼等人的研究[Lederman et al. 2005],即新闻自由有助于控制腐败,但是几乎所有的研究都使用了对于新闻自由的聚合测量,其中大部分研究只关注直接影响,很少对条件性变量的变化做敏感性测量。

福瑞勒等人(Freille et al. 2007)对新闻自由和腐败的关系做了最详尽和完整的分析,在新闻自由对腐败之影响的研究方面得出了相同的一般性结论。他们除了检验新闻自由与腐败之间的稳健关系外,还使用了之前未曾开发的数据,这些数据涉及限制新闻自由的不同形式。另外,他们的研究包括大规模的历时性横截面回归分析,结合使用工具变量(IV)的极值边界分析(EBA),来检验新闻自由与腐败之间关系的稳健性及因果方向。结果证实,新闻自由与控制官僚腐败之间具有密切关系,因而也确认了早期研究的结果。在研究模型中,他们也对那些在先前研究中出现过的、总是和腐败相关的大量变量加以控制(也参见 Treisman 2000)。

福瑞勒等人的研究证实,要进一步研究何种机制驱动这一关系,就要对广泛的新闻自由指数进行亚成分分析,这将有力地推动研究向前发展。有趣的是,他们的研究揭示出,对模型参数的变化来说,很受欢迎的自由之家的新闻自由指标(见政府质量研究所主页 http://www.qog.pol.gu.se 的描述),其两个亚指标,即"法律"与"规制",并不能被证明是有力的稳健性指标,而另外两个亚指标,即新闻媒体受到的政治压力和经济压力,却被证明是稳健性指标。也就是说,这一结果表明,形成新闻自由与腐败之间紧密关系的要素是政治环境与经济环境(先后次序不能颠倒),而不是法律和规制。作者得出结论说,特定类型的新闻自由的改善,对腐败会产生重要影响。于是,减少对媒体的政治影响,是减少腐败的最有效方式(ibid.)。

总之,前面提到的所有研究,除一个之外,都得出相同的基本结论:新闻自由对遏制腐败具有重要作用,要提升民众的信息获取能力,从而使政客或者公职人员难以掩盖其腐败行为或逃避惩罚。在这里,我们试图同时结合早期研究中所使用的各种方法,以便全面阐述新闻自由与腐败之间的关系。我们的目标是沿用先前的研究方法,并进行系统的稳健性检验。例如,使用关于新闻自由与腐败的多种指标并进行综合性测量,同时进行福瑞勒等人使用过的误差边界分析。另外,我们希望通过复制先前研究中的大规模观测数据(ibid.),同时引入能决定新闻自由与腐败之核心关系的互动变量(Lindstedt & Naurin 2010),以详细阐述两者之间的关系。最后,我们采取一种新的估算技巧,以解决在历时性横截面数据分析中出现的部分老大难问题(Plümper & Troeger 2007)。

137

7.2 数据和方法

本章实证研究的主要目标是,验证早先关于新闻自由与腐败关系的研究中成果的稳健性。研究所运用的一般性策略包括:(1)复制更大规模观测数据;(2)使用三种不同的腐败测量方法;(3)采取新的估算技术以处理回归建模时因许多时间恒定型变量而导致的估算问题。

7.2.1　复制数据

就复制数据来说,我们要对福瑞勒等人(Freille et al. 2007)以及林德斯泰特和那奥连(Lindstedt & Naurin 2010)早期研究中的腐败解释模型再做分析。之所以挑选这两项研究,是因为它们对新闻自由与腐败关系阐释得最为充分。在实证分析的第一部分,我们将以福瑞勒等人的基础模型为出发点,用更多的实证观察值来尽可能再现他们的分析。

就基本模型来说,福瑞勒等人的研究中作为控制变量的几乎所有变量都包含在其中,而且时间跨度更大。[④]这些变量描述了政治权利、免受政府干预的自由、不同时间点上的民主状况。我们还设置了几个虚拟变量,以反映国家的历史特征和现实特性(关于变量的详细信息参见政府质量研究所的主页)。总体而言,在我们的研究中,观测数据的数量比福瑞勒等人的研究中的数据量(487个观测数据)要大得多(不同情形下有不同的观测数据,最少为831个,最多为1283个)。与福瑞勒等人的研究类似,我们也使用新闻自由指标作为核心自变量,但有一个更大的、更接近当前的时间跨度——从1994年至2006年,而福瑞勒等人考察的时间跨度是从1994年至2004年。

138

在实证分析的第二部分,我们受到林德斯泰特和那奥连的研究模型的启发。他们的研究模型,与福瑞勒等人的大型研究模型相比更简明,因而具有吸引力。林德斯泰特和那奥连最开始是通过横截面数据来估算他们的模型的。在这里,我们通过1960年至2009年时间序列上各横截面数据来评估林德斯泰特和那奥连的模型,因而大大扩展了观测数据,从他们当初的81—110个观察数据,扩展为我们的662—859个观察数据。不过需要注意的是,我们对于林德斯泰特和那奥连的研究模型的运用,并不是完全复制他们最初的纯横截面模型。

7.2.2 测量腐败的多个指标

为了进行稳健性检验,我们将下面三种高度相关却并不相同的腐败测量作为因变量,一次一个地放入回归模型中:来自透明国际的"全球清廉指数"(1995—2009年),来自美国传统基金会的"廉洁指数"(1994—2006年),以及来自世界银行的"腐败控制指数"(1996—2007年)。请注意,在后续的回归分析中,全球清廉指数从最初的由0(高度腐败)到10(高度清廉)调校为从0到1。另外,传统基金会的廉洁指数从0(高度腐败)到100(高度清廉)调校为从0到1。世界银行的腐败控制指数调校为每年的均值为0,标准差为1。在这种编码方式下,我们期待在新闻自由与腐败之间产生积极且显著的关系:新闻媒体越自由,国家越清廉。

这三种腐败测量数据,来源可靠,经常被运用到关于腐败的实证研究中。三种测量方法都是要去评估在国家内部以及国家之间的腐败发生概率方面,究竟存在哪些差异。[5]我们选择用时序性横截面数据来分析,形成了一张关于新闻自由与透明国际腐败测量数据之核心关系的散点图(在这里我们没有放这张图),它展示出新闻自由与腐败之间的二元曲线关系:在新闻自由很有限的国家,新闻媒体向着更自由的方向发展,对减少国家内部的腐败而言,变得格外重要。[6]

7.2.3 新的估算技巧

想要改变我们关于新闻媒体与腐败关系的已有认识,就要做最大限度的稳健性检验。这就要用新的估算技巧把先前的研究再做一遍。这一新技巧要能处理模型中许多时间恒定型变量导致的问题。所有分析都采用两种方法:一种是标准的最小二乘法(OLS),另一种就是被称为"固定影响向量分解"(FEVD)的新估算技巧——一种专门为分析包含时间恒定型变量的时间序列型横截面数据而设计的分析技术(Plümper & Troeger 2007)。普鲁莫(Plümper)和特勒格尔(Troeger)的研究表明,如果一个变量用于国内测量时变异小,用于国家

139

间测量时变异大,这种情况在处理时间序列型横截面数据中很典型,那么在 FEVD 分析模型中将这一变量视为时间恒定型变量可以得出更加有效且有更少误差的估算值。[7]

我们相信,新提出的评估程序有很大潜力去改变人们对于新闻自由与腐败之间关系的已有理解。许多学者在一系列研究领域中运用这一方法,并不断有新的研究发现,而这些研究发现和人们早期的研究结果不太吻合。这些研究领域有:人类福利(Boyce 2009)、犯罪(Worrall 2008)、贸易和外国直接投资(Márquez-Ramos 2008)、超前消费(Schneider 2010)、官僚有效性(Dahlström et al. 2010)、公共政策(Plümper & Schneider 2007)。在接下来的分析中,我们利用普鲁莫和特勒格尔提出的经验法则(the rule of thumb),将福瑞勒等人的研究模型中所用变量中的 21 个确认为时间恒定型变量。[8]“不同时间点上的民主状况”这一变量下的数据来自自由之家的民主指标,即在 1972—2009 年间每一个国家在这一项目上的平均得分。这个变量也被认为是时间恒定型变量,因为其国内变异值为 0(参见政府质量研究所主页之附件)。为法律起源、殖民地传统与宗教信仰设定的静态虚拟变量,也都被定义为时间恒定型变量。

7.3　检验新闻自由对于腐败的影响

当我们增加观察数据,运用多种腐败指标,而且把很多腐败的一般性决定因素视为时间恒定型变量时,新闻自由与腐败之间的稳健性关系是否会发生变化?经过详细分析之后,我们的答案是不会。它们的核心关系依然稳健且显著:媒体越自由,国家越清廉。

在表 7.1 中,我们展示了两种评估技术的三组对比,腐败的每一种测量都有一个对比。正如之前研究中所期待的,在 1、3、5 这三个 OLS 模型中,新闻自由对于所有的腐败测量都存在显著而直接的线性影响。例如,表中的结果显示,在其他条件不变的情况下,自由之家的新闻自由指数(模型 1)从最小值(0)移动到最大值(100),在全球清廉指数(0—1)上将产生 0.40 的变化。在全部三种腐败测量指

142

标下,这一估算效应都是稳健的。更为重要的是,当我们以另一种估算技术来检验核心关系时,新闻自由对于三种腐败测量指标的影响均保持了显著性与稳健性。

表 7.1 新闻自由对于腐败的影响的模型分析(合并 OLS 和 FEVD,非标准回归)

	全球清廉指数 OLS(1)	全球清廉指数 FEVD(2)	廉洁指数 OLS(3)	廉洁指数 FEVD(4)	腐败控制指数 OLS(5)	腐败控制指数 FEVD(6)
时间恒定型变量						
新闻自由(0—100)	0.004***	0.004***	0.002***	0.002**	0.015***	0.015***
贸易	-0.001	-0.001	0.002***	0.002**	-0.000	-0.001
进口	0.003***	0.003*	-0.004***	-0.003**	0.005	0.007
燃料	-0.001***	-0.001**	-0.002***	-0.002***	-0.005***	-0.005***
国内生产总值的对数	0.106***	0.110***	0.104***	0.107***	0.420***	0.434***
议会制度(0/1)	0.005	0.016	0.041*	0.049	0.110	0.154
总统制度(0/1)	-0.001	0.000	0.048**	0.050	0.046	0.061
主要选举制度(0/1)	0.011	0.008	0.048***	0.046**	0.029	0.017
政治权利	0.020***	0.017*	-0.007	-0.009	0.022	0.011
军费开支(占国内生产总值的百分比)	0.005	0.009	-0.005	-0.002	0.030**	0.047**
前法国殖民地	0.015	0.031	0.040**	0.045	0.103	0.137
前西班牙殖民地	-0.002	-0.016	0.018	0.005	-0.231***	-0.292*
前英国殖民地	-0.072***	-0.047	0.026	0.039	-0.116	-0.040
曾经的殖民地	0.001	-0.020	-0.078***	-0.086*	-0.111	-0.166
英国法律传统	0.053***	0.040	0.079**	-0.025	-0.032	-0.078
社会主义法律传统	-0.199***	-0.197***	-0.127***	-0.221***	-0.836***	-0.838***
法国法律传统	-0.057***	-0.055	-0.014	-0.108**	-0.218**	-0.214
德国法律传统	0.000		0.094**		0.000	
斯堪的纳维亚法律传统	0.082***	0.104	0.000	-0.083	0.256**	0.344

（续表）

	全球清廉指数 OLS(1)	全球清廉指数 FEVD(2)	廉洁指数 OLS(3)	廉洁指数 FEVD(4)	腐败控制指数 OLS(5)	腐败控制指数 FEVD(6)
天主教占主导地位	-0.054***	-0.041	-0.015	-0.006	-0.160***	-0.117
新教占主导地位	0.083***	0.083	0.207***	0.208**	0.240***	0.227
长期民主国家	0.002	0.002	-0.015***	-0.015***	-0.001	0.000
时间变化变量						
免于政府干预	-0.001***	0.000	-0.001***	-0.000	-0.005***	0.001
残差		1.000		1.000		1.000
常数	-0.689***	-0.836***	-0.413***	-0.417***	-3.976***	-4.524***
观察值	929	929	1283	1283	831	831
R^2	0.856	0.976	0.710	0.880	0.865	0.978

注：在分析中，新闻自由的指数已经被颠倒过来，因此0代表“最不自由”，100代表“最自由”。*表示 $p<0.10$，**表示 $p<0.05$，***表示 $p<0.01$。

就控制变量来说，在全部六个模型中，国家经济发展方面的四个变量的大部分指标都呈现为显著。这一结果证实了先前研究中最强有力且最具一致性的发现，即较高清廉程度与较高的经济发展水平密切相关。然而，当运用另一种估算技术时，一些其他的时间恒定型变量就不再具有统计学意义上的显著性了。在模型1与模型2中，最大的变化发生在衡量国家历史与文化特征的变量上。不同于之前的预期，运用FEVD估算技巧之后，大部分协变量不具有显著性，这可能是由于它们之间的相关性较高。然而，在所有六个模型中，社会主义法律传统的协变量仍然显著。在模型3与模型4中，反映国家政治特征的一些指标，也出现了类似的情形，即运用FEVD技巧后就不具有显著性了。在模型5与模型6中，一些有关法律和宗教传统的协变量出现了类似情形。最后，在所有模型中，FEVD程序不能使“免于政府干预”这一时变型协变量呈现显著性。

在表7.2中，我们检验了一个受林德斯泰特和那奥连（Lindstedt & Naurin 2010）启发而得来的小得多的模型。他们的模型选用联合国开发计划署(UNDP)的方法估算了法治对腐败的影响。法治无疑是一个国家腐败程度的最有力的决定因素。然而,我们在这个修正后的模型中,不仅要考虑法治,还要同时考虑新闻自由和民主程度对腐败的影响。

143

表 7.2 新闻自由和腐败(合并 OLS 和 FEVD,非标准回归系数)

	全球清廉指数 OLS(1)	全球清廉指数 FEVD(2)	廉洁指数 OLS(3)	廉洁指数 FEVD(4)	腐败控制指数 OLS(5)	腐败控制指数 FEVD(6)
时间恒定型变量						
新闻自由(FP)	-0.003***	0.001	-0.000	-0.001	-0.006***	-0.007
前英国殖民地	0.008	-0.026	0.043***	0.055	0.008	0.017
贸易	0.000	0.000	-0.000*	0.000	-0.000	-0.000
长期民主(DoT)	-0.021***	0.024	0.000	-0.005	-0.049***	-0.046
交互 FP×DoT	0.000***	-0.000	0.000	0.000	0.001***	0.001
时间变化变量						
法律规范	0.181***	0.249***	0.182***	0.313***	0.862***	0.966***
能源使用	0.000	0.000	0.000	-0.000**	-0.000	-0.000
国内生产总值	0.000***	0.000	0.000***	-0.000	0.000***	0.000
残差		1.000		1.000		1.000
常数	0.469***	0.353***	0.379***	0.569***	0.134**	0.258
观察值	662	662	829	829	859	859
R^2	0.892	0.980	0.775	0.894	0.944	0.982

注:关于变量的更多详细介绍参见政府质量研究所主页上的附件。在分析中,新闻自由的指数已经被颠倒过来,因此 0 代表"最不自由",100 代表"最自由"。* 表示 $p<0.10$,** 表示 $p<0.05$,*** 表示 $p<0.01$。

强调一下,在这个模型中,引入新闻自由,是为了对其与民主程度的交互作用进行检验。在模型 1 与模型 5 中,对新闻自由、民主程度以及这两者对于腐败水平的交互作用项这三个变量所做的 OLS 效果检验值,都极为显著。交互效应(FP×DoT)尤其强劲。事实上,尽管新闻自由(FP)系数和长期民主(DoT)系数都带有负号("-"),但是对于新闻自由与民主程度得分都比较高的国家,三种变量的综合影响就变成了正数。

新闻自由对于腐败的影响,对于民主程度比较低的国家而言,是消极的或者不显著的。但是,随着一个国家民主程度的提高,这种影响就变得积极。换言之,这一结果表明,在新闻自由与腐败之间存在着曲线关系。在低、中低、中高、高民主水平这四类国家,新闻自由与腐败关系的散点图(图 7.1)可以说明存在这种曲线关系。

144

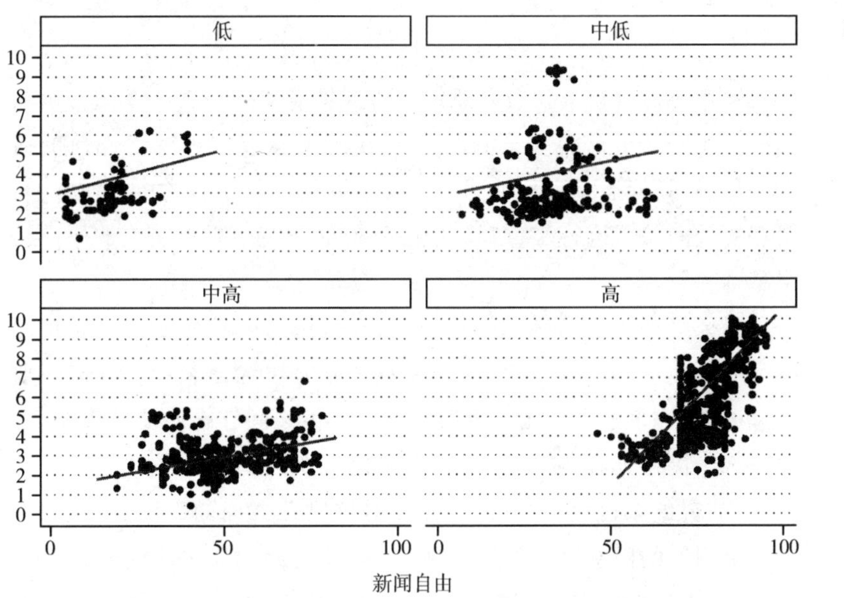

图 7.1　四种不同程度民主国家中新闻自由和腐败间关系

注:散点图分别显示了民主程度不同的四组国家中新闻自由与腐败的核心关系(每个国家的平均得分来自自由之家的民主指标[1970—2009])。

这些散点图显示了新闻自由与腐败之间的关系。在民主程度较低时,两者关系是轻微积极的,效果并不明显。随着民主程度的提高,这一模式会持续、缓慢地朝着积极方向发展。直到民主程度达到一个高水平,新闻自由与腐败之间才会表现出密切且积极的关系。因此,两者之间的关系是 J 形。“低”散点图显示了在国家民主程度低时,因变量与自变量之间的关系,例如在尼日利亚和古巴。在“中低”散点图中,有突尼斯、阿拉伯联合酋长国这样一些国家,以及离群值新加坡。在民主“中高”阶段,孟加拉国表现出高度腐败,但新闻自由度处于中等水平。腐败程度上被描述为“最清廉”,同时拥有高度新闻自由的国家是智利。民主程度“高”类型的散点图包括了民主程度最高的那些国家。但是在这个图中,我们发现芬兰和冰岛位于顶端,而葡萄牙则位于散点图的底部。

145

7.4 结　语

本章所做分析的初衷是总结和验证早期文献中关于新闻自由与腐败关系的研究。我们通过更大规模的观察数据再现了先前的研究。另外,我们通过三种不同的腐败指标和新的评估技巧,对新闻自由和腐败间关系进行了重新研究。我们的研究结果与前人的研究结果基本一致。

研究结果表明,我们应当超越新闻自由与腐败程度之间直接相关的简单模型,看到两者之间的关系似乎是更为复杂的。我们还要强调的是,许多学者指出的腐败与新闻自由之间存在的曲线关系,最好以选举民主水平与新闻自由水平之间的互动来推导(图 7.1 所示)。研究结果也表明,自由媒体在对抗腐败方面的不同表现,取决于这个国家的民主选举制度是刚建立,还是已建立一段时间但尚未稳固,抑或是很稳固。在成熟的选举民主国家中,新闻自由是遏制腐败的重要力量。然而在新兴民主国家,新闻自由对遏制腐败的作用不大明显。在选举民主力量薄弱或者说民主不大稳固的国家,新闻自由对于遏制腐败的作用相对较小。在这后两类国家中,人们可以明显看到的是,统治集团有各种需求。与其追求拥有自由独立的新闻媒体,这些国家最好先建立起运作良好的法律体系。

注　释

① 腐败通常是指利用公共职权谋取私利。政府官员(代理人)接受公众(委托

人)委托执行任务,却借此从事某种获取私利的渎职行为,而且委托人对这一情况难以监督(Bardhan 1997)。

② 拉波塔等人(La Porta et al. 1999)假设,习惯法法系对产权的保护更有力度,因而可以改善政府绩效的各个方面,包括减少腐败。

③ 特瑞斯曼(Treisman 2000, p. 403)认为,一国的法律制度与殖民地经历有着高度的相关性,但他也认为两者并非总是同时出现,例如一些前英国殖民地国家或托管地不使用普通法,像是约旦、埃及、伊拉克、科威特、马耳他和毛里求斯这些国家。一些非英国前殖民地的国家却或多或少接受了普通法法系统,如泰国、萨摩亚、利比里亚和纳米比亚。

146

④ 在实证分析的第一部分出现的模型所包含的变量,除民主程度变量外,和福瑞勒等人(Freille et al. 2007)使用的变量都是相同的。由于不可能从原始数据中复制民主程度的变量,我们构建了一个功能对等变量(参见政府质量研究所主页之附件)。

⑤ 腐败的三种测量方法显示了协变量具有重要影响。

⑥ 新闻自由和腐败的散点图通常也会出现一些异常值:使用来自透明国际的全球清廉指数,腐败程度高而新闻自由程度低的国家包括尼日利亚、缅甸和利比亚;腐败程度较低而新闻自由程度较高的国家有意大利、津巴布韦和约旦;腐败程度低且新闻自由程度高的国家有芬兰、加拿大和奥地利。腐败程度低但新闻自由程度中等水平的异常值是新加坡,还有一个相反情况的异常值是孟加拉国——腐败程度高但是具有中高等水平的新闻自由。

⑦ FEVD 评估分三个阶段:第一阶段,在基线模型上运行纯固定影响(FE)分析模型,得到单位效应的评估;第二阶段,对原始模型中的时间恒定型解释变量进行单位效应的回归分析,把单位效应分解为解释部分与非解释部分(第二阶段的误差项);第三阶段,通过混合 OLS 回归来评估原始模型,包括时间恒定型变量和第二阶段的误差项。

⑧ 成功应用 FEVD 的前提是,要确定变量为时间恒定型的或时间很少发生变化的。在这里,我们运用了由普鲁莫和特勒格尔(Plümper & Troeger 2007)开发的经验法则。为了确定变量是否是时间恒定型的,就需要进行计算以获得国家之间与国家内部的标准差指标(bw-指标;政府质量研究所主页附件)。如果一个自变量的变异大多数发生在国家之间而不是国家内部跨时间的比较上,变量就可以被定义为时间恒定型变量。普鲁莫和特勒格尔证明,确定是否是时间恒定型变量的 bw-指标门槛,取决于模型中的自变量和因变量的相

互关系。在自变量与因变量的相关系数大于 0.30 时，如果 bw-指标大于 1.7，该自变量就被确定为时间恒定型变量。如果相关系数大于 0.50，bw-指标门槛相应提高到 2.8；如果相关系数大于 0.80，bw-指标门槛就要达到 3.8。自变量与因变量相关系数小于 0.30 时，如果 bw-指标大于 0.2，按经验法则，该自变量也被定义为时间恒定型变量。

参考文献

Ades, A. and R. Di Tella. 1999. "Rents, competition and corruption". *American Economic Review*, **89** (4): 982–93.

Adserà, A., C. Boix and M. Payne. 2003. "Are you being served? Political accountability and quality of government". *Journal of Law, Economics, and Organization*, **19** (2): 445–90.

Ahrend, R. 2002. "Press freedom, human capital, and corruption". Working Paper 2002-11, Département et laboratorie d'économie théoreique et appliquée, DELTA.

Aidt, T.S. 2003. "Economic analysis of corruption: a survey". *Economic Journal*, **113** (November): 632–52.

147 Bardhan, P. 1997. "Corruption and development: a review of issues". *Journal of Economic Literature*, **35** (3): 1320–46.

Besley, T. and R. Burgess. 2002. "The political economy of government responsiveness: theory and evidence from India". *Quarterly Journal of Economics*, **117** (4): 1415–51.

Besley, T. and A. Prat. 2006. "Handcuffs for the grabbing hand? Media capture and government accountability". *American Economic Review*, **96** (3): 720–36.

Boyce, C.J. 2009. "Understanding fixed effects in human well-being". *Journal of Economic Psychology*, **31**: 1–16.

Brunetti, A. and B.Weder. 2003. "A free press is bad news for corruption". *Journal of Public Economics*, **87** (7–8): 1801–24.

Charron, N. 2009."The impact of socio-political integration and press freedom on corruption". *Journal of Development Studies*, **45** (9): 1472–93.

Chowdhury, S.K. 2004. "The effect of democracy and free press on corruption: an empirical test". *Economics Letters*, **85** (1): 93–101.

Coyne, C.J. and P.T. Leeson. 2004. "Read all about it! Understanding the role of media in economic development". *KYKLOS. International Review for Social Sciences*, **57** (1): 21–44.

Curran, J. 1996. "Media and democracy: the third route". In M.B. Andersen (ed.), *Media and Democracy*, Andersen Oslo: University of Oslo Press, pp. 53–76.

Dahlström, C., J. Lindvall and B. Rothstein. 2010. "Social protection strategies in efficient and inefficient states". Paper presented in the panel "The European Welfare State", at the bi-annual meeting of the Council of European Studies, Montreal, 15–17 April.

David, R. and J.E.C. Brierley.1985. *Major Legal Systems of the World Today*, 3rd edn, London: Stevens & Sons.

Djankov, S., C. McLiesh, T. Nenova and A. Shleifer. 2003. "Who owns the media?". *Journal of Law and Economics*, **46** (2): 341–81.

Freille, S., E.M. Haque and R. Kneller. 2007. "A contribution to the empirics of press freedom and corruption". *European Journal of Political Economy*, **23** (4): 838–62.

Hachten, W.A. 1987. *The World News Prism: Changing Media, Clashing Ideology*. Ames, IA: Iowa State University Press.

Hagen, I. 1992. "Democratic communication: media and social participation". In J. Wasko and V. Mosco (eds), *Democratic Communications in the Information Age*, Toronto: Garamond Press, pp. 16–27.

La Porta, R., F. Lopez-de-Silanes, A. Shleifer and R. Vishny. 1997. "Trust in large organizations". *American Economic Association Papers and Proceedings*, **87** (2): 333–8.

La Porta, R., F. Lopez-de-Silanes, A. Shleifer and R. Vishny. 1999. "The quality of government". *Journal of Law, Economics and Organization*, **15** (1): 399–457.

Lederman, D., N.V. Loayza and R.R. Soares. 2005. "Accountability and corruption: political institutions matter". *Economics and Politics*, **17** (1): 1–35.

Lessmann, C. and G.Markwardt. 2010. "One size fits all? Decentralization, corruption, and the monitoring of bureaucrats". *World Development*, **38** (4): 631–46.

Lindstedt, C. and D. Naurin. 2010. "Transparency is not enough: making transparency effective in reducing corruption". *International Political Science Review*, **31** (4): 301–22.

Lowenstein, R.L. 1970. "Press freedom as a political indicator". In H.-D. Fischer and J.C. Merrill (eds), *International Communication, Media, Channels, Functions*, New York: Hastings House, pp. 129–42.

148

Macdonell, R. and M. Pesic. 2006. "The role of the media in curbing corruption". In R. Stapenhurst, N. Johnston and R. Pelizzo (eds), *The Role of Parliament in Curbing Corruption*, Washington: World Bank, pp. 111–28.

Márquez-Ramos, L. 2008."The effects of IFRS adoption on trade and foreign direct investments". Paper presented at the 18th International Conference of the International Trade and Finance Association, Universidad Nova de Lisbon, Lisbon, May 23.

Mauro, P. 1995. "Corruption and growth". *Quarterly Journal of Economics*, **110** (3): 681–712.

McQuail, D. 2005. *McQuail's Mass Communication Theory*. 5th edn, London: Sage.

Miller, G.J. 2005. "The political evolution of principal–agent models". *Annual Review of Political Science*, **8**: 203–25.

Norris, P. 2000. *A Virtuous Circle*. Cambridge: Cambridge University Press.

Norris, P. 2006. "The role of the free press in promoting democratization, good governance, and human development". Paper for the Midwest Political Science Association annual meeting "*World Press Freedom Day*", Palmer House, Chicago, IL, 20–22 April.

Olken, B.A. and P. Barron. 2009. "The simple economics of extortion: evidence from trucking in Ache". *Journal of Political Economy*, **117** (3): 417–52.

Pellegrini, L. and R. Gerlagh. 2008. "Causes of corruption: a survey of cross-country analyses and extended results". *Economics of Governance*, **9** (3): 245–63.

Picard, R.G. 1985. *The Press and the Decline of Democracy*. Westport, CT: Greenwood Press.

Plümper, T. and C.J. Schneider. 2007. "Too much to die, too little to live: unemployment, higher education policies and university budgets in Germany". *Journal of European Public Policy*, **14** (4): 631–53.

Plümper, T. and V.E. Troeger. 2007. "Efficient estimation of time-invariant and rarely changing variables in finite sample panel analyses with unit fixed effects". *Political Analysis*, **15** (2): 124–39.

Freille, S., E.M. Haque and R. Kneller. 2007. "A contribution to the empirics of press freedom and corruption". *European Journal of Political Economy*, **23** (4): 838–62.
Hachten, W.A. 1987. *The World News Prism: Changing Media, Clashing Ideology*. Ames, IA: Iowa State University Press.
Hagen, I. 1992. "Democratic communication: media and social participation". In J. Wasko and V. Mosco (eds), *Democratic Communications in the Information Age*, Toronto: Garamond Press, pp. 16–27.
La Porta, R., F. Lopez-de-Silanes, A. Shleifer and R. Vishny. 1997. "Trust in large organizations". *American Economic Association Papers and Proceedings*, **87** (2): 333–8.
La Porta, R., F. Lopez-de-Silanes, A. Shleifer and R. Vishny. 1999. "The quality of government". *Journal of Law, Economics and Organization*, **15** (1): 399–457.
Lederman, D., N.V. Loayza and R.R. Soares. 2005. "Accountability and corruption: political institutions matter". *Economics and Politics*, **17** (1): 1–35.
Lessmann, C. and G.Markwardt. 2010. "One size fits all? Decentralization, corruption, and the monitoring of bureaucrats". *World Development*, **38** (4): 631–46.
Lindstedt, C. and D. Naurin. 2010. "Transparency is not enough: making transparency effective in reducing corruption". *International Political Science Review*, **31** (4): 301–22.
Lowenstein, R.L. 1970. "Press freedom as a political indicator". In H.-D. Fischer and J.C. Merrill (eds), *International Communication, Media, Channels, Functions*, New York: Hastings House, pp. 129–42.
149 Tanzi, V. 1994."Corruption, governmental activities, and markets". NBER Working Paper 94/99, National Bureau of Economic Research, International Monetary Fund, Washington, DC.
Teorell, J. 2007. *Corruption as an Institution: Rethinking the Nature and Origins of the Grabbing Hand*. Working Paper 2007:5, The Quality of Government Institute, University of Gothenburg.
Treisman, D. 2000. "The causes of corruption: a cross-national study". *Journal of Public Economics*, **76** (3): 399–457.
Weaver, D.H. 1977. "The press and government restriction: a cross-national study over time". *Gazette*, **23**: 152–70.
Worrall, J.L. 2008. "Racial composition, unemployment, and crime: dealing with inconsistencies in panel designs". *Social Science Research*, **37**: 787–800.
Zaller, J. 2003. "A new standard of news quality: burglar alarm for the monitorial citizen". *Political Communication*, **20**: 109–130.

第八章 韦伯式官僚机构和腐败的预防

150

腐败是当今世界的一个顽疾。腐败不仅存在于拉丁美洲、非洲和亚洲的发展中国家,也存在于许多欧洲民主国家,例如意大利和希腊(有关概述详见 Holmberg et al. 2009)。在多个国家的公共行政学术讨论和国家层面的辩论中,有人认为,培育一个传统的公共行政组织、保证终身任职、实行正规化招聘、重视对公务员的法律保护,可以有效遏制腐败。本章检验了这些观点,后面会证明这些想法仅仅是预防腐败的神话。

大面积的腐败在很多方面对经济发展和社会福利具有重要影响。例如,对于解释经济的持续增长,与腐败相关的因素比经济学中的传统变量更具有决定性(Mauro 1995; Hall & Jones 1999; Rodrik et al. 2004)。另外,腐败对社会福利也有巨大影响,因为它导致较差的受教育程度、较低的健康和幸福水平、糟糕的环境保护、低劣的社会和政治信任以及较高水平的暴力犯罪(Holmberg et al. 2009)。因此,寻求制度处方来遏制腐败,已成为许多研究人员和政策制定者的目标。

例如,政策制定者和学者提出,将公共行政与政治家的干预在制度上隔离开来,可以抑制腐败。人们注意到,这种制度化设计的特质,可以被相当精确地定义为韦伯式官僚机构的要素,例如公务员的正规化聘用、终身任职以及公职人员的特别就业用法。[①]这些官僚特质有一个共同目标,即把公务员的活动与政治家的活动分离开来。然而,实际上他们往往“携手并进”。

151 这种制度设计的结果是,一些国家的官僚机构比其他国家的更加孤立。在主要针对经合组织国家的研究中,有学者注意到,这些国家中存在“开放”(如美国、英国和荷兰)与“封闭”(如法国、比利时和西班牙)这两种形式公务员制度的分歧(Auer et al. 1996)。在更封闭的公务员制度中,政治家们尽管能在政治上任命大量的顾问,但他们管理公职人员的自由裁量权却相当有限(Painter & Peters 2010)。在这些国家中,人事政策通常被公务员的自治管理机构严格控制,政府机构要举行正式考试招募新人,那些通过考试的人享有终身职位保证(Heady 1996; Bekke & Van der Meer 2000)。在瑞典、英国、荷兰以及芬兰,公务员制度更加开放,公职人员不需遵特别就业法,终身任职的情况比较少见,他们与私营部门从业人员的情形更为相似。

在继续展开分析之前,大家需要注意国家官僚机构的分类。正如达尔斯托姆等人在本书所展示的那样(第三章),将公共行政定义为封闭的或开放的,主要是对西方和原社会主义国家有着重要意义。在世界其他地方,人事政策之差异并不像欧洲国家那样表现得如此集中和突出。本章将独立的官僚机构分为四个组成部分,且每个部分(工资、招聘、任期和就业法)都可以进行单独测量。

本章有两个贡献。首先,我们认为,把政治和公共行政区分开来的方式有两种:或者是区分政治家和行政官员的职业生涯,或者是区分政治家与行政官员的活动。哪种安排占主导地位,会影响人们对腐败后果的评判。我们的另一篇文章(Dahlström et al. 2011)也显示,将政治家与行政官员的职业生涯区分开来,会对研究工作产生系统性的积极影响。特别地,该研究提到,任人唯贤对行政管理产生了强烈且显著的影响,这一影响在严格控制条件的情况下——比如说把流行的制度化解释如政府形式或选举制度等考虑在内——依然稳健。

然而,区分政治家和行政官员的活动对腐败研究会产生什么影响,我们对此知之甚少。这将我们引向另一个(也许是本章最重要的)贡献。本章利用对97个国家和地区行政体系的调查所形成的独立数据集,实证分析了进行区分后,行政部门的四个特性对于腐败产生的影响。分析表明,正像封闭式官僚机构的辩护者所宣称的那样,这些方面与低腐败程度没有什么联系。 152

因此,对任何想要解决系统性腐败问题的政府来说,我们所做研究的政策意义在于:人们经常把韦伯式官僚机构解释为在政治家与行政人员的行为活动之间确立"明显界线",但我们认为这一明显界线应当被理解为是用来区分两者的职业生涯的。韦伯式官僚机构使官僚们很难当选为政治家,当选的政治家也很难成为职业官僚。[2]

8.1 与官僚机构相关的解释

当前学界存在大量的相关研究,通过文化价值差异、经济发展以及政治制度来解释腐败程度与公共机构的质量(概述见 Holmberg et al. 2009)。在实证部分,我们将从上述的每一个方面选择一个指标作为控制变量。然而,本章的主要贡献并不是提供一个综合的解释模型。我们的目标是检验一个同时受到学界与政策制定者关注的解释,即公共行政的制度设计。

最早的一批解释集中于文化因素。韦伯(Weber 1946[1978])著名的新教工作伦理理论和班菲尔德(Banfield 1958)关于南欧的"无关道德的家庭主义"理论,都是基于文化来解释各国腐败差异的经典例子。最近一些侧重于政府质量差异的研究,也开始强调文化和宗教价值的重要性(例如 Putnam et al. 1993; La Porta et al. 1999; Treisman 2000, 2007)。

然而,这些研究所提出的问题却鼓励我们采取更多的制度主义方法。第一,文化因素很难证伪,而且一些学者指出,将腐败仅仅归咎于道德沦丧,这一解释难以令人信服(Erlingsson et al. 2008, p. 600)。第二,尽管一些最复杂的实证分析表明,新教国家腐败程度较低,但这些分析并没有给出因果机制(La Porta et al. 1999; Treisman 2007)。第三,对于腐败和政府质量的文化解释受到反向因果关系的困扰。好的制度取决于整体信任的程度,或者说是社会资本。在这类解释中,文化因素通常被认为是关键的要素,尤其在帕特南等人(Putnam et al. 1993)关于意大利北部和南部的差异性研究之后,人们更是这样认为。然而,当前的理论与实证研究表明,因果关系的方向可能是相反的(Rothstein & Stolle 2008)。

153

韦尔策尔和英格尔哈特(Welzel & Inglehart 2008)这些学者的研究中也存在这类问题,他们在解释为什么一些民主国家有更好的治理时,特别强调经济发展因素的重要作用。有一种看法与经典现代化理论的主要预测相呼应,即经济发展水平的提高会促使选民提出更高的要求,从而使政府质量也得到提高。然而,日益增多的文献表明,因果关系也指向相反的方向:越有能力遏制腐败的国家,经济增长越快(见 Mauro 1995;也参见 Rodrik et al. 2004)

我们如果转向政治制度方面的解释,就会发现,有这样一种看法,即当权者通过选举而直接承担责任的民主国家,比起专制国家,在约束腐败上应更胜一筹。然而,支持这一民主假设的经验证据,充其量也是混杂的(Holmberg & Rothstein 2010)。大量学者已经探讨了哈里斯-怀特和怀特(Harris-White & White 1996, p. 3)以及宋(Sung 2004, p. 179)所定义的民主与腐败之间的"矛盾"关系,并且得出结论:在转型国家腐败会加重,只有民主得到巩固之后,新兴民主国家才能有效治理腐败(详见本书第六章查伦与拉蓬特的研究)。

总之,根据文献,我们在实证分析中将控制以下因素:核心的文化变量("新教"的程度)、经济发展程度(GDP),以及被广泛探讨的政治因素(一国的民主程度)。

然而,本章的重点内容是公共行政结构。这是传统的腐败研究所忽视的一个重要因素。最近的研究提供了越来越多的证据,表明在理解腐败差异性方面,官僚制度比传统上考察的政治制度更为重要(Rauch & Evans 2000; Olsen 2006; Dahlström et al. 2011)。如奥尔森(Olsen 2006, p. 1)指出,韦伯式官僚机构似乎并不是一个“做徒劳无益的垂死挣扎的庞大组织”。相反,“是时候重新探索官僚机构了”(ibid., p. 1)。很多学者指出,韦伯式官僚机构可能具有多重意义,它可能包含了一系列可能会产生不同影响的基本特征(Hall 1963; Olsen 2008)。

本章关注韦伯式官僚机构的核心原则,即在公共组织中区分政治领域与行政领域。[③]这一原则是1853年英国《诺斯科特-杜威廉报告》的基础,该报告被认为是西方世界现代精英管理的鼻祖文本(Mouritzen & Svara 2002, p. 3)。[④]就本章的目的而言,应当指出的是,这些改革意在解决当时英国社会普遍存在的腐败、任人唯亲和裙带关系等“旧式腐败”问题。 154

政治与行政分离也是行政体系类文献中引用率最高的两位学者——马克斯·韦伯(Max Weber)与伍德罗·威尔逊(Woodrow Wilson)——关注的核心问题。马克斯·韦伯(Weber 1946[1978])强调必须有一个在政治上独立的文职部门,伍德罗·威尔逊(Wilson 1887)主张建立一个独立的公共行政场域。官僚机构是制衡民主的重要力量,这一观念在当前学术圈也很盛行。例如,盖里·米勒(Miller 2000, p. 325)总结说:“为了有效性……政府应该建立一种机制,以约束而不仅是促进大众民主对于官僚机构的控制。”

8.2 区分活动还是职业?

人们尽管对区分政治与行政的好处达成了共识,但是对于行政和政治应该如何分离,以及这种分离的不同制度化方式会产生什么影响,缺少明确的认识。政治和行政分离有两种不同的方式:(1)活动分离;(2)职业分离。这两种方式会导致截然不同的结果。

我们将以西方国家地方政府的主要行政人物为例,说明活动分离与职业分离的差异,因为这样的人物到处都是,且适合某种综合性的大样本比较研究(Mouritzen & Svara 2002)。文献中将这类人物称为“首席行政官”(CAO),因为它同首席执行官相似(ibid., p. 8)。在彼得·塞尔夫(Self 1972)提出的良好地方治理的经典比喻中,地方层面的政治与行政的分离被想象成一个拱门,最高行政长官(CAO)[5]和最高政治首脑(市议会领袖或市长)共栖于拱门顶端。然而,同样的人物在其他类似的地方实体中可能会发挥不一样的作用。

155 例如,在西班牙,民选政治家和首席行政官的活动是严格分离的。市长和议员垄断政策决策权,介入的文秘们并不积极参与决策过程。参与的文秘类人员被限定为严格的消极角色,他们主要通过一个纯政治性的地方机构来核验政治家所做决策的法律效力。这也是法国、意大利、葡萄牙以及其他具有拿破仑行政传统的国家中,地方首席行政官存在的主要目标。

相比之下,有些国家的地方政府遵循“职业分离”原则。例如在北欧国家,地方行政首脑在政策制定和安排中发挥积极的作用。地方首席行政官甚至可以推出自己的政策倡议,以及为当选代表提供政策建议。地方首席行政官的政治中立性并不意味着政策的消极性,相反这意味着政策设计中的一种积极角色。地方首席行政官在“专业上和道德上”有义务向他们的政治领导人提供可以实施的替代性政策(Asmeron & Reis 1996, p. 8)。然而,在实行了职业分离原则的国家,各种正式的与非正式的机制会阻止官僚从事政治活动,尤其是从事竞选活动(Dahlström & Lapuente 2010)。在实行活动分离原则的国家,则经常发生相反的情况,即官僚被鼓励参与选举活动(如法国与西班牙)。

因此,职业分离原则不是把政治家与官僚的活动以及责任区分开来,而是几乎反过来。这种结构迫使具有不同利益的人一起做决策:一些人出于政治上连任的动机,另一些人则是出于作为职业经理人的人生规划的考虑。

相比之下,活动分离原则强调尽可能地将首席行政官员的活动与民选代表的活动分开。在这种模型中,首席行政官员在决策中的作用被限定为消极的。因此,所有相关的政策制定和管理活动均落在一群具有共同命运的人手中,即执政党的当选官员及其政治顾问。

在政治家和行政官员,他们的职业生涯相分离的制度环境中,首席行政官员对于当选的民意代表所表达的政党利益起到了政治刹车片的作用。比如说,他们对公共政策的长期目标给予更多的考虑(Mouritzen & Svara, 2002, p. 8)。[6]有实证证据表明,对两个不同群体负责的领导人,即民选代表与地方行政官员,他们的相互配合会对地方政府产生积极影响。不同利益的代理人之间的政治活动分歧所形成的张力,对善治有着积极的影响,让公共政策能更加公平地体现不同利益。 156

达尔斯托姆等人(Dahlström et al. 2011)超越地方政府层面,在国家层面考察了52个国家的公共行政的一般组织后认为,即使官员们都有参与腐败活动的意愿,让对不同责任链条负责的专业人士紧密合作也是一个协同性难题。这意味着,当民选政治家对政党负责且公共行政管理官员要对专业同行负责时,他们的机会主义行为的可能性就更低。根据这一研究,具有这些特性的公共行政与低水平的腐败之间就有了实证上的联系。

在地方政府,或更广泛地说,在任何公共行政机构领导层的顶端,让两组职业人士(政治家和官僚)维持不同的职业利益,是对于权力滥用或腐败的有力制约。换言之,对抗公共部门腐败和渎职的有效手段就是,让具有不同利益的个体一起决策。

8.3 区分政治家与官僚活动的四种方式

然而,自相矛盾的是,大多数想以行政设计来遏制腐败的政策建议,并不想对政治家与官僚的职业生涯进行区分,而是要对他们的行为加以分离。简言之,政治家应该垄断决策权,官僚则要专注于政策的执行。前者不应该卷入后者的活动之中,反之亦然。我们在这里列举了旨在区分政治家与官僚行为的四项广泛建议,并进行实证检验。

第一个建议认为，与新公共管理（NMP）组织相比，传统的公共管理组织可以整合为一个更有效的独立官僚机构，因为新公共管理组织中，政治家们引入激励措施（例如，以绩效薪酬取代固定工资），使得官僚对政治家的意愿更加负责。在关于腐败的文献中，一个普遍的观点是，新公共管理改革打开了腐败的机会之窗。这一情况甚至可能出现在拥有高水平政府质量的国家。埃林松等人（Erlingsson et al. 2008, p. 595）认为，就瑞典（尽管他们承认“过硬的实证数据还不存在”）来说：“我们的结论是，有理由怀疑，在过去20年里，通常被贴上‘新公共管理’标签的精简倡议与组织化改革，增加了腐败风险。”这种怀疑背后的基本理念是，传统公共管理组织的指导原则是合法原则，然而一个更具新公共管理特性的公共部门则更强调效率原则（有关西班牙腐败案件的文献综述，请参阅 Lapuente 2009）。有人认为，与新公共管理改革相随而来的更大的灵活性，以及保证合法原则的行政程序的缺失，为不公正或者腐败的决策创造了机遇。例如，政治家如果想要在公共采购中偏袒亲友，就可以设立以新公共管理为基础理念的代理部门，使这一部门更直接地向政治家负责。

157

另外三个建议也源于这样的观点，即公共部门的职业应与私人市场的灵活性相隔离，以便为公平地执行政策提供最佳机会。因此，公共职位应该遵循一种“封闭式”体制，而不是“开放式”或“岗位本位”的公共管理体制。在这样的系统中，对公职人员的招聘、职业安排和离职都有严格的控制，且通常是正规化的（Heady 1996; Bekke & Van der Meer 2000）。在更开放的公共行政系统中的另一端（Auer et al. 1996），公共部门更类似于私营部门。

学者们已经注意到，对于组织运行而言，职业稳定性具有重要意义。加里·米勒（Gary Miller 1992）在《管理的困境》（*Managerial Dilemmas*）中已经为我们展现了基于长期雇用承诺的中长期策略的有利影响。然而，作者在为封闭型公务员体系辩护时，进一步要求为公职人员提供充分的工作保障，而这种保障实际上变成了公职人员的终身职位保障。这一公务员体系的关键特性就在于,给予处于封闭性管理系统中的众多公职人员以某种待遇(如公务员身份)。对于一些行政研究者来说,封闭的公共行政系统因为实行终身任职制度和论资排辈式的逐步晋升,相比开放的系统,要求我们在更为复杂的层面上理解政府文职部门(civil service)。另外,公务员对本组织是最了解的(Gutiérrez Reñón 1987, p. 66)。

欧洲学术界普遍认为,封闭式公共行政制度具有积极作用。例如,德国自治的公共管理系统被认为是"公益的保证人"(Goetz 2000, p. 87),法国的公共行政制度被认为对于"强国家传统"而言是必不可少的(Meininger 2000, p. 189)。同时,一些国家例如西班牙尝试引入更开放的公务员系统的一些要素,这种尝试被视为"达摩克利斯之剑……悬于他们(公务员)的头上"(Crespo Montes 2001, p. 114)。 158 因此,走向更开放的公共行政,将会导致公共组织缺乏效率,并在公共组织中为腐败创造更多机会。这也是许多国家意见领袖的传统观点。例如,西班牙主要报纸《国家报》(*El País*)就反对新颁布的《公务员法》中的部分条款,反对该法案试图在地方政府层面以更灵活的、类似私营部门的条款取代原有的严格就业安排(Iglesias 2007, p. 127)。

支持一个在招聘、职业安排、离职各方面均实行严格管理的独立官僚体制,原因就在于这种制度限制了私营部门合约中所具有的暂时性与灵活性。有三个主要的机制最大限度地保证了公共职业的公共性:通过匿名的正式考试制度进行招聘,消除了私营部门的传统程序(如筛选简历、面对面的工作面试)所具有的主观性(也消除了搞裙带关系的机会);有保障的任期,防止政治领导人解雇碍手碍脚的雇员;特别就业法,即不同于私营部门劳动者所适用的一般就业法,用以保护公职人员,并限制用解雇的方法来惩罚他们的可能性。

总之,按照区分政治家与官僚的韦伯式官僚体系的相关观点,我们可以得出四点假设:

假设 1:新公共管理取向的公共部门会有更严重的腐败。

假设 2:招聘公务员时,正式考试制度会减少腐败。

假设 3:公务员终身任期制会减少腐败。

假设 4:公共部门特别就业法的存在会减少腐败。

本章余下部分将对这四个假设进行实证检验。

8.4 方法与数据

在实证部分,我们调查了将政治家和公共行政人员活动分离开来的四个方面(传统组织型公共部门、正规化的招聘、终身职业和特别就业法)之间的关系,同时还调查了全球 97 个国家和地区的腐败情况。我们使用的方法很简单。首先,观察四个指标与腐败水平之间的简单相关性,以散点图来说明。其次,用最少数量的控制变量,进行横向最小二乘法(OLS)分析。回归分析包含前面理论讨论部分涉及的三个控制变量:一个文化方面的(新教),一个政治方面的(民主水平),一个经济方面的(人均 GDP 的对数)。

159

在因变量方面,即腐败程度,我们使用 2010 年的全球清廉指数(CPI)。这一指数被广泛应用于总体性腐败测量,是根据各国的腐败程度进行排名,由透明国际提供。对 178 个国家从 10(高度清廉)到 0(高度腐败)进行了排序。2010 年的全球清廉指数综合了来自 10 个不同机构在两年内形成的 13 个不同数据资源。这些数据是基于国别专家或者商业领袖的主观感知而得到的(Transparency International 2010, p. 15)。

在自变量方面,我们使用一个关于公共行政结构的独特的比较数据集。数据源于政府质量研究所的调查(关于政府质量的调查)。这是一个国家(或全地区)层面的专家调查,共有来自 126 个国家和地区的 973 名公共管理专家参与。数据在两个不同的时间段集中收集,一个是从 2008 年 9 月到 2009 年 5 月,另一个是从 2010 年 3 月到 11 月。在本章中,我们结合这两个时间段的数据形成合并数据集。在政府质量调查中,每个国家和地区的受访者人数从 1 到 28 不等,平均值为8。然而,为了提高数据质量,我们只选择了每个国家和地区至少有三个专家回复的97个国家和地区(更详细的讨论,参见Dahlberg et al. 2011;本书第三章)。

我们使用了政府质量调查中的四个不同指标分别对应前文的四个假设。首先,通过一个问题来测试公共部门的新公共管理取向,即由专家们对公职人员的薪酬与工作绩效评估之间的关联程度进行从1(几乎无关)到7(总是相关)的排序。调查中使用的所有问题的详细情况参见表8.1。

160

表8.1　公共部门中新公共管理程度、正式考试、终身聘任以及特别就业法的相关指标

指标	问题	数值范围
新公共管理程度	公职人员的薪金与他们的业绩评价相关	1(几乎不) 7(几乎总是)
规范化招聘	公职人员通过正式的考试制度被雇用	1(几乎不) 7(几乎总是)
职业任期	一旦被招募为公职人员将终身任职	1(几乎不) 7(几乎总是)
特别就业法	公职人员适用不同于私营部门雇员的特殊法律规范	1(没有) 7(很大程度)

注:问题来源于政府质量调查。

资料来源:Dahlberg et al. 2011;本书第三章。

尽管新公共管理是一个宽泛的概念,包含的内容远不止与绩效相关的公职人员薪酬这一方面,但是毫无疑问,绩效工资是新公共管理的核心要素,因为它在传统公共管理的奖励系统中并不存在(Hood & Peters 2004; Thompson 2007; Dahlström & Lapuente 2010)。因此,公共部门在多大程度上实行绩效薪酬可以很好地说明该部门的新公共管理倾向。我们使用的第二个指标是,雇员进入公共部门时参加正规考试的普遍程度,也同样从1(几乎不)到7(几乎总是)

进行排序。第三个指标是关于公职人员终身任职的概率,也是从1(几乎不)到7(几乎总是)排序。第四个指标与对公职人员的监管有关。具体而言,该问题是,公职人员是否会受到不适用于私营部门雇员的特殊法律的管理,从1(否)到7(是)进行排序。

如前所述,我们使用三个控制变量。首先,在文化方面,利用拉波塔等人的研究(La Porta et al. 1999),对1980年新教徒在人口中的百分比进行控制。其次,在政治方面,对源于自由之家与政体数据库的民主程度的指标(2002—2006年间不同国家的变化)进行控制。[7]再次,考虑到经济发展程度,我们控制了人均GDP的对数,数据来自联合国统计署(United Nations Statistics Division 2009)。所有的控制变量均来自政府质量研究所数据库(Teorell et al. 2010)。

161

8.5 四种活动分离要素对腐败的影响分析

关于腐败的文献中有一个普遍的观点,即新公共管理改革为腐败提供了机会,而传统的公共行政部门有更强的法律机制、更多的例行管理来防止腐败(Andersson & Erlingsson 2010)。因此,之前的研究认为,在新公共管理程度与全球清廉指数(CPI指标的数值越低意味着腐败程度越高)之间,我们应该可以发现负相关关系。

然而,从一个比较的角度来审视,我们发现,很难把腐败的责任归咎于新公共管理。参见图8.1,x轴表示绩效薪酬水平,y轴表示全球清廉指数。绩效薪酬与全球清廉指数之间具有正相关性,而不是之前文献所认为的负相关性。同时,这一相关性很强烈(0.42)。好几个进行了新公共管理改革的国家,在全球清廉指数上得分较高,也就是说腐败程度较低。例如,芬兰、新西兰和英国通常被认为是新公共管理改革的先行者,而西班牙、法国和意大利则被认为是改革的“落伍者”(Hood 1996; OECD 2004; Pollit & Boukaert 2004; Dahlström & Lapuente 2010)。

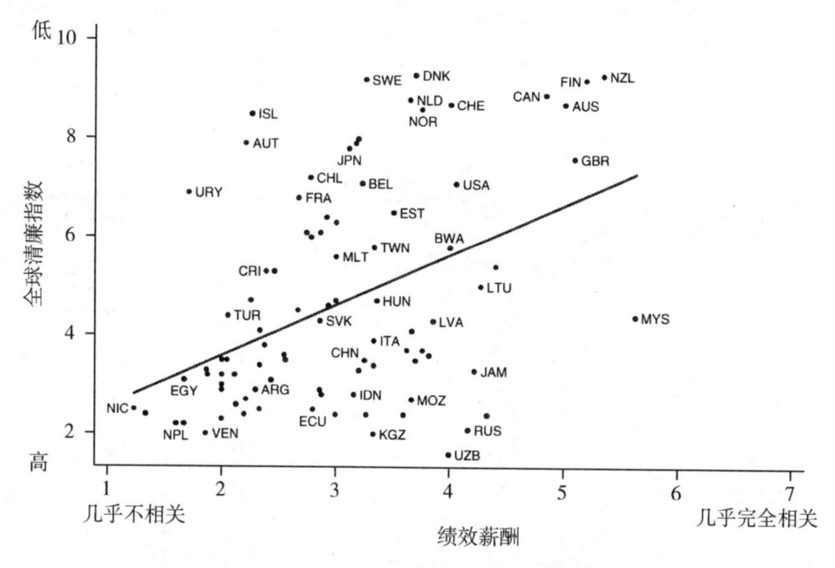

图 8.1　公共部门的绩效薪酬与腐败的关系

注：y 轴代表了从 10（非常清廉）到 0（非常腐败）的腐败水平。x 轴代表了公共职员的薪酬与其绩效水平的相关程度，从 1（几乎不相关）到 7（几乎完全相关）。

资料来源：y 轴：Transparency International 2010；x 轴：政府质量调查。

当我们检验同样的假设，但考虑到这种关系可能受到文化、政治或经济因素的制约时，表 8.2 中的第 1 列报告了所得到的回归系数。然而，将控制变量包括在内，这一关系似乎并没有实质性的改变，绩效薪酬水平的系数也是正数。然而，这并不具有统计显著性。因此，我们虽然不太能得出结论说绩效薪酬水平与全球清廉指数之间具有正相关性，但是这一结果已经清楚说明，两者之间并不具有之前研究所提出的那种负相关关系。

162

表 8.2　封闭式公共管理的四个指标与腐败的关系

	1	2	3	4
绩效薪酬	0.146 (0.125)			
正式考试制度		0.070 (0.082)		

（续表）

	1	2	3	4
终身任职			0.070 （0.082）	
特别就业法				−0.117 （0.159）
民主程度	0.067 （0.047）	0.065 （0.047）	0.065 （0.047）	0.068 （0.047）
新教	0.023*** （0.005）	0.026*** （0.005）	0.026*** （0.005）	0.023*** （0.005）
人均 GDP 的对数	0.999*** （0.096）	1.014*** （0.095）	1.014*** （0.095）	1.029*** （0.095）
常数	−4.659*** （0.661）	−4.677*** （0.694）	−4.677*** （0.694）	−3.798*** （1.081）
国家数	91	91	91	91
调整后的 R^2	0.798	0.797	0.796	0.796

注：***表示显著性<0.01 水平。

资料来源：绩效薪酬、正式考试制度、终身任职以及特别就业法的数据，按照从 1 到 7 的数值显示，数据来自政府质量调查（Dahlström et al. 2011）。民主程度数据来自自由之家/政体数据库（2002—2006 年不同国家的变化）的测量。用 1980 年新教徒在人口中的百分比来测量新教程度，数据来源是拉波塔等人（La Porta et al. 1999）的研究。人均 GDP 的数据来自联合国统计署（United Nations Statistics Division 2009）。

关于公共部门正规化招聘的一个重要观点是，匿名的正式考试制度限制了公共部门职位的任人唯亲和政治化倾向。在不太正式的招聘中，职位需要公开竞争并且要给予最适合的候选人，所以经常会使用筛选简历和个人面试等类似私营部门招聘系统的做法，这就使得公共部门有点类似于私营部门了。人们有一个基本的认识，即非正式的考试制度更容易被操控，从而为腐败行为提供更多机会；更为重要的是，这样招募人员可以在政治家与行政人员之间建立紧密的联系。在图 8.2 中，x 轴显示了公务人员通过正式考试被录用的普遍程度，y 轴显示了全球清廉指数的得分。如果之前文献中的假设是正确的，那么正式考试制度与全球清廉指数之间的关系应该是正相关的。然而，如图 8.2 所示，这一相关性接近于零(0.02)，意味着两者之间不具有相关性。

163

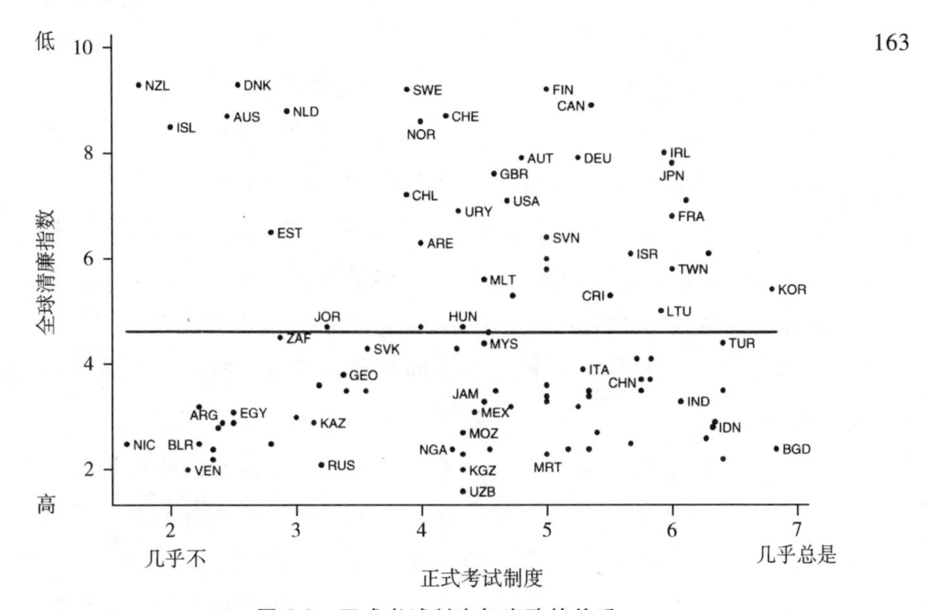

图 8.2　正式考试制度与腐败的关系

注：y 轴表示从 10(非常清廉)到 0(非常腐败)的腐败程度。x 轴表示公共部门职员被雇用时使用正式考试制度的普遍程度，从数值 1(几乎不)到 7(几乎总是)。

资料来源：y 轴：Transparency International 2010；x 轴：QoG-Survey。

164

表 8.2 中的第 2 列报告了纳入之前的三个控制变量后(民主、新教和人均 GDP 的对数)进行 OLS 回归的结果。正式考试制度方面的回归系数是正数，但是影响很弱，而且没有统计显著性。因此，我们可以相当肯定地认为，正式招聘与低腐败之间没有之前假设所预期的那种正相关性。

我们如果从整体数据转向关注特定国家，就会发现一些例证。这些例子表明，类似于私营部门的公共招聘系统并不会倾向于滋生腐败，公共部门的正式招聘也不一定就更清廉。这个结果看起来有点违背直觉。例如，在瑞典这样的国家(一个全球清廉指数得分较高的国家，也就是较清廉)，面试是挑选公职人员的标准程序，而在西班牙(全球清廉指数得分较低的国家，也就是较腐败)，这一方法在传统招聘程序中就没有。当西班牙行政部门需要填补一个空缺时，标准程序是(在行政部门的公告中)发布信息，详细列明公务员所应具备的条件(每个职位的各自特点)。不同于瑞典的程序(理论上更倾向于依主观考虑而挑选公职人员)，正规化的西班牙式招聘机制更可能导致权力滥用，尽管还没有有力的数据支持这一结论。例如，一些行政首脑如想要在招聘中支持他们所青睐的候选人的，只需在政府招聘公告的职位描述中加入一些非常特殊的资格要求。这些为了支持偏爱的候选人而扭曲正式考试制度的做法显然很难被发现。更不用说，要在法庭上证明某一特殊职位的某种特殊要求是用以支持某个特定候选人的，是何其困难！然而，一些学者和社会组织也列举了许多令人震惊的案例，指出这类招聘中具有任人唯亲和滥用权力的意图。例如，对于理论上的标准管理工作，有的职位招聘却包含一些奇奇怪怪的限制性条件，例如，“知道如何骑马”或“曾任陶瓷厂经理”(Iglesias 2007, p. 124)。这个例子说明，正式招聘制度存在被操纵的可能性，这就进一步解释了为什么该制度不是防止腐败的有效措施。

第三个假设认为，公职人员的职业任期长度和全球清廉指数之间存在正相关关系。这一假设的基本理念是，公职人员职业的稳定性使他们更有自主性且更少依附于政治家。有学者认为，稳定的职业可以在机构内创造出约束腐败的团队精神(Rauch & Evans 2000)。

在图 8.3 中，x 轴代表职业稳定程度，y 轴代表全球清廉指数。在职业稳定性与全球清廉指数之间有很弱的正相关性(0.13)。不带有任何控制变量的 OLS 回归显示，这一关系不具有统计显著性(系数没有显示)。当回归分析包含前面讨论过的三个控制变量时，职业变量依旧较弱且不具有统计显著性(见表 8.2 第 3 列)。

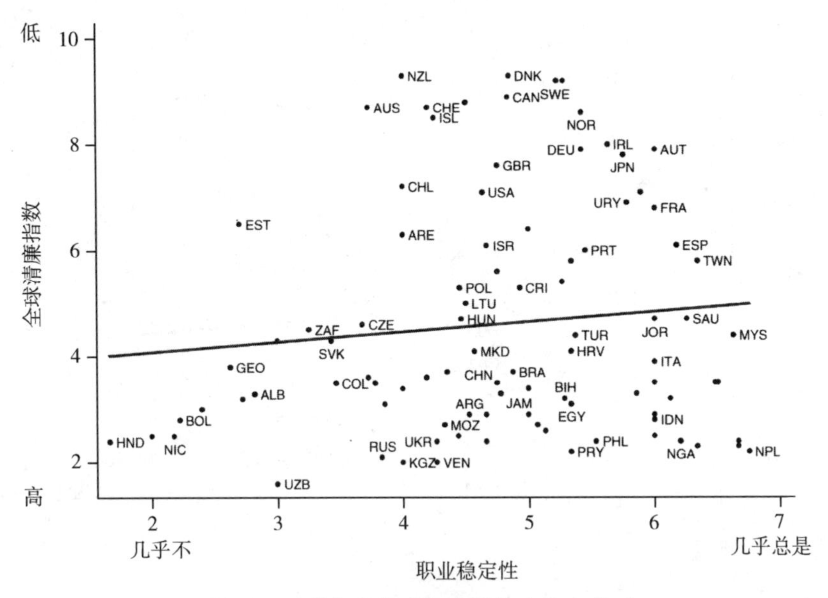

图 8.3　公共部门职业稳定性与腐败之关系

注：y 轴代表从 10（非常清廉）到 0（非常腐败）的腐败程度。x 轴代表公共职员进入体制后会一直留在体制内的概率，数值从 1（几乎不）到 7（几乎总是）。

资料来源：y 轴：Transparency International 2010；x 轴：QoG-Survey。

另一种为公职人员创造职位保障且有效隔离政治与公众压力的方法是对他们适用特别就业法。和刚刚讨论过的原因一样，这一方法被认为可以有效地对抗腐败（Cádiz Deleito 1987, p. 113）。我们如果相信这个论点，就应该期待雇员适用特别就业法的程度与全球清廉指数之间呈现正相关关系。然而，在图 8.4 中显示的是负相关性，但是系数仅为-0.06，是很弱的一种关系。在不包括控制变量的回归分析中，回归系数不具有统计显著性（回归分析未报告这一系数）。当回归分析包含之前研究中的控制变量时，特别就业法的系数仍然是负数且不具有统计显著性（见表 8.2 第 4 列）。因此，我们不太能从这一负相关关系中得出什么结论，但有一点可以肯定，即特别就业法和全球清廉指数之间没有正相关性。

166

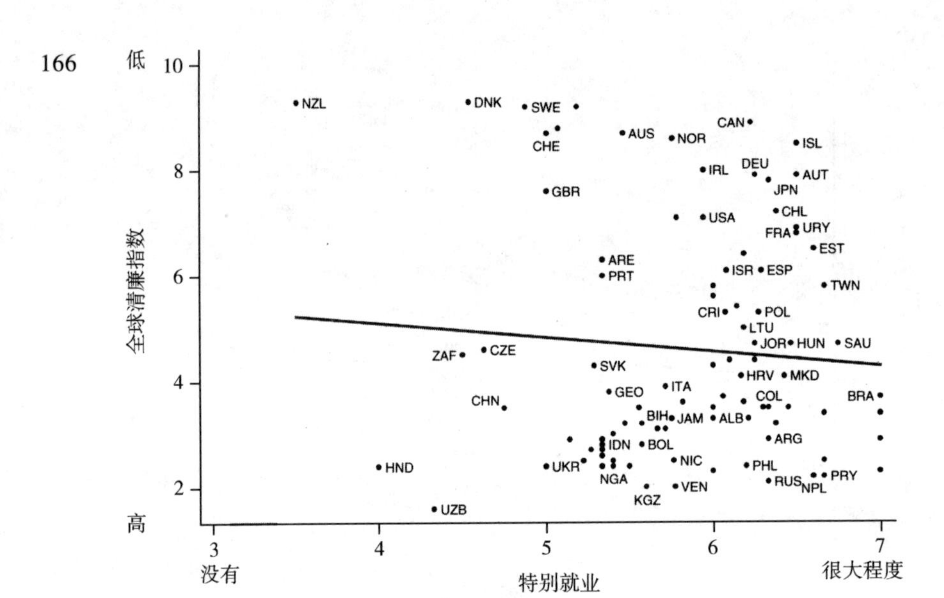

图 8.4　公共部门特别就业法与腐败间关系

注：y 轴代表腐败程度，从 10（非常清廉）到 0（非常腐败）。x 轴代表公共职员被不适用于私营部门雇员的特殊法律所管理的可能性，从数值 1（没有）到 7（很大程度）。

资料来源：y 轴：Transparency International 2010；x 轴：QoG-Survey。

这里有两个潜在的反对意见。第一，一个独立型行政组织的四大特征有可能是相互支持的，当它们确实相互支持时就只会产生我们所预期的那种效应。第二，有可能的是，在发展水平较高的地方，或者在世界其他地方，会发生我们本来预期的那种效应。为了检查我们所得结果的稳健性，我们又重新运行了所有回归分析，以四个指标的附加指数作为自变量（针对第一个反对意见），并将样本分为经合组织国家与非经合组织国家以及欧洲国家与非欧洲国家四种子样本（针对第二个反对意见）。当我们使用附加指数时，结果没有实质性变化（报告未显示）。当我们把样本分成四类子样本时，结果发生了两种有趣的改变。这两种改变均不同于文献中的原有预期，但加强了我们的研究结果。在经合组织的样本中，绩效薪酬的积极（并非先前文献预期的那样）影响在 0.10 水平上具有统计显著性，同时职

167

业稳定性的消极(并非先前文献预期的那样)影响在0.05水平上具有统计显著性(回归分析没有得到这一方面的结果)。我们使用的控制变量虽然是最少的,也仅在其中一个子样本中观测到显著性结果,但是我们不愿根据所发现的这些意想不到的结果去做任何结论。

总而言之,就独立型行政机构对腐败的影响来说,我们现在可以反驳之前的多种预期。我们使用了有关官僚独立性的四种不同指标,但没有一种指标像所期待的那样,在遏制腐败方面显示出统计显著性。

8.6 职业分离而非活动分离

人们常说,公共部门应该得到免受政治之影响的保护。从这个意义上看,一个独立的公共行政机构不太容易走向腐败。本章试图在世界范围内揭示出独立型公共行政机构的四个特征与腐败程度之间的关系。以前人们提出:(1)新公共管理改革有可能带来更多腐败;(2)公共部门的正式聘任制度能够遏制腐败;(3)公职人员的终身聘任制可以遏制腐败;(4)公共部门强有力的特别就业法也有助于限制腐败。我们使用了包括世界上97个国家(地区)的相关资料的数据集来检验以上假设,最终发现这些特征和低腐败水平之间没有实证关联。

我们认为,有两种机制可以解释为什么隔离行政部门的活动这一方式并不是遏制腐败的有效工具。首先,有好几个事例表明,在一个有封闭式行政系统的国家中,政治家会通过随意设计灵活的准行政机构来解决行政程序僵化的问题(如上市公司、基金会和公私合营企业),而这些东西反过来又有可能制造腐败。西班牙就是其中一例,相同的情况也出现在比利时和意大利(Cassese 1999; Dierickx 2004; Lapuente 2009)。

168

其次,对民选官员和行政官员间政治与行政活动的严格分离,会导致民选官员垄断决策,行政官员垄断执行,而这两类活动都创造了滥用职权的机会。例如,在严格分离政治活动和行政活动的情况下,行政官员的权限在于对政治家决策进行"外部控制"。在这种情形下,拿破仑式国家里的行政官员比如西班牙的地方文秘人员,他们的工作就是检查政治家们的决策是否符合法律和行政程序。行政官员要么事前要么事后对政治家的决策进行检验,而且都是外部检验,并非在决策过程中进行内部检验。

无论决策者受到什么样的外部控制,腐败的动机总有一定的生存空间,这样的假定也不是没有道理的。因为,逻辑上不可能消除残差——个人或党派的机会优势,这是所有决策都具有的一种特性(Miller & Hammond 1994)。决策者总是会有一些机会可以利用他们的信息优势来行事(例如,造一座桥——以及所有可行的替代方案——的真实成本是多少),这会牺牲一定的社会福利。类似于组织经济学家(Miller & Falaschetti 2001)的看法,本章认为,要使机会主义行为的可能性最小化,关键就是要在决策者间制造一个相对(不是绝对的,因为要是那样的话就会形成一个死局)合作问题。我们认为,职业分离模式刚好造成了这种协调问题,因为需要对两种不同责任链条(行政官僚的职业同行,以及民选官员的政党伙伴)有所回应的代理人不得不一起决策。

封闭的行政系统实际上并没有制造协调问题,而是通过把政治家和行政官僚分成两个独立的但内在具有一致性的群体,让他们分别承担各自不同的任务,来解决腐败问题。决策权完全由政治家掌握,而行政官僚负责政策执行。在一个封闭的行政系统中,行政官僚充其量是对政治家的决策进行"外部性法律检验"。例如,在西班牙的地方行政部门,首席行政官是文秘型人员,他们审查政治家的决策(例如,将公共合同授予私人供应商)和查验这类决策是否满足正式的法律要求。然而,在现有法律框架之下,地方政治家要想按其偏好做决策(例如,哪个私人承包商可以从中获利),还是有很大空间的。

169

在这种情况下,具有共同利益的个体(如某一政党的民选政治家)可以单方面设定"残差"标准,决定谁最终会从中获利。

在我们看来,最有希望的解决办法是,如同在开放型公共行政系统中人们所做的那样,在封闭式体系中让具有不同利益的个体就残差问题共同决策。例如,在欧洲大陆国家和北欧国家的地方政府中,非选举产生的行政官员与选举产生的政治官员一起,积极参与到政策的制定中。在更为"开放"的公共行政系统中,残差问题掌握在两种不同类型的官员手中(民选官员与行政官员),他们分别对不同的责任链条(一方是政党,另一方是行政官员的职业圈子)做出响应。因此,当具有不同利益的个体必须共同决策时,支持特定的人群或企业、对公正原则的背离,以及其他类型的腐败活动,就不太可能发生。

经验证据也表明,符合职业分离原则的安排能够遏制腐败。这一想法在达尔斯托姆等人(Dahlström et al. 2001)的研究中得到了直接验证。他们发现,运行得较好的行政管理与运行得较差的行政管理相区分的关键因素在于如何挑选公职人员:基于品行的考虑而不是基于个人和政治关系的考虑来挑选公职人员,会大大增强遏制腐败的可能性。

从本章以及相关研究所呈现的结果来看,决策者以及其他想要通过制度设计来减少腐败的人,都应该致力于这样的改革,即用改革来对政治家与行政官僚的职业进行区分。把政治家与行政人员的活动区别开来的改革对遏制腐败所能产生的效果,人们不应该抱有过高期望。

注　释

① 有关韦伯式理想型官僚机构的其他特性的讨论,请参阅 Evans & Rauch 1999; Olsen 2006; Dahlström et al., 2011。本章研究的这些特殊的官僚特质也属于"韦伯式要素"的一部分。翁加罗(Ongaro 2008, p. 113)或者波利特和鲍克尔特(Pollit & Bouckaert 2004, pp. 99-100)等人在比较研究中界定了一些新韦伯式国家(NWS)及其要素。由于新韦伯式国家是一个难以操作化的概念——学者们承认其为一种欧米茄式的概念(omega concept),是模糊且不完备的(Pollit & Bouckaert 2004, pp. 100-102; Ongaro 2008, p. 113),我们把分

析的重点放在可以进行测量的个性特征上。

② “明显界线”是一个描述韦伯式或者威尔逊式理想型官僚机构之优点的常用比喻(关于这一点的评论,见 Lewis 2008, Weber 1946[1978], p. 95,以及 Wilson 1887, p. 210)。它被用以区分两个群体的活动,“政治家应该制定政策,专业官僚负责执行政策”(Lewis 2008, p. 6)。

③ 因此,和行政学文献中的学者(Rauch & Evans 2000)一样,我们没有探讨与韦伯式官僚机构相关的被假设为很重要的其他原则,比如程序的标准化或等级特征。

170 ④ 在其他欧洲国家,当前这一类讨论非常相似。例如,西班牙首相布拉沃·穆里略(Bravo Murillo)对政治家干预财政的问题非常熟悉,他在 1852 年想要通过一项法令将西班牙的政治活动领域和行政活动领域区分开来,但没有成功(Lapuente 2007)。

⑤ 首席行政官有一些例子:在盎格鲁-撒克逊世界,这一职位体现为市政经理,在瑞典人们称为 kommunchef,在芬兰人们称为 Kommundirektör,在意大利人们称为 segretari comunali,或者在西班牙人们称之为 secretario-interventor。

⑥ 关于首席行政官的更多信息可以参见《美国城市经理如何描述他/她的角色?》收入著作《他们是市长吗? 我和市长一起工作,但我不为他们工作》(Mouritzen & Svara 2002, p. 47)。首席行政官员也扮演另一种“内部告密者”角色(Erlingsson et al. 2008, p. 601)。作为一个潜在的内部告密者,首席行政官是一个能对民选代表进行非正式监控的官僚。

⑦ 我们使用的是“自由之家/政体数据库”这一指标版本。对政体指标数据缺失的国家,我们对自由之家相关指标数据的平均值进行回归来提供相应的估算值(见 Hadenius & Teorell 2005)。

参考文献

Andersson, S. and G.Ó. Erlingsson. 2010. “Förvaltningsreformer och korruptionsrisker”. In S. Andersson, A. Bergh, G.Ó. Erlingsson and M. Sjölin (eds), *Korruption, maktmissbruk och legitimitet*, Stockholm: Norsteds, pp. 192–234.

Asmeron, H. and E. Reis (eds). 1996. *Democratization and Bureaucratic Neutrality*. London: Macmillan.

Auer, A., C. Demmke and R. Poltet. 1996. *Civil Services in the Europe of Fifteen: Current Situation and Prospects*. Maastricht: European Institute of Public Administration.

Banfield, E. 1958.*The Moral Basis of a Backward Society*. New York: Free Press.
Bekke, H.A.G.M. and F. Van der Meer. 2000. *Civil Service Systems in Western Europe*. Bodmin, UK: MPG Books.
Cádiz Deleito, J.L. 1987. "Notas sobre la carrera profesional del funcionario público". *Documentación Administrativa*, **210–11**, 97–120.
Cassese, S. 1999. "Italy's senior civil service: an ossified world". In E.C. Page and V. Wright (eds), *Bureaucratic Elites in Western European States*, Oxford: Oxford University Press, pp. 55–64.
Crespo Montes, L.F. 2001. *La Función Pública española 1976–1986. De la Transición al Cambio*. Madrid: Instituto Nacional de Administración Pública.
Dahlberg, S., C. Dahlström, V. Norell and J. Teorell. 2011. "The Quality of Government Institute Quality of Government Survey 2008–2010: A Report". The Quality of Government Institute, University of Gothenburg.
Dahlström, C. and V. Lapuente. 2010. "Explaining cross-country differences in performance-related pay in the public sector". *Journal of Public Administration Research and Theory*, **20**, 577–600.
Dahlström, C., V. Lapuente and J. Teorell. 2011. "The merit of meritocratization: politics, bureaucracy, and the institutional deterrents of corruption". *Political Research Quarterly*, available on OnlineFirst.
Dierickx, G. 2004. "Politicization in the Belgian civil service". In G. Peters and J. Pierre (eds), *Politicization of the Civil Service in Comparative Perspective*, London: Routledge, pp. 178–205.
Erlingsson, G.Ó., A. Bergh and M. Sjölin. 2008. "Public corruption in Swedish municipalities: trouble looming on the horizon?". *Local Government Studies*, **34** (5), 595–608.

171

Evans, P. and J. Rauch. 1999. "Bureaucracy and growth: a cross-national analysis of the effects of 'Weberian' state structures on economic growth". *American Sociological Review*, **64** (4), 748–65.
Goetz, K.H. 2000. "The development and current features of the German civil service system". In Bekke and Van der Meer (eds), pp. 61–91.
Gutiérrez Reñón, A. 1987. "La carrera administrativa en España: evolución histórica y perspectivas". *Documentación Administrativa*, **210–11**, 29–70.
Hadenius, A. and J. Teorell. 2005. "Determinants of democratization: taking stock of the large-*N* evidence". Mimeo, Department of Government, Uppsala University.
Hall, R.E. and C.I. Jones. 1999. "Why do some countries produce so much more output per worker than others?". *Quarterly Journal of Economics*, **114** (1), 83–116.
Hall, R.H. 1963. "The concept of bureaucracy: an empirical assessment". *American Journal of Sociology*, **69** (1), 32–40.
Harris-White, B. and G. White. 1996. *Liberalization and New Forms of Corruption*. Brighton: Institute of Development Studies.
Heady, F. 1996. "Configurations of civil service systems". In A.J.G.M. Bekke, J.L. Perry and T.A.J. Toonen (eds), *Civil Service Systems in Comparative Perspective*, Bloomington, IN: Indiana University Press, pp. 207–260.
Holmberg, S. and B. Rothstein. 2010. "Quality of Government is Needed to Reduce Poverty and Economic Inequality". The QoG Working Paper Series 2010:3, The Quality of Government Institute, University of Gothenburg.
Holmberg, S., B. Rothstein and N. Nasiritousi. 2009. "Quality of government: what you get". *Annual Review of Political Science*, **12**, 135–61.

Hood, C. 1996. “Exploring variations in public management reform of the 1980s”. In H.A.G.M. Bekke, J.L. Perry and T.A.J. Toonen (eds), *Civil Service Systems in Comparative Perspective*, Bloomington, IN: Indiana University Press, pp. 268–87.

Hood, C. and B.G. Peters. 2004. “The middle aging of new public management: into the age of paradox?”. *Journal of Public Administration Research and Theory*, **14** (3), 267–82.

Iglesias, F. (ed.). 2007. *Urbanismo y democracia. Alternativas para evitar la corrupción*, Madrid: Fundación Alternativas.

La Porta, R., F. Lopez-de-Silanes, A. Shleifer and R. Vishny. 1999. “The quality of government”. *Journal of Law, Economics and Organization*, **15** (1), 222–79.

Lapuente, V. 2007. “A political economy approach to bureaucracies”. Doctoral dissertation, University of Oxford.

Lapuente, V. 2009.“Institutional problems and corruption”. In J. Estefanía (ed.), *Towards a New Global Deal: Report on Democracy in Spain*, Madrid: Fundacion Alternativas, pp. 202–47.

Lewis, D.E. 2008. *The Politics of Presidential Appointments: Political Control and Bureaucratic Performance*. Princeton, NJ: Princeton University Press.

Mauro, P. 1995. “Corruption and growth”. *Quarterly Journal of Economics*, **110**, 681–712.

Meininger, M.-C. 2000. “The development and current features of the French civil service system”. In H.A.G.M. Bekke, J.L. Perry and T.A.J. Toonen (eds), 172 *Civil Service Systems in Comparative Perspective*, Bloomington, IN: Indiana University Press, pp. 188–211.

Miller, G. 1992. *Managerial Dilemmas: The Political Economy of Hierarchy*. Cambridge: Cambridge University Press.

Miller, G. 2000. “Above politics: credible commitment and efficiency in the design of public agencies”. *Journal of Public Administration Research and Theory*, **10** (2), 289–328.

Miller, G.J. and D. Falaschetti. 2001. “Constraining Leviathan: moral hazard and credible commitment in institutional design”. *Journal of Theoretical Politics*, **13** (4), 389–411.

Miller, G.J. and T. Hammond. 1994. “Why politics is more fundamental than economics”. *Journal of Theoretical Politics*, **6**, 5–26.

Mouritzen, P.E. and J.H. Svara. 2002. *Leadership at the Apex: Politicians and Administrators in Western Local Governments*. Pittsburgh, PA: University of Pittsburgh Press.

OECD. 2004. “Trends in Human resources management policies in OECD countries: an analysis of the results of the OECD Survey on Strategic Human Resources Management, Human Resources Management (HRM) Working Party”. OECD Headquarters, Paris, 7–8 October.

Olsen, J.P. 2006. “Maybe it is time to rediscover bureaucracy”. *Journal of Public Administration Research and Theory*, **16**, 1–24.

Olsen, J.P. 2008. “The ups and downs of bureaucratic organization”. *Annual Review of Political Science*, **11**, 13–37.

Ongaro, E. 2008. “Introduction: the reform of public management in France, Greece, Italy, Portugal and Spain”. *International Journal of Public Sector Management*, **21** (2), 101–17.

Painter, M. and B.G. Peters. 2010. “Administrative traditions in comparative perspective”. In M. Painter and B.G. Peters (eds), *Tradition and Public Administration*, New York: Palgrave Macmillan, pp. 19–30.

Pollitt, C. and G. Bouckaert. 2004. *Public Management Reform: A Comparative Analysis*. Oxford: Oxford University Press.

Putnam, R.D., R. Leonardi and R.Y. Nanetti. 1993. *Making Democracy Work: Civic Traditions in Modern Italy*. Princeton, NJ: Princeton University Press.

Rauch, J. and P. Evans. 2000. "Bureaucratic structure and bureaucratic performance in less developed countries". *Journal of Public Economics*, **75**, 49–71.

Rodrik, D., A. Subramanian and F. Trebbi. 2004. "Institutions rule: the primacy of institutions over geography and integration in economic development". *Journal of Economic Growth*, **9**, 131–65.

Rothstein, B. and D. Stolle. 2008. "The state and social capital: an institutional theory of generalized trust". *Comparative Politics*, **40** (4), 441–67.

Self, P. 1972. *Administrative Theories and Politic*. London: George Allen & Unwin.

Sung, H.-E. 2004. "Democracy and political corruption: a cross-national comparison". *Crime, Law and Social Change*, **41**, 179–94.

Teorell, J., M. Samanni, N. Charron, S. Holmberg and B. Rothstein. 2010. "The Quality of Government Dataset, version 27May10". The Quality of Government Institute, University of Gothenburg. Available at: http://www.qog.pol.gu.se (accessed June 10, 2011).

Thompson, J.R. 2007. "Labor–management relations and partnerships: were they reinvented?". In G.B. Peters and J. Pierre (eds), *The Handbook of Public Administration*, London: Sage, pp. 49–62.

Transparency International. 2010. *Corruption Perceptions Index 2010*. London: Transparency International.

173

Treisman, D. 2000. "The causes of corruption: a cross-national study". *Journal of Public Economics*, **76**, 399–457.

Treisman, D. 2007. "What have we learned about the causes of corruption from ten years of cross-national empirical research?". *Annual Review of Political Science*, **10**, 211–44.

United Nations Statistics Division, Economic Statistics Branch. 2009. *National Accounts Statistics Database*. Available at: http://unstats.un.org/unsd/snaama (accessed June 10, 2011).

Weber, M. 1946 [1978]. *Economy and Society*. Berkeley, CA: University of California Press.

Welzel, C. and R. Inglehart. 2008. "The role of ordinary people in democratization". *Journal of Democracy*, **19** (1), 126–40.

Wilson, W. 1887. "The study of administration". *Political Science Quarterly*, **2**, 197–222.

第九章　国际组织与政府质量

1998年,联合国秘书长安南指出,良好的治理“或许就是消除贫困和促进发展的最为重要的因素”(Annan 1998)。在对糟糕的政府制度之有害影响达成越来越多的共识之后(Mauro 1995; Evans & Rauch 1999; OECD 2001; Rothstein & Teorell 2008),一些国际组织已经开始着手在成员国内部解决政府质量低劣问题,并将其视为一个紧迫问题。国际组织由于其所具有的政治与经济力量,在广泛传播一些有关政府合理行为的规范方面经常被寄予厚望。然而,到目前为止,众说纷纭。虽然广泛的实证研究证实,国际一体化与减少腐败之间存在一定联系(Sandholtz & Gray 2003),但是大量的案例研究都没能在国际组织的活动和更好的政府制度之间发现正相关关系(Kelley 2004; Schimmelfennig 2005)。

其中一个原因是,人们对国际组织在与其成员国打交道时可能遇到的各种陷阱缺乏系统性的理解。以往的研究侧重于观察国际组织相关活动的接受方一侧的各种背景或条件,以此来解释国际组织策略的失败。因此,这些分析的重点明显集中在成员国内部的不利环境上,例如缺乏政治意愿或有明显的制度缺陷(Dollar & Svensson 2000)。这些原因虽然在很多情况下都是很重要的,但还不足以解释国际组织在推广政府行为规范方面的失败。这是因为,人们已经广泛认识到,国际组织愿意出手干预以提升其政府质量的那些国家,具有三个方面的特性:(1)因既得利益巨大而缺乏改革的政治意愿;(2)推动改革的机构较弱;(3)进行全面改革可以调动的资源有限

(Fjeldstad & Isaksen 2008)。换言之,因为国家内部缺乏改革意愿,所以国际组织没能扩散政府行为规范,这种说法不能解释国际组织策略自身所具有的弱点。

175

这里,我们试图反过来把分析重点放在特定活动的另一端,即国际组织为推动成员国政府改革所做的努力的内在阻碍因素。即使存在完美的外部条件(如对好的政府改革不存在内部阻碍),国际组织的策略本身就有一些缺陷,难以实现其原来想要达到的效果。也就是说,在向成员国输出行为规范的过程中,国际组织的行动策略中会有一些内部因素,在实践中减少了它们本应具有的效能。要更好地理解国际组织如何提升成员国的政府质量,我们需要更系统地研究国际组织所使用的不同策略都有哪些内在的弱点。

我们认为,国际组织的努力或成功或失败,有六个影响因素:不精确的数据、投资低政府质量国家的市场压力、有争议的政策建议、善治规范在国际组织内部没有成为主流、规范在各成员国的内化不全面,以及政府质量事宜的低优先性。我们认为,虽然国际组织可以对一个国家同时施加物质层面与文化层面(或观念)的压力,在影响国家行为方面有着显著的潜力,但是它们用来提升政府质量的策略的效果可能会被一些因素削弱,而这些因素与目标国家的内部环境不太相干。所以,影响国际组织之绩效的因素,需要被探索(Gutner & Thompson 2010),而本章对这一研究会有所贡献。总之,在国际一体化的理论与实践之间存在着一种明显的分裂。

9.1　国际组织如何提升政府质量

人们通常认为,国际组织会对全球发展产生积极影响。然而,对于它们的确切作用,存在着争议。在现实主义者看来,国际组织在国际关系中主要发挥协调作用,当它们与国家的自我发展目标相冲突时,国家可以选择忽略它们。[①]然而,另一些人认为,国际组织可以对国家内部决策产生深刻影响。他们赋予国际组织以重要角色。例如,政体理论家将国际组织视为规范与合法性的一种来源,认为它们可以对国家行为产生相当大的影响(Heinmiller 2007, p. 657)。国际组织加强了合作,为政策拟制提供了平台,并在国际上传递治理模式(Barnett & Finnemore 1999)。

国际组织使用多种策略来影响国家行为,这些策略包括:促进各国为国际地位和国际投资而竞争,创造获得经济援助的直接和间接条件,通过国际互动促进国家相互联系,并为加入国际组织(如欧盟)设置条件。因此,国际组织经常可以使用倡导某种理念的策略和其他具体性的策略来影响相关国家。国际组织的规范扩散策略由两方面组成:或者试图说服成员国相信特定国际规范的正当性和适宜性,以便使这些规范在该国的社会秩序中获得合法地位;或者试图鼓励各国在合理计算功能性收益的基础上采用这些规范。简言之,前一种策略是基于"适恰性逻辑"的价值驱动,后一种策略则是建立在实现自我利益或"结果性逻辑"的基础之上(March & Olsen 1989)。

176

社会化理论为理解国际组织如何向成员国传播规范提供了一种广泛使用的解释。该理论将国际组织视为"社会环境",国家或国家的代理人通过参与其中而被社会化(Checkel 2005, p. 815)。社会化是一个"引导行为人接受特定共同体之规范与规则的过程"(ibid., p. 804)。因为国际组织在价值观和文化交流的网络中连接不同国家,所以它们一直被认为有助于社会化。而且,通过提供特定的技术专长或规范性理念,国际组织也有助于推动改革(Checkel 2001; Jacoby 2006, p. 628)。根据桑赫尔兹和格雷(Sandholtz & Gray 2003, p. 769)的研究,在善治领域,能够担纲"规范之师"角色的最重要的国际组织,就属世界银行了。自 20 世纪 90 年代以来,世界银行已经拟制了一套促进善治的计划。世界银行在贷款业务活动中谋求实施这些计划。[2]这套计划所体现的规范包括问责制、透明度、公众参与以及反腐败等。世界银行实施的国别治理排名已经发展成为一种向政府施压、以确保它们遵守这些规范的工具。因此,世界银行的善治规范就是一个鲜活的例证:能够影响一国国内政治的适当行为的标准就这样被国际组织确立起来了。

一些国际组织也投入大量政治和经济资源引导国家进行改革。向各国提供物质激励以使它们遵守国际准则的策略受到广泛关注,因为它们对各国施加的经济影响不可小视,例如设定援助条件与国际组织准入程序。关于东欧国家改革议程的研究有一个重要发现:如果国际组织不提供有效的政治和经济激励就想使目标国家采用更好的政府制度,那么这样的策略常常失败(Kelley 2004; Schimmelfennig 2005)。

虽然一些研究指出国际组织有潜力在国际系统中传播规范,但是,很少有人系统地评估国际组织希冀影响国家内部规范化的常见策略的优点。迄今为止,对国际组织在影响国家内部规范时,其提升一国政府质量的工作机制进行的系统性研究还很少。[③]桑赫尔兹和格雷(Sandholtz & Gray 2003)对150个国家的实证研究表明,一个国家通过国际组织被纳入国际传播网络会降低该国的腐败程度。然而,他们的研究并不侧重于这种现象发生的因果机制。[④]此外,其他有关国际一体化与政府改革之关联方面的研究,也并不总是支持这一结论的。有一种解释认为,人们很难对社会化效应加以衡量(Johnston 2001; Checkel 2005; Hooghe 2005)。[⑤]另外一种原因或许是,人们很少对国际组织所采用策略的不足之处开展研究。

177

9.2　不精确的数据

近年来,国别治理排名是吸引人们关注国与国之间政府质量差异的最成功策略之一。国际组织、非政府组织(NGOs)和研究机构都采用这一策略,来分析政府质量对于一系列因素的影响,例如对社会福利和可持续发展的影响(Holmberg et al. 2009)。治理排名也向相关国家施加改革压力,这有助于适恰性逻辑的扩散。这些排名虽然具有广泛深远的影响,但是运用治理排序来对国家施加规范性压力以推动其改革的策略,却因为数据资料的不精确而受到掣肘。

在一系列试图测量治理与政府绩效的指标和指数中,世界银行的全球治理指标最为出名。这一指标建立在其他局部性治理排名体系的基础之上,包括透明国际的全球清廉指数和自由之家的世界自由评级等。这些排名被用来培育一种正名及羞辱程序,借此迫使相关国家改革它们的政府,以在国际上获得更好的形象。人们一直认为,这些评级在鼓励政府改革方面发挥着重要作用。根据罗特伯格(Rotberg 2004, p. 73)的研究,透明国际的腐败排名"已经成功地使非洲和亚洲的国家及其统治者感到羞愧,从而减少了国家层面的腐败,并且促使更多的国家想要让自己被视为较少腐败的国家"。因此,这类排名的价值就在于,吸引人们关注不同国家的政府现状,提供规范性压力以使这些国家启动相关改革。这类排名也有助于鼓励那些民间社会组织和国际组织共同解决治理不善的问题,从而使民间社会组织的努力更有成效(ibid., p. 73)。因此,从理论上讲,这类排名应该在鼓励政府进行质量改革方面起到积极作用。

178

然而在实践中,制定客观指标存有困难,可能会对排名策略产生不利影响。当前的评级制度建立在主观基础上,因而可能存在偏见(ibid., p. 72; de Haan & Everest-Phillips 2007)。其他研究也指出类似的问题:一些指标缺乏透明度,当从这些指标数据中得出的结论需要被转化为具体政策时,透明度不高的指标就可能导致指标被误用(Arndt & Oman 2006;也参见 Kaufmann & Kraay 2008)。因此,由于评价政府质量的客观标准并不存在,那些排名靠后的国家可以无视这些排名,并反击说排名带有政治色彩。能够承受这一排名策略带来的竞争性压力的低排名国家,在很大程度上可能会选择忽视这一排序的影响。在一些中东国家身上可以看到这一情况。这些中东国家把国际组织经常使用的排名当作西方国家敌视它们的工具,将排序结果及其影响搁置在一边。排序策略所能产生的积极影响(如同理论描述那样),也就被大大削弱了。

为了使排名工具充分发挥潜力,所使用的指标需要做到准确且权威——这一要求在实践中很难实现。例如,罗特伯格(Rotberg 2004,

p. 81)提议,建立一个独立的非政府组织来收集和制定一套关于善治的可靠测量标准。这样做可能会解决上述部分问题,但是拟定政府质量的客观测量标准的可能性,以及被众多国家接受的可能性,都会存在一些问题。这意味着,政府排名的规范性压力在实践中可能不像理论设想的那样有效。

9.3 投资低政府质量国家的市场压力

国际组织也可以通过更直接的方式来使用这些排名,例如将排名作为在成员国进行投资决策的基础。然而,这种策略也面临着另一种不同类型的阻碍因素。如下文所述,这一策略不得不与市场压力的逻辑发生某种联系。

国际组织可以运用重要的物质资源对低政府质量国家施加压力,把投资引向有更好政府质量的国家。关于外国直接投资(FDI)方面的研究认为,政府质量是吸引投资的一个重要因素。世界银行已经有研究证明,在高政府质量的国家,进行投资才有收益(参见 Isham et al. 1977, p. 237)。一些研究指出,对人权的尊重与不断增加的外国直接投资呈正相关(Blanton & Blanton 2007),民主权利与外国直接投资也具有正相关性(Busse 2004)。这些研究与世界银行的研究一脉相承。因此,从理论上讲,世界银行如果主要投资于已经采取措施改善治理水平并减少腐败的发展中国家,那么投资的回报率将更大。于是,排名策略将会迫使各国改进政府质量以吸引投资。

179

然而在实践中,世界银行有一个强制性规则,即在做投资决策时要把政治方面的考虑排除在外。这或许可以解释为什么世界银行的投资也流向政府质量低的国家。正如“腐败”从被定义为一个政治问题到被定义为一个经济问题所表明的,银行具有将贷款发放给它认为合适的用户的业务自主空间。

实际问题可能是,政府质量这个变量在投资决策中所发挥的作用比一些研究所设想的要小。例如,贝纳西-凯雷等人的研究(Bénassy-

Quéré et al. 2005)表明,政府质量虽然是一个重要因素,但是在做投资决策时经济因素如市场规模才是决定性的因素。同样地,联合国贸易和发展会议(UNCTAD)的报告表明,一国政府可以吸引外国直接投资的条件包括基础设施与管理技术的改进,但是报告并没有建议各国加强问责机制或加强反腐败工作(UNCTAD 2008)。

政府质量与可盈利投资之间相互冲突的最典型例证,很多都发生在资源丰富的国家里。当涉及自然资源时,政府质量与可盈利投资之间的正向联系经常被打破。世界银行为调和这一冲突做了一些努力,即与资源丰富的国家达成协议,要求其将一部分资源收益用于改善政府制度和减少国家腐败。乍得-喀麦隆石油管道项目就是一个例子,世界银行采用这一创新方法试图打破“资源诅咒”[⑥]。其理念就是,在世界银行的援助下,这一石油项目将帮助乍得减少贫困、改善国家治理。然而,该计划的结果显示,一旦签署了协议,国家就没有多大动力去遵守规定(Pegg 2006)。以上问题一再表明:在实践中,投资工具的约束作用难以奏效。

9.4 有争议的政策建议

近些年,人们注意到国际组织在其运行中产生了另一种类型的问题,即国际组织为低政府质量国家提供了有争议的政策建议。这类政策建议通常与经济援助附加条件的策略相联系。这些策略包括结构性调整的项目、满足特定条件的方案,以及有附加条件的其他类型经济援助。一些国家(如世纪挑战账户[⑦])和国际组织(如世界银行和国际货币基金组织)经常采用这些策略。类似于排名工具,这些策略用来向相关国家施加压力以促进其进行制度改革。不同之处在于,贷款和援助被作为工具采用时,以更直接的方式向相关受援方提供了促进改革的技术建议。后文将表明,政策建议的争议特性降低了该策略的有效性。

附加条件和结构性调整项目的目标是“使捐助方能够质疑受援

国的政策结构与政策过程，并让受援国根据捐助方确定的普遍标准和条件来改变这些政策结构和过程”(Doornbos 2003, p. 11)。改革的核心领域包括公共部门预算、法律制度、公务员制度和市民社会等。该策略的基本理念是，把客观的政策建议提供给那些希望获得外来援助或者向国际金融机构借款的政府。相应地，这些财政收益取决于政府的良好绩效，良好绩效可以确保支出的资源得到最佳利用(IMF 1997, pp. 8-9)。

然而在实践中，“良好的绩效”很难实现。就像针对何为好政府、何为坏政府制定一套客观评价指标很困难一样，这里的主要问题在于：怎样评判绩效的好坏呢？主张建立这种援助机制的理论假定客观建议是不成问题的。但是，客观性建议确实很成问题。例如，就腐败是文化问题还是结构问题，目前人们尚没有达成一致意见；在哪些反腐败措施最为有效的问题上，人们就更少达成一致了(Doig & Riley 1998)。事实上，通过为经济援助设置条件，从而达到某种目标，是一种在实践中难以实现的社会工程。例如，格林德尔(Grindle 2004)指出，提供给发展中国家的治理建议，往往建立在薄弱的理论框架之上，这样的理论框架缺乏明确的语境，也就是说它的很多理论观点并没有说清楚。

其他批评人士则认为，国际组织往往过于关注基于特定意识形态的政策，这种意识形态往往轻视其他制度因素，而旨在“精简国家”，包括贸易自由化和私有化(Campbell 2001; Khan 2002)。耶林和塞克(Gerring & Thacker 2005)表示，一些与世界银行和国际货币基金组织等组织相关的新自由主义政策，可能与较低的腐败程度有些关联，但是国家的精简对于腐败没有产生影响。两位学者得出结论说，政策制定者应该警惕那些“过度聚集”的政策处方，这些政策处方在适用性方面既不太关注特殊性因素而是搞“一刀切”，又无法做出明确的必要性限制(ibid., p. 251)。在对世界银行的反腐败策略进行评论时，人们也注意到，国际组织提供的政策建议是有问题的。根据费尔斯塔和伊萨克森(Fjeldstad & Isaksen 2008, p. 13)的研究，世界银行在这方面的政策建议存在两个问题:"首先,反腐败的策略和政策似乎假定银行知道什么行得通、什么行不通,但事实并非如此。其次,似乎经常地,世界银行(肤浅地)认为,它的一般性宏观经济政策和部门性政策,即使有些内容有争议,依然有助于削减腐败。"

因此,大量文献认为,不恰当的政策建议导致这些激励或干预措施没有起到什么效果,甚至起反作用。有学者指出,经济激励措施产生的反作用,在三个方面有特别的影响。首先,结构调整项目可能会破坏民主问责制,因为政府必须遵循债权人的要求(Whitfield 2005; Ksenia 2008)。其次,在一定程度上,结构调整项目需要削减国家预算,公务员工资的下降可能会增加腐败(Ksenia 2008)。再次,在政府制度薄弱的地方进行私有化改革,可能因为寻租机会的增加而增大腐败的可能性(ibid.,又见 Rose-Ackerman 1996)。

文献中经常提到,解决这些问题的方法之一是强化国家"自主管理",以便给国内的利益相关者更大的表达权利。然而,卡普尔和纳伊姆(Kapur & Naim 2005, p. 91)曾说:"在民主制衡机制薄弱的国家,'所有制'更像是既得利益集团控制国家政策的一种符号。"换言之,所有制并不能保证更好的政策。如果政府是腐败的或被既得利益集团捕获,所有制就既不会使政策变得更好,也不会使政策变得更合法。

似乎没有任何快速解决问题的方法,可以使该策略实现预期的制度发展。或许,当政策建议的理论基础得到巩固后,对经济援助施加限制性条件的策略才能像理论假设的那样奏效。

9.5 善治规范在国际组织内部没有成为主流

政府质量规范没能普及开来,对国际组织的策略,尤其是对那些涉及社会学习的策略构成了另一种挑战。社会学习策略通过国际组织主导下的互动,例如研讨会、能力建设和知识共享等方式,向国家内部的大众与精英推广透明性、反腐败等国际规范,进而发挥自身的作用。[⑧]其理念是，国家将效仿那些它们认为在国际上被尊重的行为，以便融入国际社会（Landolt 2004, p. 582）。然而，如下文分析所示，由于相关规范在国际组织内部尚未普及开来，该策略需要进行各种努力才可能实现预期效果。

从理论上看，各类行动者都可以通过与跨国行为人的互动，形成新的身份，塑造另一种不同的态度。这方面的例证就是，在人权领域的能力建设、关于增加预算过程透明度的知识共享，以及对反腐败公约进行协商谈判之后，世界上很多地区的态度都发生了改变。各种国际交往导致规范扩散的一个机制是，或者是被说服或是由于政治压力，个体的态度会发生转变（Alderson 2001, p. 420）。

然而，治理改革的实施既不具有普遍性，也不具有充分性。国家内部缺乏对治理改革的充分理解，通常被认为是社会学习机制无法对规范产生影响的原因之一（Acharya 2004）。然而，这种机制的内部矛盾很少被讨论到。它们可以被视为源于文献的一个根本缺陷，即“选择性偏见，（认为）西方只会促进自由或进步的规范”（Landolt 2004, p. 581）。这意味着，文献忽略了国际组织带来冲突性规范的可能性。尤其是当国际组织参与其中的跨国互动交流没有明确政府质量的改善标准时，这种可能性就会出现。

国际组织承担着一系列任务，这些任务需要成员国共同参与。这些互动会导致冲突性规范的升级（Bauhr 2009）。国际气候变化体制的案例可以用来说明这一点。国际组织，如联合国和世界银行，通过市场机制或者传统援助，在推动发展中国家采取措施应对气候变化方面发挥着核心作用。到目前为止，清洁发展机制（CDM）可能是吸引最多国际关注的体系，它是国际环境法中的第一个全球市场机制，也是一个最大的补偿市场。该体系允许发达国家向发展中国家投资，以实现国际范围内达成一致的减排使命。因此，传递政府质量规范并不是清洁发展机制主要的或明确的目标。然而，项目进程中的多次互动产生的各种新的影响，可能使参与者的态度与规范发生转换。但是，对清洁发展机制之制度设置方面的评述并不是很

183

正面的。批评者认为，清洁发展机制的规则产生了不当激励，这一机制促进了腐败与欺诈（McCully 2008；Davies 2007）。[9]

因此，与国际组织的互动不一定能促进更好的政府制度建设。国际组织的影响力受到很多重要条件的限制，这些条件包括国际组织对国际体系之公正性与可预测性加以改革的成效（Bauhr & Nasiritousi 2012）。此外，当国际组织在跨国互动交流中并不是按照它们官方声明的那类规范行事时，就释放出一种复杂信号。此类复杂信号削弱了关于政府质量规范的社会学习效果。世界银行反腐败工作的一个独立审查也印证了这个结论。这个审查研究确认了世界银行在全世界范围内反腐败的若干缺陷。一个核心的发现是，世界银行在反腐败问题上缺乏领导力，没有形成主流规范：

> 缺乏共同目标、不信任和不确定性笼罩着世界银行的反腐败工作。抗击腐败的努力中最为重要的是，要有清晰的方向感，要让世界银行各个部门保持一致来反击腐败。世界银行的一些部门没有认识到，与当事国合作反击腐败、努力改进治理是何等重要！（Volcker 2007, pp. 9-10）[10]

因此，该审查报告建议，世界银行应将善治范式整合到自己的各类方案中，以确保自身项目的完整性。如果政府质量规范能在国际组织中更好地普及开来，那么国际组织在运用社会化策略时，就更有可能成功地传播这些规范。

9.6 规范在成员国的内化不全面

对于国际组织其他类型的策略来说，重要的不仅仅是规范要在国际组织内部成为主流，还包括特定规范在成员国的内化。这种类型的阻碍因素——在现有成员国中，规范的内化不充分——在某些国际组织吸收新成员国的过程中表现得尤为明显。

吸收新成员国的过程中可以运用限定政治条件这一工具。胡萝卜和大棒均被用来激励各国进行政府改革。学者经常以欧盟准入条件为背景来研究这一策略,而且已经证明,在引导有抱负的成员国进行国际组织所要求的改革方面,它相对是有效的(Jacoby 2006, p. 646)。例如,希望加入欧盟的国家必须遵循一套政治和经济条件,也就是著名的哥本哈根标准。政治条件包括人权、民主、法治和少数群体权利等条款(见 1993 年欧洲理事会首脑决议)。由于欧盟成员国身份具有重大好处,申请加入的国家从政治和经济两方面都有动力去达到这些标准。实证研究显示,这一机制在推广规范方面最为有效(Kelly 2004; Schimmelfennig 2005)。

184

然而,这种机制也有不足之处,这些不足之处妨碍了机制效能的充分发挥。实际上,只有极少数国际组织能够设定如此严格的准入条件(例如,这或是因为它们已经确立了普遍的特定国家的资格标准,或是因为它们缺乏施加限制条件的手段),[11] 从而减少了这个工具的适用性。除此之外,另外两个问题也降低了这一机制的效能。首先,国际组织要成功提升特定国家的政府质量,就要具备一定的权力和能力,但各个国际组织拥有权力和能力的情况各不相同。安布罗西澳(Ambrosio 2008, p. 1324)认为,具有高"民主密度"的国际组织,即其大多数成员国是民主国家,与规范扩展的成功率之间,具有正相关性。与此相类似的是,老成员国与所在国际组织一样,会对新成员国设置限制条件,而这些老成员国必须充分展示出,它们自身是符合那些规范的。以欧盟向申请加入的国家推广透明规范为例,格里戈雷斯库(Grigorescu 2002, p. 482)认为,国际组织要想推广现有成员国自身都还没有充分内化的规范会更为困难:"在成员国内部透明规范都不被普遍认可,那么国际组织向其他国家推广透明规范时,其他国家很难会采纳这套规范。"

这就意味着,如果潜在的成员国察觉到,国际组织推广某种特定政府质量规范的努力,对现有成员国的内部治理几乎没有什么影响,那么限定政治条件这一工具的作用就会大打折扣。因此,该策略要有效运行,国际组织首先需要在老成员国内部加强政府质量规范的内化。

9.7 低优先性

在国际组织吸收新成员国的过程中，我们发现了最后一个阻碍因素，它和此前我们确认的其他弱点是相关的。限定政治条件的办法存在着其他的难处，因为它不得不和下列问题联系在一起：特定政府质量问题通常不会得到优先考虑。在关系到其他发展问题时，捐助国的国内选民在多大程度上把腐败问题置于优先地位，这可以部分地解释国际组织在政府质量和反腐败问题上怎样作优先性考虑。185 鲍尔等人（Bauhr et al. 2012）指出，受援国的腐败减少了捐助国民众对于援助的支持。然而，援助在国家层面产生的影响，对腐败的社会文化背景产生的影响，以及外来援助所能发挥的基础性作用，如果对这些方面进行适当解释就可以缓解捐助国民众的负面情绪。同样，当国际组织优先考虑某类准入资质条件时，优先度较低的改革就可能无法实施。桑德霍尔兹和格雷（Sandholtz & Gray 2003, p. 793）认为，欧盟东扩过程中，反腐败并没有被欧盟赋予优先地位。尽管反腐败是成员国资格的一项限制性条款，但是关于预备成员的准入报告，很少专门阐述这一问题。相反，桑德霍尔兹和格雷（ibid., p. 794）认为，欧盟优先考虑的是经济改革和遵守欧盟法规。于是，欧盟不得不在新成员国入盟之后来处理腐败问题。在 2008 年，欧盟发现保加利亚的腐败是如此惊人，以至于欧盟有理由扣留一些本应给予该国的欧盟资金（Vucheva 2008）。

在加入欧盟时腐败没有被优先考虑的原因，可能是腐败问题本质上很棘手而且难以处理。事实上，在欧盟机构内部，腐败问题被认为普遍存在。另外，可以想象，当存在许多重要的改革领域时，国际组织也不得不赋予某些成员资质条件以优先性。没有平等地关注所有的准入条件，这反过来制造了一个成员国资质条件在何时得以满足的评估难题。要保证限定政治条件这一机制有效运作，就不能把成员国资格的授予变成一个外交决策问题，这特别重要。在外交决策中，一些不满足条件的国家会因为政治考虑而被接纳为成员国。然而，如果某些国家被接纳为成员国不是因为满足了各项准入条件，而是出于政治方面的权衡，那么这些国家改善政府质量的动机也会减弱。如果潜在的成员国意识到成员国资质标准事实上并不重要，它们就更没有动力去提升政府质量了。

总而言之，限定政治条件这一工具发挥作用的关键在于，国际组织与其成员国都需要将具体体现成员资质的规范内化，而且这些资质条件需要得到持续且公正的评估。

9.8　国际组织的力量和潜力

在全球化时代，国家政治与国际政治间的界限越来越模糊，评估国际组织对一国政府的影响并非易事。国际组织通常被认为在传播政府行为的国际标准方面发挥着重要的作用，但现有实证研究对此的评价褒贬不一。

186

本章的分析表明，国际组织即使手中有强大的工具可以影响政府质量，但是所运用的策略却有内在的缺陷，进而极大地限制了策略工具的效能。我们的案例研究与比较研究显示，国际组织经常用来促进政府质量的几个策略，存在着一系列特定的内在缺陷，这些缺陷将影响策略的有效性。这些内在缺陷包括：不精准的数据、投资低政府质量国家的市场压力、有争议的政策建议、善治规范在国际组织内部没有成为主流、规范在各成员国的内化不全面、政府质量事宜的低优先性。

一方面，大量的案例研究都没有发现国际一体化与政府质量改革之间存在有效联系；另一方面，一些有关国际组织之影响力的理论信条也确实存在。这两方面是不协调的。本章的研究有助于解释这种不协调性。许多文献资料将国际组织所用策略的失败或策略存在的缺陷归因于国家方面的特殊因素，例如改革的国内阻力。而本章重点关注国际组织所运用的策略机制自身有哪些内在弱点。

通过考察规范扩散机制内部存在的问题,我们收获很大。聚焦于国际组织内在缺陷的改革就有在不同环境下都能发挥出作用的潜力。国际组织如何改进自身的内部策略,将决定这些策略能发挥多大效能。现在,学者们面临的一大挑战是:要研究国际组织用以提升政府质量的策略所具有的内在缺陷,怎样与国家内外部因素相互作用,既需要理论支撑,也需要进行评估。发展一个有关国际组织内在缺陷的更加强有力的理论解释与实践解释,对于更好地理解与改善政府质量非常重要。

注 释

① 该观点通常与克拉斯纳(Krasner 1991)和米尔斯海默(Mearsheimer 1994)的研究成果相关。

② 世界银行将善治宽泛地定义为"国家权威得以执行的传统和制度的总和。它包括选举、监督和替换政府的过程,政府有效制定和执行合理政策的能力,以及公民与国家对管理两者之间经济和社会互动的机构给以尊重"(Kaufmann et al. 1999, p. 1)。

③ 外部行动影响国内政治从而带来改革的不同机制的分类,参见雅各比(Jacoby 2006)。雅各比提出了规范扩散的三种模型:激励模型、联合模型和替代模型。这些模型更加关注对外部因素干预程度的界定,以及外部因素与国内群体的关联程度,而不是把这些工具具体化以实现改革目标。

187

④ 相似地,贝尔斯和邦达内拉(Bearce & Bondanella 2007)也支持国际社会化理论,但没有确认哪些机制可以实现国际社会化。

⑤ 谢克尔(Checkel 2005, p. 803)提到了社会化研究领域中的一些实证性挑战,例如如何操作社会化概念、如何开发可靠的指标和获得好的数据。

⑥ "资源诅咒"指一个明显的悖论,即资源丰富的国家,其经济发展水平反而低于资源不足的国家(Ross 2003)。

⑦ 世纪挑战账户(Millennium Challenge Account)是指由小布什政府在2004年创建的一个双边援助项目。它的工作原则是,治理良好的发展中国家能够更好地利用所收到的资金。因此,一个国家如果想要获得世纪挑战账户项目的发展援助,就要符合一系列条件,包括公民自由、表达权、问责制,以及法治

(http://www.mcc.gov/selection/index.php)。

⑧ 与跨国行动者互动的另一种形式是直接干预一个国家,以促进特定的改革(Jacoby 2006)。一个典型的例子就是对科索沃的干预以及随后建立起来的国际权威机构。然而,这些努力更直接地由某些国家主导,也就是说,它们并不是由国际组织自身开创的。

⑨ 另见"What's CDM about",(2005);以及"C is for unclean",(2007)。

⑩ 相似研究参见伍兹(Woods 2000)。

⑪ 欧洲委员会可以作为一个例子,在那里,即使有些国家没有达到人权标准,也被接纳而不是被拒绝。

参考文献

Acharya, A. 2004. "How ideas spread: whose norms matter? Norm localization and institutional change in Asian regionalism". *International Organization*, **58** (2): 239–75.

Alderson, K. 2001. "Making sense of state socialization". *Review of International Studies*, **27** (3): 415–33.

Ambrosio, T. 2008. "Catching the 'Shanghai Spirit': how the Shanghai Cooperation Organization promotes authoritarian norms in Central Asia". *Europe-Asia Studies*, **60** (8): 1321–44.

Annan, K. 1998. "Report of the Secretary-General on the work of the organization". UN, New York. Available at: http://www.un.org/Docs/SG/Report98/ch2.htm (accessed 27 February 2012).

Arndt, C. and C. Oman. 2006. *Uses and Abuses of Governance Indicators*. Paris: Organisation for Economic Cooperation and Development.

Barnett, M.N. and M. Finnemore. 1999. "The politics, power, and pathologies of international organizations". *International Organization*, **53** (4): 699–732.

Bauhr, M. 2009. "Corruption in the carbon market? International organisations, transparency and the clash of values". Working Paper Series 2009:15. The Quality of Government Institute, University of Gothenburg.

Bauhr, M. and N. Nasiritousi. 2012. "Resisting transparency: corruption, legitimacy and the quality of global environmental policies". *Global Environmental Politics*, **12** (4).

Bauhr, M., N. Nasiritousi and N. Charron. 2012. "Does corruption cause aid fatigue? Public opinion and the paradox of aid". *International Studies Quarterly* (forthcoming).

188

Bearce, D.H. and S. Bondanella. 2007. "Intergovernmental organizations, socialization, and member-state interest convergence". *International Organization*, **61** (4): 703–33.

Bénassy-Quéré, A., M. Coupet and T. Mayer. 2005. "Institutional determinants of foreign direct investment". Working Paper 2005:05. CEPII Research Center, Paris.

Blanton, S.L. and R.G. Blanton. 2007. "What attracts foreign investors? An examination of human rights and foreign direct investment". *Journal of Politics*, **69** (1): 143–55.

Busse, M. 2004. "Transnational corporations and repression of political rights and civil liberties: an empirical analysis". *Kyklos*, **57** (1): 45–66.

"C is for unclean". 2007. *Down To Earth Magazine*, **16** (14), December. Available at: http://www.downtoearth.org.in/cover.asp?foldername=20071215&filename=news&sid=41&sec_id=9 (accessed 27 February 2012).

Campbell, B. 2001. "Governance, institutional reform and the state: international financial institutions and political transition in Africa". *Review of African Political Economy*, **28** (88): 155–76.

Checkel, J.T. 2001. "Why comply? Social learning and European identity change". *International Organization*, **55** (3): 553–88.

Checkel, J.T. 2005. "International institutions and socialization in Europe: introduction and framework". *International Organization*, **59** (4): 801–26.

Davies, N. 2007."Abuse and incompetence in fight against global warming". *The Guardian*, Saturday 2 June. Available at: http://www.guardian.co.uk/environment/2007/jun/02/energy.business (accessed 27 February 2012).

de Haan, A. and M. Everest-Phillips. 2007. "Can new aid modalities handle politics?". Research Paper No. 2007/63, UNU – WIDER, October.

Doig, A. and S. Riley. 1998. "Corruption and anti-corruption strategies: issues and case studies from developing countries". In *Corruption and Integrity Improvement Initiatives in Developing Countries*, New York: United Nations Development Programme, pp. 45–62.

Dollar, D. and J. Svensson. 2000. "What explains the success or failure of structural adjustment programmes?". *Economic Journal*, **110** (466): 894–917.

Doornbos, M. 2003. "Good governance: the metamorphosis of a policy metaphor". *Journal of International Affairs*, **57** (1): 3–17.

Evans, P. and J.E. Rauch. 1999. "Bureaucracy and growth: a cross-national analysis of the effects of 'Weberian' state structures on economic growth." *American Sociological Review*, 64 (5): 748–-65.

Fjeldstad, O.-H. and J. Isaksen. 2008. "Anti-corruption reforms: challenges, effects and limits of World Bank support". IEG Working Paper 2008/7. Background Paper to Public Sector Reform: What Works and Why? An Independent Evaluation Group Evaluation of World Bank Support, Washington, DC.

Gerring, J. and S.C. Thacker. 2005. "Do neoliberal policies deter political corruption?". *International Organization*, **59** (1): 233–54.

Grigorescu, A. 2002. "European institutions and unsuccessful norm transmission: the case of transparency". *International Politics*, **39** (4): 467–89.

Grindle, M.S. 2004. "Good enough governance: poverty reduction and reform in developing countries". *Governance*, **17** (4): 525–48.

189 Gutner, T. and A. Thompson. 2010. "The politics of IO performance: a framework". *Review of International Organizations*, **5** (3): 227–48.

Heinmiller, T.B. 2007. "Do intergovernmental institutions matter? The case of water diversion regulation in the Great Lakes Basin". *Governance*, **20** (4): 655–74.

Holmberg, S., B. Rothstein and N. Nasiritousi. 2009. "Quality of government: what you get". *Annual Review of Political Science*, **12**: 135–61.

Hooghe, L. 2005. "Several roads lead to international norms, but few via international socialization: a case study of the European Commission". *International Organization*, **59** (4): 861–98.

IMF. 1997. "Good governance: the IMF's role". International Monetary Fund, Washington, DC.

Isham J., D. Kaufmann and L.H. Pritchett. 1997. "Civil liberties, democracy, and the performance of government projects". *World Bank Economic Review*, **11** (2): 219–42.

Jacoby, W. 2006."External influences on postcommunist transformations". *World Politics*, **58** (4): 623–51.

Johnston, A.I. 2001. "Treating international Institutions as social environments". *International Studies Quarterly*, **45** (4): 487–515.

Kapur, D. and M. Naim. 2005. "The IMF and democratic governance". *Journal of Democracy*, **16** (1): 89–102.

Kaufmann, D. and A. Kraay. 2008. *Governance Indicators: Where Are We, Where Should We Be Going?*. Washington, DC: World Bank Research Observer.

Kaufmann, D., A. Kraay and P. Zoido-Lobaton. 1999. "Governance matters". World Bank Policy Research Working Paper 2196, Washington, DC.

Kelley, J. 2004. *Ethnic Politics in Europe: The Power of Norms and Incentives.* Princeton, NJ: Princeton University Press.

Khan, M.H. 2002. "Corruption and governance in early capitalism: World Bank strategies and their limitations". In J. Pincus and J. Winters (eds), *Reinventing the World Bank*, Ithaca, NY: Cornell University Press, pp. 164–84.

Krasner, S.D. 1991. "Global communications and national power – life on the Pareto frontier". *World Politics*, **43** (3): 336–66.

Ksenia, G. 2008. "Can corruption and economic crime be controlled in developing countries and if so, is it cost-effective?". *Journal of Financial Crime*, **15** (2): 223–33.

Landolt, L.K. 2004. "(Mis)constructing the Third World? Constructivist analysis of norm diffusion". *Third World Quarterly*, **25** (3): 579–91.

March, J.G. and J.P. Olsen. 1989. *Rediscovering Institutions: The Organizational Basis of Politics*. New York: Free Press.

Mauro, P. 1995. "Corruption and growth". *Quarterly Journal of Economics*, **110** (3): 681–712.

McCully, P. 2008. "Discredited strategy". *The Guardian*, Wednesday 21 May. Available at: http://www.guardian.co.uk/environment/2008/may/21/environment.carbontrading (accessed 27 February 2012).

Mearsheimer, J.J. 1994. "The false promise of international institutions". *International Security*, **19** (3): 5–49.

OECD. 2001. "The DAC Guidelines: poverty reduction". OECD, Paris.

Pegg, S. 2006. "Can policy intervention beat the resource curse? Evidence from the Chad–Cameroon pipeline project". *African Affairs*, **105** (418): 1–25.

Presidency Conclusions (1993), Copenhagen European Council, 21–22 June. Available at: http://www.europarl.europa.eu/enlargement/ec/pdf/cop_en.pdf (accessed 27 February 2012).

190

Rose-Ackerman, S. 1996. "The political economy of corruption: causes and consequences". World Bank Public Policy for the Private Sector Note No. 74, World Bank, Washington, DC.

Ross, M. 2003. "The natural resource curse: how wealth can make you poor". In I. Bannon and P. Collier (eds), *Natural Resources and Violent Conflict: Options and Actions*, Washington, DC: World Bank, pp. 17–42.

Rotberg, R.I. 2004. "Strengthening governance: ranking countries would help". *The Washington Quarterly*, **28** (1): 71–81.

Rothstein, B. and J. Teorell. 2008. "What is quality of government: a theory of impartial political institutions". *Governance*, **21** (2): 165–90.

Sandholtz, W. and M.M. Gray. 2003. "International integration and national corruption". *International Organization*, **57** (4): 761–800.

Schimmelfennig, F. 2005. "The international promotion of political norms in Eastern Europe: a qualitative comparative analysis". Working Paper No. 61, Center for European Studies, Central and Eastern Europe, Cambridge, MA.

UNCTAD. 2008. "Creating an institutional environment conducive to increased foreign investment and sustainable development". Item 8 (c) of the provisional agenda, Enhancing the enabling environment at all levels to strengthen productive capacity, trade and investment: mobilizing resources and harnessing knowledge for development GE.08, Twelfth session, Accra, Ghana, 20–25 April.

Volcker, P.A. (ed). 2007. "Independent Panel Review of the World Bank Group Department of Institutional Integrity". Washington, DC, September 13: 9–10. Available at: http://siteresources.worldbank.org/NEWS/Resources/Volcker_Report_Sept._12,_for_website_FINAL.pdf (accessed 27 February 2012).

Vucheva, E. 2008. "Bulgaria under fire for corruption levels". EUobserver, 17 July. Available at: http://euobserver.com/9/26504 (accessed 27 February 2012).

"What's CDM about?". 2005. *Down to Earth Magazine*, **14**: 12, Monday, November 7. Available at: http://www.downtoearth.org.in/cover.asp?foldername=20051115&filename=anal&sid=4&page=7&sec_id=7&p=1 (accessed 27 February 2012).

Whitfield, L. 2005. "Trustees of development from conditionality to governance: poverty reduction strategy papers in Ghana". *Journal of Modern African Studies*, **43** (4): 641–64.

Woods, N. 2000. "The challenge of good governance for the IMF and the World Bank themselves". *World Development*, **28** (5): 823–41.

第十章　国家合法性与领导人的腐败

王子如何做，民众会很快效仿；因为在民众眼中，王子始终是关注的焦点。

——尼科罗·马基雅维利

谈到领导人的强势地位，人们有一种共识，即任何一种国家理论最终都必须考虑统治精英的重要作用。尤其是，有人认为，领导人在反腐败斗争中发挥了至关重要的作用（Klitgaard 1988; Theobald 1990; Harsch 1993; Doig & Riley 1998; Goldsmith 2001; Jones & Olken 2005; Acemoglu & Robinson 2006）。这是因为，当人们在评估一个特定社会的运作机理时，往往把观察强势群体的行为作为他们的主要研究路径（Rothstein 2003）。沃纳（Werner 1983, p. 149）称之为“领导人—追随者溢出效应”。因此，在一个腐败的统治体系中，“鱼”被认为是“从头开始腐烂的”（德国谚语“Der fisch stinkt vom Kopf her”）。如果领导人的腐败行为不受限制，其程度继续加深，那么就会导致“行政系统逐渐被腐败所渗透”（ibid., p. 150）。也就是说，政治精英阶层的腐败行为将随着时间的推移而往下复制、延伸、强化、恶化。

一个社会要免受腐败困扰，领导人的行为极其重要。到底是什么促使领导人腐败堕落或保持清正廉洁，把这两个问题弄清楚非常重要。我们如何解释领导人在腐败可能性上的差异？或者用米凯拉·容（Michela Wrong 2009）的话来说，为什么有的领导人以权谋私,有的人则不会?

这个问题虽然有许多不同的答案,但是本章认为,我们需要深入考察领导人的升迁机会和行为动机如何受国家合法性的塑造和规制,以更好地理解为什么一些领导人花时间挪用国家资源来获取个人利益,而另一些领导人则利用自身的权力来增进民众的福祉。尽管比较视野下的国家发展研究方面的文献,对国家合法性如何影响领导人的策略有生动贴切的讨论,但是迄今为止,当代有关腐败的文献还未能有效整合这一领域的研究成果。本章拟填补上述研究空白,弄清楚对于同腐败作战的关键人物即领导人而言,究竟是哪些东西促使他们腐败堕落抑或保持清正廉洁。

192

10.1 反腐斗争中领导能力的作用

绝大多数对腐败研究感兴趣的学者和决策者一致认为,领导人在反腐败斗争中至关重要。领导人如果原则性不强,则反腐改革的任何尝试都会失败(Kpundeh 1998; Riley 1998; Johnston & Doig 1999; Langseth et al. 1999; Hope & Chikulo 2000)。例如,世界银行(World Bank 2000, p. xxv)反腐败的核心政策文件《转型中的反腐败:促进政策辩论》中提到,“致力于改革的政治领导必不可少”。具体来说,“一项严肃认真的反腐计划不可能从外部强行实施,它需要来自内部的坚定领导,理想的情况是得到国家最高层的领导”。同样,《联合国反腐败公约》(United Nations 2004, p. 18)指出:“提出、贯彻并持续推行一些强力举措,以鉴别并消除腐败的诸种意识和行为,必须要依靠坚强的领导。”类似地,著名的反腐研究员史蒂芬·赖利(Stephen Riley)认为,“政治决心是公众诚信战略的关键部分。如果从政治领导层看不到对改革的坚定意志和敢抓典型的勇气,政府意愿的声明、改革尝试和相关战略就仅仅是一些表面文章”(Riley 1998, p. 153)。霍普和奇库罗(Hope & Chikulo 2000)甚至认为,导致腐败的所有因素都源于无德的领导。

清廉且意志坚定的领导人,事实上已成为有效且可持续的反腐倡议的至关重要的起点。遵循这一认知,现在众多文献虽然承认在原则性很强的领导人的指引下进行反腐改革有很多成功的案例,但也都把反腐改革之最终失败归咎于不道德的或不坚定的领导。例如,非洲小说家钦努阿·阿契贝(Achebe 1984, p. 1)提及他的家园:“尼日利亚的困境简直就是源于领导的失败。”同样,克里斯托弗·阿古拉娜(Christopher Agulanna 2006,转引自 VonDoepp 2009, p. 2)认为:“对于非洲各国的经济萧条和非洲大陆近乎崩溃的现状,邪恶的、非常不称职的非洲领导人负有责任。”持有相同观点的还有非常有影响力的学者和辩论家罗伯特·罗特伯格(Robert Rotberg)。他(Rotberg 2000, p. 47)写道:

193

> 腐败的领导人是非洲的诅咒。如果说撒哈拉以南非洲地区“一团糟”,那么,用坦桑尼亚的首任总统朱利叶斯·尼雷尔(Julius Nyerere)的话来说,这一切都是由领导人造成的……自20世纪60年代以来,富有远见的领导战略让亚洲各国摆脱贫困;反观同时期的非洲,太多国家元首导致自己民众的生活水平大幅下降,他们仅仅是小心翼翼地让自己及其党羽富了起来。

在《外交事务》(*Foreign Affairs*)杂志的一系列文章中,他进一步阐述了这样一种观点,即非洲大陆的落后状况很大程度上归咎于其糟糕的领导人。事实上,根据罗特伯格(Rotberg 2004, p. 14)的说法,至少90%的撒哈拉以南非洲国家的发展滞后可以归因于“差劲,甚至是恶毒的领导人,他们是劫匪、军事化的独裁者,对经济发展一窍不通,还特别自我膨胀”。

最近几十年,在非工业化国家和地区,成功依托有效领导而推进反腐败改革的成功案例很少。不过,新加坡和中国香港地区的发展奇迹则证明了信念坚定的领导对反腐败斗争至关重要。在新加坡,和在其他大多数国家一样,从20世纪50年代到70年代中期,腐败曾是一种不言而喻的“生活方式”。向公职人员行贿以获得公共产品是“必须的”,“给他们油水是常态”(Abdulai 2009)。现在,绝大多数研究人员和政策制定者认为,新加坡脱颖而出,成为世界上最廉洁的国家之一,很大程度上可归功于人民行动党(PAP)及其领导人的英明领导,特别是前总理李光耀的领导(Klitgaard 1988; Quah 1995; Root 1996)。中国香港的公共服务中,腐败现象也曾经普遍存在、根深蒂固,潜规则盛行,而且人们习以为常。然而,在20世纪70年代中期,港英政府强力反腐,腐败水平因此大幅度下降。同样,在撒哈拉以南非洲地区,现有的几个成功推进反腐败的案例通常也归功于高素质的领导人,尤其是博茨瓦纳。正如罗伯特·罗特伯格(Rotberg 2004, p. 15)坚决主张的:

194

> 卓越的领导,特别是在独立后的那些年,最能解释博茨瓦纳的成功。博茨瓦纳的首任总统塞雷茨·卡马,来自一个巴曼沃托酋长的家庭,非常注重仁义和诚信。作为一个谦逊、朴实的领导人和公共规则的信奉者,卡马造就了一个注重参与、尊重法律的政治文化,并将这种文化传承给了他的继任者凯图米莱·马西雷和费斯图斯·莫哈埃。

借鉴拉美的例子,阿诺德·哈伯格(Arnold C. Harberger)指出:“如果没有关键团体以及其中一两个杰出领导人的努力作为,政府改革极有可能失败(或根本无法开始)。”(Harberger 1993, p. 343)(这个团体他称之为“屈指可数的英雄”。)

简言之,根据这一观点,坦诚清廉的政治领导人给予反腐败活动最初的动力和必要的公信力,而腐败的领导人可能为所有公职人员和公民群体树立了一个坏榜样(Kpundeh 1998; Hope & Chikulo 2000)。这是因为,这些领导人在塑造公共舆论和公共行为方面发挥着巨大的作用。也就是说,领导人的腐败行为,或者身为领导人却未能谴责腐败行为并“言出必行”,都会成为上行下效的合理说辞。实证研究证实,腐败的领导人及其行为对下属公职人员以及普通公众的行为会造成负面影响。例如,帕森(Persson)等人在乌干达和肯尼亚进行的访谈研究(即将发表),清楚地揭示了“领导人溢出效应”的逻辑。根据帕森等人的研究,领导人可以成为社会其他群体的榜样。其中一个受访者明确地说出了这一逻辑:“腐败以某种方式从领导层开始。当你允许或默许那些部长们捞钱时……一个人在某个职位待三年,就会成百万富翁。那么,这时其他人会怎么做呢?他们肯定会加入的。”

总而言之,大量的文献指出领导人在反腐败方面发挥着关键作用。根据这些研究成果,领导人如果不做出正面的表率,反腐败改革就总会失败。鉴于战略性领导力的重要性,首先应该研究领导人走向堕落腐败的不同原因。在下一节,我们将分析既有文献中关于这个问题的研究发现。

10.2　领导人走向腐败的多元因素

195

为什么有些领导人会以权谋私,而其他领导人不会?人们通常认为,一些领导人比其他领导人更具有掠夺性和腐败性,更接近罗伯特·克里特加尔德(Klitgaard 1990)称为“热带匪徒”的群体。这在某种程度上是有道理的。例如,很难说罗伯特·穆加贝(Robert Mugabe)和纳尔逊·曼德拉(Nelson Mandela)遵循相同的道德标准,但许多研究者仍不太同意将所有的腐败差异性都归因于领导人的内在品质,特别是,在理论和实证支撑基础上,越来越多的人认为,领导人会引入一些促进经济增长和社会福利的制度,条件是在这种制度下领导人得到的好处,要比他们建立另一套让政治精英层福祉最大化的制度而从中获得的收益更大。这在某种程度上与领导人的品性没有什么关系(Bates 2001; Goldsmith 2004; Acemoglu 2006; Acemoglu & Robinson 2006)。简而言之,一些领导人比其他领导人更腐败的原因,仅仅是他们因腐败所得多于清廉行事所得。按照同样的逻辑,一些领导人清廉行事的原因是他们从这种行为中受益更多。根据这一论点,当代研究腐败治理的文献主要关注的是哪些因素影响了领导人的成本和收益。

作为对这个问题的回应,现有大量文献认为,一些国家之所以比其他国家有更多的腐化堕落的领导人,是因为不同国家的领导人受到了不同程度的正式制度的制约。这一论点背离了委托—代理模型的固有假设。该模型将政治腐败理解为所谓的"代理人"(在这种情况下指"统治精英")与"委托人"(在这种情况下指"公民")之间信息和利益不对称的结果。统治精英被认为基于个人利益行事,而公民通常被认为代表了公共利益,是"高度原则性的委托人"(Rose-Ackerman 1978; Klitgaard 1988)。更具体地说,委托—代理模型下,一个集体行动者作为委托人,将一些政府任务的执行委托给另一个集体行动者,即代理人。在被授权的情况下,从委托人的角度来看,代理人可能获得了有关任务的某些信息,但是并不愿意向委托人透露,或者除了执行委派的任务,他们有其他的私人动机。因此,在委托—代理模型中,当代理人为了追求自己的利益而背叛委托人的利益时(代理人滥用公共职权牟取私人利益),腐败随之产生。为了避免这种情况,委托—代理理论认为,委托人应该通过多种正式机制来控制代理人。这些机制旨在增强领导人的责任感、增加政治系统的透明度、提高公众参与的可能性(Stapenhurst & Kpundeh 1999; World Bank 2000)。根据这些文献,腐败的领导人与廉洁的领导人的不同之处就在于他们面临的正式制度约束的数量。腐败的领导人受到的约束较少。

196

正式制度的约束理应在限制领导人的腐败机会和腐败动机中发挥重要作用,但是就当前正推进反腐败改革的绝大多数发展中国家而言,它们引入这种约束机制实际上仅能产生有限的影响。也就是说,尽管引入了大量旨在减少领导人腐败机会和动机的改革——以私有化和放松管制来减少政治精英的自由裁量权;促进政治和经济竞争来减少垄断;支持民主化进程以强化问责制;提高工资,从而增加腐败的机会成本;完善法治,使腐败的政客受到起诉和惩罚;深化民主、分权以及建立公民社会监督机构,提高政府决策的透明度(Ivanov 2007; Lawson 2009)——但在大多数国家,领导人的行为变化并不明显。例如，尽管“环球诚信”组织(Global Integrity 2008)对许多撒哈拉以南非洲国家推行体制改革感到欣喜，甚至认为一些国家的反腐败法律“非常强大”，认为这些国家的法律体制框架会为各国的成功铺平道路，但是大多数非洲国家的领导人仍然极其腐败。简单举例来说，尽管肯尼亚和乌干达在“环球诚信”的反腐败法律强度这一排名中均获得100分(“非常强”，满分100分)，但大多数分析人士都认为这两个国家的领导人姆瓦伊·齐贝吉(Mwai Kibaki)和约韦里·穆塞韦尼(Yoweri Museveni)腐败透顶。

齐贝吉统治下的肯尼亚，是正式约束机制对领导行为缺乏制约效果的典型案例。2002年11月齐贝吉就任肯尼亚总统，为反腐败工作带来了彻底的改变。特别是在选举获胜后不久，齐贝吉任命约翰·吉松戈(John Githongo)为负责治理和道德事务的常务秘书，实际上意味着吉松戈成为官方的“反腐第一人”，在议会大厦中领导一个部门，可以直接向总统办公室负责。然而，正如米凯拉·容(Wrong 2009)在她的名著《轮到我们吃了：一个肯尼亚告密者的故事》(*It's Our Turn to Eat: The Story of a Kenyan Whistle Blower*)中生动描述的那样，吉松戈很快意识到，在履行自己的职责并且忠于任职使命地进行监督后，不仅是职业生涯，甚至他的生命也处于危险中。2006年，吉松戈发现连齐贝吉总统和最亲密的伙伴都背弃了他。他不得不逃离这个国家。在接受米凯拉·容(ibid., p. 220)的采访时，吉松戈描述了在多年的犹豫后他不能再隐瞒的肯尼亚腐败真相：“最终一切变得清楚了，我是在调查总统。”吉松戈进一步讲述了在现代肯尼亚，权力是如何掌握在一小拨精英团体手中：“肯尼亚有一个黑帮。每个黑帮都有一个教父，而在肯尼亚，教父就是齐贝吉。”吉松戈说，如果他公开了自己所知道的关于政治精英参与腐败的情况(ibid., p. 222)，那么肯尼亚情报部门将会“在他的茶水中加点东西”。

约翰·吉松戈的故事清楚地表明，正式制度的约束对领导人以权谋私的机会和动机的影响十分有限。然而，这并不足以证明在反对糟糕领导的斗争中正式制度的制约很不到位。1990年，撒哈拉以南非洲只有 3 个国家举行了多党选举,但现在 48 个撒哈拉以南非洲国家中有 43 个至少举行了一次多党选举。不过迄今为止,正式责任机制的巨大变化似乎并未明显地改变这些国家的领导人的行为。即使在今天,在大多数非洲国家,腐败仍然是一种“生活方式”。

在许多发展中国家,正式制度约束对领导行为普遍缺乏积极影响,至少可以用两种不同的方式来解释。第一种可能的解释是,正式制度对腐败的制约作用是有限的。第二种可能的解释是,正式制度的制约对领导人的廉洁行为不是充分条件,而是必要条件。在这场争论中,大多数学者倾向于选择第二种解释。特别是从 20 世纪 90 年代开始,政策制定者和学者越来越强调,为了达到预期的效果,正式的制度约束需要经济和行政能力的支撑(Cohen 1995; Grindle 1996,1997; Englebert 2002; Wubneh 2003)。在这些文献中,资源被认定为“缺失的环节”(Jaycox 1993),是重要的社会经济发展战略取得成功所必需的先决条件(Moharir 1994),也是制订可持续发展计划的关键(World Bank 1989, 1996; Wubneh 2003)。因此,国际捐助界发起的能力建设项目激增(Wubneh 2003)。例如,为了提高非洲国家的能力,世界银行、联合国开发计划署(UNDP)和非洲开发银行(ADB)与非洲各国政府联合成立了非洲能力建设基金会(ACBF),旨在“教非洲人如何自我管理”(关于能力建设项目的重要讨论,请参见 Easterly 2006)。

198

然而,很多国家拥有大量资源以及所有“正确”的正式制约制度,但统治精英依旧腐败。许多国家尽管缺乏必要的资源来进行有利于公众的改革,但似乎有足够的技术和资源支撑领导人施行盗贼统治。此外,正如曼古(Mangu 2007, p. 1)所论证的,心腹政治(或裙带政治,politics of the belly)(Bayart 1993)、家族政治(Joseph 1999)、腐败或掠夺性统治(Fatton 1992)、国家犯罪(Bayart et al. 1999)以及大规模侵犯人权行为等,证实了许多缺乏提供“正确”产品的能力的政府,反而有能力采取行动交付“错误”产品。既然政府拥有这种控制、支配和征服的能力,那么人们肯定也会对政府的改善和发展能力有所期待。皮埃尔·恩格尔伯特以类似的观点区分了“国家能力”和“法律命令”,认为许多国家领导人虽然缺乏为公民提供服务的能力,但仍然有权力对公民采取行动(Englebert 2009)。

总而言之,以前的文献对为什么一些领导人追求腐败提供了非常重要的见解。然而,还有少数一些领导人,即使受到正式制度约束,但在可以支配重要资源的情况下,似乎仍有机会和动机去搞腐败。对领导人堕落的不同原因进行持续的探索和说明十分必要。我们认为,关于国家合法性的文献可以提供许多解释。

199

10.3　国家合法性及以权谋私的倾向性

为了更好地理解为什么有些领导人以权谋私,而有些领导人一心为公,我们需要尝试超越传统的解释。我们认为,关于国家合法性的文献能为破解这一难题提供重要见解。然而,迄今为止,关于腐败的文献却未能整合这一系列研究中的独特见解。

与关注政府的管理和能力维度的传统观点不同,研究国家合法性的文献强调更深层次的历史和政治力量如何影响领导人的腐败动机和机会,以及在特定社会的腐败程度。关于国家合法性的定义尚无共识(Gilley 2006, 2009),但是大多数学者认可一种观点,即“合法化国家”以社会契约为基本要素,这一契约存在于社会大众与政治精英(即“国家”)之间,且由公民集体同意、认可。例如,皮埃尔·恩格尔伯特(Englebert 2002, p. 4)认为:合法化国家的基本特征是,组织结构内生性地向着社会发展方向演化,变迁中的制度也具有一定程度的历史连续性。布鲁斯·吉利(Gilley 2006, p. 500)也有类似的观点:“公民越是认为国家拥有政治权力且行使政治权力是合法的,国家合法性就越强。”反过来,霍尔斯蒂(Holsti 1996)则从纵向和横向两个层面分析合法性:“纵向合法性”是社会与政治体制之间的关系强度,“横向合法性”体现为建构政体的诸社会要素之间的协议。无合法性的政治体系,则被解释为一种大多数人对内部的政治博弈规则并未达成一致意见的体系,或是大多数人都不同意在内部进行这类政治博弈的制度体系(Horowitz 1985; Englebert 2002)。因此,缺乏国家合法性意味着领导人拥有不稳定的权力基础。这层含义至少反映在马克斯·韦伯对(合法化)国家的理想型定义中:“国家是在特定领土范围内(成功地)垄断了使用武力的正当权力的人类共同体。”(Weber 1946, p. 78)

200

最后,根据有关国家合法性在塑造领导行为中所起作用的文献,人们应该意识到,一旦合法性缺失,领导人就更有机会和动机趋向腐败;一旦合法性存在,领导人就更有机会和动机趋向廉洁。这个结论通常有两种不同的解释机制。

第一种机制认为,缺乏共同的社会契约,意味着社会权力控制的弱化,这会增加领导人腐败行为的机会和动机(Sandbrook 1972; Jackson & Rosberg 1984; Bratton & van de Walle 1997; Englebert 2000)。反过来,这也可以被理解为:缺乏社会与政治精英之间经过公民集体同意的社会契约,也就意味着领导人没有“统一委托人”(他们面对着“多重委托人”)。如前所述,这一模型内的委托人可以理解为是一个行为人(在这种情况下是任何特定国家的公民),他对保护公共利益感兴趣,要求腐败的领导人(代理人)承担责任。当领导人面对多重委托人时,他们可能会从选民那里收到不同的甚至是矛盾的信息和期望。也就是说,公民不能协调他们的策略,要么是因为他们没有看到同样的变数,要么是因为他们无法承诺实现合作。结果是,领导人向公民负责的动机急剧下降,即使存在正式的责任机制也是如此。最终,公民利益越分散,领导人的自由裁量权越大,对领导人的社会控制力也就越弱。综合起来看,委托人的要求往往会相互抵消,因此,代理人会感到困惑和沮丧,甚至会滥用职权来谋取私利(Shapiro 2005)。事实上,公民和国家之间缺乏集体商定的社会契约,有时甚至会导致代理人(政治精英)只能服务于多重委托人中的一些(例如许多族群中的一个族群)。在这种情况下,公职人员不会为了公共利益而行事,而是更倾向于腐败。因此,国家沦落为可被占用的资源,甚至成为统治其他群体的工具(Horowitz 1985)。米凯拉·容将这种情况下的国家描述为这样一种体系:竞争着的精英们交替掌权,依照“轮流坐庄”的逻辑来为自身集团的利益服务(Wrong 2009, p. 52)。也就是说,在一个缺乏合法性,进而缺乏统一委托人的国家,政治总是零和博弈,一个群体的收益必然是另一个群体的损失。这将我们引向第二个密切相关的解释机制。

201

第二种机制聚焦于这样一个事实:公民和政治精英之间缺乏集体商定的社会契约,意味着领导人的掌权时间缩短。这反过来会增加政策腐败的可能性。更具体地说,在这个框架内,腐败规则被理解为一种对领导人治理现状的理性回应,在某些情况下甚至是唯一回应。也就是说,在这种文献描述中,腐败规则被理解为在严重合法性危机背景下领导人所做的“调整适应”(Sandbrook 1986)。米格代尔(Migdal 1988, 2001)甚至将此类情形称为“生存政治”:领导人以权谋私的倾向至少反映出国家相对于公民的弱势地位。尤其是与更具合法性的国家的领导人相比,权力基础薄弱的领导人掌权时间更短,严重影响长远发展。根据这个观点,一个不稳固的权力基础不会促成能获得长期回报的合规行为(Goldsmith 2001; Migdal 1988,2001; Acemoglu & Robinson 2006)。相反,基础薄弱的统治精英会发现,倘若诉诸腐败、庇护主义、裙带关系或其他的不良治理形式,统治的成本会很低并且更加方便(Sandbrook 1972; Jackson & Rosberg 1984; Englebert 2000)。换言之,盗贼统治的吸引力在于它能够立即获得回报。更具体地说,盗贼政策被假定为以牺牲对物质资本和人力资本的投资——这些投资在权力方面对统治精英几乎没有短期回报——为代价,支持当前的政府开支(Englebert 2000)。因此,领导人采取短期行为还是长期行为,最终都受到职业安全感(或者说,职业生涯受到威胁的程度)的影响,因为对于在缺乏合法性的国家体系中失去权力的政治精英来说,不存在任何(可信的)事后补偿(Goldsmith 2001; Acemoglu 2003)。合法性较弱进而权力基础薄弱的统治者,通过非官方的渠道和网络将公共资源引向个体,从而加强内部支持,这就使得官方的发展政策瘫痪了。相反,在合法性强的国家,领导人有望引导资源以支持长期发展(Englebert 2000)。

国家合法性在塑造和约束领导人腐败行为的机会和动机机制中发挥着重要作用,这一观点已经得到了经验支持。我们在其他地方已经证明:国家的合法程度与腐败行为的倾向之间存在相当强的联系(Persson & Sjöstedt 2012)。皮埃尔·恩格尔伯特测量的国家合法性与领导行为的腐败性两者的相关系数为0.51。[①]对领导行为的腐败性的评估根据世界银行"腐败控制"指标中的规则做出。这一腐败控制指标应用于全球174个国家。根据这一衡量标准,世界上30个最不腐败的国家均是有合法性的,而30个最腐败的国家中有23个没有合法性。一般认为,领导层腐败透顶的地区是指撒哈拉以南非洲。这个地区合法性缺失的国家比世界上任何其他地区都要多。与其他此类现象并不严重的地区相比,在撒哈拉以南非洲,这些国家的创建总体上是一个外生过程。事实上,撒哈拉以南非洲地区,国家领导人只是继承了国家,而不是将国家塑造成维持现有繁荣或不断崛起的统治工具(Englebert 2000)。因此,大多数撒哈拉以南非洲国家,天生就缺乏合法性。在非洲国家独立后不久,大多数非洲领导人就意识到,他们继承的权力是多么不值一提。该研究领域中有学者指出,这些领导人不仅要面对"强大"或多元的社会,还要面对多重委托人的挑战(Sandbrook 1986; Migdal 1988; Englebert 2000)。这些委托人彼此之间相互竞争,利益诉求极为复杂,而且都想攫取国家最高统治权。克利福德·格尔茨(Geertz 1973, p. 261)在考察第三世界"新兴国家"一体化缺失问题时指出:"我们的忠诚是彼此矛盾的,即便是在相同规则下。"结果,许多公民和政治领导人都意识到,摆脱殖民统治后的非洲国家,在很大程度上并非社会契约的结果,也不是基于"共同的意识形态信念"(North 1981, p. 44)或共享国家认同的集体行动的工具,而是一种可以照搬照抄的"外来的"制度体系(Englebert 2000)。正如霍洛维茨所言:"人们在哪里都可以听到'支配'这个词,并且可以把它大约等同于'政治控制'。国家的真正主人是谁?

202

谁统治谁？这类问题到处都是。”(Horowitz 1985, p. 189)

总而言之,通过聚焦于多样化社会契约形式下领导人面临的非正式约束,国家合法性相关文献提出的见解可以更全面地解释为什么一些领导人以权谋私而其他领导人则不这样(同时亦可解释,为什么有些国家似乎一直受难于糟糕的领导人,而另一些国家似乎总是得益于更具发展性的统治方式)。在这个讨论中,值得重视的是,国家合法性的相关文献所提供的视角,并不意味着先前对领导人腐败性差异的解释是错误的。相反,它有可能是对既有研究的有益补充。例如,国家合法性的相关文献并不认为某些领导人比其他领导人更有掠夺性:如果领导人与选民之间的社会契约没有被选民认可,那么即使是天生优秀的领导人,也很有可能以权谋私。本章所提出的观点也不意味正式的制度和行政能力不重要,而是说,在缺乏国家合法性的国度,正式制度、强大的行政能力与财政能力无法发挥预期作用。因此,无论从哪个角度看,整合比较国家发展的文献提出的见解会加深我们对领导人腐败根源的理解。

203

10.4　担任公职期间要不要以权谋私?

在过去的几十年,发展中国家的领导人大多借助反腐败政纲而上台执政。例如,1982 年尼日利亚总统谢胡·沙加里(Shehu Shagari)宣布启动“道德革命”以反击腐败,承认政府官僚机构存在“贿赂、腐败、缺乏奉献精神、不诚实等各类恶习”,这个宣示随后成为国家一系列政策的主题。在 1984 年年初,该国的第一次新闻发布会表明了这一观点:“有必要重申,新政府不会容忍欺诈、腐败、浪费、以权谋私或其他此类恶习。”(Klitgaard 1988, p. 1)同样,肯尼亚现任总统齐贝吉在 2002 年选举中称,他将立足改革政纲,致力于控制猖獗的腐败。在就职演说中,齐贝吉承诺“建立一个负责任的、透明的和创新的领导体制”。而且,他还说:“腐败将不再是肯尼亚的一种生活方式,所有习惯于腐败行为的政府成员和公共官员应当明白,我的政

204

府将不再有特权人物。”(Kibaki 2002)同样,在乌干达,1986年总统穆塞韦尼和他的全国抵抗运动组织(NRM)在掌权后就明确表示,腐败是他们继承的罪恶之一,也是经济进步的主要障碍(Kpundeh 2002)。如庞德(Kpundeh 2002, pp. 425-426)所引用的,穆塞韦尼(Museveni 1985, p. 64)甚至将反腐败斗争作为全国抵抗运动组织(NRM)政治宣言(“十点计划”)的支柱之一,其中包括以下承诺:

> 在非洲,问题层出不穷。腐败问题是其中之一,特别是贿赂和以权谋私。腐败确实是一个与畸形的体制结构相伴的问题……因此,为了解决落后问题,必须彻底消除腐败。

承诺消除腐败的发展中国家领导人还有很多。但是,并非所有这些领导人都信守承诺。甚至更糟糕的是,这些领导人远没有遵循他们自己颁发的律令并且诚实行事(Szeftel 1998; Mungiu-Pippidi 2006)。例如,在尼日利亚、肯尼亚和乌干达,这些改革承诺并未转化为真正的政治变革。相反,与许多其他发展中国家一样,承诺改革的领导人后来竟然成为大腐败分子,对腐败在各自国家继续成为“生活方式”做出了“重大贡献”。也就是说,这些国家的统治精英虽然谴责他们前任的腐败行为,并在就职宣誓中承诺清理腐败,但最终仍然是前“腐”后继。

鉴于腐败型领导所隐含的严重问题,本章的主要目的是更详细地探讨,为什么一些领导人一旦上任就会滥用公众给予他们的信任去掠夺公共资源,而其他一些领导人则诚实行事。在前人研究的基础上,本章认为,要进一步探讨为什么有些领导人更容易以权谋私,应当考察塑造和制约领导行为的深层次历史与政治力量。值得强调的一点是,本章呼吁,要重视将有关国家合法性的文献整合到关于政治腐败的当代讨论之中。

205 与其他关于政治腐败的更传统观点相比,关于国家合法性的文献更加明确地强调,深层的社会契约在塑造领导人参与腐败的机会和动机方面发挥了重要作用。国家合法性源于公民与国家之间的社会契约,源于广大公民对社会契约的一致认可;与合法性较强的国家的领导人相比,在合法性缺失的国家,领导人有相当大的机会和动机参与腐败。这是因为,在缺乏合法性的国家,领导人不太可能面对"统一委托人",更愿意让腐败的公职人员为自己办事。由于缺乏合法性,在某些情况下,一个或几个"委托人"甚至会鼓励和奖励以公职人员(包括政治精英)的名义进行的腐败。此外,因国家制度体系缺乏合法性,领导人的权力基础也不会稳定,所以其掌权时间不会太长,这反过来也会增加腐败的可能性。事实上,在严重的合法性危机背景下,腐败统治甚至可以用"生存政治"来解释,因为在没有合法性的国家内,领导人最终只有两种选择:要么以权谋私,要么被他人取代。

总之,根据国家合法性的相关文献,拥有合法性的国家与缺少合法性的国家,运行逻辑各不相同,这可以在很大程度上解释领导人腐败程度的差异。鉴于此,未来研究的重要任务之一是,进一步探索如何建立并强化纵向与横向的社会契约。这个研究议程有助于推动更成功的政府改革,从而为大量遭受腐败统治折磨的民众创造更光明的未来。

注 释

① 恩格尔伯特(Englebert 2000)的合法性测量是霍尔斯蒂(Holsti 1996)所理解的纵向合法性中的虚拟变量。该测量建立在五项二分式结果之上:(a)一个国家是否被殖民;(b)如果被殖民,该国独立后是否恢复了主权;(c)该国是否由殖民主义者建立,如果是,被殖民之前是否有人定居;(d)如果被殖民,被殖民之前的文明是否在殖民化过程中被物理消除或边缘化;(e)先前的殖民地国家摆脱殖民统治后是否对之前的政治机构造成严重破坏。世界银行的"腐败控制"指标分值介于-2.5和2.5之间,分数越低表明腐败程度越高。

参考文献

206

Abdulai, A.-G. 2009. "Political will in combating corruption in developing and transition economies: a comparative study of Singapore, Hong Kong and Ghana". *Journal of Financial Crime*, **16**: 387–417.

Acemoglu, D. 2003. "Why not a political coase theorem?". *Journal of Comparative Economics*, **31**: 620–52.

Acemoglu, D. 2006. "A simple model of inefficient institutions". *Scandinavian Journal of Economics*, **108**: 515–46.

Acemoglu, D. and J.A. Robinson. 2006. *Economic Origins of Dictatorship and Democracy*. Cambridge: Cambridge University Press.

Achebe, C. 1984. *The Trouble with Nigeria*. Oxford: Heinemann.

Agulanna, C. 2006. "Democracy and the crisis of leadership in Africa". *Journal of Social, Political and Economic Studies*, **31**: 255–64.

Bates, R.H. 2001. *Prosperity and Violence: The Political Economy of Development*. New York: W.W. Norton.

Bayart, J.-F. 1993. *The State in Africa: The Politics of the Belly*. London and New York: Longman.

Bayart, J.-F., S. Ellis and B. Hibou. 1999. *The Criminalization of the State in Africa*. Oxford: James Currey.

Bratton, M. and N. van de Walle. 1997. *Democratic Experiments in Africa: Regime Transitions in Comparative Perspective*. Cambridge: Cambridge University Press.

Cohen, J.M. 1995. "Capacity building in the public sector: a focused framework for analysis and action". *International Review of Administration Sciences*, **61**: 407–22.

Doig, A. and S. Riley. 1998. "Corruption and anti-corruption strategies: issues and case studies from developing countries". In G.S. Cheema and J. Bonvin (eds), *Corruption and Integrity Improvement Initiatives in Developing Countries*, Paris: UNDP/OECD, pp. 45–62.

Easterly, W. 2006. *The White Man's Burden: Why the West's Efforts to Aid the Rest Have Done So Much Ill and So Little Good*. New York: Penguin Press.

Englebert, P. 2000. "Solving the mystery of the AFRICA dummy". *World Development*, **28**: 1821–35.

Englebert, P. 2002. *State Legitimacy and Development in Africa*. Boulder, CO and London: Lynne Rienner.

Englebert, P. 2009. *Africa: Unity, Sovereignty and Sorrow*. Boulder, CO and London: Lynne Rienner.

Fatton, R. Jr. 1992. *Predatory Rule: State and Civil Society in Africa*. Boulder, CO and London: Lynne Rienner.

Geertz, C. 1973. *The Interpretation of Culture*. New York: Basic Books.

Gilley, B. 2006. "The meaning and measure of state legitimacy: results for 72 countries". *European Journal of Political Science*, **45**: 499–525.

Gilley, B. 2009. *The Right to Rule: How States Win and Lose Legitimacy*. New York: Columbia University Press.

Global Integrity. 2008. *Global Integrity Report*. Washington, DC: Global Integrity.

Goldsmith, A.A. 2001. "Risk, rule and reason: leadership in Africa". *Public Administration and Development*, **21**: 77–87.

Goldsmith, A.A. 2004. "Predatory versus developmental rule in Africa". *Democratization*, **11**: 88–110.

Grindle, M.S. 1996. *Challenging the State: Crisis and Innovation in Latin America and Africa*. Cambridge, MA: Harvard University Press.
Grindle, M.S. 1997. "The good government imperative: human resources, organizations and institutions". In M.S. Grindle (ed.), *Getting Good Government: Capacity Building in the Public Sectors of Developing Countries*, Cambridge, MA: Harvard University Press, pp. 3–30.
Harberger, A.C. 1993. "Secrets of success: a handful of heroes". *American Economic Review*, **83**: 343–50.
Harsch, E. 1993. "Accumulators and democrats: challenging state corruption in Africa". *Journal of Modern African Studies*, **31**: 31–48.
Holsti, K.J. 1996. *The State, War, and the State of War*. Cambridge: Cambridge University Press.
Hope, Sr, K.R. and B.C. Chikulo. 2000. "Introduction". In K.R. Hope, Sr and B.C. Chikulo (eds), *Corruption and Development in Africa: Lessons from Country Case-Studies*, Basingstoke: Macmillan, pp. 1–17.
Horowitz, D.L. 1985. *Ethnic Groups in Conflict*. Berkeley, CA: University of California Press.
Ivanov, K. 2007. "The limits of a global campaign against corruption". In S. Bracking (ed.), *Corruption and Development. The Anti-Corruption Campaigns*, Basingstoke: Palgrave Macmillan, pp. 28–45.
Jackson, R.H. and C.G. Rosberg. 1984. "Personal rule: theory and practice in Africa". *Comparative Politics*, **16**: 421–42.
Jaycox, E. 1993. "Capacity building: the missing link in African development". Transcript of speech presented to the Conference on African Capacity Building: Effective and Enduring Partnerships at the African American Institute, Reston, VA, 20 May.
Johnston, M. and A. Doig. 1999. "Different views on good government and sustainable anticorruption strategies". In R. Stapenhurst and S.J. Kpundeh (eds), *Curbing Corruption: Toward a Model for Building National Integrity*, Washington, DC: World Bank EDI Studies, pp. 13–34.
Jones, B.F. and B.A. Olken. 2005. "Do leaders matter? National leadership and growth since World War II". *Quarterly Journal of Economics*, **120**: 835–64.
Joseph, R. 1999. "The reconfiguration of power in late twentieth-century Africa". In R. Joseph (ed.), *State, Conflict and Democracy in Africa*, Boulder, CO: Lynne Rienner pp. 57–81.
Kibaki, M. 2002. "New President spells out his vision". *The Nation* (Nairobi), 31 December.
Klitgaard, R. 1988. *Controlling Corruption*. Berkeley, CA: University of California Press.
Klitgaard, R. 1990. *Tropical Gangsters*. New York: Basic Books.
Kpundeh, S.J. 1998. "Political will in fighting corruption". In G.S. Cheema and J. Bonvin (eds), *Corruption and Integrity Improvement Initiatives in Developing Countries*, Paris: UNDP/OECD, pp. 91–110.
Kpundeh, S.J. 2002. "The institutional framework for corruption control in Uganda". In A.J. Heidenheimer and M. Johnston (eds), *Political Corruption: Concepts and Contexts*, New Brunswick, NJ and London: Transaction, pp. 425–40.
Langseth, P., R. Stapenhurst and J. Pope. 1999. "National integrity systems". In R. Stapenhurst and S.J. Kpundeh (eds), *Curbing Corruption: Toward a Model for Building National Integrity*, Washington, DC: World Bank EDI Studies, pp. 127–50.

208 Lawson, L. 2009. "The politics of anti-corruption reform in Africa". *Journal of Modern African Studies*, **47**: 73–100.

Mangu, A.M.B. 2007. "State legitimacy and leadership development in Africa". Background paper prepared for the Seventh African Government Forum on Building the Capable State in Africa, Burkina Faso.

Migdal, J. 1988. *Strong Societies and Weak States: State-Society Relations and State Capabilities in the Third World.* Princeton, NJ: Princeton University Press.

Migdal, J. 2001. *State in Society*. New York: Cambridge University Press.

Moharir, V.V. 1994. "Capacity building initiative for sub-Saharan Africa". *Public Enterprise*, **11**: 234–45.

Mungiu-Pippidi, A. 2006. "Corruption: diagnosis and treatment". *Journal of Democracy*, **17**: 86–99.

North, D.C. 1981. *Structure and Change in Economic History*. New York: Norton.

Persson, A., B. Rothstein and J. Teorell. Forthcoming. "Why anti-corruption reforms fail – systemic corruption as a collective action problem". *Governance*.

Persson, A. and M. Sjöstedt. 2012. "Responsive and responsible leaders: a matter of political will?". *Perspectives on Politics*, **10** (forthcoming).

Quah, J.S.T. 1995. "controlling corruption in city states: a comparative study of Hong Kong and Singapore". *Crime, Law and Social Change*, **22**: 391–414.

Riley, S.P. 1998. "The political economy of anti-corruption strategies in Africa". *European Journal of Development Research*, **10**: 129–59.

Root, H.R. 1996. *Small Countries, Big Lessons: Governance and the Rise of East Asia.* Hong Kong: Oxford University Press.

Rose-Ackerman, S. 1978. *Corruption: A Study in Political Economy*. New York: Academic Press.

Rotberg, R.I. 2000. "Africa's mess, Mugabe's mayhem". *Foreign Affairs*, **79**: 47–61.

Rotberg, R.I. 2004. "Strengthening African leadership: there is another way". *Foreign Affairs*, **83**: 14–18.

Rothstein, B. 2003. "Social capital, economic growth and quality of government: the causal mechanism". *New Political Economy*, **14**: 67–87.

Sandbrook, R. 1972. "Patrons, clients and factions: new dimensions of conflict analysis in Africa". *Canadian Journal of Political Science*, **5**: 104–19.

Sandbrook, R. 1986. "The state and economic stagnation in tropical Africa". *World Development*, **14**: 319–32.

Shapiro, S.P. 2005. "Agency theory". *Annual Review of Sociology*, **31**: 263–84.

Stapenhurst, R. and S.J. Kpundeh. 1999. "Conclusion". In R. Stapenhurst and Kpundeh (eds), *Curbing Corruption: Toward a Model for Building National Integrity*, Washington, DC: World Bank EDI Studies, pp. 235–42.

Szeftel, M. 1998. "Misunderstanding African politics: corruption and the governance agenda". *Review of African Political Economy*, **25**: 221–40.

Theobald, R. 1990. *Corruption, Development and Underdevelopment*. Durham, NC: Duke University Press.

United Nations. 2004. *Anti-Corruption Toolkit*. New York: UN.

VonDoepp, P. 2009. "The leadership variable in Africa: situating structure and agency in governance trajectories". Paper presented at the 2009 Annual Meeting of the American Political Science Association, Toronto, 4 September.

Weber, M. 1946. "Politics of Vocation". In H.H. Gerth and C.W. Mills (eds),

From Max Weber: Essays in Sociology, New York: Oxford University Press, pp. 77–128.

209

Werner, S.B. 1983. "New directions in the study of administrative corruption". *Public Administration Review*, **43**: 146–54.

World Bank. 1989. *Sub-Saharan Africa: From Crisis to Sustainable Growth*. Washington, DC: World Bank.

World Bank. 1996. "Partnership for Capacity Building in Africa: Strategy and Program of Action". A report of the African governors of the World Bank and of the President of the World Bank, Washington, DC: World Bank.

World Bank. 2000. *Anti-Corruption in Transition. A Contribution to the Policy Debate*. Washington, DC: World Bank.

Wrong, M. 2009. *It's Our Turn to Eat: The Story of a Kenyan Whistle Blower*. London: Fourth Estate.

Wubneh, M. 2003. "Building capacity in Africa: the impact of institutional, policy and resource factors". *African Development Review*, **15**: 165–98.

第十一章　立法者与政府质量

在本书的第二章中，罗斯坦和特奥雷尔阐明了公正性是政府质量的内在含义。他们以往的著作将公正（Sartori 1984；Adcock & Collier 2001）描述为“在实施法律和政策时，政府官员不得考虑政策或法律事先未规定的有关公民或案例的任何事情”（Rothstein & Teorell 2008，p. 170；又参见 Teorell 2009，p. 13）。本章提出了两点建议：第一，直观上看，这些作者的概括很有道理，但问题在于，这一概括没有注意到，在官僚机构的公正性之外，还有其他东西会影响政府质量。政府质量变得低下，不仅是政策执行方面的功能失调和行政部门的原因，也可能是因为作为政治系统“输入端”的选举机制出现了问题，或是政治家（而非公务员）在分配政治中过度使用自由裁量权。第二，正如罗斯坦（Rothstein 2011，p. 15）所强调的，政府质量变得低下，原因包括但绝不仅限于腐败。我们可以用“偏好主义”理解这个问题。偏好是一个较为宽泛的现象，包括大多数类型的腐败，但是有些偏好并非腐败。本章将主要阐述这两点。

11.1　立法者

一个国家的决策者不仅可以决定一项政策是否对公民一视同仁，还能影响很多事情。这在全世界普遍适用，包括大多数发展中国家。地方和国家选出的代表往往直接关系到政府政策的执行过程，也关系着分配政治的一些重要方面。他们还希望在单选区选举体系中提供选区服务。[①]形式多元的选区服务常常影响公正性原则,并不同程度地影响偏好。当立法者说服行政部门在一般政策原则之外,向特定地区分配更多的教育、卫生资源或投资时,就会破坏平等对待所有公民的原则,即便这一决策可以造福选区的所有居民甚至更大范围内的群体。公共决策不能违背公民平等的一般规则,也不能利用自由裁量权使得一些人的待遇优于另一些人的。 211

然而,选区服务也有更具针对性、更怪异甚至更不友好的形式。“政治分肥”(通过选举交易获得的好处)以多种形式呈现,例如为特定企业减免税收、为一个社区设立一所学校或诊所、给当地道路铺柏油、在指定地点挖井、资助特定地区的足球队、为特定地区提供就业计划。这些都是所谓“俱乐部产品”的具体表现。我们再仔细观察就会发现,在这一现象的最深层,有一种以公民个人利益(私人产品)这一正当形式而存在的政治庇护主义。这是最严重的偏好主义,是侵犯平等对待每个公民这一基本原则,也是损害立法公正原则的最坏的情况。私人产品可以通过现金、一袋大米、一份工作、屋顶钢板、支付医药费和学费以及向警察或其他官僚机构提供帮助等各种形式出现。在一些国家,向官僚机构提供私人帮助会严重危害官僚机构的运行。定向的集体产品、俱乐部产品和私人产品,无论以何种形式呈现,通常都会用来换取某种政治忠诚。在短期内,这种做法对政治家有利,但从长远来看,这种交易若大范围存在且反复发生,那么必然损害社会和国家的发展。

通过这一论证方法可以得出这样的认识,即在新兴民主国家尤其是那些采用单一选区制度的国家,立法者在塑造政府质量方面有影响。本章提出了一种新的测量方法,可以衡量立法者(在这种情况下指议会议员)在何种程度上通过偏袒(不一定是腐败)来影响公正性原则与政府质量。本章分析了非洲一个新兴民主国家——加纳的一些议员的行为模式。研究发现,这些议员的行为选择是有策略性的。

研究结果揭示出不同的偏袒程度所蕴含的意义各不相同。在提供公正的政府质量方面,加纳议员的能力各不相同。在何种程度上,选民的压力会进一步促使加纳这类新兴民主国家的政治家提高政府212质量,而不是分配私人产品和庇护性产品,仍有待研究。此外,有关加纳的研究发现与诸多关于非洲政治的既有成果完全相反:有相当一部分现任议员会优先提供集体产品和俱乐部产品,而非纯粹地把个人偏好放在首位。

11.2 新兴民主国家

首先,我们来考察研究案例——加纳所处的现实背景。20 世纪 90 年代初以来,非洲发展的多党选举尝试,并没有改变非洲政治的基本规则。这是一种毫无民主可言、受控于"强人"规则的选举(Chege 1996; Ake 1996,2000; Bratton 1998; van de Walle 2002)。戴蒙德和普拉特纳(Diamond & Plattner 1999, pp. 19,32,169)报道了"无变化的过渡",而考恩和拉克索(Cowen & Laakso 2002, pp. 14-15,23)则看到"大规模的选民冷漠"在蔓延。然而值得注意的是,几乎所有非洲国家在这么好的时期内坚持举行规律性的多党选举(Lindberg 2006),这在以前从未有过;也从未有过如此多的总统在公民行使投票弹劾权后交出执政权(Posner & Young 2007)。即使在发生军队干预政治的刚果(布)、毛里塔尼亚和马达加斯加等国家,多党选举似乎已经是"必须"的了。非洲现在大约有 20 个民主国家,其他国家则比以往任何时候都更加民主。这暗示着,立法者,作为一个政治家团体,对政府质量的影响比以往任何时候都要大。

立法者通常被视为集体产品和公共产品的提供者,职责包括行政监督、立法审查、公共政策制定或代表选区利益。这些都是立法者在民主国家扮演的恰当角色。在许多分析人士看来,非洲的政治问题之一在于,政治家耗费太多时间以工作、合同和回扣的形式来维持关系网络并从中获取私人利益,而用于提供公共产品或者俱乐部产品(例如选区服务)的时间太少。传统观点认为,在大多数非洲国家,对于政客和官僚来说,提供私人产品的非正式压力要大于提供公共和集体产品的压力。许多非洲政治文献描述非洲政治家的作用就是向社区提供小型“俱乐部产品”以及向支持者提供私人产品。前者通过与政府部门和外部捐助者的正式或非正式关系实现,后者则通过非正式的(有时是非法的)、族群化的或个性化的庇护关系网络实现。

213

关于立法机构和立法者的文献最近才开始出现并且数量很少(Barkan 2009),但人们清楚地知道:议员在他们的日常工作中,提供公共产品、集体产品和个人产品时,面临各种正式和非正式的制度压力。例如,本文作者最近对加纳的研究(Lindberg 2009a, 2009b, 2010; Weghorst & Lindberg 2009)表明,议员在提供集体和私人产品方面,面临着很大压力,并且不同压力之间可能是相互矛盾的。这些压力会表现为对议员职责的一种非正式的制度性期待,要求他们提供俱乐部产品和私人产品,并且这种期待相对稳定。

候选人所承担的压力和面对的形势会根据竞争程度的变化而变化。在安全地带,执政党的候选人在全国性的正式投票中不会被选民“抛弃”。更确切地说,候选人承受压力最关键的环节是初选。在加纳,迄今为止,只有政党在某选区的执行官和党派投票站的主管人员被允许参加初选,在每个选区这个团体(地方上的政党领导人)仅有约100人。因此,地方上的政党领导人比这些地区的选民对候选人的初选负有更重大的责任。对于执政党的候选人来说,他们的竞选活动或多或少具有排他的动员性,即最终都是为本党的同一个总统候选人投票。[②]候选人确信,如果选民努力参加选举投票,那么这个选民就会投票支持他这个候选人,以及选区候选人所支持的总统候选人(概率等同于该党派在该地区获得的选民支持率)。这样,候选人就没有太大必要在选举期间向选民提供定向的私人产品,或者监视他们,以及开展其他强制活动。为社区和(或)选区提供俱乐部产品应该成为他们首选的选举策略。

具有高度竞争性的选区往往比较贫困,堪称非洲的缩影。这里的情况更为复杂。对于特定候选人而言,选区里的某些社区好似他们的安全港湾,而其他地方则不是。在存在竞争的选区中,争夺通常围绕着摇摆不定的选民展开。候选人会仔细甄别潜在的摇摆选民及其偏好,向他们提供中意的私人产品,时时监测他们以实现对他们的控制。这在活动的组织方面对候选人提出了诸多要求,但由于相对有限的资产,他们别无选择,必须物尽其用。可以预计,在结果未知的竞争性选区中,如果其他情况保持不变,庇护主义的发生概率会很大。

214

关于议员如何有效地协调来自正式制度和非正式制度的不同要求,或者改善政府质量的外部环境因素,我们了解得很少。在做有效的因果分析前,必须事前准确把握议员分配资源时的动机和想法,但对此我们仍然知之甚少。本章要拓展的认识在于,从选民的视角看,议员到底提供了多少私人产品、集体产品和公共产品。

11.3 测量议员们的公正性

按理说,在公正原则的视阈中,立法机构首先要确保议员把大部分时间、精力和资源集中在提供公共产品上,或者在特定情况下提供集体产品,而不是在庇护主义网络内分配俱乐部产品,尤其是私人产品。问题在于,新兴民主国家的议员是否可以履行公正原则赋予的任务,如果可以,那么能否用可信且系统的方式进行测量。如果不能满足"可信"和"系统"这两个条件,就不太可能进一步发现和评估促进履职公正的优化因素。目前,我们经验研究的目标是,先提出一种研究方法,再设计出测量策略并开展调查,然后基于调研结果呈现出结果。这一测量策略原则上可以在其他地方复制使用。我们要弄清以下问题:议员们事实上到底提供多少种不同类型的产品?议员的履职公正程度是否存在实质性的差异?

我们将调查反馈报告中选区内公民做出的评价,作为有效测量议员行为的基础。这种方法远非完美,但是具备一定的优势。衡量实际行为的数据或许最受欢迎,但是从实践层面来看,可行性不高。例如,在新兴民主国家,除了要在议会上讨论的工作,议员们大多数的行政监督行为都不会有任何正式的记录。在加纳,某些委员会(包括公共账目委员会)开展的监督或许已经发挥重要作用,原则上可以对单个议员的工作付出进行系统测量。但是,我们很难了解委员会过去的会议情况;即使不存在困难,也存在着巨大的风险,因为当下的测量会对主体的行为产生影响。议员的其他工作并没有被系统地记录下来,例如考察访问一些部委、部门和机构(MDAs)等。调研选区内正在开展的工程和活动,也应纳入监督范围,然而这些同样没有系统性的记录。

在许多新兴民主国家,立法活动同样晦暗不明。除了出席记录和议院议事录(其中记载了辩论中的修正案和说明),立法程序中单个议员的行动(包括不当行为)通常没有被记录。实际上,我们还没有找到任何有效的指标来测量议员开展的选区服务活动,即加纳人常说的"以'选区之父母角色'来照顾选民"(Lindberg 2010)。行为研究方法要求,必须在一段特定的时间内全天跟踪研究立法者个体,并形成记录其行为的原始数据。这种方法在原则上行得通,但是成本昂贵,方法论上还有待商榷,仅在特殊情况下才可使用。

作为研究项目的一小部分工作,同时为了创建深入分析议员—公民间的问责关系的数据库,我们在加纳 230 个选区中选择了 10 个选区,进行公民观念和态度的深入调查。[③]加纳是实行总统制的民主国家,议会选举实行单一选区制和简单多数决原则;呈现稳定的两党制格局,仅有几个小党派可赢得 2 个到 4 个席位。选择这 10 个选区作为研究对象,一方面基于其典型性、代表性,另一方面出于因变量的差异性考虑。我不能断言,所选的选区对全国 230 个选区都有代表意义,但正如既有研究所证明的(Lindberg & Morrison 2005, 2008),这 10 个选区在很大程度上能够反映议员—公民间的问责关系。

议员的表现可以通过公民对选区中现任议员的评价来衡量。提供集体产品方面的表现,可以通过如下两个问题来衡量:一是现任议员在行政监督("监督总统及政府")方面表现如何(多么好或者多么糟糕);二是,议员的立法贡献("为国家制定法律")如何。提供俱乐部产品的表现,可以通过以下问题来衡量,即现任议员在过去几年是开展选区服务方面的表现("推动社区和选区发展")。提供私人产品的表现的测量方法是询问受访者,现任议员在"提供个性化帮助"方面做得如何(好或不好)。在所有情况下,受访者有五个选项:非常差、差、一般、好、非常好。各选区的计算结果通常采取均数和百分比的形式,相对简明[④];他们根据差/非常差或好/非常好来进行等级评价,并依据这些指标进行排名(如表 11.1 所示)。需要指出的是,各选区的排序以提供集体产品的评分为依据。

216

217

表 11.1　选定选区内的议员评估

选区	类型	集体产品*			俱乐部产品			私人产品		
		类别	排序(1=高)	评估(0=低)	类别	排序(1=高)	评估(0=低)	类别	排序(1=高)	评估(0=低)
塔马利中部	一般	高	1	2.81 (0.082)	高	1	2.48 (0.110)	高	2	2.15 (0.119)
霍城西部	安全	高	2	2.67 (0.061)	高	3	2.36 (0.095)	中	3	2.08 (0.114)
夸佰雷东部	安全	高	3	2.41 (0.071)	中	5	1.86 (0.110)	中	6	1.88 (0.113)
博尔加坦加	竞争	高	4	2.52 (0.084)	高	2	2.43 (0.094)	高	1	2.59 (0.092)
贾曼	一般	高	5	2.32 (0.056)	中	4	2.04 (0.074)	中	4	1.93 (0.079)
阿基姆绥德鲁	安全	中	6	2.04 (0.086)	低	8	1.60 (0.104)	低	10	1.14 (0.105)
安勒-格威拉	一般	低	7	1.78 (0.085)	低	9	1.29 (0.107)	低	9	1.21 (0.104)
阿伯库玛	竞争	低	8	1.97 (0.096)	中	6	1.83 (0.108)	低	7	1.61 (0.129)
克波内/开特	一般	低	9	1.88 (0.106)	低	7	1.62 (0.116)	中	5	1.91 (0.122)
海岸角城	竞争	低	10	1.57 (0.092)	低	10	1.20 (0.111)	低	8	1.22 (0.117)

218

（续表）

选区	类型	集体产品*			俱乐部产品			私人产品		
		类别	排序（1=高）	评估（0=低）	类别	排序（1=高）	评估（0=低）	类别	排序（1=高）	评估（0=低）
共计				2.20			1.87			1.76
				1343			1502			1260
方差分析（F）				25.15			19.83			19.99
p				0.000			0.000			0.000

注：*表示若缺失值为1或0，就用第2种公共产品度量方式予以计算；使用方差分析；括号内的值是标准误差；F值为显著性。

资料来源：本章作者2008年调研数据。

表11.1中的描述，既有不可思议之处，有些又在意料之内。不可思议的研究发现是，有些议员有意识地提供大量的集体产品，这与非洲政治研究文献中关于庇护主义的共识并不一致。预料之内的发现是，那些在供应集体产品（针对大多数人）过程中花费巨大精力的议员，不会为了小团体尤其是私人利益而花费太多功夫。他们这样做，可能是迫于资源有限，也可能只是策略性的决定。但是，如果不适当考虑庇护主义，这种描述是不完整的。

要创建一种测量庇护主义的方法，确实有点复杂。庇护主义不易被社会接受，并且即使进行测量也可能会有人隐瞒事实。同时，也难以确定哪些指标能够高信度地测量它。与其争辩哪个指标更合适，不如接受以下观念：对不同人来说，政治庇护主义体现为不同的形式。因此，目前的任务是寻找一种恰当的方法，能在加纳的不同地区和竞争激烈程度不同的选区内比较庇护主义的分布状况。

这个调查包括一系列间接或直接的问题。这些问题有关于庇护主义的现状的，也有与之前选举进行比较的。[5]在对这些结果以及基于加法和乘法集成的综合变量进行广泛分析和比较之后，[6]很明显的是，无论怎么做，10个选区的相对排名基本保持不变。换言之，测量庇护主义水平的方法远没有预期的那么复杂，根本不依赖于测量方法或数据的选择。这本身是一个重大的发现。间接测量确实比直接测量更能推算出较高程度的庇护主义,如此便不适于直接对比依托间接变量和直接变量开展的研究。但是,不管怎样测量,我们汇总分析的方式对加纳不同类型的区域而言,是一致的,不同的选区,政治庇护主义在多大范围内保持稳定这一情形也各不相同。然而,我们汇总分析的方式对这些不同的选区也都同等适用,一以贯之。

最后,分析表明,在不同的测量方法中,就把握整体变化能力而言,测量政治庇护主义的广泛性是最直观方法。选择的变量,需要结合回答"是"的概率(问题为"受访者是否知道某人卷入政治庇护主义",即弄清正在间接观察庇护主义现象的个体有多少),还需要乘以知晓涉及现任议员之政治庇护事实的受访者人数的平均数。由此产生的结果变量是一个有效的代理指标,以描述在特定的选区内庇护主义的范围。

219

表 11.2 显示了 10 个选区的均值及显著性差异,列明了选区的指数得分以及排名顺序。[⑦]最后一列的等级排序把庇护主义划分为三个主要类别,即低、中、高。我们再次发现,加纳的一些政治家实际上并没有过多地卷入庇护主义,这着实让人惊讶,同时也是一个重大的认知启示。10 个选区的庇护主义程度,有 4 个选区属于"低"类别,而只有 3 个属于"高"类别。但是,如果我们将表 11.1 和表 11.2 的发现结合起来看,会有新发现吗?

220

表 11.2 选定选区的庇护主义

选区	类型	你个人是否认识 2004 年已经获得"甜头"的人?	你认识多少人在 2004 年获得"甜头"?	庇护主义指数**	庇护主义排名	庇护主义分类
		是	调和平均数		1=最少	
贾曼	一般性	38%	4.44	1.69	1	低
夸佰雷东部	安全	33%	6.37	2.10	2	低
霍城西部	安全	62%	3.50	2.17	3	低
安勒-格威拉	一般性	33%	7.01	2.31	4	低

（续表）

选区	类型	你个人是否认识2004年已经获得“甜头”的人？	你认识多少人在2004年获得“甜头”？	庇护主义指数**	庇护主义排名	庇护主义分类
		是	调和平均数		1=最少	
克波内/开特	一般性	53%	4.90	2.60	5	中
阿基姆绥德鲁	安全	51%	5.87	2.99	6	中
博尔加坦加	竞争性	50%	6.96	3.48	7	中
塔马利中部	一般性	55%	8.58	4.72	8	高
阿伯库玛	竞争性	50%	11.10	5.55	9	高
海岸角城	竞争性	69%	8.60	5.93	10	高
总计		49%	6.40	3.14		
	N	1147	1414	1147		
Chi2		$F=58.308$	$F=5.33$			
p		0.000	0.000			

注：**指数是两个数的乘数，一个是被知道得到了好处的人数的均数，一个是知道至少其中一个人的受访者在样本中的比例。

资料来源：本章作者2008年调研数据。

11.4　变化的意蕴和未解之谜

庇护主义是偏好主义的极端形式，也与较高的政府质量“水火不容”。议员为了适当地清除庇护主义而提供集体产品，这是较高政府质量的表现。表11.3揭示了测评议员行为的结果。

221

表11.3　从政府质量到偏好主义的变化

选区	类型	政府质量→偏好主义				结果
		集体产品	俱乐部产品	私人产品	庇护主义	
霍城西部	安全	高	高	中	低	积极的（预料之中）

（续表）

选区	类型	政府质量→偏好主义				结果
		集体产品	俱乐部产品	私人产品	庇护主义	
夸佰雷东部	安全	高	中	中	低	积极的（预料之中）
博尔加坦加	竞争	高	高	高	中	积极的（预料之中）
贾曼	一般	高	中	中	低	积极的（预料之中）
阿基姆绥德鲁	安全	中	低	低	中	混合的（预料之外）
阿伯库玛	竞争	低	中	低	高	消极的（预料之中）
克波内/开特	一般	低	低	中	中	消极的（预料之中）
海岸角城	竞争	低	低	低	高	消极的（预料之中）
安勒-格威拉	一般	低	低	低	低	无法确定
塔马利中部	一般	高	高	高	高	无法确定

注：关于前三种类型的产品（集体的、俱乐部的和私人的），“高”表示该选区议员的评估明显优于中立的反馈（平均值2.0意味着中立的反馈，即目前这些产品的提供，既不是很好，也不是太差）；“中”表示，平均的反馈结果在统计层面接近于中立；另外，“低”表示其结果明显更低或更差。由于在对庇护主义的测量中没有容易区分的标的（anchor points），所以可以通过检查表11.2中的分布状态，并运用合理的判断寻找有意义的差别，以方便分类。

在表11.3的顶部，可以发现有四个积极的案例。在这些案例中，现任议员专注于为公民提供集体产品和俱乐部产品，虽然他们也能接受花少量的时间和金钱去提供私人产品以及实施庇护主义。原先预期与庇护主义有正相关关系的四个选区，呈现出非常有趣的模式。首先，选定的三个安全性选区有两个在这一类型中。这表明，在低水平竞争情况下，议员不需要大规模地提供私人产品便可重新当选。

由于初选事实上决定着一个人是否能成为议员，所以议员有可能被迫在初选而非正式选战中为提供集体产品或俱乐部产品而花费大量的时间和精力。议员们需要动员大量政党的追随者在选举当天到现场投票，以强化对该党总统候选人的支持，但议员们的这一压力可能被夸大了。从候选人的理性角度来看，这种做法是有意义的。222在一个安全选区中，候选人必然获胜，如果将有限的资源投入到耗资较大的庇护主义策略上以提高投票支持率，比如说从76%提高到82%，这完全是一种资源浪费。这些资源如果可以保留到选举季结束之后，将具有更高的边际效用，并且可用于向社区提供俱乐部产品或向个人提供私人产品。这两种情形都表示，候选人在兑现选举承诺，发出自己正在“照顾”选民的信号。根据这个推理，候选人在正式竞选中应当尽量将费用降到最低（可能的话，会降到零）。

然而，如果该党的总统候选人败选，这意味着选区服务和赞助的可用资源将会大量丧失，尤其是在加纳这样的贫穷国家，国家资源具有决定性意义。因此，候选人使用个人资金来增加党派获得或维持执政地位的机会，是理性的做法。不过，与竞争性选区相比，安全选区的候选人面临的风险不会太高，因而安全选区的选民在选举前后的态度一般不会有太大变化。当支持的候选人因失去权力而无法为他们带来“好处”时，摇摆选区的选民并不会太过计较。最终，即使所在政党的总统候选人败选，安全选区的候选人也不会在新一届的选举中失利。[8]

对于竞争性选区的候选人来说，这种情况却不一样，他们的连任更依赖于政党的大力支持，即有渠道使用“好处”、赞助和资源，维持与选区和选民的庇护关系。就集体产品和私人产品之间的平衡度和优先性而言，再结合这些选区中的庇护水平来考量，测量结果与前文所述的理论预期一致。然而，正如我们所知，相关性不是因果关系。为了验证这些因果机制，我们需要通过政治民族志的方法，更加细致地调查至少一个案例。

无论如何，根据文献中关于庇护主义和贿选的说法，现实确证了一些预期。预期的逻辑假设前提是，议员的时间和资源有限，需要进行取舍。他们的战略是提供集体产品和俱乐部产品，这必然使得他们不能把重点放在供给私人产品和维护庇护关系上。提供公共产品

223 占据了立法者大量的时间，从而降低了其直接提供私人产品的能力。在加纳，议员不仅为所服务社区的发展项目游说政府部门，而且还直接为各种资源勘探、学校建设、市场建设、优秀学生的中考奖学金计划、卫生项目等提供财政支持。其中一些资金的来源众所周知，也就是共同基金中的议员可用份额、加纳教育信托基金以及近年来的重债穷国协议的债务减免[9]。但是，为了满足此类性质的俱乐部产品需求，议员往往还要投入大量的私人资源。因此，立法者在公共产品和俱乐部产品上的花费越多，投入在私人产品和庇护关系上的时间和资源就越少。但是，这并不是说人们应该期待立法者将全部的时间和金钱花在集体产品和俱乐部产品供应上。数据显示，他们中的大多数可能会采取混合性策略。在此分析的 10 个选区中，现任议员都是如此，而策略上的差异性只反映出各自的相对侧重点不同。

我们还发现了四个混合案例及消极案例，其中的一些情况在积极案例中也或多或少存在。令人意想不到的是，在其中一个安全选区（阿基姆绥德鲁）中，执政党超过必要限度地提供了更多的私人产品和庇护产品。当然，它不如其他两个选区的安全系数高，这也许可以解释为什么会出现这种复杂的情况。另外两个选区竞争激烈，庇护主义更为普遍，这和我们预想的一样。最后一个是半竞争性选区，它被另外一个政党视为可以争取的选区，因此现任议员需要扩大私人产品和庇护产品的供给，以争取摇摆选民的投票。这一发现再次证实了理论上的推断。

最后，解释一下两个存疑之处。在塔马利中部选区，数据表明，议员在提供公共产品、俱乐部产品、私人产品和实行庇护主义等方面均付出很多努力，而在安勒-格威拉选区则恰恰相反，现任议员做得很少。这或许存在一些特殊原因，也有可能存在一些理论层面暂时

未被发现的原因。但是塔马利中部选区的案例特别有意思。现任议员在上次选举中获得连任，这引发了我们一些思考。为什么现任议员觉得有必要采取全面战略？是现任议员找到了协调这些方案的新方法，甚至提供私人产品的同时也能提供公民认可的俱乐部产品和集体产品？这些问题需要更深入的数据研究来解答。 224

因此，在选定的 10 个选区中，有 8 个选区或多或少地符合了预期模式，即现任议员在致力于供给集体产品和俱乐部产品时，不大重视提供私人产品或实施政治庇护。反之亦然。

11.5　非正式的规范可以帮助提升政府质量

本章通过调查数据描述了一套全新的经验研究方法，用以测量单一选区中立法者采取的政治策略。它原则上可以复制到对其他国家的研究。在贫穷的新兴民主国家，选举竞争的激烈程度导致了不同的庇护主义政治。在这个既定理论的基础上，本章还发现影响政府治理质量的新要素：以庇护主义为主要形式的偏好主义、私人产品的供给模式都在不断变化。我们有了一个与既有非洲政治研究成果大相径庭的发现：有 40%(近半数)的现任议员更重视提供集体产品和俱乐部产品。这与他们在谋求连任过程中采取的基本策略有关。这些策略本质上是公正的。

面对产品供给问题，无论在“委托—代理说”还是“集体行动说”的视角下，议员都要承担来自正式或非正式体制中的压力，并且必须有所回应。议员们可以通过不同的行为，调整不同群体的需求与期待，或者部分地调适议员自己在未来将要承受的压力。虽然个别议员会有某些特殊行为，但是也可以合理地认为，他们的行为是对一系列激励措施、抑制因素和行为规范的回应，而这些措施和要素可以被系统地测量。这一过程的第一步是衡量议员如何行事——不仅是要看他们在立法机关或党派总部如何干，而且更重要的是要通过选民来看他们在地方是怎么干的。

加纳的议员与公民间关系的非正式的一面，也具有重要的潜在影响：代理人（议员）要按照委托人（公民）的利益去行事，以让代理人显得更加公平公正。例如，如果压力使然，相关公职人员就会认为有必要在议会发言，使他们选区的需求成为辩论议题。随着信息的爆炸式增长和公民教育的提升，这种非正式关系有可能成为优化民意反馈机制、推动政纲落地的工具，也有可能让政府提供更多更好的集体和公共产品，让政策更能满足选民需求。如果立法者被迫在这些集体产品上花费更多的时间、精力和稀缺资源，那么公正程度将会大大提高（虽然并非完美）。立法者掌握的资源非常稀缺，加之他们将被迫减少花费在“偏好主义”策略上的时间和资源，这可能导致双重收益。

225

同样，公职人员须努力促进社区发展的要求，以及作为选区之“父母”的非正式制度，都可以发挥强化作用，促使议员把他们所属社区的发展作为首要目标。这些东西虽然并非纯粹的公共产品，但对于居住在特定地区的“俱乐部”公民来说，至少是公正的。大多数的产品和服务，其公正程度参差不齐。俱乐部产品的供给，要比纯粹的私人产品供给和庇护主义交换更加公平。

林德伯格（Lindberg 2009b, 2010）基于田野调查发现，加纳的议员事务呈现出一种特殊的混合性。这种特性体现为两个方面的结合：一是有公平标准的正式期望；二是作为选区之“父母”要为社区提供私人产品，或为一些小团体提供俱乐部产品（例如学校、公共厕所）等非正式规范。这种混合给议员办公室人员带来了巨大的压力，他们需要积极回应选民的要求和落实优先事项。否则议员们将受到传统羞辱手段、家庭集体惩罚及剥夺声望和地位等制裁。从这个意义上说，议员（代理人）与公民（委托人）之间的责任关系，在很多方面甚至比一些规范的民主理论的要求更为严格。这也表明，我们可以通过一些特定方式来提升政府质量，使之走向公平，这些方式在多样化制度背景下可能被认为是非常规的。作为定义政府质量的重要原则，公正性原则被认为是一种普遍规范（Rothstein 2011；另见本书第二章)，但实现它的手段可以多种多样。

目前的分析表明，在加纳这个新兴民主国家，议员们已经开始根据责任要求采取行动了。而且，这个非洲国家的选民不仅从私人产品供给和庇护关系等方面，也从不同规模的集体产品供给方面，来评价政治领导人。实际上，加纳公民不仅要求行政机构在执行政策的过程中保持公正，更要求立法者公正，并通过选举机制来实现这种公正。在优化政府质量方面，加纳议员之间表现出很大差异。选民们也看到了这种差异性，并且更看重他们是否公正地提供产品。来自选民的压力在何种程度上促使加纳等新兴民主国家的政治家进一步提升政府质量，而不是提供私人产品和庇护性产品，仍有待未来的研究。 226

注　释

① 迪韦尔热(Duverger 1954)和唐斯(Downs 1957)首次提出选举制度会产生类似于法律的后果。相关情形，已经被许多学者的研究证实，包括萨托利(Sartori 1968, 1986, 1997, 2001)、雷(Rae 1971)、鲍威尔(Powell 1982, 2000)、博格达诺和巴特勒(Bogdanor & Butler 1983)、利普哈特(Lijphart 1984, 1994, 1999)、梅尔(Mair 1990)、利普哈特和魏斯曼(Lijphart & Waisman 1996)、雷诺兹和西斯克(Reynolds & Sisk 1998)、博加兹(Bogaards 2000)，以及林德伯格(Lindberg 2005)。

② 在非洲国家，对选举安全地带的确认，在不同国家之间以及同一国家不同地区之间差别很大，投票率也是如此。在一些国家，动员选民几乎是所有选区的主要问题(例如，马里全国大选的平均投票率通常在30%徘徊)，但自1989年以来，非洲各国的选举中，平均投票率相对较高(达到67%，这一数字得到了国际和地方选举观察员的共同认可)(Lindberg 2009c, p. 30)。

③ 抽样程序第一步，即根据加纳2008年选举中的10地区进行选区分层抽样。由于计算机生成的随机选择程序可能导致选择极端异常值，因此对多个定量和定性指标进行加权，10个地区中的每一个地区都是策略性选择的结果，以尽可能确保选区的代表性。这10个选区的现任议员人数在两个主要政党之间大致相等地分配。对于每个主要政党而言，我们还选择了一个安全选区，

以及曾经接近安全选区,但现在已成为摇摆选区的几个选区。安全选区指,自1996年以来这个政党一直在本选区的选举中获得70%以上的选票。我们还想通过抽样说明最大的少数党的行为,也代表了长期以来加纳政治中的北方传统。在做出这些选择时,我们有意识地努力寻找尽可能多的地理差异,以及城乡和不同民族语言表征。在确定了10个选区后,根据"非洲晴雨表"机构的调查方法(Afrobarometer Survey Methods 2009)从潜在选民(18岁以上的所有人)中分两阶段随机抽样。每个选区抽取了160个受访者,总共有1600个选民样本。关于选择选区的方法论的进一步讨论,包括对加纳政治历史的考虑,请参阅 Lindberg & Morrison 2005, 2008,以及 Weghorst & Lindberg 2011。

④ 每项测量分值为0—5,其中2是中间值。因此排序非常直观,分数大于2则表示"高",在2左右表示"中",低于2则表示"低"。

⑤ 首先,我们在调查中设定一系列问题时使用了来自犯罪学的"标准化"规则,以抵消漏报对社会不太接受的做法的倾向。最初的那几个问题就是要通过采访者公开的谈论,故意将庇护主义看作是平常的事情。这些问题考察了被访者对庇护主义的一般看法(本文指在加纳),随后问题内容转移到选区、当地、受访者知道的人、受访者家人和朋友,然后是受访人。对这五个最直接的问题进行单独衡量,然后计算代表庇护主义程度的平均回收率,这是计算衡量指标的一种方法。第一个问题询问受访者是否认为在2004年竞选活动期间,与2000年的竞选相比,更多的人"获得了开胃小吃"。"小吃"和"开吃"是本地人对庇护关系利益交换的说法。第二个问题是,与2000年相比,受访者是否知道更多的人在2004年的利益交换中获得某些好处。第三个问题是受访者是否参与了庇护关系利益交换。确切地说,这些问题指向的是,受访者是否目睹并且试图建立这种庇护关系。政客或党内成员尝试通过提供个性化物品来换取政治忠诚,我们无法判断每次这样的尝试是否成功。但假设一些尝试是成功的,并且这些成员的成功率相对稳定,那么衡量建立庇护关系的尝试应该是对实际庇护主义的有效衡量指标。可是即便如此,我们也必须意识到,这些数据可能高估了成功的庇护主义的泛滥程度。2008年8月提出的最后两个问题涉及对当年即将举行的竞选活动中庇护主义程度的预期。

227

⑥ 参见政府质量研究所主页上的在线附录表,http://www.qog.pol.gu.se。

⑦ 采用排序的基本原理是,无论这些指标得分多么合理,在测量中仍存在大量

的不确定性,同时区间测量可能给人以不准确的印象。把指标得分当作受认可的独立存在物,从而通过精准测量的回归分析法进行分析,这种做法是知识造假,但是我们可以明确选区相对于彼此的位置(即使我们并不知道它们之间的实际距离),因此相对排名位置被用作分析的主要方法。

⑧ 博尔加坦加是"好个案"中的一个选区,被一个小党派(PNC)支配。这个选区很有意思。这是一个竞争性选区,PNC党派席位非常不稳定。因此,我们原本预测在庇护主义方面的支出水平会高于我们现在所看到的水平。在这个案例中,私人产品的供给和庇护主义维持在一个相对较低的水平,一个可能的解释是,小党派非常贫穷。虽然一个小党派的议员可以通过在立法投票中忠于议会来换取部委机构批准一些发展项目,但他们没有渠道获得大党掌握的财源、合同回扣以及其他的收入资源来维系庇护关系网络。

⑨ 共同基金由7.5%的国家财政收入组成,用以分配给总计110个区的地方政府使用。这些区通常包括两个或三个选区,来自这个选区中的议员有权支配5%的份额用于社区发展。目前,议员每年可以使用相当于34000美元的基金资金。此外,在过去几年中,加纳被宣布为"重债穷国"(HIPC)。按同样的模式,每位议员每年可从基金中获得约9000美元以支持符合HIPC指南的发展项目。与一般选民,特别是支持者,对议员可动用资金的预期相比,这些金额并不多。参见Lindberg 2009a。

参考文献

Adcock, R. and D. Collier. 2001. "Measurement validity: a shared standard for qualitative and quantitative research". *American Political Science Review*, **95** (3), 529–46.

Ake, C. 1996.*Democracy and Development in Africa*. Washington, DC: Brookings Institution.

228

Ake, C. 2000.*The Feasibility of Democracy in Africa*. Dakar: CODESRIA.

Barkan, J.D. (ed.). 2009. *Legislative Power in Emerging African Democracies*. Boulder, CO: Lynne Rienner.

Bogaards, M. 2000. "Crafting competitive party systems: electoral laws and the opposition in Africa". *Democratization*, **7** (4), 163–90.

Bogdanor, V. and D. Butler (eds). 1983. *Democracy and Elections*. Cambridge: Cambridge University Press.

Bratton, M. 1998. "Second elections in Africa". *Journal of Democracy*, **9** (3), 51–66.

Chege, M. 1996. "Between Africa's extremes". In L. Diamond and M. Plattner (eds), *The Global Resurgence of Democracy*, 2nd edn, Baltimore, MD: Johns Hopkins University Press, pp. 350–57.

Cowen, M. and L. Laakso (eds). 2002. *Multiparty Elections in Africa*. Oxford: James Currey.
Diamond, L. and M. Plattner (eds). 1999. *Democratization in Africa*. Baltimore, MD: Johns Hopkins University Press.
Downs, A. 1957. *An Economic Theory of Democracy*. New York: Harper Collins.
Duverger, M. 1954. *Les Partis Politiques*. Paris: Colin.
Lijphart, A. 1984. *Democracies: Patterns of Majoritarian and Consensus Government in Twenty-One Countries*. New Haven, CT: Yale University Press.
Lijphart, A. 1994. "Democracies: forms, performance and constitutional engineering". *European Journal of Political Research*, **25** (l), 1–17.
Lijphart, A. 1999. *Patterns of Democracy: Government Forms and Performance in Thirty-Six Countries*. New Haven, CT: Yale University Press.
Lijphart, A. and C.H. Waisman (eds). 1996. *Institutional Design in New Democracies: Eastern Europe and Latin America*. Boulder, CO: Westview Press.
Lindberg, S.I. 2005. "Consequences of electoral systems in Africa: a preliminary inquiry". *Electoral Studies*, **24** (1), 41–64.
Lindberg, S.I. 2006. *Democracy and Elections in Africa*. Baltimore, MD: Johns Hopkins University Press.
Lindberg, S.I. 2009a. "Cooptation despite democratization in Ghana". In J. Barkan (ed.), *Legislative Power in Emerging African Democracies*. Boulder, CO: Lynne Rienner, pp. 147–76.
Lindberg, S.I. 2009b. "Member of the Parliament of Ghana: a hybrid institution with mixed effects". Working Paper No. 2, Africa Power and Politics Programme, London.
Lindberg, S.I. 2009c. "The power of elections revisited". In Lindberg (ed.), *Democratization by Elections: A New Mode of Transition?*. Baltimore, MD: Johns Hopkins University Press, pp. 25–46.
Lindberg, S.I. 2010. "What accountability pressures do MPs in Africa face and how do they respond? Evidence from Ghana". *Journal of Modern African Studies*. **48** (1), 117–42.
Lindberg, S.I. and M.K.C. Morrison. 2005. "Exploring voter alignments in Africa: core and swing voters in Ghana". *Journal of Modern African Studies*, **43** (4): 1–22.
Lindberg, S.I. and M.K.C. Morrison. 2008. "Are African voters really ethnic or clientelistic? Survey evidence from Ghana". *Political Science Quarterly*, **123** (1), 95–122.
229 Mair, P. (ed.). 1990.*The West European Party System*. Oxford: Oxford University Press.
Posner, D.N. and D.J. Young. 2007. "The institutionalization of political power in Africa". *Journal of Democracy*, **18** (3), 126–40.
Powell, B.G. 1982. *Contemporary Democracies: Participation, Stability and Violence*. Cambridge, MA: Harvard University Press.
Powell, B.G. 2000. *Elections as Instruments of Democracy*. New Haven, CT and London: Yale University Press.
Rae, D. 1971. *The Political Consequences of Electoral Laws*. New Haven, CT: Yale University Press.
Reynolds, A. and T.D. Sisk (eds). 1998. *Elections and Conflict Management in Africa*. Washington, DC: United States Institute of Peace Press.
Rothstein, B. 2011. *The Quality of Government*. Chicago, IL: University of Chicago Press.
Rothstein, B. and J. Teorell. 2008. "What is quality of government? A theory of impartial government institutions". *Governance*, **21** (2), 165–90.

Sartori, G. 1968. "Political development and political engineering". In J.D. Montgomery and A.O. Hirschman (eds), *Public Policy*, Cambridge: Cambridge University Press, pp. 261–98.
Sartori, G. 1984. "Guidelines for conceptual analysis". In Sartori (ed.), *Social Science Concepts: A Systematic Analysis*, Beverly Hills, CA: Sage, pp. 15–85.
Sartori, G. 1986. "The influence of electoral systems: faulty laws or faulty method?". In B. Grofman and A. Lijphart (eds), *Electoral Laws and Their Political Consequences*, New York: Agathon Press, pp. 43–68.
Sartori, G. 1997. *Comparative Constitutional Engineering*, 2nd edn. New York: New York University Press.
Sartori, G. 2001. "The party effects of electoral systems". In L. Diamond and R. Gunther (eds), *Political Parties and Democracy*, Baltimore, MD and London: Johns Hopkins University Press, pp. 90–108.
Teorell, J. 2009. "The impact of quality of government as impartiality: theory and evidence". Working Paper 25, The Quality of Government Institute, Gothenburg.
van de Walle, N. 2002. "Elections without democracy: Africa's range of regimes". *Journal of Democracy*, **13** (2), 66–80.
Weghorst, K. and S.I. Lindberg. 2009. "The African swing voter: evidence from Ghana". Paper presented at the African Studies Association's Annual Convention, New Orleans, November 19–22.
Weghorst, K. and S.I. Lindberg. 2011. "Effective opposition strategies: collective goods or clientelism?". *Democratization*, **18** (5), 1193–214.

230

第十二章 为什么女性比男性更不容易腐败?*

我们为什么要关注性别与腐败之间的联系? 简单来说,它告诉了我们一些关于社会进步的情况。跨国比较研究表明,女性当选人数多的社会往往比女性当选人数较少的社会腐败更少(Dollar et al. 2001; Swamy et al. 2001)。同样,一些个体层面的研究也表明,女性比男性更少参与腐败(Bailey & Paras 2006; Treisman 2007; Melnykovska & Michailova 2009)。然而,这些情况是否真的与性别有关,是有争议的。人们一直相信,自由民主是善治和性别平等的标志(Sung 2003)。人们也一直认为,对于腐败来说,接近腐败的通道是关键因素,也就是说,由于其在私人领域承担的责任,女性在腐败萌芽的早期阶段就被过滤掉了(Mocan 2008)。这些研究的共性在于,它们淡化了性别因素的重要性。

本章的主要论点是,该领域方兴未艾的研究方法(跨国比较研究)抑制了理论的发展。学者们太过忙于构建或反驳某些整体性理论,也就是想为某一领域的所有研究案例提供基础的理论。因此,有

---

* 本章以万格勒鲁德(Wängnerud 2010)的论述为基础。这项研究是我(林娜·万格勒鲁德)在加州大学伯克利分校政治学系做访问学者期间完成的。非常感谢瑞典银行三百周年基金会和瑞典工作生活与社会研究理事会提供的资金支持。同时,索妮亚·M. 弗里亚斯(Sonia M. Frias)和爱德华多·A. 波尔克斯(Eduardo A. Bohórquez)慷慨地与我分享数据,并在我逗留墨西哥期间给予我帮助。最后,我还要感谢博·罗斯坦、索伦·霍姆伯格、马西娅·格里姆斯(Marcia Grimes)、克里斯蒂娜·阿尔内瓦尔(Christina Alnevall)和阿克塞尔·桑德斯特姆(Aksel Sundström)的评审建议。

必要创建一个框架，运用多种理论来研究性别与腐败之间的关系。例如，普通公民在选举舞台上和日常生活中的行为机制存在差异。

学者们也热衷于构建性别中立理论，即试图用可及性等因素来解释性别影响。事实上，从性别的角度认真分析腐败和非腐败行为非常必要。这并不是要放弃其他理论，而是要更充分地探索社会性别体系对男性和女性行为的影响。性别对许多社会领域的行为具有决定性作用。例如，犯罪学家发现，相比男性，女性实施犯罪的可能性较低，"在任何地方总是如此"（Steffensmeier & Allan 1996; Mendoza 2003）。况且，腐败与其他形式的非法行为并没有太多不同。

231

目前为止，在这一研究领域，跨国比较研究方法一直占据主导地位。但是，最近关于各国地方层面的研究又激起了新一轮学术争论。关于墨西哥的研究表明，跨国比较研究构建的解释模型可以解释以下现象：在墨西哥，与女性当选较少的州（或联邦区）[①]相比，女性当选较多的州（或联邦区）腐败程度更低。上述研究表明，必须对性别要素进行深入分析，因为墨西哥国内各地区的差异证实，在影响民主化进程的一般因素之外，还有更多其他的影响因素。

首先，本章对先前研究中的主要线索进行考察，得出的结论是，早期的研究著述不怎么强调能动性的作用。随后，本章着手考察墨西哥各州（或联邦区）之间的腐败差异，并对其复杂性展开讨论。本章以一种理性的视角收尾：在民主发展与旧权力结构走到十字路口时，女性扮演了一个新角色。理性的概念意味着有意识的推理。通过这种理性分析，女性在计算成本和收益后，会比男性更积极主动地选择规避腐败行为。

12.1　既有研究成果

戴维·多拉尔（David Dollar）和世界银行发展研究小组的同行最先开启了关于性别和腐败关系的研究，著有《女性真的更公平吗？政府中的女性和腐败》（"Are women really the 'fairer' sex? Corruption and women in government")一文。这篇文章进行了大规模的跨国比较研究,并明确指出,议会中女性人数的占比对腐败有重大影响,即使综合考虑其他因素,如社会和经济发展的总体水平、政治和公民自由、平均受教育年限和民族分化等,结果亦然(Dollar et al. 2001)。这个首次开展的大范围研究,虽然并未证实女性比男性更诚实,但是强化了既有的研究结论:女性比男性更可能展现"帮助"行为,在很大程度上,女性更容易结合社会关切来投票(Goertzel 1983; Eagly & Crowley 1986)。

232 需要注意的是,很少有研究会排斥这种性别关系分析。然而,一些学者批评了多拉尔等人的研究,认为他们没有弄清逆向因果关系也可能解释这一问题,即致力于公正和廉洁的政体会为女性提供获得政治权力的机会。宋弘恩(Hung-En Sung)是对多拉尔等人的研究最激烈的批评者之一,认为"性别平等和责任政府是现代自由民主的巨大成就"(Sung 2003, p. 718)。

迄今为止的分歧主要分为两类:一种观点认为,性别与腐败是没有太多联系的并行现象,强调"假相关";另一种观点则强调,社会中的性别差异(或性别角色)有重要作用。斯沃米等人(Swamy et al. 2001)的文章是第二种观点的代表作。他们在论证时强调利用"几个不同的数据库"和"认真的分析":

> 我们的观点很简单:如果要质疑本文的核心观点,就需要证明,通过几个重要数据库加以认真分析的结果,全部对某一方面持有异见。我们的结论是,在容忍腐败方面确实存在性别差异。这一结论是比较合理的。(ibid.,p. 25)

这段引述说明作者依赖经验证据。这一研究虽然没有进行深入的理论推理,但在结论部分提出了一些假设。然而,大多数的假设都涉及社会化方面,例如,女性从小被教导要比男性更加诚实和守法(ibid., p. 26)。

随后的研究同样证实了这一论点,但是提出的机制仍然凸显社会化方面,或者说,凸显的是内化的行为而不是有意识的行为。托格勒和瓦勒弗（Torgler & Valev 2006）运用“世界价值观调查数据”（WVS）对8个西欧国家在1981—1999年之间的情况进行分析，探讨了腐败领域内性别与年龄之间的关系。结果表明，所有老年人都有相似且更严格的道德观念，而年轻男子最容易违法。两位研究者指出，年轻人缺乏自我控制能力，因而易于参与非法活动。他们说，腐败是一种犯罪行为，所以参考了犯罪学家的研究：就犯罪而言，两性之间也存在普遍的差异。

另一种研究走的是理论路线，认为性别与腐败的关系必然涉及“冲动”行事的概率问题（参见 ibid., p. 138）。机会结构理论总体上来说有两个版本，一个侧重于公民日常生活的情形，另一个侧重于决策领域的情况。在针对加纳的一项研究中，阿尔哈桑-阿罗罗（Alhassan-Alolo 2007）得出结论：在公共生活中，一旦拥有腐败的机会，女性并不比男性更少腐败。同样，关于泰国男性和女性政治候选人之庇护主义的研究结果也支持了这一结论（Bjarnegård 2009；另见 Stockemer 2011）。安妮-玛丽·戈茨（Goetz 2007, p. 99）反对在腐败研究中围绕男性和女性的性别区分无端猜测；作为一种替代方法，她建议研究政治职位的聘任过程存在的不同： 233

> 问题在于，妇女被选为（或未被选为）政党领导和政党成员的方式限制了她们参与腐败活动的机会。这些限制与女性被男性活动网络排斥以及参与其内可能产生的性侵犯有关联。

腐败研究的一个共识是，要重点关注腐败的子系统，而这个系统由受益于腐败的利益集团的集体行动来维持。“老同学关系网”（old boys' networks）一词有时被用来说明这些子系统的持续时间，同时也表明，在大多数国家，掌权的女性相对较少。关于性别和犯罪的研究也有类似发现：犯罪中最重要的性别差异是，有组织的非法活动中男性占了绝大多数（Steffensmeier & Allan 1996, p. 466）。

在公民层面，机会结构研究强调，女性通常比男性收入低，加之女性在私人领域要承担家庭责任，她们较少参与公共事务。纳西·莫肯

(Mocan 2008)解释了这一观点背后的逻辑:

> 当其他情况不变时,受过高等教育的高收入人士,由于有较强的收入能力,有更多的机会与政府官员互动,因此被政府官员索贿的风险更大。(Ibid., p. 495)

这一系列研究的主要论点是,性别因素对腐败有间接影响。女性的腐败程度低于男性,是因为在同等程度上她们并不处在社会的某些特定层面。[②]“被动拒绝”可用来描述女性这一行为。

表 12.1 对既有的性别和腐败研究的主要假设进行了概述。显而易见,这一领域的理论研究涉及不同社会层面的机制,包括普通公民的决策场合和日常生活。女性较少腐败行为背后的驱动力取决于研究场域。

目前,该领域的研究越来越倾向于通过实验设计来评估性别与腐败的相关性。这些研究的总体看法是,纯粹或基本的性别概念对腐败影响不大(McCabe et al. 2006; Alatas et al. 2009)。[③]实证研究的结论很有趣:先前研究发现的性别差异并非如早期著述所阐明的那样普遍。因此,实证研究为驳斥一般性的性别观点提供了依据,但并没有反驳具体情境下性别和腐败的相互作用。

234

表 12.1 既有研究中性别和腐败关系的主要假设

理论视角	性别因素对腐败的影响	驱动力
自由民主	性别对腐败没有独立的影响;假相关	自由民主是善治以及女性当选人数增多的驱动力
性别差异/性别角色	性别对腐败有直接影响	风险行为/缺乏自控能力:男性占据绝大多数犯罪活动
		照顾者角色:女性有更多社会/帮助行为
机会结构	性别对腐败有间接影响	由于家庭责任问题,女性较少参与公共事务
		进入决策制定舞台后,女性往往被排除在“老同学关系网”之外

注:不同理论观点在文中有详细介绍。

12.2　墨西哥案例

墨西哥为深入研究腐败问题提供了丰富的案例素材。墨西哥并不像其他拉丁美洲国家一样,受军事独裁统治的掌控,但是被革命制度党(PRI)一党统治了70多年。很多时候,革命制度党滥用国家资源,满足自己的需求(Bruhn 1996)。虽然把革命制度党挑出来作为墨西哥腐败的唯一源头有些牵强,但是革命制度党的统治,无疑促成了一种局面,即非正式交换无处不在,并且权力总是掌握在总统的少数亲信手中(Morris 1991; Magaloni 2006)。

自20世纪90年代中期以来,透明国际和世界银行已经对墨西哥的腐败程度进行了测量[④]。两个组织的测量结果大体一致:墨西哥始终处于"腐败程度可控"的底层,靠近最末端类别"高度腐败的国家"。需要注意的是,随着时间的推移,这两个组织的测量结果仅出现很小的波动。2000年,革命制度党的统治终结了,中右翼政党——国家行动党的比森特·福克斯(Vicente Fox)当选总统。墨西哥尽管在民主化进程中发生了重大变化,但腐败仍然持续不断。著名的墨西哥腐败研究者斯蒂芬·莫里斯(Stephen D. Morris)提醒我们,墨西哥的民主化远未完成:

> 与十年前形成鲜明对比的是,反对腐败和滥用权力的努力已经吸引了新的追随者,至少在意识形态上已经成为常态而不是例外。尽管如此,在墨西哥努力解决从威权主义向真正民主国家转变的过程中的一系列紧迫问题时,腐败仍然影响着墨西哥政治的本质和进程(Morris 2009, p. 239)。

然而,对这项研究来说很重要的一点是,来自地方层面的数据显示出大量变化,值得关注和分析。透明国际专门在墨西哥设有分支机构,即墨西哥透明国际;该分支组织自2001年以来定期进行"全国腐败与善治调查",这种调查的设计方式可以实现地区之间的比较。

调查涵盖了家庭层面对腐败的看法和行动。调查的主体内容是一系列问题,主要是关于在申请或接受公共服务时发生腐败行为的频率。问卷大致包括 35 项服务内容,例如获取水资源、收集垃圾和获批在公共场所工作或销售等。问卷还涉及与“服务”有关的贿赂行为,例如避免交警的罚单。

来自墨西哥透明国际的全国性数据,与透明国际和世界银行的数据一致,都显示出墨西哥的腐败保持着一个稳定的状态。墨西哥透明国际 2001 年度“全国腐败与善治调查”的平均数显示,10.6%的交易活动存在腐败。这一数据在 2003 年变为8.5%,2005 年为10.1%,2007 年为 10.0%。就各州情况的比较来看,联邦区即首都墨西哥城,是最腐败的。

236

为了证实各州之间的变化情况,我们需要对 2005 年以来的数据进行深入研究。“全国腐败与善治调查”为构建两项指标奠定了基础:(1)“全面”指数,包括调查中所有 35 项服务(墨西哥透明国际采用的指数);(2)“精简”指数,排除例如非法停车或避免车被拖走等情形下的贿赂。构建精简指数体系是为了获得一个仅与各项应得权益相关的腐败指标。精简指数排除了平常很少需要的服务项目,记录的是发生在公民日常生活中的行政腐败现象(精简指数包含的服务项目见附录 12A;关于指数构建的详细信息,请参阅 Grimes & Wängnerud 2010)。

对这两个指数进行分析的结果表明,全面指数和精简指数在腐败程度的估算上有所不同。全面指数调查表明,在墨西哥平均每 10 笔交易中会有 1 笔涉及贿赂,而精简指数则显示每 25 笔交易中会有 1 笔。但是,两个指数都展现出地区之间各有差异:从全面指数来看,腐败交易率变化范围为 2.0%至 19.8%;从精简指数来看,腐败交易率的范围则是 1.0%至 11.5%。不过,两个指标体系均显示,克雷塔罗州腐败最少,而联邦区即首都墨西哥城最为腐败。

莫里斯(Morris 2005)利用墨西哥透明国际的全面指数,对墨西哥各州的腐败进行了比较分析。总体结论是,跨国调研的结论几乎无法在地方层面复制。例如,莫里斯仅仅发现了一个微弱的迹象:贫穷的州比富裕的州有更多腐败,同时腐败在很大程度上不受该州竞选水平的影响。此外,尽管革命制度党的统治时间很长,但是其控制下的州与反对党控制下的州并没有不同。研究显示,唯一有重要影响的是人口因素:人口越多,腐败交易的频率越高。莫里斯认为,人口因素之所以会影响腐败程度,是因为人口越多对政府服务的需求越大。但是,他要强调的是,这种分析最终并不能真正地解释各州之间腐败程度的变化(ibid., p. 17)。

12.3　性别视角

237

本文所做研究的目的是理论创新。墨西哥地方层面的数据说明以往研究中存在缺陷,并提供了一个补充性视角,以突出能动性的影响。一个重要的出发点是,墨西哥各州之间不仅在腐败程度方面存在差异,而且在女性当选的人数方面也存在差异。

20世纪90年代以来,墨西哥女性在政治领域内的影响力有所提升。1995年在北京举行的联合国第四次世界妇女大会,触发了一股影响全球、波及拉美的调整政客性别比的浪潮。此后,1996年墨西哥批准了一项临时法律,建议政党考虑在党章中列入性别平等的条款。2002年,这项改革被纳入立法程序:在国家层面上,墨西哥法律规定,任何政党不得有超过70%的相同性别候选人(Dahlerup 2006; Jaquette 2009; Zetterberg 2009)。[5]

墨西哥一些州已经颁布了相关法律,限定各州立法机构内人员的性别比率。但是,这些法律有时是非常软弱的,对实际上的配额应为多少语焉不详。事实上,在市级选举中,女性当选的平均数量最多。2005年的全国平均数据显示,入选市立法机构的女性人数占比30%,而在国家立法机构中女性仅占20%。

但是,墨西哥各州之间的差别很有意思。2005年,有五个州(坎佩切、塔毛利帕斯、奇瓦瓦、萨卡特卡斯和索诺拉)的市立法机构内,女性平均占比 40%以上，两个州（杜兰戈和恰帕斯）这一比例低于 20%。在州立法机构层面，2005 年没有一个州的女性当选比例超过 40%，但有三个州这一比例超过 30%（金塔纳罗奥、首都墨西哥城和坎佩切），17 个州低于 20%。

进一步观察发现，入选州立法机构的女性人数与腐败程度之间没有相关性。[6]然而，入选市立法机构的女性人数与腐败程度之间有关联。图 12.1 从入选市立法机构的平均女性人数角度展示了墨西哥各州的腐败程度。我们通过之前提出的全面指数和精简指数来确定腐败程度。这些州分成三组：女性当选比例低于 30%，在 30%—39%之间，超过 40%。对于每个组，计算的是腐败的平均程度。

238

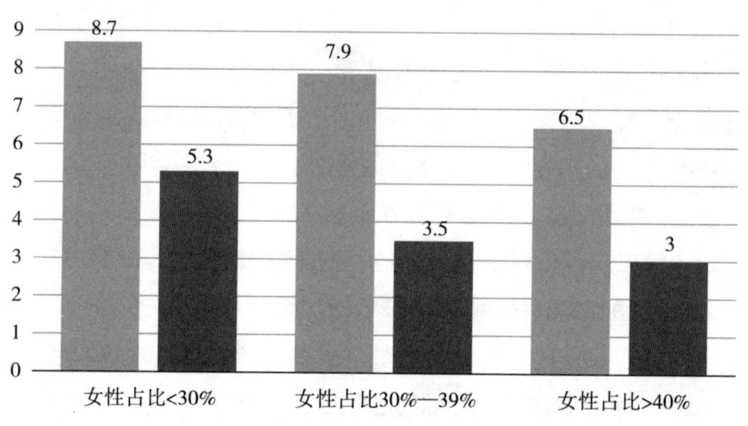

图 12.1　墨西哥各州腐败程度（基于市立法机构中女性入选人数）

注：数据源于墨西哥透明国际开展的“全国腐败与善治调查”。该调查记录了在申请或接受 35 种公共服务（“全面指数”）或 18 种公共服务（“精简指数”）时回答有腐败行为的频率。受访者人数约为 15000 人。索妮亚·弗里亚斯（Sonia M. Frias）提供了当选女性人数的数据。所有数据仅限 2005 年，均不包括联邦区（首都墨西哥城）和瓦哈卡州。联邦区（首都墨西哥城）没有下辖市。瓦哈卡州的情况与其他州没有可比性，因为该州的大多数市，都通过“习俗”（usos y costumbres）选举市政管理机构。这意味着允许原住民社区在选举中使用习惯法，而这些习俗有时会禁止妇女参与。

两个指标体系均显示，随着女性当选人数的增加，腐败程度在降低。全面指数显示，在女性当选人数最少的州，腐败交易率为8.7%，而在女性当选人数最多的州，腐败交易率则为6.5%。精简指数显示，在女性当选人数最少的州，腐败交易率为5.3%，而在女性当选人数最多的州则为3.0%。

结果表明，这两个指标都可以为深入分析奠定基础。然而，精简指数在进一步阐述性别观点的研究中将成为主要指标，因为它侧重于权利，并且排除了一些特殊情况，例如公民违犯法律并贿赂交警以避免罚款。评估中包含的大部分服务都由公共部门提供，但是有少数服务由被授权的私人部门提供，如接通电话线（Morris 2009, pp. 195-196）。

239

12.4　深入阐释性别视角的研究发现

宋弘恩是性别观点最激烈的批评者之一。他主张自由民主是善治和性别平等的基础（Sung 2003）。亚历杭德拉·里奥斯-卡扎雷斯（Alejandra Ríos-Cázares）和吉列尔莫·切居多（Guillermo M. Cejudo）研究了墨西哥的问责机制，发现了其在地方一级的差异。最重要的是，他们发现墨西哥各州的问责机制都不完善："即使在法律框架已更新，并且制度已到位的情况下，这些制度的激励和约束能力也无法保证政府会被问责。"（Ríos-Cázares & Cejudo 2009, p. 27）这意味着我们所掌握的墨西哥的所有情况，远比自由民主观点预测的要复杂得多。

本项研究采用案例对比的方法，以进一步阐述性别影响。根据女性当选人数和腐败程度，可将墨西哥各州划分为不同的群组。[7]我们需要将女性当选人数较多且腐败程度较低的州（12个州）和女性当选人数较少且腐败程度较高的州（9个州）进行比较。[8]这些阐述所依据的案例，符合先前跨国比较研究中已经建构的模式，但是在得出结论时，要考虑一些异常案例。

比较分析的第一步是审查社会经济分层的四个指标。这种比较包括对人口规模的衡量。先前的研究显示,人口因素显著影响了墨西哥各州的腐败程度(Morris 2005)。国际调研结果显示,不平等是滋生腐败行为的沃土,因此,比较研究还包括两个关于不平等程度的指标,一个是边缘性指标[9],另一个是衡量低收入人口比例的指标(Rothstein & Uslaner 2005)。此外,比较研究还包括农村人口的百分比指标。

关于社会经济分层的比较结果清楚地显示:与当选女性人数较少且腐败程度较高的州相比,当选女性人数较多且腐败程度较低的州,其总人口更少、农村人口比例较低、低收入人口比例较低、边缘化家庭比例较低。这一结果意味着,女性当选人数的增加,腐败程度的降低,通常与"一般性"平等(或现代化进程)交织在一起。

240 我们在分析中使用墨西哥宏观层面的数据,但是有关性别和腐败关系的前期研究中有一些假设也涉及个体层面。宏观数据有利于鸟瞰全社会,而且至少有机会结构理论可以再用于宏观层面的分析。侧重公民层面的机会结构理论认为,女性的腐败程度低于男性,因为她们通常比男性收入低,而且由于承担过多的家庭责任,所以较少地参与公共事务。根据这种推理,腐败程度低的州应该比腐败程度高的州,在性别角色定位方面有更为传统的观点。更传统的性别角色意味着更多的女性被排除在经常发生腐败交易的群体之外。

索妮亚·弗里亚斯对墨西哥各州的性别平等情况进行了大量分析(Frias 2008)后认为,各州之间的差异很小。她构建了性别平等指数来评估墨西哥各州经济、教育、政治和法律领域内的性别平等程度。经济领域包括就业、女性掌管企业的比例等指标;教育领域包括大学文凭、女性在男性占优势领域中的占比(如自然科学领域)等指标;政治领域的指标包括女性在民选机构中的数量,以及在国家级行政机关等任命性机构中的女性人数等;法律领域的指标包括赋予女性权利的立法措施,如堕胎权、公家资助的女性避难场所等。[10]

为了便于比较,弗里亚斯将所有指标加以标准化,并计算出一个比值。其中,100 分代表男女之间完全平等,分数越趋向于 0 就反映出对女性越不平等(ibid., p. 218)。首先,弗里亚斯的研究结果告诉我们,尽管政治领域的性别平等取得了进展,但是要真正实现两性平等,还有很长的路要走。例如,经济领域的性别平等指数显示,平均而言,相对 100 个男性来说,只有约 40 个女性能处在同等职位上。在教育领域,性别平等得到了更好的发展,同等职位上男女比例为 100∶60。

其次,对于本项研究来说最重要的是,平均而言,在女性当选人数较多且腐败程度较低的州和女性当选人数较少且腐败程度较高的州之间,这个比值看起来并无不同。无论在经济领域、教育领域还是法律领域,都出现了扁平化模式。弗里亚斯(ibid., p. 242)得出结论:“墨西哥各州在结构(性别)平等方面是相当一致的。与美国的情况相反……墨西哥没有区域差异。”然而,有意思的是,她将政治领域列为例外情形:“墨西哥政治领域性别平等指数表明,不仅各州之间差异很大,而且也大于经济领域和教育领域的性别差异。”(ibid., p. 230)

241

弗里亚斯的研究中有一项指标,引发我们对本项研究所选择案例之间的一些不同之处的思考。这个指标是关于女性受托人数量的。受托人在市级层面上是一个非常显要且具有政治重要性的职位。平均而言,相比女性当选人数较少且腐败程度高的州,在当选女性人数较多且腐败程度低的州,这一职位上的性别差异比例要低一些。总之,很少有证据证明,公民传统的性别角色认知中的变化,与各州腐败的变化有太多关联。不过,弗里亚斯的研究数据强化了这样一个论点:在选举领域,性别是有影响的。

12.5 历史遗留问题

上节的主要结论是,墨西哥的实际情况远比预期的要复杂得多。可是,腐败关乎社会深层结构。在深入讨论性别和腐败问题之前,我们有必要了解,作为研究的重点年份——2005 年,腐败情况的变化在多大程度上是历史遗留问题。

墨西哥透明国际在2001年进行了第一次调查，并且将该年作为参照点。如前所述，墨西哥国家层面的情况显示，随着时间的推移，腐败指数有小幅波动。当墨西哥透明国际使用全面指数测量地方层面的腐败程度时，2001—2005年的小幅波动情况也得到证实。然而，我们须谨记，全面指数包括一些“服务”，例如防止汽车被交警扣留或领取被扣留的汽车。从腐败角度来看，这类服务是墨西哥最糟糕的公共交易。2001年，57.2%的这类“服务”的交易涉嫌贿赂；2005年相应的数据为60.2%。[11]

从整体来看，腐败水平有小幅波动甚至小幅度增加。与交通警察相关的腐败情形就说明了这一点。但是，关于2001—2005年精简指数内应享权利[12]数据的比较表明，在这些极其腐败的行为的相互作用下，反腐败还是取得了一定进展。精简指数显示，无论在当选女性人数较多且腐败程度较低的州，还是在当选女性人数较少且腐败程度较高的州，腐败程度均有所下降。不过，对于当选女性人数较多的州而言，腐败程度下降尤其显著：2001—2005年期间，在此类型的州中，有关权利的腐败交易数量减少了一半以上，从5.4%降至2.6%。而在当选女性人数较少的州，相同时期内，这一数据从9.4%降到6.4%。

242

历时性比较研究强调，将腐败等极具争议性的概念转化为具体的指标和指数时，要保持谨慎。是否存在全面指数呈现的那样：种腐败保持相对稳定的情况？或者像精简指数呈现的那样腐败在减少？当然，这取决于选择哪个指标。然而，我们有理由相信，墨西哥的腐败情况的变化是一种多层次的变化，其中一些领域发生了变化，而另一些领域则依旧保持现状。

12.6 一种理性的视角

性别与腐败之间的关系使我们了解到一些关于社会如何进步的事情，但是问题在于：它到底告诉了我们什么呢？安妮-玛丽·戈茨指出,选举更多女性并不是走向善治的捷径(Goetz 2007; Vijayalakshimi 2008)。然而,跨国比较研究的结论在墨西哥各地方单位再次得到证实,这一事实强化了性别视角对于腐败研究的重大意义。

目前,支撑性别与腐败关系的研究依据就是机会结构理论。本项研究并没有堵塞此研究视角的大门。相反,我们认为,以前的研究还不足以解释现有的性别与腐败之间的动态关联。本研究提出,强调能动性方面的理论性认识,可以补充性别和腐败间关系的研究。

上述理性视角的出发点是,女性和男性在社会中的不同位置从根本上影响着他们的行为。大多数国家的当代社会都是围绕性别而建构的,并且这种社会建构与权力结构相吻合。关键性问题是:这种关系是否意味着女性不参与腐败有着特殊原因呢?

243

维多利亚·罗德里格斯(Rodríguez 2003)在一项关于“墨西哥当代政治中的女性”的广泛性研究中发现,墨西哥的女性政治家普遍拥有参与社会运动的经历。这可能意味着,女性并不仅是被排除在“老同学关系网”之外——在这个关系圈中,腐败就是博弈的一部分。为了拥有和维持权力职位,女性可能会积极寻求建立替代性的权力基础。民主化进程为女性进入公共领域打开了大门,但是女性与周围社会的联系可能仍与男子不同。在大多数社会中,社会运动扮演着对滥用公职行为进行监督的角色(Grimes 2008a, 2008b)。因此,参与腐败行为对于女性来说尤其危险,因为这可能会破坏她们在未来竞争中获得支持的机会。[13]

在公民层面,无论是现金、土地还是其他资源,女性的资产通常都比男性的少。与此同时,女性往往更想拥有幸福的家庭。罗德里格斯(Rodríguez 2003)在她的书中有一些研究,探讨了墨西哥女性在自食其力时遇到的困难。如果向他人行贿被视为额外开支,导致衣食住行的正常开支减少,那么就可以理解,女性不参与贿赂是理性的,涉及贿赂时“通过谈判将金额降至最低”也合乎理性。[14]

这里提出的机理有待在未来的研究中继续验证。最重要的是,理性视角意味着,个人对社会的看法和评价可能促使他们以某种特定方式行事(McNay 2008, p. 288)。当然也存在例外情况。我们并不是说,所有女性都不参与非法活动,也不是说所有男性都是潜在的违法者。但是,无论在选举领域还是在日常生活中,处于从属地位的经历可以激励女性在腐败问题上,做出与男性不同的选择。[15]因此,未来的研究要更严肃认真地考虑理性视角。我们也建议,要进一步建立一种研究框架,从多重视角来研究性别与腐败之间的关系。在表12.2中,我们在以前的研究中融入了理性视角。

244

表12.2 既有研究中性别和腐败关系的主要假设(以理性视角为补充)

理论视角	性别因素对腐败的影响	驱动力
自由民主	性别对腐败没有独立的影响;假相关	自由民主是善治以及女性当选人数增多的驱动力
性别差异/性别角色	性别对腐败有直接影响	风险行为/缺乏自控能力:男性占据绝大多数犯罪活动
		照顾者角色:女性有更多社会/帮助行为
理性视角	公民层面:性别对腐败有直接影响	女性在社会中作为从属群体:资产较少,女性倾向于积极地避免腐败交易
	决策领域:性别对腐败有间接影响	女性和周边社会的关系与男性不同:维持替代性权力基础的需求,促使女性政治家积极地避免腐败交易
机会结构	性别对腐败有间接影响	由于家庭责任问题,女性较少参与公共事务
		进入决策制定舞台后,女性往往被排除在“老同学关系网”之外

注:不同理论观点在文中有详细介绍。

12.7 异常案例

理性视角的一个优势是,它突出了女性在民主化进程中的角色。在跨国研究中,渐进模型与快车道模型在增进性别平等方面有很大的不同(Dahlerup 2006；又见 Wängnerud 2009)。瑞典和卢旺达分别是这两种模型的典型代表。在20世纪70年代，瑞典国家议会中女性人数比例跨越了20%的门槛，这一比例在20世纪80年代达到30%以上，在20世纪90年代达到40%，在2010年大选后达到了45%。在瑞典，女性议员的显著增长花了四十年时间才实现。而在卢旺达，国民议会中的女性人数在短短几年内大幅增加。这个国家在种族屠杀事件发生后，作为和解进程的一部分，调整了议会席位的性别配比。1994年，女性议员在国家议会中占比仅为17.1%；在2008年选举后，这一数字上升为56.3%。

卢旺达的情况与瑞典很不相同。20世纪的瑞典，政治稳定、经济繁荣、社会安宁。相比之下，卢旺达是世界上最贫穷的国家之一，其现代历史包含了灾难性的战争。[16]人们认为，到目前为止，卢旺达女性当选人数的增加对政治体系的产出影响甚微(Devlin & Elgie 2008)。然而，对瑞典的研究结果显示，女性政治家在推动实现社会男女平等方面发挥了重要作用(Wängnerud 2009；Wängnerud & Sundell 2011)。

在社会经济分层方面，墨西哥各州之间有很大不同，但这并不像卢旺达和瑞典之间的差异那么明显。但是，从上述观点可以得出结论：当选的女性人数增多，与实现平等化、现代化的长远进程有关(瑞典)，或者与启动这些进程的愿望有关(卢旺达)。这一点引发了对本项研究中异常案例的讨论。这些异常案例不在如下两种情形中：当选女性人数多且腐败程度低，或当选女性人数少且腐败程度高。

有意思的异常案例是，有一些州，当选女性人数众多但腐败程度也高。[17]这些州的特点是，与当选女性人数多且腐败程度低的州相比，社会经济状况要差很多。在墨西哥，当选女性人数多但腐败程度较高的州可能被归为“墨西哥的卢旺达”一类，女性当选人数多且腐败程度较低的州则可归为“墨西哥的瑞典”一类。人们必须清醒地认识到，推动渐进式变革的行动者总会遇到非常严重的阻碍；当不平等现象客观存在，并且现代化事业发展缓慢时，追求善治将难如登天。

注 释

246 ① 墨西哥是一个联邦国家,由 31 个州/地区和首都墨西哥城组成,下文中将采用“州”的说法,符合官方语言。

② 曼努埃尔·亚历杭德拉·格雷罗(Manuel Alejandro Guerrero)和爱德华多·罗德里格斯-奥雷加(Eduardo Rodríguez-Oreggia)在研究墨西哥公民实施腐败行为的决定时指出,女性和男性的时间价值不同。格雷罗和罗德里格斯-奥雷加(Guerrero & Rodríguez-Oreggia 2005, p. 17)引用了两名受访者的话。一名男性受访者强调,如果被警方拦住,“当场直接给钱(贿赂),可以节省时间和简化程序”;一名女性受访者则强调,“会尽量通过谈判向他们(警察)支付最低的罚款”。内在假定是,一般来说,男人比女人更看重快点把事情办完。

③ 例如,研究表明,性别平等的观念有助于女性和男性都把不道德行为在主观上确认为不道德(McCabe et al. 2006)。

④ 透明国际使用全球清廉指数,展示商人和分析人员(如记者和研究人员),对腐败的看法。世界银行的指数是“腐败控制”,它基于衡量腐败认知的许多不同数据库。上述两个组织均采用统一的腐败定义:“行使公共权力谋取私利。”

⑤ 数据来自全球女性配额数据库的配额项目(www.quotaproject.org)。2011 年,墨西哥国家下议院的当选议员有 26.2%是女性(www.ipu.org,截至 2011 年 11 月 30 日的数据)。

⑥ 罗莎贝斯·莫斯·坎特(Rosabeth Moss Kanter 1977)的开创性著作《公司的男男女女》,根据性别分层,提出了关键多数理论。这一理论背后的想法是,设法确定一个临界点,在这个临界点,女性参与某个组织(如立法机构)的影响变得明显,而经常提到的临界数字是 30%。从这个角度来看,在州立法机关层面缺乏相关性并不令人惊讶。但是,我们还需要进一步研究分析州和市立法机构为什么有不同结果。

⑦ 更全面的实证材料,参见 Wängnerud 2010。

⑧ 女性当选人数较多且腐败程度较低的 12 个州,其市立法机关女性平均占比为 30%,腐败程度(精简指数)平均低于 3.5。女性当选人数少的 9 个州中,市级立法机关的女性比例不到 30%,而腐败程度(精简指数)为 3.5 或更高。

⑨ 边缘性指数包括四个社会经济发展领域的数据:(a)教育(识字和完成小学

学业);(b)收入;(c)农村人口规模;(d)住房情况(水、废水、电力、过度拥挤和泥土地面)。数据由墨西哥全国人口控制委员会(CONAPO)与国家统计和地理研究所(INEGI)共同收集。

⑩ 我不会详细介绍弗里亚斯(Frias 2008)的研究报告,但是要列出每个分指标中包含的指数:(a)经济方面的性别平等指标是劳动力、就业人员、公务员、管理人员和行政人员、企业主、医疗补贴和贫困线以上的家庭;(b)教育方面的性别平等指标是平均受教育年限、识字率、大学文凭、研究生、工程学、农学和自然科学;(c)政治方面的性别平等指标是市长、市议员、受托人、州代表、地方长官、国务秘书和联邦公务员;法律方面的指标是看有无特定立法,这些法律或者授予妇女一些权利,或者保护她们的权利。这些权利涉及以下领域:堕胎,性骚扰,政治代表权,偷盗牲畜,暴力,作为重罪的家庭暴力,婚内强奸,导致离婚的家庭暴力,施暴者遗弃家庭,政府资助的避难所,婚姻不因年龄差异而受歧视,再婚时间限制,家务,以及协议离婚的补助等。

⑪ 墨西哥透明国际进行了全国腐败与善治调查,其中包含了不同服务中的腐败情况,其概况请参阅 Morris 2009, pp. 195-196。 247

⑫ 包含在精简指数中的项目的共同特征是,它们没有一项是由警方处理的。

⑬ 需要指出的是,墨西哥的民间社会相当强大。在对西方民主国家的研究中,基蒂尔森(Kittilson 2006)发现,与党外组织建立联系对女性政治家尤为重要,因为它们为女性提供了进入政界的渠道。在墨西哥,政治制度禁止同一人重新当选同一职位,然而,制度通常是鼓励他们在规定任期结束后转向其他职位。

⑭ 然而,在某些情形下,这种情况非常罕见。据墨西哥透明国际的主任爱德华多·A. 波尔克斯(Eduardo A.Bohórquez)和其他工作人员的说法,贿赂可以用来降低某些方面的成本,如电费。但是在大多数情形下,贿赂是为了加快流程进度或享受所要求的服务。

⑮ 另一种解释是,这里的贿赂是一种互惠互利的关系。在一定程度上,腐败预示着双方的一种相互理解,如果属于同一个氏族、族群或者同一性别,那互惠关系的建立就会更容易。而在性别平等方面做得较差的国家,难以达成相互间的理解和建立必要的"伙伴关系"。互惠性观点居于理性观点与机会结构观点之间。关于互惠性的研究,参见 Gintis et al. 2005。

⑯ 或许毋庸置疑的是,瑞典是世界上腐败最少的国家之一,而卢旺达则是腐败严重的国家。透明国际关于清廉程度的最近排序中,全球 180 个国家中瑞典

为第 3 位，卢旺达为第 89 位。这一排序中，墨西哥也位列第 89 位。

⑰ 参见 Wängnerud 2010。有两种类型的异常案例：当选女性人数多且腐败程度较高的州，以及当选女性人数少且腐败程度低的州。只有三个州属于后一种类型，并且三个州相互之间的差异也很大。

参考文献

Alatas, V., C. Cameron, A. Chaudhuri, N. Erual and L. Gangadharan. 2009. "Gender, culture, and corruption: insights from an experimental analysis". *Southern Economic Journal*, **75** (3), 663–80.

Alhassan-Alolo, N. 2007. "Gender and corruption: testing the new consensus". *Public Administration and Development*, **2** (3), 227–37.

Bailey, J. and P. Paras. 2006. "Perceptions and attitudes about corruption and democracy in Mexico". *Mexican Studies*, **22** (1), 57–81.

Bjarnegård, E. 2009. "Men in politics: revisiting patterns of gendered parliamentary representation in Thailand and beyond". Unpublished doctoral dissertation, Department of Government, Uppsala University.

Bruhn, K. 1996. "Social spending and political support: the 'lessons' of the National Solidarity Programme in Mexico". *Comparative Politics*, **28** (2), 151–77.

Dahlerup, D. (ed.). 2006. *Women, Quotas and Politics*. London: Routledge.

Devlin, C. and R. Elgie. 2008. "The effect of increased women's representation in parliament: the case of Rwanda". *Parliamentary Affairs*, **61** (2), 237–54.

Dollar, D., R. Fishman and R. Gatti. 2001. "Are women really the 'fairer' sex? Corruption and women in government". *Journal of Economic Behavior and Organization*, **46** (4), 423–9.

248

Eagly, A.H. and M. Crowley. 1986. "Gender and helping behaviour: a meta-analytic review of the social psychological literature". *Psychological Bulletin*, **100**, 283–308.

Frias, S.M. 2008. "Measuring structural gender equality in Mexico: a state level analysis". *Social Indicators Research*, **88**, 215–46.

Gintis, S., S. Bowles, R.T. Boyd and E. Fehr (eds). 2005. *Moral Sentiments and Material Interests: The Foundations for Cooperation in Economic Life*. Cambridge, MA: MIT Press.

Goertzel, T.G. 1983. "That gender gap: sex, family income, and political opinions in the early 1980s". *Journal of Political and Military Sociology*, **11**, 209–22.

Goetz, A.-M. 2007. "Political cleaners: women as the new anti-corruption force?". *Development and Change*, **38** (1), 87–105.

Grimes, M. 2008a. "Contestation or complicity: civil society as antidote or accessory to political corruption". The Quality of Government Working Paper Series 2008:8, The Quality of Government Institute, University of Gothenburg. Available at: http://www.qog.pol.gu.se (accessed 2 April 2008).

Grimes, M. 2008b. "The conditions of successful civil society involvement in combating corruption: a survey of case study evidence". The Quality of Government Working Paper Series 2008:22, The Quality of Government Institute, University of Gothenburg. Available at: http://www.qog.pol.gu.se (accessed 31 October 2008).

Grimes, M. and L. Wängnerud. 2010. "Curbing corruption through social welfare reform? The effects of Mexico's conditional cash transfer program on good government". *American Review of Public Administration*, **40** (6), 671–90.

Guerrero, M.A. and E. Rodríguez-Oreggia. 2005. "About the decisions to commit corruption in Mexico: the role of perceptions, individual and social effects". Working Paper 9, Universidad Iberoamericana, AC, Mexico City.

Jaquette, J.S. (ed.). 2009. *Feminist Agendas and Democracy in Latin America*. Durham, NC: Duke University Press.

Kanter, R.M. 1977. *Men and Women of the Corporation*. New York: Basic Books.

Kittilson, M.C. 2006. *Challenging Parties, Changing Parliaments: Women and Elected Office in Contemporary Western Europe*. Columbus, OH: Ohio State University Press.

Magaloni, B. 2006. *Voting for Autocracy: Hegemonic Party Survival and Its Demise in Mexico*. Cambridge: Cambridge University Press.

McCabe, C.A., R. Ingram and M.C. Dato-on. 2006. "The business of ethics and gender". *Journal of Business Ethics*, **64** (2), 101–16.

McNay, L. 2008. "The trouble with recognition: subjectivity, suffering, and agency". *Sociological Theory*, **26** (3), 271–96.

Melnykovska, I. and J. Michailova. 2009. "Gender, corruption and sustainable growth in transition countries". *Journal of Applied Economic Sciences*, **9**, 387–407.

Mendoza, M.R. 2003. "Why do women break the law? Analytical pathways from a gender perspective". *Salud Mental*, **26** (1), 32–41.

Mocan, N. 2008. "What determines corruption? International evidence from microdata". *Economic Inquiry*, **46** (4), 493–510.

Morris, S.D. 1991. *Corruption and Politics in Contemporary Mexico*. Tuscaloosa, AL: University of Alabama Press.

Morris, S.D. 2005. "Political corruption in Mexico: an empirical analysis". Unpublished manuscript, University of South Alabama.

249

Morris, S.D. 2009. *Political Corruption in Mexico: The Impact of Democratization*. Boulder, CO: Lynne Rienner.

Ríos-Cázares, A. and G.M. Cejudo. 2009. "Accountability regimes in the Mexican states". Paper presented at the annual meeting of the Midwest Political Science Association, Chicago, IL, 2–5 April.

Rodríguez, V.E. 2003. *Women in Contemporary Mexican Politics*. Austin, TX: University of Texas Press.

Rothstein, B. and E.M. Uslaner. 2005. "All for all: equality, corruption, and social trust". *World Politics*, **58** (1), 41–72.

Steffensmeier, D. and E. Allan. 1996. "Toward a gendered theory of female offending". *Annual Review of Sociology*, **22**, 459–487.

Stockemer, D. 2011. "Women's parliamentary representation in Africa: the impact of democracy and corruption on the number of female deputies in national parliaments". *Political Studies*, **59**, 693–712.

Sung, H.E. 2003. "Fairer sex or fairer system? Gender and corruption revisited". *Social Forces*, **82** (2), 703–23.

Swamy. A., S. Knack, Y. Lee and O. Azfar. 2001. "Gender and corruption". *Journal of Development Economics*, **64**, 25–55.

Torgler, B. and N.T. Valev. 2006. "Corruption and age". *Journal of Bioeconomics*, **8** (2), 133–45.

Treisman, D. 2007. "What have we learned about the causes of corruption from ten years of cross-national empirical research?". *Annual Review of Political Science*, **10**, 211–44.

Vijayalakshimi, V. 2008. "Rent-seeking and gender in local governance". *Journal of Development Studies*, **44** (9), 1262–88.

Wängnerud, L. 2009. "Women in parliaments: descriptive and substantive representation". *Annual Review of Political Science*, **12**, 51–69.

Wängnerud, L. 2010. "Variation in corruption between Mexican states: elaborating the gender perspective". The Quality of Government Institute Working Paper Series 2010:18, The Quality of Government Institute, University of Gothenburg. Available at: http://www.qog.pol.gu.se (accessed 15 June 2010).

Wängnerud, L. and A. Sundell. 2011. "Do politics matter? Women in Swedish local elected assemblies 1970–2001 and gender equality in outcomes". *European Political Science Review*, **4**, 1–24.

Zetterberg, P. 2009. "Engineering equality? Assessing the multiple impacts of electoral gender quotas". Unpublished doctoral dissertation, Department of Government, Uppsala University.

附录 12A 精简指数

250

墨西哥透明国际在"全国腐败与善治调查"中使用的问题是:"您或您的家庭成员在过去一年中是否获得过以下任何一项服务(是或否)? 您是否必须以金钱或其他方式进行贿赂才能获得此项服务(是或否)?"

精简指数中包含的项目是:

1. 为了获得与您的教育相关的文件或公立学校的文凭而进行交易?

2. 为了使病人在诊所或者医院获得即时的关注而做出安排?

3. 在医院探视时间外探望病人?

4. 在民事登记时为获得或消除出生、死亡、离婚或结婚记录而进行交易?

5. 进行与车辆有关的交易,包括汽车、卡车、摩托车或其他事宜,比如所有权变更?

6. 为了获得政府工作职位而进行交易?

7. 申请教育奖学金?

8. 申请与土地使用权有关的许可证,或者申请与土地所有权公共登记有关的其他交易?

9. 为了您的家庭通电或重新通电而进行交易?

10. 为了获取官方的入学登记卡而进行交易?

11. 为了获得驾驶证而进行交易?

12. 缴纳税款?

13. 为了接入电话线而进行交易?

14. 为了登记车辆而进行交易?

15. 接入市政供水系统?

16. 收邮件?

17. 要求市政垃圾车清理您家的垃圾?

18. 进行有关经商方面的交易?

251

第十三章　伸手掠取的本质之反思*

大约在二十年前，艾伦·多伊格（Doig 1998, p. 99）指出：

> 尽管人们相信，如果不彻底了解各类火情，就不能设计出消防车，但同时也意识到，当前的“腐败之火”如此普遍和顽固，人们真正需要的是实际的反腐行动，而不是提炼腐败理论和分析腐败进程。

众所周知，腐败对社会、经济和政治发展有巨大的负面影响，多伊格对腐败问题紧迫性的认识非常正确。但是即便如此，本章也强烈反对多伊格关于理论提炼工作应让位于实际行动的主张。与多伊格的看法相反，我们认为，世界上绝大多数人口仍在极其腐败的统治体系之下受苦受难，主要原因之一就是，腐败的理论特性因所处的背景而不断变化，但是我们没有给予这些变化足够的重视。

本章呼吁，对腐败的分析要采用更具情境性的研究方法。要有效地扑灭“腐败之火”，必须认清系统性腐败与非系统性腐败的不同理论特征。直到现在，学者和决策者依旧倾向于将这两种现象视为

---

* 本章部分内容是基于安娜·珀森、博·罗斯坦和简·特奥雷尔共同撰写的文章《反腐败改革为什么失败：作为集体行动问题的系统性腐败》（“Why anti-corruption reforms fail-systemic corruption as a collective action problem”，即将在 *Governance* 期刊发表）。我们非常感谢 *Governance* 同意在本书中使用该文章的修订版本。同时非常感谢帕特里克·圣格伦（Patrik Stålgren）精心准备了研究的访谈部分，以及玛丽亚·雅各布森（Maria Jacobson）和安德斯·舍格伦（Anders Sjögren）分别在乌干达和肯尼亚收集的高质量访谈数据。

同一个问题,即委托—代理问题。本章认为,尽管委托—代理理论非常适合对非系统性腐败的分析,但是系统性腐败实际上与集体行动问题更为相似。弄清这些问题,能够帮助我们思考在政策层面如何最有效地遏制系统性腐败。

本章主要结构如下。第一节更详细地探讨腐败的标准性概念,包括“系统性腐败”和“非系统性腐败”。在大多数国家,腐败实际上是通例。随后的三节从实证观察结论出发,用制度主义分析框架重新思考系统性腐败。基于经验分析,我们认为,系统性腐败与依赖物质基础的非正式制度的相关描述是一致的。肯尼亚和乌干达被认为是系统性腐败盛行的两个典型国家。根据在这两个国家的访谈数据,我们论证了以非正式制度形式存在的腐败及其产生的物质激励如何将系统腐败转化为集体行动问题,而非委托代理问题。最后,我们总结了论证内容并阐述了一些可能的政策含义。 252

13.1　腐败的标准概念

在当今学术界,因苏珊·罗丝-阿克曼(Rose-Ackerman 1978)和罗伯特·克里特加尔德(Klitgaard 1988)的著作而流行的委托—代理模型,是学者和决策者在分析系统性腐败时应用和非系统性腐败的主导理论架构(Riley 1998; Andvig & Fjeldstad 2001; Médard 2002; Johnston 2005; Ivanov 2007)。在委托—代理框架内,腐败通常被定义为“为了私人利益而滥用公权”(Rose-Ackerman 1978),并且被理解为委托人与代理人之间信息不对称的结果。更具体地说,委托—代理模型将腐败分析置于公共机构内部和外部存在的相互作用与关系中,并且有两个关键假设:(1)委托人(通常被认为代表公共利益)和代理人(当腐败交易的利益大于成本时,他们支持腐败交易)之间存在目标冲突;(2)代理人比委托人拥有更多的信息来源,这导致他们之间的信息不对称(Rose-Ackerman 1978; Klitgaard 1988; Williams 1999)。根据这种观点,一个集体行动者作为委托人,将一些政府任务的执行权委托给另一集体行动者,即代理人。在权力被授予的情况下,从委托人的角度来看,存在的问题是代理人可以获得关于手头任务的一些特定信息,但是并不愿意向委托人透露,或者在执行委派253 的任务之外,他们有其他的私人动机。于是,在委托—代理模型中,当代理人为了追求自己的利益而背叛委托人的利益时,腐败便随之产生。由于两个主体之间的信息不对称,这种背叛可能发生。

委托—代理模型中,谁是代理人?谁是委托人?在不同视角下,人们的认识会有所不同。在关于官僚腐败的经典论述中,统治者是委托人,官僚机构是代理人(Becker & Stigler 1974; Van Rijckeghem & Weder 2001)。而在一些不那么经典的观点中,首先需要被控制的不是官僚,而是统治精英。在这种主要涉及政治腐败的模型中,公民被刻画为委托人,统治者被刻画为代理人(Myerson 1993; Persson & Tabellini 2000; Adserà et al. 2003; Besley 2006)。最后,需要重视的是,无论哪一种委托—代理关系模型,都基于一个共同的假设,即任何特定社会中至少有一个群体扮演委托人的角色:他们要去控制腐败(Galtung & Pope 1999; Rauch & Evans 2000; Andvig & Fjeldstad 2001; Mungiu-Pippidi 2006)。如果不存在这样一个愿意监督和惩罚腐败行为的集体行动者,委托—代理框架作为一种分析工具就毫无用处。

正是基于这样的讨论,我们在本章中提出自己的论点。假定每个社会至少有一些愿意监督和控制腐败官员的行动者群体,我们认为,委托—代理模型是建立在下面这个隐性假设基础之上的,即腐败是异常行为,只是源于社会中少数几个“坏蛋”的个体违规情形(Mungiu-Pippidi 2006; Ledeneva 2009)。把腐败理解为预期的变异行为,也含蓄地反映了一种观点,即现实中的规则体系正在向马克斯·韦伯的“理想型”即理性—法律的规则体系过渡(Médard 2002; Mungiu-Pippidi 2006; Ledeneva 2009)。然而,包括参与腐败相关的学术争论和政策辩论的人在内的大多数人都意识到,世界上绝大多数国家并非如此。相反,大多数国家的统治制度被描述为一种“新世袭制度”。在这一制度体系下,公共领域和私人领域之间的区分,表面上得到人们的认可,但很少有人遵守(Médard 1986; Theobald 1999)。也就是说,它们与委托—代理理论对委托人和代理人之间“理想型”关系的假设大不相同。事实上,根据众多学者的研究,在拥有世界上绝大多数人口的发展中国家和地区,腐败甚至达到了“无法医治的程度”(Hope & Chikulo 2000, p. 1)。内奥米·查赞等人(Chazan et al. 1992, p. 180)描述说,在典型的发展中国家,行政机构内“出错已成为常态”,而“公共责任之信念已经成为例外,而非规则”。拉里·戴蒙德(Diamond 1987, p. 581)以类似的口吻指出,非洲的腐败“不是畸形,而是系统的运作方式”。让-弗朗西斯·梅达尔(Médard 1986, p. 124)在评论非洲大陆那让人震惊和无孔不入的腐败时指出:“如果我们认为统计数据显示的就是生活的常态,再结合在非洲国家观察到的腐败规模来思考,就可以发现,在那里腐败是正常的,没有腐败则是反常的。” 254

然而,尽管大多数学者和政策制定者都清楚地认识到,在大多数国家,腐败是预期行为而非例外,却很少有学者意识到这一经验的现实到底在理论上意味着什么。本章阐明了一种观点,即在腐败大面积存在的情况下,腐败自身在很大程度上具有非正式制度的特征。因此,正如本章后面将要论述的那样,相比委托—代理理论,集体行动理论的框架更能揭示系统性腐败现象的本质。下一节中,我们将更详细地探讨把系统性腐败定义为非正式制度的意义。

13.2　作为非正式制度的腐败

借鉴制度主义理论,在腐败大面积存在的地方,腐败最好不要被描述为个体违规情形,而应被描述为一种“博弈规则”(North 1990)。根据这一观点,系统性腐败就构成了不成文的、社会普遍认可的规则(期待)。这种规则经常是,但并不必然是,广泛地植根于社会价值观中,在“非正规的场域形成、传播和强化”(Helmke & Levitsky 2004,

p. 727)。实际上,腐败具有非正式制度的特征,或者博弈论中所指的“均衡现象”特征(Bardhan 1997; Helmke & Levitsky 2004)。那么,如果把系统性腐败描述为一种非正式制度,即具有多个行动者间互动结构的属性,而不是将腐败描述为个体行为之属性,这样的改变会带来哪些变化?对这个问题的一个整体性回答就是,通过分析世界大部分地区的腐败的地方特性,将系统性腐败重新描述为一种非正式制度更切合实际,也可以帮助我们解决一些悬而未决的经验性难题,特别是以下两个重要问题:(1)“既然新世袭式且极其腐败的制度体系的后果已经广为认知,那为什么这些制度体系还如此有生命力?”(2)“在很大程度上基于委托—代理理论所进行的反腐改革,为什么在极其腐败的环境下只能起到非常有限的作用?”在回答这些问题之前,我们需要详细探讨制度主义理论。

255

作为个人违规情形的腐败和作为一种非正式制度的腐败的实质性区别在于,后者能够“自我强化”,因为制度中的所有动机都是内生性的。也就是说,每个人都对他人的行为和预期行为中所暗含的制度因素做出反应;每个人都以一种能够帮助、引导和激励他人的方式行事,他人也以这种方式行事;这将生成一些制度性因素,引导个体之间的行为循环往复。制度可以被理解为激励体系,或者用道格拉斯·诺思(North 1990, p. 367)的话来说,就是“塑造人类互动的人为设计的各种约束”。它们为个体的行为提供认知、协调、规范和信息的微观基础,以此启发、引导和激励个体实施相应的行为(North 1990; Greif 2006)。从这个意义上讲,非正式制度可以被理解为“社会本能的力量”(Grafstein 1992, p. 1)。通过调整行动者的目标,非正式制度深刻地影响着政治系统的产出(Thelen & Steinmo 1992; Hall & Taylor 1996)。因此,制度可以促成不同的行为方式,这些行为方式又从根本上建构着政策过程,并且使这些特定的政策结果更易付诸实践(Rothstein 2001)。一些制度能够提高全社会的效益,而另外的则相反。此外,通过系统地管制行动者的行为,非正式制度有可能加强或削弱正式制度的成效(North 1990; Lauth 2000; Mahoney

2000；Helmke & Levitsky 2004）。根据非正式制度和正式制度之间的互动情况，既有文献将非正式制度分为四种类型：补充性、吸纳型、竞争型和替代型（Lauth 2000；Helmke & Levitsky 2004）。

补充型非正式制度往往可以提高正式制度的效率。它能解决正式制度不能应付的意外事件，或者在正式制度框架内促进个人目标的实现。吸纳型非正式制度会激励行动者以改变正式制度之实质性结果的方式行事，但不会直接违反正式制度。也就是说，非正式制度会在精神实质上而不是字面上违反正式制度。竞争型非正式制度以与正式制度相反的方式构建激励机制。换句话说，遵循其中一方的规则，势必违背另一方的规则。最后，替代型非正式制度，和补充型非正式制度类似，行动者往往寻求与正式规则或程序兼容的办法。但是，与竞争型非正式制度一样，替代型非正式制度存在于正式制度无法常规性实施的地方。于是，替代型非正式制度实现了正式制度想要实现但未能实现的目标。 256

无论非正式制度与正式制度之间的具体关系如何，前者通常都具有很强的抗变能力，拥有道格拉斯·诺思（North 1990）所称的“顽强的生存能力”。如前所述，这是因为制度，无论是正式制度还是非正式制度，通常都是自我强化的，是路径依赖的。路径依赖理论（North 1990；Thelen 1999；Pierson 2000）认为，一旦行动者做出制度选择并采用一套规则，或者最终实现了某套特定的规则，那么他们将很难偏离该路径或推行制度改革。用这些术语再解释系统性腐败，我们可以这样来表述：如果腐败是一种预期行为，我们就要预想大多数行动者会像“代理人”一样加强这种行为方式，而不是像“委托人”那样打破这种行为方式。结果是，系统性腐败之类的制度往往会随着时间的推移而保持稳定。也就是说，它们不能立即或轻易地被改变（Hall & Taylor 1996；Thelen & Steinmo 1992；Mahoney 2000）。事实上，在路径依赖的情况下，制度重建与最初制度形成的进程截然不同。即使最初催生该制度的原始力量不复存在，路径依赖性制度依然会顽强地存续下去（Mahoney 2000）。换言之，制度体系并不单单取决于制度体系本身产生的收益,制度体系自身就有生命力。而且,制度安排一旦到位,就会引发补充性的组织形式,这些组织形式反过来又可能催生新的补充性制度(North 1990; Pierson 2000)。在整体腐败的制度环境下,一些制度(例如民主制度中的自由选举)在初始设计时是为了打击腐败,但是腐败也会植入这种新制度。

简而言之,遵循路径依赖理论,我们应当预料到,在某些环境下,257 腐败就是一种博弈规则,具有顽固性,正如非洲的情况所证实的那样。某种程度上,腐败是一种非正式制度,该制度自身就滋生腐败的期望。因此,今天的腐败程度如何,可能取决于过去的腐败程度(Aidt 2003)。从博弈论的角度来看,我们可以将腐败理解为巴德安(Bardhan 1997, p. 1331)所说的"频率依赖性均衡"。根据这一逻辑,一旦腐败系统化,腐败行为的普遍存在变成了"共识",那么就会形成一个极强的低效率均衡。如果一个社会陷入这种高度腐败的均衡状态,减少腐败的些许努力只会被消弭,而社会也会回归到原来的行为模式(Collier 2000)。用罗伯特·哈里斯(Harris 2003, p. 63)的话说就是:"一个不怎么腐败的体系将会自我修正,以应对腐败的个人,应对立法领域和政治领域中促成腐败的漏洞;同理,一个非常腐败的制度也会自我强化,以在反腐败之后继续腐败。"

我们该如何理解这种制度的路径依赖性呢?何种再生产机制可以解释腐败成为某一社会的预期行为后,社会就会一直腐败下去?正如在前面已经指出的那样,在最基本的层面上,制度依赖路径的主要原因是,制度的所有动力都是内生性的。一方面,制度塑造了个人的行为,但另一方面,个人也塑造着制度的行为特性(Peters 1999)。然而,虽然所有的制度都具有路径依赖特征,但并不是都构建在同一基础之上(Thelen 1999; Mahoney 2000)。对于为什么制度会被复制,文献主要提出了三种解释,每种解释都强调不同的再生产机制:功能性机制、合法化机制和功利性机制。我们将在下一节更详细地讨论这些机制。

13.3　制度再生产的微观基础

理解制度再生产的基本动机非常重要。这不仅是因为它让我们更深入地理解特定制度得以复制的原因,还因为它让我们更加明晓该如何扭转路径依赖的模式(Mahoney 2000)。西伦(Thelen 1999, p. 397)认识到,制度变迁时不时地发生。她尝试将路径依赖相关文献纳入一个统一的框架中,以说明制度的稳定性和变化性。她认为:"制度依赖于一系列理念和物质基础,如果基础动摇,制度就有可能改变。然而不同的制度有不同的基础,扰乱这些制度基础的进程也各不相同。另外,这些进程也是可预测的。"西伦(ibid., p. 400)得出结论:"理解制度演进和变化的关键在于,要更精确地说明特定制度所依赖的再生产和反馈机制。"此外,她认为,当一个路径遭遇到政治过程中会削弱制度再生产机制的"共谋"和"交叉"时,它要跳过这些关口会显得力不从心(ibid., p. 396)。面对不同的"共谋"或"交叉",不同的再生产机制有不同的脆弱之处。换句话说,厘清哪种再生产机制能够稳定现有的制度设计(稳定的逻辑原因),就能够帮助研究人员找出弱化再生产机制并导致变化(变化的逻辑原因)的因素(Lindner 2003)。

258

现有文献主要提出了三种类型的制度再生产机制,即功能性机制、合法化机制和功利性机制(物质机制)。自我强化的功能主义解释有强、弱两个版本。在弱版本中,功能主义只是根据制度的各种结果来解释制度的再生产。强版本则认为,制度的产生是以整合、适应或生存等方式呈现的、自身所在的更大系统的功能性结果(Mahoney 2000, p. 519)。也就是说,一项制度对整个系统的影响,也被认为是制度再生产的原因。

在合法化框架中,行为主体适当的和合乎道德规范的取向和信念,是制度再生产的基石。制度能够再生产,是因为行为者认为这个制度是合法的,因此自愿选择复制。面对制度现状,行为者对制度合法性的信念有从积极的道德认同到被动的默许等多种取向(Mahoney 2000)。然而,无论对制度支持程度如何,合法化机制都假设,行为者外化一项制度的决定,源自他们自己对什么事情是正确的这一问题的理解,而不是来自功利理性、功能理性或精英权力的影响。最后,合法化机制认为,一旦某项制度被选中,即便之前有更合法的制度,259 该制度也会因合法性不断提升而得到强化。正向的反馈循环,给不断增强的制度合法化进程打上了烙印;在这个反馈循环中,关于什么是合适的这一问题的最初看法构成了未来决策的基础。结果,我们熟悉的一种自我强化的循环发生了。用马奥尼的话来说(Mahoney 2000, pp. 523-524)就是:"最初选定的制度为合法性设定了标准,而后制度因为被认为是合法的得以继续复制,而该制度的复制又加强了其合法性。"

功利主义解释也有两个版本,一个是自由主义式的解释,另一个是以权力为中心的解释。自由功利主义的解释认为,行为者更为重视转型的代价而非潜在的收益,因此他们理性地选择再生产新的制度。结果,在复制某项制度时,只有符合个体利益,制度才得以再生产(Hechter et al. 1990)。按照同样的逻辑,当再生产某一特定制度不再符合行为者自身的利益时,制度变革就会发生。

以权力为中心的解释与自由功利主义的解释相似。它们认为,行为者通过权衡成本和利益来做出决策。然而,与自由功利主义解释不同的是,主张权力中心说的学者们强调,制度在成本和收益上的分配并不均衡,具有不同资源支持的行为者会因为制度再生产形成利益冲突。因此,根据权力中心说,即使大多数个人或团体倾向于改变某一制度,但是只要从中受益的精英有足够的力量促成制度再生产,这个制度就可以继续存在(Mahoney 2000)。正如马奥尼所说(ibid., p. 521):

> 制度最初会牺牲其他团体的利益,来壮大某一特定团体;而后,这些优势群体利用其额外权力进一步扩展制度,制度的扩展增加了优势群体的权力,优势群体又会进一步

鼓励制度扩张。

以权力为中心的功利主义学说有关制度变迁的论述暗含这样一层意思,即对制度变迁感兴趣的行为者联盟,其谈判能力的提高和制度变迁过程是相互呼应的。更具体地说,如果主张变革的行为者联盟的谈判能力达到了反变革集体不能再维持现状的程度,那么制度稳定性就被打破了。诺思(North 1990, p. 16)也持有类似的观点,认为谈判能力的重要性不仅体现在制度再生产的过程中,也体现在制度变革的过程中。诺思认为,制度"被设立,是为了方便有谈判能力的群体制定新的规则"。如此,根据诺思(ibid., p. 68)的观点,对于参与特定交易的一些个体而言,制度约束不是理想的或有效的,这些团体因而希望制度重组,但同一制度的另一些选择仍然反映了一种最有效的交易行动,毕竟制度如何变化最终看的是谈判能力。因而,只有在改变博弈规则有利于谈判力量很强的这群人的利益时,体制框架才会发生重大变化。

260

总而言之,根据制度主义理论的逻辑,一旦社会存在系统性腐败(不论这是出于什么原因),即便腐败行为的"首发因素"已消除,腐败也会一直持续下去。关于制度再生产和制度变迁的文献一般认为,制度再生产机制可能由功能性方面的基础构成,也可能由观念性的基础构成,或者由物质性基础构成,这些机制使制度环境得以稳固下来(Thelen 1999)。基于本节的讨论,我们接下来探讨一下系统性腐败的再生产机制。

13.4　系统性腐败的再生产机制

为了尽可能地在制度主义理论框架内论述系统性腐败,我们需要解释系统性腐败的再生产机制有哪些。如前所述,关于制度再生产的文献主要提出了三种可以解释制度自我强化特征的机制:功能性机制、观念机制和物质机制(功利性机制)。在本节中,我们探讨这三种机制对系统性腐败的解释力。

首先,就系统性腐败再生产的功能性机制而言,人们直到最近(在20世纪90年代中期之前)才形成共识:因为在促进资本形成、加快发展和"使政治更人道"等方面发挥"润滑剂"的作用,系统性腐败得以持续存在(Leff 1964; Nye 1967)。这种"润滑剂"观点的核心观念是,像贿赂这样的腐败行为,可能是绕开烦琐管制和无效法律制度的一种有效方式。即使不是这样,腐败在再分配或使其他被排斥群体受惠于国家等方面也发挥着重要作用(Huntington 1968)。另一种观点认为,以贿赂(或者说"好处费")形式体现的腐败能够缩短处理许可证和文书等工作的时间,从而提高效率。还有一些人认为,腐败是现代化进程不可避免的一部分。例如,塞缪尔·亨廷顿(Huntington 1968)认为,腐败在很大程度上是现代化的一个症状,或者说是企业家为了规避国家压迫性的沉重负担即"削减繁文缛节"而做出的努力。以这种观点看,最终在社会层面上,腐败总体上发挥着积极作用。

261

然而,目前很少有研究人员和政策制定者会赞同这种"修正主义的"腐败观(Riley 1998; Doig & McIvor 1999)。相反,现在的共识以及大量的实证证据认为,腐败不是"润滑剂"而是"沙子",是一种消极的力量,是快速发展的巨大障碍。因此,至少从整体上看,腐败在宏观上起侵蚀作用。故而,腐败似乎并没有功能性基础,或者用道格拉斯·诺思(North 1990, p. 68)的话来说就是,并不具备"社会有效性"。

其次,从系统性腐败再生产的观念机制来看,大量研究表明,一些国家更为腐败的原因是,由于文化不同,社会大众对于腐败的常识性理解存在重大差异(Bardhan 1997; de Sardan 1999; Heidenheimer 2002; Hasty 2005)。海登海默(Heidenheimer 2002)区分了"黑色腐败""灰色腐败""白色腐败",这表明,公众对不同腐败活动的接受程度不同。"黑色腐败"指多数精英和公众舆论谴责的,并且希望依据某种原则予以惩罚的腐败行为。"灰色腐败"是这样一种腐败,精英等社会群体中一些人希望惩罚腐败行为,而另一些人则相反,但是大多数人的态度是模棱两可的。最后,关于"白色腐败",大多数精英和公众意见一致,不会特别要求惩处,是可以容忍的腐败行为。根据这一观点,在撒哈拉以南非洲地区,系统性腐败之所以存续,只是因为公众不能区分"对"和"错",于是只能继续维持而不是惩罚腐败行为。在西方国家被视为贿赂的东西,在腐败泛滥的国家则被认为是礼物(Bardhan 1997; de Sardan 1999; Rose-Ackerman 1999; Hasty 2005)。

然而,尽管这种观点很常见,大多数国家,包括腐败最严重的国家,在道义上似乎都果断反对腐败。例如,非洲晴雨表组织在一项调查中(Afrobarometer 2006)询问受访者,公务员的下述行为是"根本没有错","有错但可以理解",还是"错了,应受惩罚":(1)决定在他朋友和支持者居住的地方设立开发项目;(2)为家族中没有足够资质的人提供工作;(3)提供职责内服务时索要好处或额外付款。结果显示,绝大多数受访者都认定,这三类行为都是错误的,应当受到惩罚。在其他极为腐败的地区进行的研究,也揭示了类似的结果(Nichols et al. 2004; Karklins 2005)。这就告诉我们,系统性腐败再生产的物质机制是可能性最大的潜在机制。正如下一节将要论证的一样,物质机制最有可能解释,为什么在尽力遏制的情况下,作为一个非正式制度,系统性腐败依旧如此泛滥。更具体地说,根据在肯尼亚和乌干达这两个极其腐败的典型国家进行的比较访谈研究,我们需要论证,作为非正式制度的腐败所产生的物质激励,如何将系统性腐败转化为一个集体行动问题,而不是转化为一个委托—代理问题。

262

13.5　系统性腐败的集体行动问题

委托—代理框架认为,有效的监管和惩罚机制是遏制腐败的两种重要方式。集体行动理论则认为,没有必要质疑这两者潜在的意义或作用;相反,集体行动理论质疑的是内在的假设,即所有社会至少有一群行为者,他们愿意作为"委托人"行事,并且愿意实施这一机制。这是因为,与委托—代理理论的观点相反,集体行动理论反对以下观点:全局态势本身总是会给行为者答案,使他们知道何种策略是最合理的选择。对于以多重均衡协作问题为呈现形式的策略互动来说,集体行动理论尤其正确;在这一理论框架中,行动的选择取决于对其他人将会怎样行事的共同预期(Sen 1967; Ostrom 1998; Aumann & Drèze 2005; Fehr & Fischbacher 2005; Gintis et al. 2005; Medina 2007)。

根据这一套理论,腐败的收益如何,关键取决于同一社会中有多少人对腐败存有预期。一个理性行为者最可能的行动策略就是,去权衡一下对腐败存有预期的人的数量和规模。只要腐败是意料之中的行为,任何人都可能会腐败行事。此外,值得注意的是,即使大多数行为者在道义上谴责腐败行为,并且也意识到,在当下的腐败之中,他们作为一个集体一定是吃亏的,可他们还是相信其他人会腐败行事(Karklins 2005)。这是因为,在一个极其腐败的制度环境下玩“烂游戏”,诚信并不能改变游戏本身,而且诚信的短期成本又相对很高(Della Porta & Vannucci 1999)。因此,民众不愿或不能承担成本,不愿做“傻瓜”(Levi 1988),反而选择继续腐败。瑞典诺贝尔奖获得者冈纳·缪尔达尔(Myrdal 1968, p. 409)关于亚洲“软国家”问题的研究,精准地捕捉到了自利行为者的行事原因:“如果每个人看上去都是腐败的,为什么我不能腐败。”在腐败是预期行为的环境下,监管机制和惩罚机制在很大程度上是无效的,因为根本就没有行为者有动力去追究腐败官员的责任。最后,这种动机结构导致了埃莉诺·奥斯特罗姆(Ostrom 1998)所称的“第二序列”的集体行动问题。

263

在本节的余下部分,我们将对系统性腐败暗指的物质激励因素开展分析,说明系统性腐败很大程度上就是一个集体行动问题。总体的框架是,行为者参与腐败,不是因为他们在道义上赞同腐败或不了解腐败对整个社会的负面影响,而是因为只要他们预计其他所有人都会违规,他们就会认为参与腐败的短期利益大于成本。就一个典型的集体行动模式而言,这种腐败博弈可以理解为是一种安全博弈(Sen 1967; Hardin 1995)。根据博弈的逻辑,相比于每个人都犯规的结果,所有人都喜欢无人作弊(作弊指的是腐败行为)。但是,充当腐败博弈中唯一的"傻瓜",这对个人来说,代价太大了。只要每个人预料到其他人都一样腐败,就往往会使博弈成为次优的"腐败"均衡,与安全博弈完全一致。当腐败是预期行为,而有人要公正行事,那么这会对所有参与者产生消极的影响。在不同群体中,腐败行为的积极回报有很大的差异。作为非正式制度的系统性腐败的再生产机制,只有在以权力为中心的功利主义理论框架内,才能得到充分理解。

在极其腐败的环境中腐败相对于诚信的成本收益分析

264

在极其腐败的背景下,尽管存在鼓励个体行为者去举报和惩罚腐败的制度与法律框架,个体行为者在道义上也谴责腐败,可他们为什么还是选择不去举报和惩罚腐败呢?就像集体行动理论说的那样,肯尼亚和乌干达的大多数受访者都知道,在现实生活中,打破博弈规则需要付出很高成本,符合腐败博弈规则反而可以获得可观的收益。诚信的代价有很多,从无意义感到死亡威胁,都在其列;而腐败的好处也有很多,如最大限度地减少无法获得服务的风险等相对收益,以及过上富裕生活等绝对收益。就选择打破腐败博弈规则所付出的成本而言,大量受访者都认为,举报腐败简直毫无意义,并且代价高昂。腐败就是一种"运作"方式:"人们都自鸣得意。无论是好是坏,每个人都这样做。难道我是那个愿意改变世界的人吗?你从人们的行为中看到的东西,不过如此。"在乌干达一家报纸上,有两个人(A 和 B)对极其腐败的环境的内在逻辑做出如下解释:

> A:人们意识到它的存在(并认为它在道德上是不对的),但不会采取任何行动。他们认为这是日常秩序。腐败是常态。他们不在乎,因为他们想得到某些东西。如果你想更轻松地得到它,那就必须参与腐败,问题就能解决。所以,腐败很难消除。
>
> B:……到头来,我感到很内疚,但这就是社会。

A：确实如此。道德上讲，我们不应该这样做，但周围环境……

B：无论如何，这就是生活……你看看周围环境，就是这样的……现实给人的感觉就是，如果我不拿，它就会被其他人拿走。

还有一点要注意：对于很多人来说，意义感的缺失足以构成不诚信的理由，同时公正行事的成本与欺诈等不诚信行为的成本或代价几乎不对等。相反，许多受访者见证了，在现实生活中，诚实行事不仅浪费时间，而且会给包括公职人员在内的各级社会成员带来相当大的事实成本。例如，拒绝利用职位来谋取私利的公职人员被认为是愚蠢的，甚至可能被讥讽：

265

如果你有权力却没有充分利用它——如果你没有帮助到你的家人，他们会咒骂你……所以，每一个人都会给你压力，你应该尽可能地办更多事。事实上，不滥用职权的人不仅会被辱骂，还会被认为没有用。

现实是，当人们发现你处于一定社会地位上，但没有像他们期望的那样富裕时，他们就会时不时地嘲笑你。

对许多人来说，虽然名誉受损和遭受社会排斥是搞腐败的代价，但是公平行事的代价其实更高。在极为腐败的环境中，普通公民特别是穷人，不愿意举报腐败。这可能是因为，在这样一个背景下，腐败早已让国家丧失了在更广泛的基础上提供公共产品的能力。相反，“大人物”才是公共产品的主要提供者。据许多知情人士透露，在这个恶性循环中，人们发现惩罚腐败行为的成本太过高昂。简而言之，对于穷人来说，惩罚腐败分子这一替代性做法，根本就行不通，因为他们不能恩将仇报：

若亲戚或朋友身居高位，而且资金流向他们所在的村庄并且自己也从中受益，人们就不在乎这笔钱是如何得来的……在我看来，这给反腐败制造了难题。究竟谁会投诉呢？

> 对于需要帮助的人来说，如果有人来找你，并且为你的孩子解决了你无法负担的学费，那么你就会赞扬那个人，并会说“你是一个好人，做得很好！”。人们会说“他是我们的人”，然后把他当作自己人看待。

对于有幸在正规部门找到工作的群体来说，失去工作甚至生活的恐惧似乎让许多人在举报腐败一事上望而却步：

> （人们不会举报腐败是因为）……他们害怕失去工作。他们认为腐败很糟糕，但是他们不敢举报。因为举报体制本身就是腐败的。
>
> 法律虽然存在，但实施起来并不容易……我们有足够的（反击腐败的资源和渠道）……但是，环境很糟糕。我们通常建议某官员应当被撤职。现在，他所在的工作部门的公职人员坐在一起，否决了你的建议，那会如何？你去法院，他们会跟着你。你会发现，非常令人失望的是，地方法官会收买证人，甚至威胁证人。同样，因为腐败主要是白领犯罪，这意味着我的晚辈将要为我作证，但他们担心自己的工作和生活会受影响。

266

乌干达的一名前公职人员因为向政府监察局举报腐败的同事而失去了工作。在问及这是否值得时，他给出的回答是“不值得”。当然，他不会再这样做了：“如果你失去了工作，且没有人保护你，这就没有任何意义。”简而言之，正如集体行动理论所预测的那样，在腐败成为规则的背景下，举报者会遭遇大多数人无法承受的制裁。最后，根据本研究大多数受访者的回应，我们认为，人们害怕举报产生的后果，加上感觉到自己就是腐败的恶性循环的一部分，并且没有人能够摆脱这种恶性循环，这些可能是人们不主动举报腐败、挑战腐败的主要原因。只要多数人认为其他人大多都会搞腐败，那么，公平行事和积极挑战腐败的相对成本（在许多情况下是绝对成本），一定会非常高。

但是,这并不是说,参与腐败行为的收益会在各个群体中平均分配。相反,虽然大多数受访者认为,腐败收益往往远大于成本,但是他们同时也看到了腐败所产生的利益在各群体之间的分配存在巨大差异。在等级体系中,越接近顶端的群体越有可能从参与腐败中获得绝对收益,甚至是长远收益。普通公民,特别是社会上的贫穷阶层,则处在一个相反的极端。在这个群体中,人们并没有积极地支持腐败,而是被动地接受腐败。原因很简单:通过最大限度地提高实现目标的效率以防止目标"流产",或者通过使风险最小化,例如避免被警方或法院找麻烦,腐败使人们的生活更为便利。在这两种情况下,腐败都被当作一种方式,以绕开那些不可预测的(或预计是低效的)制度安排:

> 大多数人这样做并非自愿。如果你看一下这些收受贿赂的机构,就会发现它们就像是警察局。这意味着人们如果不行贿,就会受到某种惩罚或某种威胁。这里面有一点点无可奈何,但也有其他因素:人们试图通过贿赂来插队或节省时间或……

行贿是获取服务的唯一方式:

267

> 人们会有这样的想法:如果你要去哪个部门办事,必须交一些钱才能获得服务。这正在成为一种文化。每个人都有这种想法,即使是我……也许我正在按这种想法行事。但是,如果你不这样做,你会输。这是你的代价。
>
> 贿赂是不好的,但有时就是需要行贿,特别是当你试图得到你想要而又不能得到的东西时。如果有人告诉你,"如果你按我说的做,你就会得到它",而当你照着做了,你第二天就真的得到了它,那么腐败将成为日常规则。

同样地,系统性腐败的背景下,腐败的集体行动问题表明:

> 所有人都知道这是错的,但是人们普遍认为这是一种

体制……因此，并不是人们不愿意去清除腐败，而是所处的主要环境、制度和他们参与清除腐败这件事情的流程，比起给警察行贿，成本更高。

对许多普通公民来说，正是关于精英群体将会做什么的预期，驱动了普通人的腐败行为，这一预期也使他们倍感困窘：

即使是老百姓也已看到，国家已经不能兑现承诺了。然后，他们就会说"我们是谁？"。如果国家允许像这样的人（高级官员）继续侵占国家财产，为什么不允许我给诊所官员一百先令来获得更快的医疗服务？人们会说："见鬼去吧！"这是一个实际的生活方式……

这个政权正在变得令人难以忍受，并且存在大量腐败却不受惩罚。其他公众正在说："我们能做什么？"

腐败在某种程度上是从上层开始的。当你允许那些部长收受贿赂的时候……一个人当了三年部长，现在就是百万富翁。那么，其他人能做些什么？他们只能选择加入贪腐的队伍。

换句话说，我们如果相信乌干达和肯尼亚的相关信息是真实可信的，那么可以认为，精英的行为似乎对其他社会群体起了诱导作用。在这个意义上，极其腐败的系统可以被描述为一个类似于"从头开始腐烂的鱼"的系统。然而需要注意的是，这并不会使得精英受到的博弈规则的影响比其他任何行为者群体受到的影响要小。也就是说，即便是精英，最终也要屈服于这个体系；在这个体系下，公平行事的代价远远超过腐败行事的代价。然而，大多数的受访者仍然把精英描述成腐败博弈的赢家。他们认为，比起社会中其他群体，高级官员最能从维持现状中获益，最终推动高级官员参与腐败的是贪婪而不是生存动机。金钱简直"太美好了，根本无法抵挡"： 268

是贪婪导致官员腐败。他们并不关心其他人……他们以自我为中心。

> 他们(公共官员)只会说:“我要从中得到一些好处,我要买车,我要建房子。”这是自私的做法,贪婪,自私!

另一个受访者描述了类似的情况:

> (政治精英)认为腐败是一项可坐收渔利的事业。你侵占得多,反而没有什么风险。万一挪用巨额资金的丑闻成为公众关注的焦点,唯一让你不舒服的就是,自己的名字出现在媒体报道中。但也就是那样了。你遭受的只是尴尬。这并不能吓退多数人。想想看,如果我能够挪用5亿先令,为我的子孙做终身投资,人们是会议论我,公众也会把我看成做了不道德事情的人,但这一切很快会被人遗忘。我会获得赃物并开始享用它。甚至我可以用这些钱中的一部分来收买一些反对我的人,买下他们的忠诚,以及他们的友谊。这就是这个国家正在发生的事情。

总的来说,通过对乌干达和肯尼亚的案例分析,本节说明了在系统性腐败的国家,其腐败的集体行动问题具有什么样的特征。在这种背景下,很少有人认为有必要去举报和惩罚腐败。这样做,相对和绝对的短期成本都太高。此外,至少在短期内,被动或主动地参与腐败活动的收益都超过了成本,这就使得大多数人在廉洁与腐败之间选择了腐败。但是,并非所有行为者都会从维持腐败中获得同等收益。按照以权力为中心的功利主义观点对制度再生产的解释,极其腐败的制度在不同群体之间不平等地分配腐败收益,高级官员是绝对收益最高的群体,他们最有动机维持腐败现状。接下来,我们讨论将腐败的本质定义为集体行动问题的政策含义。

269

13.6 腐败本质之反思

随着人们越来越多地认识到腐败的负面影响,反腐败战略现在已成为全球政策领域的头等大事。近年来,反腐败已成为一个重要行当,涉及所有国际组织,也投入大量资源(Médard 2002; Mungiu-Pippidi 2006)。然而,迄今为止,在腐败猖獗的国家,这些投入很少取得成功。相反,全世界的系统性腐败都显著反弹了。

本章提出的论点可以解释,在受系统性腐败困扰的国家,为什么反腐败改革总体上是失败的;也可以解释为什么系统性腐败具有异乎寻常的顽固性。本章认为,就系统性腐败来说,在很大程度上它与非正式制度(特别是竞争型的非正式制度)具有共同特征。通过分析腐败所指向的物质激励,我们发现,腐败实际上更像是集体行动问题,而不是以前人们常常认为的委托代理问题。集体行动问题有一个关键特性:对于任何个体来说,打破博弈规则总是比遵循博弈规则代价更大。因此我们应该预料到,有系统性腐败的体制(在这个体系内,腐败是预期行为而不是异常行为)难以改变,黏性很强,这也是为实证研究所证实的。

就政策含义来说,如果系统性腐败不是具有不同动机的代理人与委托人之间信息不对称的问题,而是因一种社会契约而产生大多数所谓的"委托人"对这种社会契约可能会赞成的问题尽管并不情愿,那么,所谓代理人的动机结构就不适合像委托—代理理论主张的那样,可用来寻求一种"快速解决方案",因为根本没有委托人愿意监督和惩罚腐败官员。相反,想要成功遏制猖獗的腐败,就要改变行为者关于"所有"其他行为者可能做什么的信念,最终使得大多数行为者期望其他参与者会公平行事。要做到这一点,我们如果相信其他学者的论断,那么就需要进行更多的革命性变革,而不是"修补激励措施"。正如拉里·戴蒙德所述(Diamond 2007, p. 119):

> 地方腐败不是一个通过技术修复或政治施压就能纠正的缺陷。腐败是制度运作的方式,深深植根于政治和社会生活的日常规范和期待之中。若要将其负面影响降到较低的水平,进而保持这一水平,就需要制度的革命性变革。

270

特别是,为了成功地减少腐败猖獗国家的贪腐行为,国家整个体制需要彻底的转变,从特殊主义(Mungiu-Pippidi 2006)、限制进入秩序(North et al. 2009)或不公正的规则系统(Rothstein & Teorell 2008)等均衡状态,转向相反特性的均衡,即具有普遍主义、开放进入秩序或者公正制度等特性的均衡(Collier 2000; Johnston 2005; Mungiu-Pippidi 2006; North et al. 2009)。

革命性变革实际上就是解决系统性腐败问题的方案。但是,我们仍然需要回答如下问题:如何将社会制度的基本运作方式从"特殊主义—人格主义—偏袒"转变为"普遍主义—非人格主义—公正"?也就是说,我们需要知道社会如何才能摆脱像腐败这样的"社会陷阱"。不幸的是,正如我们在其他著述(即将发表)中论证的那样,虽然实际上有好几个国家的社会制度在高效运作,但是我们对其成功的原因知之甚少。鉴于系统性腐败给经济、政治和社会带来的破坏性影响,未来研究的重要任务之一就是弄清楚为什么一些国家能够从极度腐败中摆脱,成功地将腐败变为例外而非规则。

参考文献

Adserà, A., C. Boix and M. Payne. 2003. "Are you being served? Political accountability and quality of government". *Journal of Law, Economics, and Organization*, **19** (2): 445–90.

271 Afrobarometer. 2006. "Citizens and the state in Africa". Working Paper No. 61, The Afrobarometer Network.

Aidt, T.S. 2003. "Economic analysis of corruption: a survey". *Economic Journal*, **113** (491): F632–F652.

Andvig, J.C. and O-H. Fjeldstad. 2001. "Corruption: a review of contemporary research". Report R 2001: 7, Chr. Michelsen Institute, Bergen.

Aumann, R.J. and J.H. Drèze. 2005. "When all is said and done: how should you play and what should you expect". Discussion Paper No. 2005-21, Center for the Study of Rationality, Hebrew University, Jerusalem.

Bardhan, P. 1997. "Corruption and development: a review of issues". *Journal of Economic Literature*, **35** (3): 1320–46.

Becker, G.S. and G.J. Stigler. 1974. "Law enforcement, malfeasance, and compensation of enforcers". *Journal of Legal Studies*, **3** (1): 1–18.

Besley, T. 2006. *Principled Agents: The Political Economy of Good Government*. Oxford: Oxford University Press.

Chazan, N., R. Mortimer, J. Ravenhill and D. Rothchild. 1992. *Politics and Society in Contemporary Africa*. Boulder, CO: Lynne Rienner, and London: Macmillan.

Collier, P. 2000. "How to reduce corruption". *African Development Review*. **12** (2): 191–205.

de Sardan, J.P.O. 1999. "A moral economy of corruption in Africa". *Journal of Modern African Studies*, **37** (1): 25–52.

Della Porta, D. and A. Vannucci. 1999. *Corrupt Exchanges: Actors, Resources, and Mechanisms of Political Corruption*. New York: Aldine de Gruyter.

Diamond, L. 1987."Class formation in the swollen African state". *Journal of Modern African Studies*, **25** (4): 567–91.

Diamond, L. 2007. "A quarter-century of promoting democracy". *Journal of Democracy*, **18** (4): 118–20.

Doig, A. 1998."Dealing with corruption: the next steps". *Crime, Law, and Social Change*, **29** (2–3): 99–112.

Doig, A. and S. McIvor. 1999. "Corruption and its control in the developmental context: an analysis and selective review of the literature". *Third World Quarterly*, **20** (3): 657–76.

Fehr, E. and U. Fischbacher. 2005. "The economics of strong reciprocity". In Gintis et al. (eds), pp. 151–91.

Galtung, F. and J. Pope. 1999. "The global coalition against corruption: evaluating Transparency International". In A. Schedler, L. Diamond and M.F. Plattner (eds), *The Self-Restraining State: Power and Accountability in New Democracies*, Boulder, CO: Lynne Rienner, pp. 257–84.

Gintis, H., S. Bowles, R. Boyd, and E. Fehr (eds). 2005. *Moral Sentiments and Material Interests: The Foundations for Cooperation in Economic Life*. Cambridge, MA: MIT Press.

Grafstein, R. 1992. *Institutional Realism: Social and Political Constraints on Rational Actors*. New Haven, CT: Yale University Press.

Greif, A. 2006. *Institutions and the Path of Modern Economy: Lessons from Medieval Trade*. Cambridge: Cambridge University Press.

Hall, P.A. and R.C.R. Taylor. 1996. "Political science and the three new institutionalisms". *Political Studies*, **44** (5): 936–57.

Hardin, R. 1995. *One for All: The Logic of Group Conflict*. Princeton, NJ: Princeton University Press.

Harris, R. 2003. *Political Corruption In and Beyond the Nation State*. London: Routledge. 272

Hasty, J. 2005. "The pleasures of corruption: desire and discipline in Ghanaian political culture". *Cultural Anthropology*, **20** (2): 271–301.

Hechter, M., K.-D. Opp and R.Wippler. 1990. *Social Institutions: Their Emergence, Maintenance and Effects*. New York: Aldine de Gruyter.

Heidenheimer, A.J. 2002. "Perspectives on the perception of corruption". In Heidenheimer and M. Johnston (eds), *Political Corruption: Concepts and Contexts*, New Brunswick, NJ and London: Transaction, pp. 141–54.

Helmke, G. and S.Levitsky. 2004. "Informal institutions and comparative politics: a research agenda". *Perspectives on Politics*, **2** (4): 725–40.

Hope, Sr, K.R. and B.C. Chikulo. 2000. "Introduction". In Hope and Chikulo (eds), *Corruption and Development in Africa: Lessons from Country Case-Studies*, Basingstoke: Macmillan, pp. 1–17.

Huntington, S.P. 1968. *Political Order in Changing Societie*. New Haven, CT: Yale University Press.

Ivanov, K. 2007. "The limits of a global campaign against corruption". In S. Bracking (ed.), *Corruption and Development: The Anti-Corruption Campaigns*, Basingstoke: Palgrave Macmillan, pp. 28–45.

Johnston, M. 2005. *Syndromes of Corruption: Wealth, Power, and Democracy*. Cambridge: Cambridge University Press.

Karklins, R. 2005. *The System Made Me Do It: Corruption in Post-Communist Societies*. Armonk, NY: M.E. Sharpe.
Klitgaard, R. 1988. *Controlling Corruption*. Berkeley, CA: University of California Press.
Lauth, H.-J. 2000. "Informal institutions and democracy". *Democratization*, **7** (4): 21–50.
Ledeneva, A. 2009. "Corruption in post-communist societies: a re-examination". *Perspectives on European Politics and Society*, **10** (1): 69–86.
Leff, N.H. 1964. "Economic development through bureaucratic corruption". *American Behavioral Scientist*, **8** (3): 8–14.
Levi, M. 1988. *Of Rule and Revenue*. Berkeley, CA: University of California Press.
Lindner, J. 2003. "Institutional stability and change: two sides of the same coin". *Journal of European Public Policy*, **10** (6): 912–35.
Mahoney, J. 2000. "Path dependence in historical sociology". *Theory and Society*, **29** (4): 507–48.
Médard, J.-F. 1986. "Public corruption in Africa: a comparative perspective". *Corruption and Reform*, **1** (2): 115–31.
Médard, J.-F. 2002. "Corruption in the neo-patrimonial states of sub-Saharan Africa". In A.J. Heidenheimer and M. Johnston (eds), *Political Corruption: Concepts and Contexts*, New Brunswick, NJ and London: Transaction, pp. 379–402.
Medina, L.F. 2007. *A Unified Theory of Collective Action and Social Change*. Ann Arbor, MI: University of Michigan Press.
Mungiu-Pippidi, A. 2006. "Corruption: diagnosis and treatment". *Journal of Democracy*, **17** (3): 86–99.
Myerson, R.B. 1993. "Effectiveness of electoral systems for reducing government corruption: a game-theoretic analysis". *Games and Economic Behavior*, **5** (1): 118–32.
273 Myrdal, G. 1968. *Asian Drama: An Inquiry into the Poverty of Nations*. London: Allen Lane the Penguin Press.
Nichols, P.M., G.J. Siedel and M. Kasdin. 2004. "Corruption as a pan-cultural phenomenon: an empirical study in countries at opposite ends of the former Soviet Empire". *Texas Journal of International Law*, **39**: 215–56.
North, D.C. 1990. *Institutions, Institutional Change, and Economic Performance*. Cambridge: Cambridge University Press.
North, D.C., J. Wallis and B.R. Weingast. 2009. *Violence and Social Orders: A Conceptual Framework for Interpreting Recorded Human History*. Cambridge: Cambridge University Press.
Nye, J.S. 1967. "Corruption and political development: a cost–benefit analysis". *American Political Science Review*, **61**: 417–27.
Ostrom, E. 1998."A behavioral approach to the rational choice theory of collective action". *American Political Science Review*, **92** (1): 1–22.
Persson, A., B. Rothstein, and J. Teorell. Forthcoming. "Why anti-corruption reforms fail – systemic corruption as a collective action problem". *Governance*.
Persson, T. and G. Tabellini. 2000. *Political Economics: Explaining Economic Policy*. Cambridge, MA: MIT Press.
Peters, G.B. 1999. *Institutional Theory in Political Science: The "New Institutionalism"*. London and New York: Continuum.
Pierson, P. 2000. "Increasing returns, path dependence, and the study of politics". *American Political Science Review*, **94** (2): 251–67.

Rauch, J.E. and P.B. Evans. 2000. "Bureaucratic structure and bureaucratic performance in less developed countries". *Journal of Public Economics*, **75** (1): 49–71.
Riley, S.P. 1998. "The political economy of anti-corruption strategies in Africa". *European Journal of Development Research*, **10** (1): 129–59.
Rose-Ackerman, S. 1978. *Corruption: A Study in Political Economy*. New York: Academic Press.
Rose-Ackerman, S. 1999. *Corruption and Government: Causes, Consequences, and Reform*. Cambridge: Cambridge University Press.
Rothstein, B. 2001."The universal state as a social dilemma". *Rationality and Society*, **13** (2): 213–33.
Rothstein, B. and J. Teorell. 2008. "What is quality of government? A theory of impartial government institutions". *Governance*, **21** (2): 165–90.
Sen, A. 1967. "Isolation, assurance, and the social rate of discount". *Quarterly Journal of Economics*, **81** (1): 112–24.
Thelen, K. 1999. "Historical institutionalism in comparative politics". *Annual Review of Political Science*, **2**: 369–404.
Thelen, K. and S. Steinmo. 1992. "Historical institutionalism in comparative politics". In Steinmo, K. Thelen and F. Longstreth (eds), *Structuring Politics: Historical Institutionalism in Comparative Analysis*, New York: Cambridge University Press, pp. 1–33.
Theobald, R. 1999. "So what really is the problem about corruption?". *Third World Quarterly*, **20** (3): 491–502.
Van Rijckeghem, C. and B. Weder. 2001. "Bureaucratic corruption and the rate of temptation: do wages in the civil service affect corruption, and by how much?". *Journal of Development Economics*, **65** (2): 307–31.
Williams, R. 1999."New concepts for old?". *Third World Quarterly*, **20** (3): 503–13.

第三部分

人民的收获

第十四章　部分解决方案*

十多年来,世界银行和联合国这样的国际组织都一直从发展的视角强调善治和合理制度体系的重要性。其背后的理论基础,实质上就是:只有拥有较高的政府质量,一个国家才能从经济增长和社会发展中受益。在这一章,我们将通过一项具有基础性和标示性意义的实证分析来对这一研究再加以探讨。我们主要从经验层面分析检验政府质量诸指数和一些领域的重要社会支出之间的二元相关性。用于测量政府质量的指数包含世界银行政府效能指数、世界银行法治指数和"透明国际"全球清廉指数。社会支出主要是卫生、环境可持续性、经济、社会政策和生活满意度等 5 个领域 22 个指标。在实证分析中,我们运用的是政府质量研究所数据库的资料(Teorell et al. 2008)。核心问题简单明了:政府质量起作用了吗?

2000 年的《联合国千年宣言》把善治确定为各个国家促进经济增长和消除贫困的必备前提要件(United Nations 2000, para. 13)。类似地,《2002 年联合国人类发展报告》把民主单独挑出来作为善治的一个极其重要的构件。它指出:"既然政治和政治制度要促进人类发展、捍卫人类自由和尊严,民主就必须向各国扩散并得到强化。"(UNDP 2002, p. 1)但是该项报告同样提醒人们:"民主和人类发展之间的联系并不是自发的:当少数精英主导经济政治决策时,民主和

---

* 感谢政府质量研究所马库斯·萨曼尼(Marcus Sammanni)帮助我们收集和分析数据。

平等之间的联系就被破坏了。”(ibid., p. 3)《2003 年联合国人类发展报告》再次提及这一警示并深化了其内容。该年度报告仍然突出善治和民主制度的重要性,但声明这一领域的改革本身并不足以促进经济增长和均衡发展(UNDP 2003, p. 76)。我们在认真分析 20 世纪 90 年代的人类发展指数(HDI)的相关资料后发现,在民主化与改革的时代,21 个国家的人类发展指数排名(衡量健康、教育和生活水平的指标)却是在下降的。回看 20 世纪 80 年代,那时只有 4 个国家的人类发展指数排名出现了下降。而那个年代却是世界各国向善治跃升的前夕。也就是说,通过民主改革,更多国家的人类发展指数排位反而下降了(*The Economist* 2003)。

278

通过讨论善治的成效实际上是否像国际政策圈子所声明的那样重要,政府质量与经济社会发展间复杂的概念关系和实证关系已经被淋漓尽致地揭示出来。然而,批评人士认为善治的益处被过分夸大了。缺乏客观的数据,“善治”也没有一个普适性的定义,这些意味着争辩双方都可以援引不同的实证研究结论。例如,一些研究表明,高的政府质量会加剧收入不平等(Lopez 2004),其他一些研究则相反(Gupta et al. 2002)。这些结论间的差异,部分地源于作者们是对善治的不同方面加以测量。前者使用国际性的国别风险指数(ICRG)作为治理变量的测量工具,后者则使用了六种不同的腐败指数(国别风险指数只是其中之一)。由于“善治”概念的含义如此宽泛,覆盖的问题实在太多,实证分析高度依赖于这个术语的定义。

然而,这一领域的文献极为丰富且在不断增加,所以我们也能借此更好地评估政府质量的效果及意义。在接下的四个部分里,我们将分别探讨善治领域中关于民主、经济增长、腐败和法治的争议。第五节则立足于前面几节的观点来分析政府质量在社会福利、公共卫生和环境可持续等领域的政策效果。我们不仅对这类主题的既有研究做出评论,也会有自己的实证分析。

14.1　关于民主的辩论

公民自由和民主经常被视为医治腐败、贫困等众多问题的药方。这是因为两者都与问责有关。问责对抑制公职人员滥用权力很有用(Deininger & Mpuga 2005, p. 171)。或者正如阿尔伯特·艾沙姆所说,“市场的活力在于,它要通过实践中人们不断地进行选择,才能产生管理的准则并提升效率,但是政府首先是要被约束的,要通过人们的言论表达来约束”(引自 Isham et al. 1997, p. 222)。可是这一领域的实证研究却是复杂多样的。

279

一些研究显示,公民自由一方面和民主相关,另一方面又和更好的发展成果相关(Halperin et al. 2004)。世界银行的一项研究结果表明,一个国家越是尊重公民的自由权,该国得到世界银行支持的政府投资项目执行起来就越可能成功。该项研究的作者们因而认为,限制公民自由对政府绩效有不利影响(Isham et al. 1997, p. 237)。类似地,李等人(Li et al. 1998)发现,公民自由无论对穷人还是对富人来说,都与相对较高的收入呈正相关,同时也与不平等程度的下降呈正相关。钟和格拉德斯坦(Chong & Gradstein 2004)还发现,公民自由与政治自由两者都和基尼系数有负相关性,也就是说两者和平等有着正相关性。另一项强调公民自由话语权的重要性的研究指出,“和其他人相比,那些知道怎样报道腐败的人,实际上不大可能去行贿,不大可能对服务供给十分满意,也不大可能认为教育和医疗有很大的改进”(Deininger & Mpuga 2005, p. 183)。于是,人们认为,给公民赋权是构建有效制度体系的关键。

但在实证上,就公共权力的行使而言,代议制选举民主和政府质量之间没有直接的关系。相反,民主似乎和腐败程度呈曲线相关(Montinola & Jackman 2002; Sung 2004)。实证研究表明,腐败在那些新兴民主国家最为严重。例如,一些最为恶劣的腐败情形就出现在像阿尔韦托·藤森(Alberto Fujimori)统治下的秘鲁这样的新兴民主国家(McMillan & Zoido 2004)。

选举民主并不必然导致政府质量的提升,这一论点是在2007年庆祝美国国家民主基金会成立25周年的研讨会上被提出来的。这次会议上,全世界范围内民主的巨大成功得到广泛赞誉,民主化研究领域最负盛名的学者拉里·戴蒙德说当今世界的民主正为糟糕的治理这一幽灵所困扰。他形容这些糟糕的治理"充斥着腐败、庇护、徇私和权力滥用"(Diamond 2007, p. 119)。他进而认为,"乱"之病理可以通过更多的"民主援助"来治愈的观念并不具有说服力,因为对一个由庇护主义或内生性腐败所主导的社会而言,这种援助并没有触及其政治文化的深处。如果腐败已经深深根植于人们日常的行为方式和行为预期之中,且人们对于政治、经济的交易已习以为常,想要改善这种状况,除"制度的革命性变迁"外别无他法(ibid., p. 120)。这里,戴蒙德与罗马尼亚政治科学家阿利娜·蒙久-皮皮迪(Alina Mungiu-Pippidi)的观点相似。对一些相关的尝试,比如欧盟想要抑制东欧国家的腐败,她批评道:既然"乱"植根于"特定的"政治文化中,那么现在的技术性举措,一般来说,治标不治本。在她看来,根本性问题是政治文化中缺乏"普适性规范"(Mungiu-Pippidi 2006, p. 87)。最后,我们应注意的是,新加坡和中国香港地区虽然在促进善治方面取得了很大的进步,但这两个地方过去和现在都不是民主社会(Uslaner 2008)。

14.2 关于经济增长的辩论

有关政府质量和经济增长之间关系的论点铺天盖地。其中之一就是诺贝尔经济学奖得主道格拉斯·诺思所说的"制度革命"。但是必须强调的是,诺思并不仅仅聚焦于法律或准法律制度对经济增长的重要性。在他的论证中有很强烈的"文化"烙印,例如"共同的思维模式"和"社会信仰体系"。实际上,在诺思的众多著作中,相比正式制度而言,他更为强调非正式的(文化的)制度对经济增长的意义。

例如,他认为要使客观公正而又富有成效的经济增长成为可能,社会就需要某种制度框架体系。然而,“尽管正式规则能帮助建立这种框架,但镶嵌于日常行为规范、惯例和行为准则中的非正式约束才是关键”(North 1998, p. 494;也参见 North et al. 2006)。诺思的观点和强调社会基本政治、社会文化/规范的理论有着紧密联系。

政治学和经济学领域的发展学派也对制度革命理论做出了重大贡献。市场效率只能凭借解除管制和(或者)私有化实现,这一观点并不很吃香。休克疗法式的资本主义,委婉地说,已经遇到一大堆问题,因为其拥趸者对能够反欺诈、垄断以及其他类似行为的制度需求并不太关注(Kornai et al. 2004)。例如,如果公共合同仅给予那些“关系好的”、效忠于特定多数族群或进行了贿赂的经济行为人,经济发展就可能要遭殃。类似地,如果可能面临失业的工人没有社会保障(失业救济、职业培训机会等),他们或者工会就可能做出不理性的行为,甚至影响经济的结构变迁。经济学家丹尼·罗德里克就洞察到了这个问题。他写道:“新古典经济学与经济社会发展的冲突能够揭示出市场经济的真正制度性支撑是什么。”(Rodrik 2007, p. 153)在这些制度性支撑中,罗德里克列举了一些,如细化的产权制度、对垄断和市场支配行为的有效管制、清廉的政府、法治和能容纳风险的社会福利制度。最有趣的是,罗德里克(ibid., p. 153)还提到了促进社会团结、信任和合作的非正式社会制度的重要性。他说:“这些经济学家通常认为理所当然的社会制度安排,在贫穷国家显然是缺失的。”这实际上是在批评新古典经济学忽略了这些制度的重要性。

281

善治领域的很多研究着重于政府质量的经济成效,它们是有关经济增长的讨论的一个组成部分。例如,考夫曼等人(Kaufmann et al. 1995, p. 15)就发现,“治理上 1 个标准差的进步就导致 2.5 倍(在有话语权和问责制的情形下)到 4 倍(在政治不稳定和暴力的情形下)的人均收入的增长”。考夫曼同样发现(Kaufmann 2005, p. 362):

> 从乌克兰的低法治水平到南非的中等法治水平,1 个标准差的改进从长远上看将导致人均收入 4 倍的增长。在

乌克兰(或其他原苏联国家),法治质量较大的改进(2个标准差),达到像斯洛文尼亚或西班牙这样的高法治水平,将使这个国家的人均收入再次成倍增长……

根据考夫曼的研究,腐败程度以及公民权利保障上的变化也将导致类似的经济增长。然而这类研究受到两个方面的批评。一些人指出这个研究"倒果为因"。例如,戈德史密斯(Goldsmith 2007, p. 165)指出:"和'制度多么重要'这类积极论断相反……更高的透明性、问责和公民参与程度常常是作为结果出现的,并不是快速发展的直接原因。"他是分析了美国、阿根廷、毛里求斯和牙买加的治理改革和经济发展的历史之后,得出的这个结论。他指出,在美国和阿根廷,在主要的治理改革启动前,经济已经开始快速增长;此外,尽管毛里求斯和牙买加有类似的制度环境,其发展路径却大相径庭(ibid., pp. 170-181)。这些观察让他得出结论:"任人唯贤的官僚机构、独立的司法机构和诚实的选举本身是很有价值的,然而这些制度却并不必然带来经济的快速发展。"(ibid., p. 181)他进而认为,要是有其他的便利条件,即使在政府机构质量很低的国家,经济增长也可以实现。由此,戈德史密斯主张,作为生产和收入增长的成效之一,优质的制度体系更易于建立起来,但要支撑长远的发展,还需要进一步的治理改革(ibid., p. 181)。

282

根据这一观点,工业化进程易于产生更好的制度安排。其他一些学者在把善治和经济增长联系起来查找内在问题时也会得出类似的结论。他们声称,这些研究中的方法论问题导致了对善治成效的过高估计(Glaeser et al. 2004; Przeworski 2004)。然而,从19世纪的欧洲人的视角看,历史记录可以同时解释这两个假说。英国的个案似乎可以证明"政府质量引发经济增长"假说(North 1990),而瑞典的个案似乎在说明,推动国家经济增长的工业化启动之前,导向"善治"的大量制度改革只是恰巧完成了(Rothstein 1998, 2001; Myhrman 2003)。

要指出的是,善治与经济发展的关系不可能是一个直白的逻辑时序问题。一个国家不太可能先建立起一套成熟的善治制度体系，然后因为这套制度起作用了经济才得以发展。首先，像格林德尔（Grindle 2004）主张的那样，“成套”的体系本身就很难建立起来，这意味着不仅要有法治和司法独立，还要有高效的税收制度、审计制度、专利体系、有效的警察力量、执法体系、地产局、继承法、公司法等。其次，从业已知悉的社会因果关系运作机理来看，我们应当去寻找像“反馈机制”“自动相关性”“路径依赖”这样的要素，因为正是这些要素使这个分析中的“自变量”和“因变量”很难区分开来（Hall 2003）。我们不是非要弄明白制度正式建立后的效果，而是要去弄清楚人们一般是怎样看待这些制度的可信度的。

除了这些评论外，还有人既支持善治促进经济增长的观点，也批评善治的议程设置。他们的批评主要集中在经济增长如何减少贫困和收入不平等这两方面。例如，有一些人认为政府质量的政策意义在于强调有助于减少贫困的小政府（Shepherd 2000, p. 270）。谢泼德举例说，虽然行政改革在削减政府雇员数量上是成功的，但在解决低薪方面却是失败的。这进而形成了“非正式的报酬体系及其他各种腐败形式”长盛不衰的现状，让公务人员不再有动力去履行应有的职责（ibid., p. 282）。他认为，问题在于行政部门的改革没有与普及性的小学教育、基本卫生服务等政策相协调，这意味着“输出端”（服务供给的产出）在“输入端”已经受到制约。他的结论是，尽管善治改革或许是必要的，但不是说有了善治就能减少贫困，想要减少贫困，就需要普适性政策，特别是在教育和卫生这类公共部门（ibid., p. 283）。

283

善治议程的支持者们认为，穷人在坏政府之下受尽苦难，因而通往善治的改革对改善他们的境遇大有益处。根据这种观点，努力减少腐败，增加提供给穷人的法律服务，提升警务人员的道德修养以减少对穷人的歧视，完善民主制度，提高公共服务的质量和效率，管理好经济事务，这些从长远上看对穷人是有益的（ibid., p. 270）。钟（Chong）和卡德农（Calderón）开展的一项时间段为 20 世纪 60 年代至90年代的跨国研究，为这一观点提供了论据。他们发现制度质量和贫困之间有一种负相关关系，“一个国家制度体系的效率越高，贫困的水平、发生率和严重程度就越低”（Chong & Calderón 2000, p. 130）。财产被侵占的风险和官僚机构的质量对贫困程度的影响最大，腐败、法律和秩序的影响则不那么明显。他们认为，从理论上来讲，这是因为穷人常常生活在乡下，中央政府对那里的控制不是那么强，所以最有可能影响贫困的，是那些与穷人有直接联系的事情，比如没有保障的财产征用和效率低下的服务供给（ibid., pp. 130-131）。他们还提出一种观念，一个国家的制度改革在初始阶段可能会增加贫困，因为初始交易成本会很高，但在新的制度逐渐适应并开始高效运转后，情况会变好（ibid., p. 125）。

这些观点切合发展经济学家埃尔南多·德·索托（Hernando de Soto）所说的“资本的社会建设”理论（de Soto 2000）。简而言之，他的代表性观点是，资本不等同于资产或财产；要把资产或财产变成资本，首先就要使它具备为法律体系广泛接受的某种特性，这样才能使其所有权得到保护。通过这种规范的或合法的制度创新，变成了资本的资产或财产才能用来为一些借贷作担保，比如要投资一个小企业而需要借贷的情形下，就可以用资产作抵押。关键在于，德·索托认为，这些东西在西方世界的出现，经历了一个很漫长很复杂的法律制度构建过程，有的甚至持续了好几百年。比如什么叫财产，或者说财产的本质属性是什么，对这样的问题，封建时期和现代的或资本主义的观念大不一样。根据德·索托的观点，资产只有被“所有”其他人认可，才能转化为资本并使用。这反过来不仅要求一个强有力的法律上的“善治”框架，而且要求有一种信念体系的整体性转变。这种信念体系的转变，在道格拉斯·诺思看来很有必要。那些被委以责任去保障财产权利的人在多大程度上值得信任，反映了人们的一种心理状态。选择相信他们，代表着社会信念体系的转型。这一点非常重要。

从这一研究中我们得到了一个基本印象，即存在一个共识：善治

284

和经济增长之间有某种关联,尽管其因果关系和对穷人的益处仍待检验。几位评论者指出,我们需要关注善治议程怎样促进有利于穷人的经济增长(减少绝对贫困或相对贫困的经济增长)的相关过程或机制,从而提出一些更有活力的理论框架(Grindle 2004; Resnick & Birner 2006)。

14.3 关于腐败的辩论

在我们看来,政府质量不能仅仅被定义为清除腐败。原因在于,尽管高度腐败显然是政府质量的"冤家对头",但政府质量包含的内容远不止清除腐败。有很多不被视作腐败的东西,例如庇护主义、裙带关系、用人唯亲、赞助、歧视以及拥有管制权或控制权的政府机构被利益集团"俘获"等情形,都应包括在政府质量要解决的问题之中。可是对很多人来说,政府质量的实现依旧与反腐政策紧密联系在一起。《联合国反腐败全球计划》报告的首页就谈到,"20 世纪 90 年代取得的最重大的治理成就在于,打破了讨论腐败的禁忌,特别是在外交圈和跨国机构里谈论腐败"。这个禁忌存在了这么长的时间,其原因很难阐明。一种观点认为,在发展中国家谈论腐败问题可能被看成是在"责备受害者"。另一种观点认为,揭露发展中国家的腐败问题可能导致很多国家削弱对国际援助的政治支持。到 20 世纪 90 年代中期,世界银行仍然把腐败看作一个内政问题。由于世界银行不能干涉一国内政,腐败也就不在世界银行关注的范围之内。但是,世界银行前行长詹姆斯·沃尔芬森(James D. Wolfensohn)仅仅是将腐败重新定义了一下,腐败由此成为一个经济问题,这之后一切都变了。在 2005 年一次采访中,他声明:"十年前我来世界银行时,世界银行从不谈论腐败,而现在我们在一百多个国家开展项目,腐败是一个例行的讨论主题。"(Wolfensohn 2005)

285

许多社会科学也不愿意涉足腐败。例如,《发展经济学手册》(*Handbook of Development Economics*)在 1988 年到 1995 年出版了 4

卷,但没有一条关于腐败的索引。此外,大多数针对本科生的经济学和政治学教材也不太关注腐败。然而,社会科学界在过去的 10 年间渐渐关注腐败和其他的治理紊乱问题,这并非仅仅受经济学和政治学的"制度革命"学说的影响(Levi 2006)。

现在我们有了关于腐败负面影响的大量文献。虽然一些学者认为特定类型的腐败对经济发展有积极作用(Nye 1967; Khan 1996, 1998),大多数研究指向的仍然是腐败的消极影响(Mauro 1995; Gupta et al. 2002; Akçay 2006; Transparency International 2008a)。根据第一类观点,腐败有不同的形式,一些提升了经济效率,一些降低了经济效率,因而必须采用成本收益分析来确定腐败的整体影响(Nye 1967; Khan 1996, 1998)。而相反的观点则认为,腐败对 GDP 的增长(Mo 2001)、收入平等(Gupta et al. 2002)、人类发展(Akçay 2006)和健康状况(Transparency International 2008a)都有不良影响。其机理在于,腐败就像非法税收一样,扭曲了决策机制和经济进程。

回顾腐败对人类发展的消极影响方面的文献,阿克恰伊(Akçay 2006, p. 41)发现:"腐败通过影响经济增长和投资间接地影响到人类发展。"其他几项研究也显示,腐败影响到了政府在教育和卫生方面的投入(Mauro 1998; Gupta et al. 2002)。阿克恰伊的实证研究

286

(Akçay 2006, p. 41)也证实了这一结论:腐败程度越高,以人均寿命、受教育程度和生活水平来衡量的人类发展水平就越低。考夫曼(Kaufmann 2005)同样发现,控制腐败指标每增加 1 个标准差就会使儿童死亡率下降 75%,并且识字率也有显著提高。此外,罗斯-阿克曼认为:"腐败倾向于扭曲经济收益的分配,更有益于有产者而不是无产者,导致更不均衡的收入分配。一部分国家财富被以违规或不合理的方式分配给了内部人士以及外部的掮客,从而使财富分配更不公平"(引自 Akçay 2006, pp. 33-34)。总之,腐败阻碍经济增长,并且把资金从社会服务中转移出去,所以从一般意义上来说,它会对人类发展造成消极后果。

14.4　有关法治的辩论

第 17 届联合国预防犯罪和刑事司法委员会会议开幕时,联合国主管毒品和犯罪事务的执行主任安东尼奥 · 马莉娅 · 科斯塔(Antonio Maria Costa)做了一场演讲,题为“法治:一个能促进其他千年发展目标(却被遗忘)的千年发展目标”。这个演讲强调我们需要更强有力的法治来实现千年目标:

> 经济分析总是显示,法治不健全一直和较差的社会经济绩效相关。我说这是明显相关的,但一些人事实上把这看作是一个很突出的因果关系:在一些犯罪和腐败横行的国家,政府对其辖地失去了控制,穷人受苦受难,提供给他们的服务总是滞后的,或仅是空头支票。他们,也就是所谓的“十亿底层”,没有获得正义、健康、教育,面对的只是食品价格在飞涨。这样的国家怎样才能实现千年发展目标呢?(Costa 2008)

法治对经济发展很重要,实证研究常常证实这一观点。例如,考夫曼和克雷(Kaufmann & Kraay 2002, p. 18)研究表明,法治指数每增加 1 个标准差“从长远上看能使人均收入增长 4 倍”。而且,贫穷国家的法治指数得分都比较低,富裕国家除了意大利和希腊外则得分普遍较高(*The Economist* 2008)。另一方面,批评人士挑出中国这个例子,指出中国法治指数得分并不高,却有着史无前例的经济增长。按照这一观点,法治并不是经济增长的必要前提,也不能被当作一个通用的促进经济发展的药方(ibid. 2008)。梅西克(Messick 1999)也对把法治当成灵丹妙药的观念发出警告。他认为,横向比较回归分析并不能令人满意地回答因果关系问题。首先,发达国家在司法制度上投入甚多。其次,促进经济发展的深层变量也可以让法律体系更好地运行。在这一点上,梅西克为有关“社会资本”的重要性的辩论做出了贡献。社会资本通常被定义为长期积累起来的有关

287

信任和诚实相互作用的社会规范。按照梅西克的定义,社会资本就等同于前文提到过的诺思和蒙久-皮皮迪所提出的非正式制度。可是,罗斯坦、艾克(Eek)和斯托勒(Stolle)表示,一些实证指标也精确地证明了反之亦然,即社会信任是由高质量的法律制度铸造的(Rothstein & Stolle 2008; Rothstein & Eek 2009)。

法治有可能成为贫困国家难以企及的"奢侈品",顺着这一观点,梅西克(Messick 1999)进一步阐发了非正式制度向正式制度演进的理论。像信贷协会这样的非正式组织,在乡村层面的熟人社会中是广泛存在的。和更为正式的机制相比,这些高度依赖于个人信誉的非正式方式将会被经济发展推到一个很不利的位置。于是,在米格罗姆等人(Milgrom et al. 1990)观点的基础上,梅西克证明,中世纪时,欧洲的贸易体系极其依赖于信誉而使得商人没有动机去舞弊,以及这一非正式机制是怎样随着时间的推移而变得成本越来越高的。随着参与者的增多,核实这些商人的信誉的成本也增加了。最后,法律制度应运而生(ibid., p. 130)。

可是,像法治这样"高效"的制度是如何被创建的,迄今仍不甚明了。至少,如果追求效益最大化的行动者之间的交易是法治建构的起点,这一创建过程没有恰当的解释。从理论上来说,在市场的逻辑下,一些行动者最终变得比另一些行动者在经济实力上更为强大。按效益最大化的理性要求,为获得经济上的好处,他们有可能花钱以各种方式来贿赂或腐蚀在法律体系中工作的人员。他们也会以庇护主义和腐败来培养并发展自己的密友,以获得对自己有利的裁决。如果法律人也追求理性的效益最大化,那么,只要价格合适、交易保密,他们就会放弃公正。此种场景很适合用来描述 20 世纪 90 年代"休克疗法"式的私有化之后的俄罗斯。经济寡头们好像已经有了足够的实力,以至于想要在现存体系之外另搞一套值得依赖的法治体系(Glaeser et al. 2003)。"有效的"制度体系是怎样建立起来的,是本节所讨论问题的基础。经济史学者阿夫纳·格雷夫(Greif 2005)在《制度经济学手册》其中一章中已阐述过该问题。首先,他认为这

288

些支持市场高效运作的有效的公共制度,就是一种有较高固定成本的投资,特别是在它们将要被看作既有效又可信的时候。这意味着,建立这样的制度实际上成为一个经典的"集体行动"问题。其次,格雷夫提醒我们,此类制度仅仅"在少数几个发达国家运行,运行的时间也不太久,只是近代以来的事"。最后,他认为,有关此类成功的制度是如何建立的,无论是理论上还是经验上,我们的知识都贫乏得让人惊讶(ibid., p. 737)。

尽管实证资料表明法治和经济发展之间有某种关系,可这一关系的因果本质仍需探讨。或许法治就其本身来说是好东西,这是因为人们相信它能改善人权和减少冲突(*The Economist* 2008)。有评论指出,在如公共服务供给、环境保护、教育等多个领域,法治在规范基层官僚的行事逻辑上还非常局限。这些部门的公务人员在工作中仍然愿意把职业规范和政策目标结合起来,而不是去遵循已经清晰界定好了的法律规则。这就是说,哪些东西要算作政府质量,必须基于一种规范,这一规范要把在公共政策实践中发生的事情都涵盖进来。在这些类型的公共政策实践中,法治概念要么是不充分的,要么是不必要的,所以不能解释实践发生的运行机理。

14.5 政策产出

上述讨论表明,政府质量是一个宽泛的主题,事实上也是近些年来众多研究的焦点。然而,这一领域的许多争辩之所以仍然悬置,是因为我们缺乏强有力的实证指标。我们的结论,已经被霍姆伯格等人(Holmberg et al. 2009)以及以下的图 14.1 和图 14.2 所阐明,即影响政府质量的三大变量(法治、清廉程度、政府效能)和经济增长之间有一种积极但又让人惊讶的弱相关性,同时它们与人均 GDP 的相关性又是非常强的。一种解释就是,经济增长和政府质量之间的因果关系可能是一个"良性循环",其中"反馈机制"扮演着重要角色。罗德里克(Rodrick 2008, p. 19)已经指出:"我没有察觉到任何强有力的计量经济学证据能把标准治理准则和增长联系起来(所有证据都是关于收入水平的)。”

289

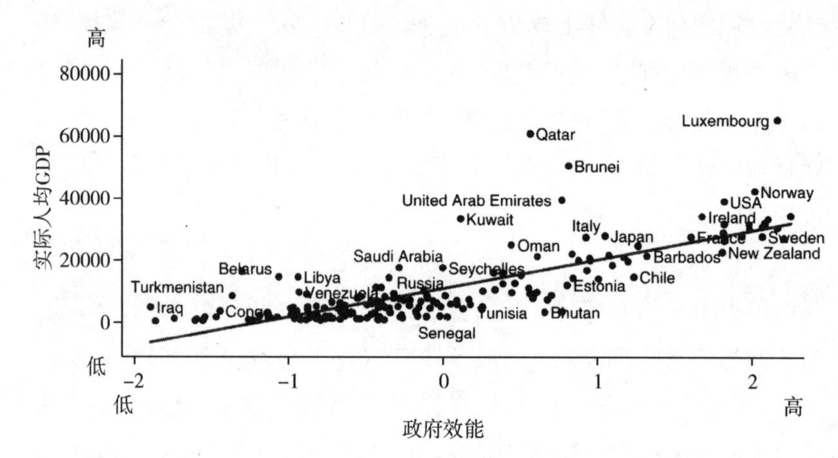

图 14.1 实际人均 GDP 与政府效能

注：$R^2 = 0.61$。

资料来源：The QoG Databank：Penn World Table(2002—2005), World Bank (2002—2006)。

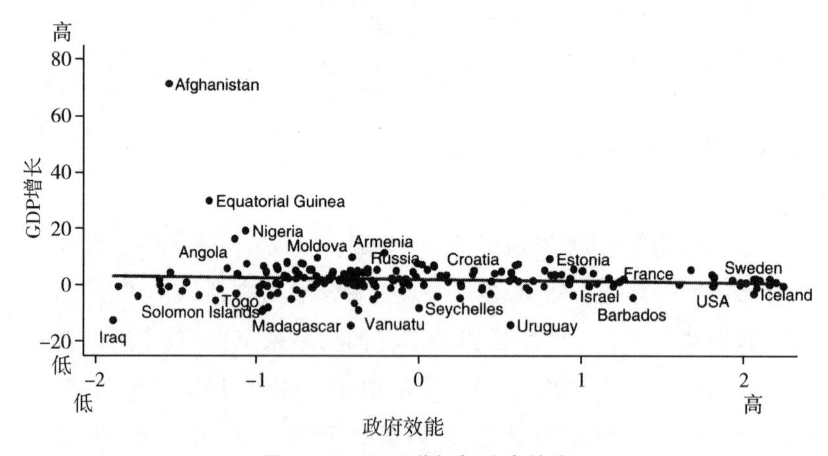

图 14.2 GDP 增长与政府效能

注：$R^2 = 0.01$。

资料来源：The QoG Databank：Penn World Table(2002), World Bank(2002—2006)。

290 对于“政府质量的政策产出是什么?”这类更宽泛的问题而言，这些结论极为关键。后面一节会证明,一个国家的 GDP 就是社会福祉、公共卫生和环保等领域的政策产出的主要决定性要素。现在,在前一节讨论的基础上,我们要更详细地探讨这些领域内政府质量的效果。

就社会福祉这一主题来说,我们把贫困、经济不平等、有效的社会保险体系、生活满意度的主观测量和联合国人类发展指数(HDI)的测量等指标都囊括进来。前面已经提到,政府质量是否必然导致有利于贫困人口的增长是有争议的。通过使用家庭平均收入数据,克雷(Kraay 2004)探讨了这一问题。这一调查主要是考察 20 世纪 90 年代以来,80 个发展中国家的家庭状况。他表明,平均收入的增长对减贫影响最大。可是,减贫也被分配方面的变化所影响。如果以世界银行的法治指标代表制度质量,他发现"制度质量较好的国家更有可能发生会加剧贫困的收入分配变化"。不过,他也认为有较高政府质量的国家,制度质量对经济增长的积极效果远远超过对贫困的不利分配效果(ibid., p. 20)。可是,布莱德斯和凯瑟(Blaydes & Kayser 2011)用不同的方法考察民主和有益于减贫的增长这两者的关联时,却得出了一个完全相反的结论。他们认为,民主或许不能促进经济增长,但民主国家比专制国家更有可能促进有益于穷人的经济分配。他们将这归因于民主国家在人力资源开发上的投入,以及竞争性选举带给贫困选民的好处。在专制国家,穷人被边缘化,他们的声音微不足道。有关腐败的文献资料在论及政府质量和贫困时也有类似的引证。研究表明,腐败通过对经济和治理要素的作用,例如公共基础设施的低劣质量、税收减少、社会项目的定位不准,来影响贫困(Chetwynd et al. 2003)。

其他的一些研究更直接地集中在治理和不平等的实证性关联上。例如,钟和格拉德斯坦(Chong & Gradstein 2004)发现,政治稳定、法治完善和国别风险指数等方面的进步,都会促进平等。然而,洛佩斯(Lopez 2004)使用国别风险指数得出了相反的结论(Resnick & Birner 2006, p. 19)。可是,钟和卡德农(Chong & Calderón 2000)又提到了一个非线性关系:对富裕国家而言,制度质量和收入平等有正

291 相关关系,然而在贫穷国家两者关系是负相关的。他们认为,这或许是因为在制度效率提升前,制度改革会先增加收入不平等,然后才去降低不平等。借用奥尔森(Olsen 1996)关于经济发展与制度关系的理论,他们概括说,糟糕的治理常常伴随着特定群体对国家的"俘获",这些群体踏在穷人身上以得到自身的繁荣发展。因此,从长远上看,治理改革要减少不平等,就要清除对社会边缘群体的歧视(Chong & Calderón 2000, pp. 124-125)。霍姆伯格等人(Holmberg et al. 2009)表明,政府质量和不平等(以失业率和相对贫困率测量)这两者之间的关系,在逻辑上有很强的相关性。这些研究结果还表明,政府质量的变量和减少不平等的政策指标例如"福利慷慨指标"和社会保障法律测量间,有正相关性。

因而从整体上看,政府质量各变量在社会福祉方面的效应,要通过经济和制度要素等中间变量来发挥作用,呈现一种复杂的方式。但是大多数证据,包括我们自己的实证分析都表明,政府质量在减贫和提高生活满意度等政策领域有积极的产出。

在公共健康领域,大量文献证明:腐败对卫生部门有消极影响。例如,《2006年全球反腐报告》探讨了为什么卫生部门特别容易遭受腐蚀,以及在发展中国家和发达国家腐败是怎样对卫生体系造成冲击的等问题。千年发展目标中有三个都和健康相关(减少儿童死亡率,改进产妇医疗保健状况,与艾滋病病毒/艾滋病、疟疾以及其他疾病做斗争),因而在卫生部门打击腐败是十分迫切的(Transparency International 2006, p. xii)。侵吞公款和偷窃,在采购、支付系统和医药供给链条以及医疗服务供给等方面的腐败,是整个卫生部门面临的最主要挑战(ibid., p. xviii)。腐败的后果就是服务供给被削减,因为关键性卫生服务的成本日益增长,那些原本付得起费用的人受到影响,提升医疗服务质量和效率的改革空间也被压缩(Cockroft et al. 2008, p. 2)。

对世界范围内的卫生系统做大量实证研究很难,尤其是发达国家和发展中国家在很多方面存在显著差异,这导致很少有数据资料可用于比较研究。可是相关文献表明，在卫生系统内打击腐败能获得关键性的红利。例如，格普塔等人（Gupta et al. 2000）研究了89个国家1985年至1997年间的状况，发现腐败对儿童和婴儿死亡率以及体重不足新生儿的占比有负面影响（ibid., pp. 24-25）。类似地，斯瓦路普和拉加库玛（Swaroop & Rajkumar 2002）运用一个历时两年的国别横向比较数据，发现在腐败较少、官僚机构质量较高的国家，医疗开支和儿童及婴幼儿死亡率之间有着反向关系。由此，通过控制腐败，卫生部门的公共开支对降低儿童和婴幼儿死亡率就更有效率了（ibid., p. 23）。就普及基础教育来说，这一结论同样适用于教育部门。此外，伊斯拉瓦-施马尔巴赫等人认为：国家越腐败，医疗健康方面的不平等现象也更为严重（Eslava-Schmalbach et al. 2008, p. 146）。

292

贝斯利和库达玛斯图（Besley & Kudamastu 2006）运用一项国别横向比较研究的面板数据，探讨了民主与健康之间的关系。他们发现，卫生政策干预在民主国家是有优势的：自1956年以来实行民主的国家，比同期的专制国家，在预期寿命上要高出5年；和自1956年以来一直实行专制的国家相比，这些民主国家的婴儿在一岁前的千人死亡率上要低17个点。他们将此归因于民主国家有较好的代议制和问责制，健康事业因而能得到有效发展，而且选民可以选择那些有能力的领导人。研究的另一个结论是，民主国家会把水和卫生议题放在优先地位。根据《2008年全球反腐报告》，水和卫生方面的问题导致了发展中国家80%的健康问题（Transparency International 2008b）。该报告将腐败问题单挑出来作为许多国家水资源危机的重要根源，说“水务部门腐败广泛存在，这导致水不能喝、喝不到或喝不起”（ibid., p. xxiv）。

霍姆伯格等人（Holmberg et al. 2009）表明，如图14.3所示，在政府质量三大变量和健康产出方面广泛采用的四大指标（健康、预期寿命、婴儿及儿童死亡率）之间有着显著的正相关关系。这或许部分是由政府质量变量和水质量的指标之间相对较强的相关性引起的（ibid.）。健康似乎也是和生活满意度及幸福的调查指标有某种因果联系，因而我们发现“生活质量如何”的衡量指标和政府质量变量之间有正相关性也不足为奇了。图 14.4 强调了这一论点。图中,我们将有关健康的研究文献中三个生活质量指标(预期寿命、婴儿死亡率和生活满意度)整合为美好社会指数(Good Society Index, GSI),发现这个指数和政府质量指标有强相关性。这就是说,高的政府质量使我们更有机会实现“美好社会”(Holmberg 2007)。

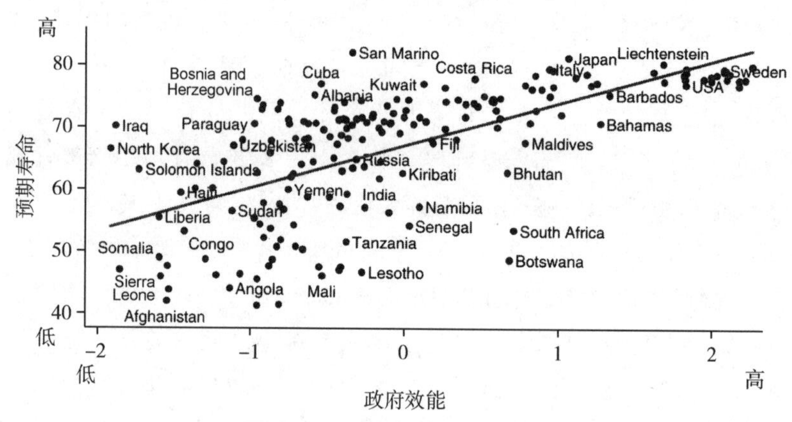

图 14.3 预期寿命与政府效能

注: $R^2=0.44$。

资料来源:The QoG Databank: World Development Indicators (2000—2006), World Bank (2002—2006)。

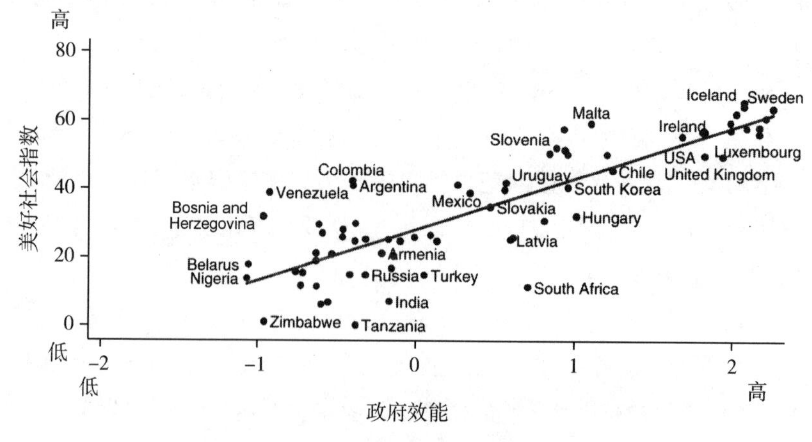

图 14.4 美好社会指数与政府效能

注: $R^2=0.75$。

资料来源:The QoG Databank: Good Society Index (1999—2003), World Bank (2002—2006)。

294

虽然很多研究发现了政府质量和公共健康产出间的因果关系，但政府质量对环境产出的影响就不能一概而论了。环境可持续性作为一个宽泛的术语，其概念缺乏清晰界定，包括一系列可能相互矛盾的可持续性指标，因而有关环境可持续性的辩论也相对复杂（Böhringer & Jochem 2007）。实证结论在相当程度上依赖于选用的可持续性指标。例如，摩斯（Morse 2006）发现腐败和环境可持续性间有一种消极关系（通过环境可持续性指数 ESI 来测量），但是尤尔斯和史密斯（Ewers & Smith 2007）用生态足迹指数又得到相反的结论。这是因为生态足迹指数强调的是一个国家通过消费方式对地球的影响；相反，环境可持续性指数的测量则很宽泛，包括一个国家的污染程度、环境管理、改进环境绩效的能力等。所以问题就变成了一个人是应当重视环境协议的履行、技术进步、降低污染程度等议题，还是应当重视一个国家对整个地球生态环境的影响。换句话说：

> 要是根据上述影响力和全球管理能力来看待发展的可持续力，那么富裕国家要比贫困国家做得好一些；然而要是从给环境带来的压力角度看可持续性，那么富裕国家显然做得更差（Morse & Fraser 2005, p. 633）。

可是，如果聚焦于一个国家的水和空气污染程度，实证研究已经发现了政府质量各变量对环境产生影响的各种机制。所谓的“环境库兹涅茨曲线”已经被证明对一些污染物，特别是那些对当地产生影响的污染物是适用的；人均 GDP 水平较低的国家在发展时污染程度会上升，随后人们的偏好发生了变化，污染程度也相应下降，因为在高收入水平的状况下人们更倾向于支持环境保护。也就是说，腐败对环境的污染程度有直接或间接的影响。在任何既定收入水平上，腐败都会通过某种方式直接加重污染，比如贿赂官员从而绕过控制污染的法律法规。《2008 年全球反腐报告》提供了另一个例证。这个报告强调腐败和水污染之间有联系，而水污染又与湿地及其他生态系统的退化、沙漠化相关，对野生动植物保护也产生了消极影响

(Transparency International 2008b)。另一方面,腐败的间接后果,既295可能是积极的,也可能是消极的,这取决于在一定人均收入水平上污染怎样与经济发展互动(López & Mitra 2000; Welsch 2004)。要搞清楚在同样情形下积极或消极影响哪一种会发挥更大作用,还需要实证调查。

弗雷德里克森和曼尼(Fredriksson & Mani 2002)探讨了法治和腐败的相互作用,认为在法治程度较低且腐败严重的国家,环境政策最不受重视。他们的研究还认为,即使有较完善的法治,要是有人想贿赂官员以规避环保法律法规,腐败在环境方面的消极后果也会增加。他们因而得出结论,若要环境政策达到理想的效果,更严格的政策必须和减少腐败的努力携手并进。埃斯蒂和波特(Esty & Porter 2005)也发现,虽然收入水平似乎是决定环境产出的一个决定性因素,但制度因素对解释城市颗粒物和能源效率方面的环境绩效仍是有意义的。他们的结论是,环境政策制定者应当优先处理减贫问题。

其他一些研究也关注民主和环境政策之间的关联。例如,纽梅尔(Neumayer 2002)发现了民主和履行环境协议书、参与国际环境组织、将更多国土面积划归为保护区等方面的环保努力之间有积极联系。然而他也同时提醒道,这并不必然转化为好的环境产出:

> 民主与环境产出之间的关联有可能更弱。政府控制之外对最后产出有影响的因素越多,环保投入及其影响的时间跨度越大,要监测最终的环境产出就越困难。如果这些条件成立的话,民主国家的选民就更能意识到,让政府对环境产出而不是投入承担责任是有难度的,他们就会转而寻求政府加大环保投入(ibid., p. 145)。

巴瑞特和格雷迪(Barrett & Graddy 2000)分析了公民政治自由和环境质量之间的关系,发现一种对人类健康有害的污染物的浓度在公民政治自由较充分的国家比较低。在另一项研究中，弗雷德里克森和沃尔沙伊德(Fredriksson & Wollscheid 2007)分析了环境政策的严格程度和民主之间的关系，发现民主国家比专制国家有更为严格的环境政策。然而，他们认为这种结果似乎主要是由议会制民主国家驱动的，而总统—国会式体制跟非民主国家相比，并没有提出什么特别不同的环境政策。他们将此归因于在议会制下权力分立程度较低，法律内聚力也比较强(ibid., p. 390)。此外，还有证据显示，从专制向民主过渡的期间，如果政治不太稳定，就容易出现大范围的环境恶化。例如，1998 年苏哈托(Suharto)上台之后的印度尼西亚就是这样，当时森林砍伐率大幅上升(参见图 14.5)。

因而从总体上看，尽管人们能发现政府质量和环境产出之间有重大关联，但解释这些结果却要小心谨慎。许多研究指出，由于环境可持续性概念过于宽泛，一些数据还不够强有力，厘清因果关系也是困难重重：环境产出与经济绩效的相互作用是多方面的，此外还有其他一些背景因素的影响。

296

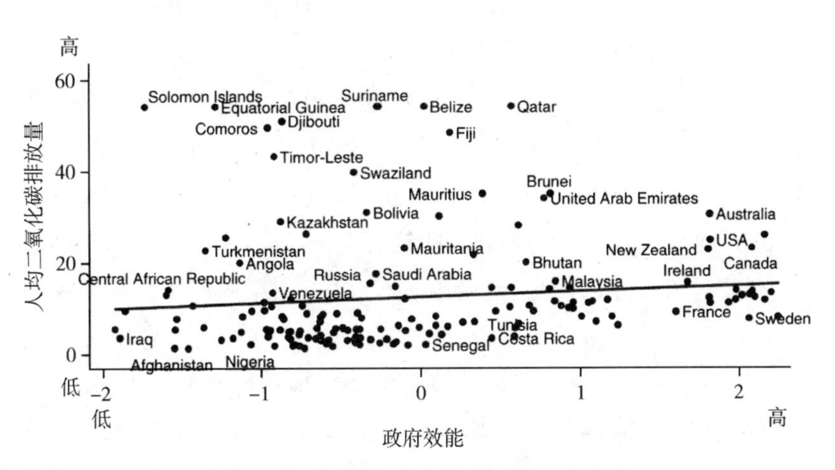

图 14.5　人均二氧化碳排放量与政府效能

注：$R^2 = 0.01$。

资料来源：The QoG Databank：Environment Performance Index (2000—2005)，World Bank (2002—2006)。

297

14.6 政府质量是问题解决方案的一个组成部分

我们的研究评论只是涉及有关政府质量的众多研究中的一小部分。不过,我们可以给出某种一般性结论。首先,政府质量看上去很值得研究,但在许多领域这一主题的研究还是很单薄的。例如,瑞斯尼克和比尔纳(Resnick & Birner 2006, p. 18)提到,在文献中还找不到专门将政治过程视为一个互动变量的跨国研究。其他一些人指出,在一些领域,比如论及制度相互依赖的本质时,相关的理论基础还很薄弱。举个例子说,戈德史密斯努力想"搞清楚治理中非线性的及滞后的关系"(Goldsmith 2007, p. 182)。一个重要的评论是,关于善治的研究并不那么容易转化为简明易行的政策。例如,一个国家倘若要充分享有政府质量的益处,那么何种类型的法治或何种类型的民主是必要的,关于这个问题的共识并不多。相反,最近的研究指出,制度安排必须基于一个国家特定的历史和文化,唯有如此才拥有政治合法性。对政府质量来说,我们需要聚焦于一个"基本规范",凭此规范,与一国历史轨迹对应的不同的制度安排才能够确立。

从文献中我们可以找到三个术语来为政府质量描绘"基本规范"。"普适主义"是蒙久-皮皮迪提议的,她将之界定为受"特殊主义"支配的政治文化的反义词,是"给予公民们平等待遇"(Mungiu-Pippidi 2006, p. 88)。另一建议由诺思等人(North et al. 2006)提出,即"开放进入秩序",这是与"受限进入秩序"相反的规则。在开放进入秩序之下,市场和政治领域的竞争,基于平等规则而对所有人开放。第三个对"基本规范"的建议是由罗斯坦和特奥雷尔提出的,即运用公共权力时的"公正无私",他们顺着布莱恩·巴里(Brian Barry)和哈坎·斯托姆伯格(Håkan Strömberg)的研究,对这一概念做出如下界定:"在实施法律和政策时,政府官员不得考虑法律或政策事先未规定的有关公民或案例的任何事情"(Rothstein & Teorell 2008, p. 170)。这三个术语之间的差异仅仅在语义学上存在,因为它们事实上指向的都是有关政府和公民间关系的同一个基本规范。

总的来说，虽然有大量研究已经表明善治有巨大价值，但以下问题仍有待研究：善治究竟会带来什么？从上述基本规范中能得到什么样的具体制度形式？如何实现政府质量从低到高的发展？在不同的政治经济文化背景下，对政府质量而言，什么最为关键？因果关系是怎样的？关于这类问题还欠缺可靠的解释。所以，尽管提升政府质量具有重大意义，但并不存在一种万能的方式。特定时代背景和历史时序方面的研究，或许能够帮助我们解答这些政府质量的政策效果研究中存在的困惑。 298

参考文献

Akçay, S. 2006. "Corruption and human development". *CATO Journal*, **26** (1), 29–48.

Barrett, S. and K. Graddy. 2000. "Freedom, growth, and the environment". *Environment and Development Economics*, **5** (04), 433–56.

Besley, T. and M. Kudamatsu. 2006. "Health and democracy". *American Economic Review*, **96** (2), 313–18.

Blaydes L. and M. Kayser. 2011. "Counting calories: democracy and distribution in the developing world". *International Studies Quarterly*, **55**, 887–908.

Böhringer, C. and P.E.P. Jochem. 2007. "Measuring the immeasurable – a survey of sustainability indices". *Ecological Economics*, **63** (1), 1–8.

Chenery, H.B., T.N. Srinivasan and J.R. Behrman (eds). 1988. *Handbook of Development Economics*. Amsterdan: North-Holland.

Chetwynd, E., F. Chetwynd and B. Specter. 2003. "Corruption and Poverty: A Review of Recent Literature: Final Report". Management Systems International, Washington, DC.

Chong, A. and C. Calderón. 2000. "Institutional quality and poverty measures in a cross-section of countries". *Economics of Governance*, **1** (2), 123–35.

Chong, A. and M. Gradstein. 2004. "Inequality and institutions". Research Department Working Paper No. 506, Inter-American Development Bank, New York.

Cockcroft A., N. Andersson, S. Paredes-Solis, D. Caldwell, S. Mitchell, D. Milne, S. Merhi, M. Roche, E. Konceviciute and R.J. Ledogar. 2008. "An inter-country comparison of unofficial payments: results of a health sector social audit in the Baltic states". *BMC Health Services Research*, **8**: 15.

Costa, A.M. 2008. "Rule of Law: A (missing) Millennium Development Goal that can help reach the other MDGs". United Nations Commission on Crime Prevention and Criminal Justice, 17th Session, Vienna, 14 April. Available from http://www.unodc.org/unodc/en/about-unodc/speeches/2008-04-14.html (accessed 3 June 2011).

De Soto, H. 2000. *The Mystery of Capital: Why Capitalism Triumphs in the West and Fails Everywhere Else*. London: Black Swan.

299 Deininger, K. and P. Mpuga. 2005. "Does greater accountability improve the quality of public service delivery? Evidence from Uganda". *World Development*, **33** (1), 171–91.

Diamond, L. 2007. "A quarter-century of promoting democracy". *Journal of Democracy*, **18** (4), 118–20.

Economist The. 2003. "Years of plenty?". **368** (8332), 7 December.

Economist, The. 2008. "Economics and the rule of law: order in the jungle". Print edition, 13 March.

Eslava-Schmalbach J., H. Alfonso, H. Oliveros, H. Gaitán and C. Agudelo. 2008. "A new inequity-in-health index based on Millennium Development Goals: methodology and validation". *Journal of Clinical Epidemiology*, **61** (2), 142–50.

Esty, D.C. and M.E. Porter. 2005. "National environmental performance: an empirical analysis of policy results and determinants". *Environment and Development Economics*, **10** (4), 381–89.

Ewers, R.M. and R.J. Smith. 2007. "Choice of index determines the relationship between corruption and environmental sustainability". *Ecology and Society*, **12** (1), r2.

Fredriksson, P. and M. Mani. 2002, "The rule of law and the pattern of environmental protection". IMF Working Paper No. 02/49, Washington, DC.

Fredriksson, P. and J. Wollscheid. 2007. "Democratic institutions versus autocratic regimes: the case of environmental policy". *Public Choice*, **130** (3), 381–93.

Glaeser E., R. La Porta, F. Lopez-de-Silanes and A. Shleifer. 2004. "Do institutions cause growth?". *Journal of Economic Growth*, **9** (3), 271–303.

Glaeser, E., J. Scheinkman and A. Shleifer. 2003. "The Injustice of inequality". *Journal of Monetary Economics*, **50** (1), 199–222.

Goldsmith, A.A. 2007. "Is governance reform a catalyst for development?". *Governance*, **20** (2), 165–86.

Greif, A. 2005. "Institutions and the path to the modern economy: lessons from medieval trade". In C. Ménard and M.M. Shirley (eds), *Handbook of Institutional Economics*, Amsterdam: Springer, pp. 727–86.

Grindle, M.S. 2004. "Good enough governance: poverty reduction and reform in developing countries", *Governance*, **17** (4), 525–48.

Gupta.S., H. Davoodi and R. Alonso-Terme. 2002. "Does corruption affect income inequality and poverty?". *Economics of Governance*, **3** (1), 23–45.

Gupta, S., H. Davoodi and E. Tiongson. 2000. "Corruption and the provision of health care and education service". IMF Working Paper, International Monetary Fund, Washington, DC.

Hall, P.A. 2003. "Aligning ontology and methodology in comparative politics". In J. Mahoney and D. Rueschemeyer (eds), *Comparative Historical Analysis in the Social Sciences*, New York: Cambridge University Press, pp. 373–407.

Halperin, M.H., J.T. Siegle and M.M. Weinstein. 2004. *The Democracy Advantage: How Democracies Promote Prosperity and Peace*. New York: Routledge.

Holmberg S. 2007. "The Good Society Index". QoG Working Paper Series 2007:6, The QoG Institute, University of Gothenburg.

Holmberg, S., B. Rothstein and N. Nasiritousi. 2009. "Quality of government: what you get". *Annual Review of Political Science*, **12**, 135–61.

Isham, J., D. Kaufmann and L.H. Pritchett. 1997. "Civil liberties, democracy, and the performance of government projects". *World Bank Economic Review*, **11** (2), 219–42.

Kaufmann, D. 2005. "Human rights and governance: the empirical challenge". In P. Alston and M. Robinson (eds), *Human Rights and Development: Towards Mutual Reinforcement*, Oxford and New York: Oxford University Press, pp. 352–402. 300

Kaufmann, D, and A. Kraay. 2002. "Growth without governance". World Bank Policy Research Working Paper 2928 (November), Washington, DC.

Kaufmann, D., A. Kraay and P. Zoido-Lobatón. 1999. "Governance matters". Policy Research Working Paper 2196, World Bank Institute, Washington, DC.

Khan, M.H. 1996. "The efficiency implications of corruption". *Journal of International Development*, **8** (5), 683–96.

Khan, M.H. 1998. "Patron–client networks and the economic effects of corruption in Asia". *European Journal of Development Research*, **10** (1), 15–39.

Kornai, J., B. Rothstein and S. Rose-Ackerman. 2004. *Creating Social Trust in Post-Socialist Transition*. New York: Palgrave/Macmillan.

Kraay, A. 2004. "When is growth pro-poor? Cross-country evidence". IMF Working Papers 04/47, International Monetary Fund, Washington, DC.

Levi, M. 2006. "Why we need a new theory of government". *Perspectives on Politics*, **4** (1), 5–19.

Li, H., L. Squire and H.-F. Zou. 1998. "Explaining international and intertemporal variations in income inequality". *Economic Journal*, **108** (446), 26–43.

Lopez, J.H. 2004. "Pro-growth, pro-poor: is there a tradeoff?". World Bank Policy Research Working Paper 3378, World Bank, Washington, DC.

López, R. and S. Mitra. 2000. "Corruption, pollution, and the Kuznets environment curve". *Journal of Environmental Economics and Management*, **40** (2), 137–50.

Matthews, E. and G. Mock. 2003. "More democracy, better environment?". *World Resources*, 2002–04, 32–3.

Mauro P. 1995. "Corruption and growth". *Quarterly Journal of Economics*, **110** (3), 681–712.

Mauro, P. 1998. "Corruption and composition of government expenditure". *Journal of Public Economics*, **69** (2), 263–79.

McMillan, J. and P. Zoido. 2004. "How to subvert democracy: Montesinos in Peru". *Journal of Economic Perspectives*, **18** (4), 69–92.

Messick, R.E. 1999. "Judicial reform and economic development: a survey of the issues". *The World Bank Research Observer*, **14** (1), 117–36.

Milgrom, P.R., D.C. North and B.R. Weingast. 1990. "The role of institutions in the revival of trade: the law merchant, private judges, and the champagne fairs". *Economics and Politics*, **2** (1), 1–23.

Mo, P.H. 2001. "Corruption and economic growth". *Journal of Comparative Economics*, **29** (1), 66–79.

Montinola, G.R. and R.W. Jackman. 2002. "Sources of corruption: a cross-country study". *British Journal of Political Science*, **32** (1), 147–70.

Morse, S. 2006. "Is corruption bad for environmental sustainability? A cross-national analysis". *Ecology and Society*, **11** (1), 22.

Morse, S. and E.D.G. Fraser. 2005. "Making 'dirty' nations look clean? The nation state and the problem of selecting and weighting indices as tools for measuring progress towards sustainability". *Geoforum*, **36** (5), 625–40.

Mungiu-Pippidi, A. 2006. "Corruption: diagnosis and treatment". *Journal of Democracy*, **17** (3), 86–99.

Myhrman, J. 2003. *Hur Sverige blev rikt*. Stockholm: SNS Förlag.

301 Neumayer, E. 2002. "Do democracies exhibit stronger international environmental commitment? A cross-country analysis". *Journal of Peace Research*, **39** (2), 139–64.

North, D.C. 1990. *Institutions, Institutional Change and Economic Performance*. Cambridge: Cambridge University Press.

North, D.C. 1998. "Where have we been and where are we going?". In A. Ben-Ner and L. Putterman (eds), *Economics, Values and Organization*, Cambridge: Cambridge University Press, pp. 491–508.

North, D.C., J. Wallis and B. Weingast. 2006. "A conceptual framework for interpreting recorded human history". NBER Working Paper 12795, National Bureau for Economic Research, Cambridge, MA.

Nye, J.S. 1967. "Corruption and political development: a cost–benefit analysis". *American Political Science Review*, **61** (2), 417–27.

Olson, M. Jr. 1996. "Big bills left on the sidewalk: why some nations are rich, and others poor". *Journal of Economic Perspectives*, **10** (2), 3–24.

Przeworski, A. 2004."Institutions matter?". *Government and Opposition*, **39** (4), 527–40.

Resnick, D. and R. Birner. 2006. "Does good governance contribute to pro-poor growth? A review of the evidence from cross-country studies". DSGD Discussion Papers 30, International Food Policy Research Institute (IFPRI), Washington, DC.

Rodrik, D. 2007. *One Economics, Many Recipes: Globalization, Institutions and Economic Growth*. Princeton, NJ: Princeton University Press.

Rodrik, D. 2008. "Thinking about governance". In D. Acemoglu, D. North, D. Rodrik and F. Fukuyama (eds), *Governance, Growth, and Development Decision-Making*, Washington, DC: World Bank, pp. 17–24.

Rothstein, B. 1998. "State building and capitalism: the rise of the Swedish bureaucracy". *Scandinavian Political Studies*, **21** (4), 287–306.

Rothstein, B. 2011."Anti-corruption: the indirect 'big-bang' approach". *Review of International Political Economy*, **18**, 228–50.

Rothstein, B. and D. Eek. 2009. "Political corruption and social trust". *Rationality and Society*, **21** (1), 81–112.

Rothstein, B. and D. Stolle. 2008. "The state and social capital: an institutional theory of generalized trust". *Comparative Politics*, **40**, 441–59.

Rothstein, B. and J. Teorell. 2008. "What is quality of government? A theory of impartial government institutions". *Governance*, **21** (2), 165–190.

Shepherd, A. 2000. "Governance, good government and poverty reduction". *International Review of Administrative Sciences*, **66** (2), 269–84.

Sung, H.-E. 2004. "Democracy and political corruption: a cross-national comparison". *Crime, Law and Social Change*, **41** (2), 179–93.

Swaroop, V. and A.S. Rajkumar. 2002. "Public spending and outcomes: does governance matter?". World Bank Policy Research Working Paper 2840 (May), Washington, DC.

Teorell, J., S. Holmberg and B. Rothstein. 2008. The Quality of Government Dataset, version 15May08. The Quality of Government Institute, University of Gothenburg. Available at: http://www.qog.pol.gu.se.

Transparency International. 2006. *Global Corruption Report 2006*. London: Pluto Press.

Transparency International. 2008a. "Poverty and corruption". Working Paper 02.

Transparency International. 2008b. *Global Corruption Report 2008*. Cambridge: Cambridge University Press.

United Nations. 2000. "United Nations Millennium Declaration". Resolution 55/2 adopted by the General Assembly, September 8. 302

United Nations. 2004. *The United Nations Global Programme Against Corruption*, 3rd edn. Vienna: United Nations Office of Drugs and Crime.

UNDP. 2002. *Human Development Report 2002: Deepening Democracy in a Fragmented World*. New York: Oxford University Press.

UNDP. 2003. *Human Development Report 2003: Millennium Development Goals: A Compact Among Nations to End Human Poverty*. New York: Oxford University Press.

Uslaner, E.M. 2008. *Corruption, Inequality, and the Rule of Law: The Bulging Pocket Makes the Easy Life*. Cambridge: Cambridge University Press.

Welsch, H. 2004. "Corruption, growth, and the environment: a cross-country analysis". *Environment and Development Economics*, **9** (05), 663–93.

Wolfensohn, J.D. 2005. "Peace and poverty: ten years at the bank". Available at: http://live.worldbank.org/peace-and-poverty-ten-years-bank (accessed 3 June 2011).

第十五章　获取安全用水

2006年6月16日的《纽约时报》有一篇关于安哥拉的头版文章，这文章配有一张大图：两个男孩和一个女孩，年纪在10岁左右，正在从一条小溪里打水，而这条溪流却经过一个巨型垃圾场。该文以这样一段话开头：“一个国家盛产石油，并从中获益达数十亿美元，这足以使其国民富裕得只喝‘依云’牌矿泉水，但是其首都的许多人赖以生存的水资源有一个名不见经传的名字——本戈。本戈河从这里流向北方，其水流混浊而带有细沙，两岸堆满垃圾。”文章说，在首都卢安达的贫民窟生活的穷人，除了饮用本戈河受污染的水外，别无他法。这就是当年一场最严重的疟疾传染病肆虐非洲的原因所在。在那年2月疟疾爆发后，43000人发病，1600多人死亡。疟疾是典型的经脏水而传播的疾病。从这篇文章来看，类似问题在卢安达贫民窟到处都有。如同这个图片所显示的，“只穿着内裤的孩子们在污物堵塞的小溪中玩耍，在垃圾堆上玩金属滑板，冲入满是污秽的低洼处”。文章继续说，经济学家们认为石油繁荣已经让安哥拉政府在必要开销之外有大量预算盈余和足够的资金，可是政府却不能提供给民众一些最基本的东西，比如可以防治疟疾传染的安全用水和卫生服务。文章引用众多国际组织专家的观点来收尾。这一局面由两个因素造成：一是城市缺乏足够的基础设施，同时内战的爆发导致众多民众涌入了首都。二是腐败严重。

15.1 议程之变迁

国际反腐组织透明国际发布的《2008年全球反腐报告》的焦点(同时也是标题),就是"水务部门的腐败"。约23章100多页的报告分析了腐败和供给安全用水的特殊联系。而且,一个准公共国际组织——"水资源诚信网络"于2006年成立,并由德国、荷兰、瑞士、瑞典的国际发展主管机构给予资助。[①]除了政策创新外,该组织还推动了反腐败的社会运动,提供了水资源方面的专业知识。于是,无论在媒体上还是在主要的政策机构及支持性组织里,人们更多地认识到:缺乏安全用水是世界范围内人类福祉和健康的一个重大障碍,这个问题在很大程度上是由政府质量问题引发的(Earle et al. 2008;也参见 Rothstein & Teorell 2008)。大量的研究已经表明,有关政治制度的质量及结构的因素和环境保护之间有某种联系(Jahn 1998; Welsch 2004; Morse 2006)。世界银行前首席经济学家、哈佛大学荣誉校长、奥巴马时期白宫国家经济委员会前主任劳伦斯·萨默斯(Lawrence Summers),在被问及世界银行的发展中国家扶贫政策之教训时说:"我认为在20世纪90年代一个主要的教训就是,要更加重视制度质量以及和政治运行之效能紧密相关的问题。"(引自 Besley & Ghatak 2007, p. 128)

304

就人们获取安全用水这一特定问题来说,政府质量的重要意义可以通过以下例子得到说明。根据世界卫生组织一项保守的估计,全世界有12亿人不能获得充足的安全用水,26亿人没有足够的卫生保障。发展中国家中80%的疾病估计是经水传播的,每年夺走180万孩子的生命(UNDP 2006)。还有一个保守的估计是,每天有12000人死于与水和卫生相关的疾病(Postel & Mastny 2005; Stålgren 2006a; Cunningham & Cunningham 2008; Krause 2009)。越来越多的专家不再把这一重大问题看作是技术问题,也就是说,发展中国家大量穷人缺少安全用水的主要障碍并不是缺少技术对策(如水泵、水库、大坝等)。当然,也不是因为缺乏清洁水的自然供给。相反,这个问题关系到立法与行政机构内部的功能紊乱。更精确地说,问题在于水土资源的分配、定价、维护这些方面的制度还很少(Burns & Meinzen-Dick 2000; Meinzen-Dick 2007; Anbarci et al. 2009; Krause 2009)。根据舍斯泰特的研究,一个相关的问题是,在贫穷国家,人们对水资源方面的基础设施的投资会受到限制,因为在不可靠的法律与行政体系下,他们不能确保投资不会被当局没收,或被其他人强占。因此,缺少法律与产权保障是政府质量低下的体现之一,它阻碍了在水资源基础设施方面的私人投资(Sjöstedt 2008, 2010)。采用水资源管理协会这种模式也有一个类似的问题。协会要正常运行,就需要得到政府机构的支持,这些政府机构要能对协会理事会及其成员进行问责(Wegerich 2008)。

305

根据透明国际的报告(Transparency International 2008),腐败及政府质量低下的其他形式会危及安全用水,其原因真是不胜枚举。例如,私人企业非法污染了自然界的水资源,故意毁坏生态系统,并通过行贿来逃避司法系统的起诉和惩罚。水资源管理,不仅处于一个精巧的生态系统之中,从技术和概念上讲也是相当复杂的,往往成为一个各利益方共谋的领域(参见 Stålgren 2006b; Krause 2009)。争夺自然水资源使用权的过程中,回扣和各种形式的赞助以及庇护主义大行其道。类似地,普通民众对土地资源的使用得不到法律的支持和保障,这也会阻碍他们投资必要的技术装备(Sjöstedt 2008)。安全可靠的水资源供给常常需要私人在水坝、净化设备和卫生系统上投入巨资。重大项目的公共采购是出了名的大规模腐败之源,所以最终摆在我们面前的是各类成本奇高而质量超低的设施。

比如,印度灌溉系统估计有超过 25%的成本用于贿赂。这类灌溉设备中,很多在技术上是异常复杂的,这会增加采购过程保持公开透明的难度。在服务供给上,小腐败也会阻碍人们使用安全饮用水,或者让他们为水付费心不甘情不愿,因为他们怀疑交的水费可能被盗用,而不是用在安全用水设备的维护上。这反过来导致没有太多钱来维持水的运营。在一些国家，这已经成为一个重大问题。例如来自印度的一项研究表明，40%的用水客户在水表上动手脚来减少水费支出(Davis 2004)。类似地，危地马拉一项全国性调查显示，超过15%的民众说他们要通过行贿才能获得用水。在孟加拉和厄瓜多尔，“私人供应商、卡特尔甚至用水方面的黑社会组织会和公共官员们串通起来阻止用水网络的延伸”(Sohail & Cavill 2008, p. 44)。在灌溉系统的补贴上，有许多案例表明，拥有强大经济资源的利益集团会影响相关政策产出，其代价是公共利益的损失，而且致使国家相关行政机关的实力和组织能力弱化。例如，墨西哥的一项研究表明，20%的大农场主得到了70%以上的政府灌溉补贴(Rijsberman 2008)。 306

15.2　实证分析的缺失

上述分析从理论和经验上都支持以下论点。政府质量和用水质量之间存在一种因果关系。问题在于，大多数经验分析都以特定国家和地区的案例为基础。尽管这样做是有用的，但我们缺乏一个大样本群体性实证研究；只有通过这样的研究，我们才能(或不能)证实这些从个案或某个领域中得出的诸种研究结论(Holmberg & Rothstein 2011)。

在政治科学与环境的研究中，关于民主对环境的影响效果是有争议的。一些学者声称民主有助于减缓环境退化，另一些人却认为并非如此，民主实际上对环境有消极影响。用不同的方法和数据，就无法得出确定的结论，因为经验证据同时支持两个方面(Midlarsky 1998; Neumayer 2002; Karlsson et al. 2010)。皮勒格里尼(Pellegrini 2011, ch.5)的研究支持了我们的这一观点。他的因变量是一个叫作“环境政策严格程度”的指标，民主和腐败是两个自变量。[2]其策略是将民主和腐败作为一个国家环境政策的决定性因素而加以比较，结果发现，作为一个解释变量，控制腐败比民主更为重要。在他的分析

307 里,民主对环境政策影响有限,并且他认为好几项其他研究都过于强调单个变量的重要性。皮勒格里尼得出结论说,先前的实证研究没有把腐败指数作为一个控制变量,因此可能过于强调民主对环境政策和环境质量的作用。他进而推论说,减少腐败会导致更为严格的环境政策,而民主本身并不是充分条件。这和许多其他研究的结论是相契合的:民主程度对人类福祉的不同指标的影响小得让人惊讶,有时甚至不存在,但是政府质量指标的影响却是相当重要的(这一方面的研究评论,参见 Råby & Teorell 2010; Rothstein 2011)。

政府质量和人们获取安全用水之间关系的文献存在着一个问题,即许多研究要么是针对特定国家,要么是针对国家内地区层面的案例。现有的一些比较研究,仅仅对少数几个国家做比较,也不把各种关于水质量的测量当作因变量。[③]在本项研究中,我们试图通过分析众多国家的数据,来看不同的政府质量变量是否能够解释以及能够在多大程度上解释人类安全用水的现状,从而弥补这一知识缺失。

15.3 跨国水质量比较

把水质量的测评作为一个方面,政府质量、民主水平以及人均 GDP 的测量作为另一个方面,我们以此来实证分析这两者之间在跨国层面上的二元关系。[④]这里使用的数据来自政府质量开放资源数据库(Teorell et al. 2009)。按理说,水质量只是关系生态健康和人类健康最重要的因素之一。但在这里,我们只聚焦于与人类健康最为相关的水质量的测量。

以人为导向的水质量测量结合了联合国儿童基金会和世界卫生组织提供的两个指标,即一个国家内能够"合理获取"良好的卫生资源和洁净的饮用水资源的人口百分比(参见 Sjöstedt 2008, pp. 11-12)。可合理获取饮用水资源的定义为每人每日可从住处 1 公里范围内获取 20 升水。与大多数工业化国家认为理所当然的标准相比,这是一个衡量"获取"安全用水的最低标准。我们把两个政府质量指标当作解释性的自变量,一个是世界银行的政府效能等级,另一个是世界银行的腐败控制指数。

308

在理论上,两个政府质量指标代表着不一样的东西。然而事实上,它们高度相关,相关系数为+0.94。经自由之家/政体数据库测定的民主水平,以及人均 GDP(Gleditsch 2002; Marshall & Jaggers 2002),是两个显性控制变量。我们从已有的研究中得知,这两者都和水质量有关系(Emerson 2010),富裕的民主国家比贫穷的非民主国家有更好的水质量。在检验政府质量对获取安全用水的最终效果时,我们想对民主和经济发展广为人知的普遍性效果加以控制。问题如下:刨除民主规则和雄厚的财政资源的作用,我们能否找到政府质量对安全用水的一种独立影响?

附录 15A 包含了获取安全用水这一指标和两大政府质量变量(政府效能与控制腐败)、民主水平以及人均 GDP(对数)这四个自变量形成的双变量散点图。其结论可见表 15.1。

表 15.1　水质量(获取安全用水)与政府效能、腐败控制、民主水平和人均 GDP 的关系(相关系数[*r*])

	相关系数
政府效能	+0.64
腐败控制程度	+0.60
人均 GDP(对数)	+0.76
民主水平	+0.39
国家总数	大约 190 个

注:"水质量"变量(获取安全用水)是耶鲁环境法与政策研究中心构建的 2010 年环境绩效指数的一部分。这个变量以联合国儿童基金会和世界银行提供的两个指数为基础:一个国家可以获取优质的卫生资源的人口百分比,以及可以获取洁净的饮用水资源的人口百分比。这个正相关性表明,好的水质量和高的政府效能、低程度的腐败、高的人均 GDP 以及高水平的民主都有关联。

开局良好。各种相关性是积极的而且比较强。获取安全用水很明显和政府效能以及控制腐败相关:政府效能越高,腐败越少,人们越能获取高质量的水。然而,水质量良好同时也和经济发展与民主水平紧密相关。富裕的民主国家比起贫穷的专制国家,更能为人们提供好水。

309

在表 15.2 中,我们以水质量和政府效能质量为自变量,引入民主水平和人均 GDP 的对数作为因变量,进行回归分析,来控制因变量在获取安全用水上的线性效应。[5]问题在于,在这一控制之下,政府质量变量是否还有作用?为了使这一分析更为可靠,我们对所有国家和所有非经合组织国家进行了回归分析。做后一项分析是为了确保在贫穷国家的最终效应也有机会被探测到。

表 15.2 对所有国家以及非经合组织国家的水质量(获取安全用水)与政府效能、民主水平、人均 GDP 的回归分析(回归系数)

	所有国家		非经合组织国家	
	回归系数	标准偏差	回归系数	标准偏差
政府效能	-0.8	2.9	2.3	3.4
人均 GDP(log)	14.4 ***	1.7	15.0 ***	1.8
民主水平	0.3	0.6	0.2	0.6
常数	-40.7 ***	13.6	-42.5 ***	14.7
校正 R^2	0.57		0.52	

注:$p>/t/=0.01$ ***; $=0.05$ **; $=0.10$ *。样本总量为 188 个国家,其中 158 个为非经合组织国家。也可参见表 15.3。

乍一看,这结果可能有点让人失望。无论是对所有国家,还是仅对贫穷的非经合组织国家,政府效能对获取安全用水好像没有什么实质影响。仅有的实质性效应局限在经济发展方面。富国比穷国更有能力提供好水,这一点在意料之内。人均 GDP 这个经济变量产生的影响如此突出,政府质量变量的最终线性效应反而不那么明显。然而,既然经济变量和政府质量变量间有很强的联系,那么这就是一个很好的多重共线性情形。把两个变量的效应区别开来很难。一个有趣的例证是,在表 15.2 中,如果我们用未经对数转换的人均 GDP

数据来取代经对数转换的人均 GDP 数据,政府质量变量的效应变得极其重要。原因之一就是在所有国家,经过对数处理的人均 GDP 变量相比于未经对数处理的人均 GDP 变量,与政府效能变量有更强的相关性,前者的相关系数为 0.83,后者的相关系数是 0.73。结论就是,政府质量和 GDP 变量关系紧密,所以,仅仅谈论某一变量对水质量的影响,这种做法是很成问题的。

15.4 资金和高质量规则之间的相互作用

310

在提供人们卫生饮用水方面的研究中,有一种办法虽然并不能解决问题,却能突出经济发展与政府质量的相互联系,即引入一种能反映双变量(政府质量和 GDP)相互作用和它们在获取安全用水方面可能的互动效应的概念。我们引入表 15.2 中人均 GDP(对数)和政府效能变量间的互动这一中间项得到表 15.3 中的结论。具体而言就是,可以通过资金和政府质量(或者说"国家能力")的相互作用,以提高获取安全用水的档次。[6]

表 15.3 水质量(获取安全用水)和政府效能以及人均 GDP(对数)、民主水平及交互项进行回归分析(回归系数)

	所有国家		非经合组织国家	
	回归系数	标准偏差	回归系数	标准偏差
政府效能	30.8***	8.3	26.4**	11.5
人均 GDP(对数)	13.5***	1.6	14.0***	1.9
政府效能与人均 GDP(对数)交互项*	-3.6***	0.9	-3.0**	1.4
民主水平	-0.0	0.5	-0.0	0.6
常数	-26.8*	13.6	-30.8**	15.5
校正 R^2	0.61		0.53	

注:p>/t/=.01***;=0.05**;=0.10*。样本总量为 188 个国家,其中 158 个为非经合组织国家。也可参见表 15.2。

现在一切更清楚了。通过交互项,我们来探讨回归模型的显著效应。在某种意义上讲,既存在政府效能的效应,也存在显著的相互作用效应。如同系数值所表明的那样,政府质量变量的效应在欠发达国家和贫穷国家是相当强的(参见图 15.1)。

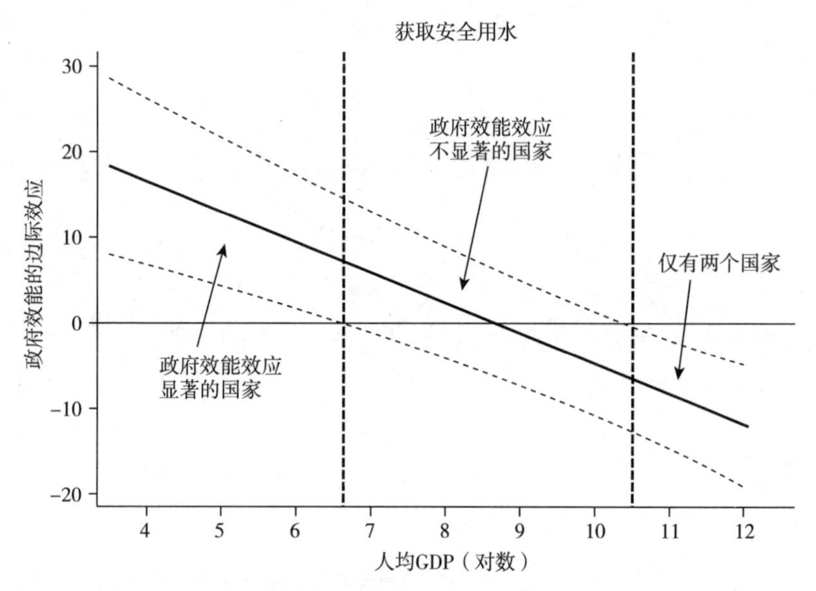

图 15.1 政府效能在获取安全用水上的边际效应

注:这个分析是基于表 15.3 的相互作用模型而得出的。实线代表着在不同人均 GDP 水平下政府效能对获取安全用水的边际效应。实线两边的虚线代表着 95%的置信区间。基于这个结果,我们发现政府效能对自变量的效应是显著的,对样本中大约 25%的国家是积极效应。这些国家是低收入国家,人均 GDP 大约在 600 美元及以下。

对富国而言,这个效应相对小些。这是一个重要的结论,可以做如下解释:人们获取安全用水不是只能通过钱,也可以通过政府质量的提高来改善。这对贫困国家尤其有意义。我们可以得出结论,有很多东西对提升人类福祉是相当重要的,政府质量就是其中之一,它能深刻地影响到民众的用水质量。

注 释

① 参见 http://www.waterintegritynetwork.net/。

② "民主"取自政体数据库(第 4 版),由马里兰大学国际激进主义研究中心(ICSR)推出。他们对腐败的测量源于透明国际 1995 年的清廉指数。

③ 感谢维罗尼卡·诺雷尔(Veronica Norell)帮助进行文献研究。

④ 这一节来自霍姆伯格和罗斯坦 2010 年文献(Holmberg Rothstein 2010)的一个精简修订版。感谢马库斯·萨曼尼进行数据处理。

⑤ 如果我们在表 15.2 中(以及随后的表 15.3 中)用腐败控制变量代替政府效能变量,除两种情况外结果仍是一样的。在表 15.2 中,对所有的国家而言,腐败控制的实质效应在 0.10 水平上显著。而在表 15.3 的分析中,腐败控制变量在非经合组织国家并不产生任何实质效应。在其他方面,互相代替这两个变量不会产生任何不同的结果。因此,在这个背景下,两个政府质量变量是可以互换的。

⑥ 特别要感谢尼古拉斯·查伦帮助我们详细说明这个模型并解释其结论。

参考文献

312

Anbarci, N., M. Escaleras and C.A. Register. 2009. "The ill effects of public sector corruption in the water and sanitation sector". *Land Economics*, **85**: 363–77.

Besley, T. and M. Ghatak. 2007. "Reforming public service delivery". *Journal of African Economies*, **16**: 127–56.

Burns, B.R. and R.S. Meinzen-Dick. 2000. *Negotiating Water Rights*. London: Intermediate Technology.

Cunningham, W.P. and M.A. Cunningham. 2008. *Environmental Science: A Global Concern*. Boston, MA: McGraw-Hill Higher Education.

Davis, J. 2004. "Corruption in public service delivery: experience from South Asia's water and sanitation sector". *World Development*, **32**: 53–71.

Earle, A., G. Lungu and D. Malzbender. 2008. "Mapping of integrity and accountability in water activities and relevant capacities in the SADC-Region". UNDP Water Government Facility at Stockholm International Water Institute, Stockholm.

Emerson, J. 2010. "2010 Environmental Performance Index (EPI)". Yale Center for Environmental Law and Policy, Yale University, New Haven, CT.

Gleditsch, K.S. 2002. "Expanded trade and GDP data". *Journal of Conflict Resolution*, **46**: 712–24.

Holmberg, S. and B. Rothstein. 2010. "Quality of government and quality of water". Working Paper 2010:16, The Quality of Government Institute, University of Gothenburg.

Holmberg, S. and B. Rothstein. 2011. "Dying of corruption". *Health Economics, Policy and Law*, **6**: 529–47.

Jahn, D. 1998. "Environmental performance and policy regimes: explaining variations in 18 OECD-countries". *Policy Sciences*, **31**: 107–31.

Karlsson, M., T. Nilsson, C.H. Lyttkens and G. Leeson. 2010. "Income inequality and health: importance of a cross-country perspective". *Social Science and Medicine*, **70**: 875–85.

Krause, M. 2009. *The Political Economy of Water and Sanitation*. New York: Routledge.

Marshall, M.G and K. Jaggers. 2002. "Polity IV Project: political regime characteristics and transitions, 1800–2002: Dataset Users' Manual". University of Maryland. Available at: www.freedomhouse.org (accessed June 12, 2006).

Meinzen-Dick, R.S. 2007. "Beyond panaceas in water institutions". *Proceedings of the National Academy of Sciences of the United States of America*, **104**: 15200–205.

Midlarsky, M.I. 1998. "Democracy and the environment: an empirical assessment". *Journal of Peace Research*, **35**: 341–61.

Morse, S. 2006. "Is corruption bad for environmental sustainability? A cross-national analysis". *Ecology and Society*, **11** (1): 22.

Neumayer, E. 2002. "Do democracies exhibit stronger international environmental commitment? A cross-country analysis". *Journal of Peace Research*, **39**: 139–64.

Pellegrini, L. 2011. *Corruption, Development and the Environment*. Dordrecht: Springer.

Postel, S. and L. Mastny. 2005. *Liquid Assets: The Critical Need to Safeguard Freshwater Ecosystems*. Washington, DC: Worldwatch Institute.

313 Råby, N. and J. Teorell. 2010. "A quality of government peace? Bringing the state back into the study of inter-state armed conflict". Working Paper 2010:20, The Quality of Government Institute, University of Gothenburg.

Rijsberman, F.R. 2008. "Water for food: corruption in irrigation systems". In Transparency International (ed.), *Global Corruption Report 2008: Corruption in the Water Sector*, Cambridge: Cambridge University Press, pp. 67–77.

Rothstein, B. 2011. *The Quality of Government: Corruption, Social Trust and Inequality in International Perspective*. Chicago, IL: University of Chicago Press.

Rothstein, B. and J. Teorell. 2008. "What is quality of government: a theory of impartial political institutions". *Governance: An International Journal of Policy and Administration*, **21**: 165–90.

Sjöstedt, M. 2008. "Thirsting for credible commitments: how secure land tenure affects access to drinking water in sub-Saharan Africa". Dissertation, Department of Political Science, University of Gothenburg.

Sjöstedt, M. 2010. "The impact of secure land tenure on water access levels in sub-Saharan Africa: the case of Botswana and Zambia". *Habitat International*, **35** (1): 133–40.

Sohail, M. and S. Cavill. 2008. "Water for the poor: corruption in water supply and sanitation". In Transparency International (ed.), *Global Corruption Report 2008: Corruption in the Water Sector*, Cambridge: Cambridge University Press, pp. 44–52.

Stålgren, P. 2006a. "Corruption in the water sector: causes, consequences and potential reform". SIWI: Swedish Water House Policy, Brief 4, Stockholm.

Stålgren, P. 2006b. "Worlds of water: worlds apart: how targeted domestic actors transform international regimes". Dissertation, Department of Political Science,

University of Gothenburg.

Teorell, J., N. Charron, M. Samanni, S. Holmberg and B. Rothstein. 2009. The Quality of Government Dataset, version 17June09. The Quality of Government Institute, University of Gothenburg.

Transparency International. 2008. *Global Corruption Report 2008: Corruption in the Water Sector*. Cambridge: Cambridge University Press.

UNDP. 2006. *Human Development Report: Beyond Scarcity: Power, Poverty and the Global Water Crisis*. New York: United Nations Development Program.

Wegerich, K. 2008. "Blueprint for water user associations' accountability versus local reality: evidence from South Kazakhstan". *Water International*, **33** (1): 43–54.

Welsch, H. 2004. "Corruption, growth, and the environment: a cross-country analysis". *Environment and Development Economics*, **9**: 663–93.

附录 15A　双变量散点图

314

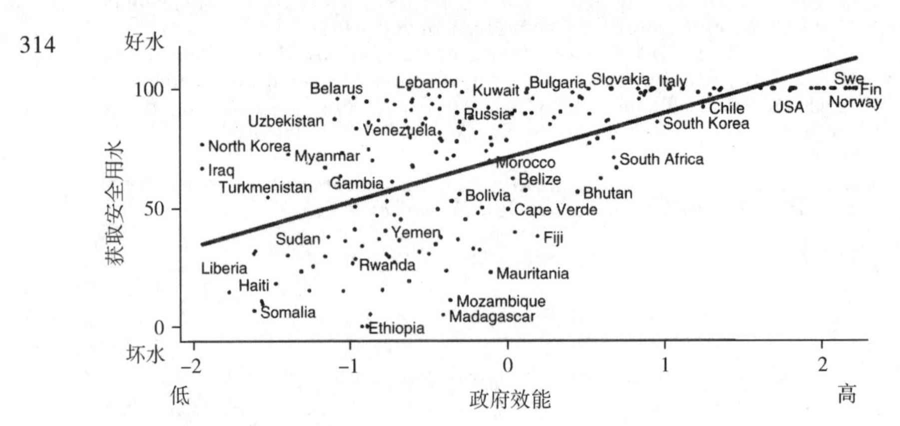

图 15A.1　获取安全用水与政府效能

注：$R^2=0.41$。

资料来源：World Bank 2002；见表 15.1。

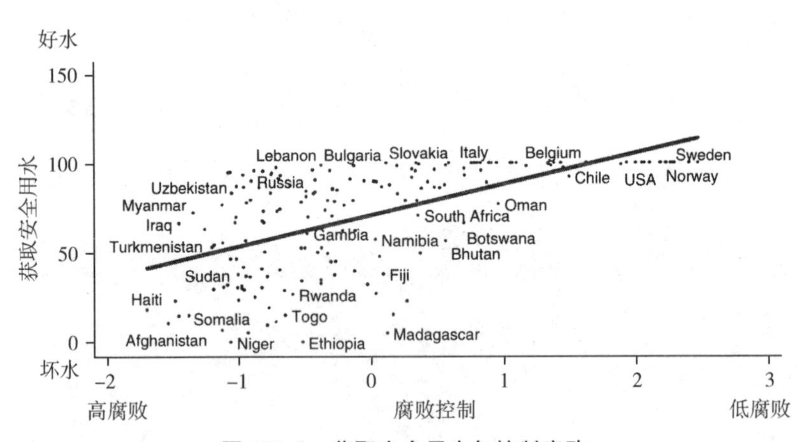

图 15A.2　获取安全用水与控制腐败

注：$R^2=0.36$。

资料来源：World Bank 2002；见表 15.1。

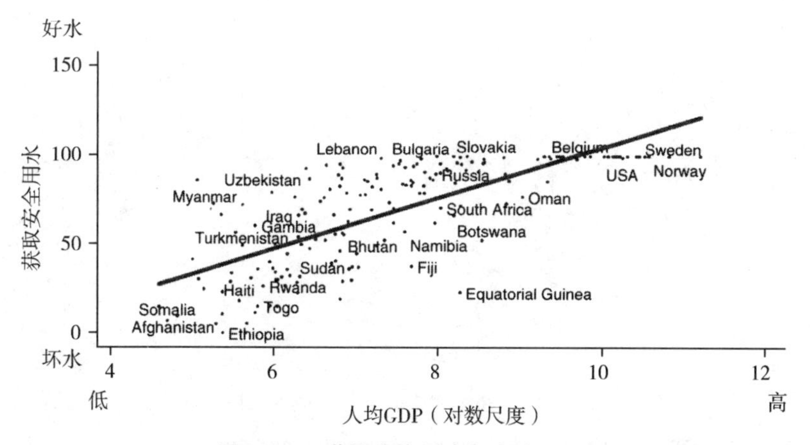

图 15A.3　获取安全用水与人均 GDP

注：$R^2=0.58$。

资料来源：United Nations Statistics Division 2002; Esty et al.（2010）；见表 15.1。

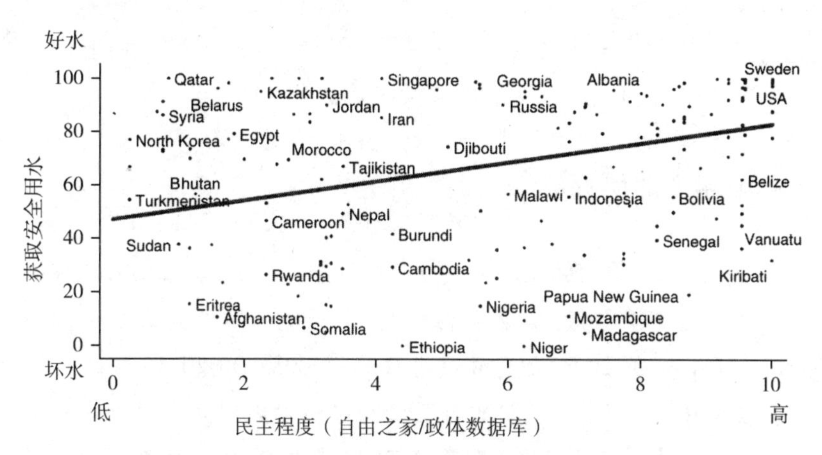

图 15A.4　获取安全用水与民主程度

注：$R^2=0.15$。

资料来源：Freedom House/Polity 2000-2005; Esty et al.（2010）；见表 15.1。

317

第十六章　幸　福

本章的假设可能看上去有点奇怪,特别是对新自由主义经济学家来说。我们将检验政府是否可能成为问题解决方案的一部分,而不是问题的一部分。一些经济理论中也常常出现此种情形。我们的假设是:定义为高效能、公正无私、法治和清廉的政府质量,是世界各国民众幸福感和生活满意度综合水平背后的一个要素,也是一个前提。政府质量使人们幸福,无论是对富裕国家还是对贫困国家。要让公民对其生活满意,必要的解决途径或许并不是一个"大政府",但一定是一个"好政府"。我们的假设就是这么奇怪!

16.1　早期的研究

早期研究清晰地指出,在一般水平上,政府质量对幸福有积极影响。政府制度越有效、清廉和公平,公民对生活越感到幸福和满意(Bjørnskov et al. 2008; Helliwell & Huang 2008; Ott 2011)。

文献中有一大争议,即政府质量和经济发展之间是否存在互动关系。有时人们认为,政府质量仅仅对贫穷国家才产生效果。在针对富裕国家的研究模型中,政府质量变量经常(虽然并不总是)显示不出重要相关性。

赫利威尔和黄(Helliwell & Huang 2008)分析了 75 个国家后发现,政府质量对幸福感受有显著的积极效应。然而,当把样本分为人均 GDP 的低于和高于美国的一半的国家,就会发现政府质量仅在更为贫困的国家有重要意义。他们提出,一种可能的解释是政府质量会通过经济增长来增加幸福感，但是财富达到一定程度后，经济增长就对幸福感没有任何影响了（Blanchflower & Oswald 2004; Layard 2005）。[①]然而，当对 GDP 变量加以控制时，政府质量变量的系数只下降了 10%—20%，所以政府质量不可能仅仅“通过提高人均收入来增进福祉”（Helliwell & Huang 2008, p. 603）。

318

比扬斯科夫等人（Bjørnskov et al. 2008）也得出了类似的结论。在他们对包括贫穷和富裕两类国家的完整取样中，政府质量变量在所有不同模型中都和幸福具有重要相关性。可是，当把取样分成人均 GDP 高于和低于 8000 美元这两类国家，选用他们有关幸福的两种不同测量方式中任何一个时，政府质量再一次对富国失去了意义。有人或许会说，比扬斯科夫等人对政府质量变量开展的测量，有内在的缺陷。他们的模型包括了人际信任，而人际信任可以作为一种中介机制，让政府质量催生更高的主观幸福。清廉有效的政府制度已经被证明可以促进公民信任（Rothstein 2003; Rothstein & Stolle 2003），也有证据表明人际信任可以提升幸福感（Diener & Suh 1999; Helliwell & Huang 2008）。把人际信任纳入模型可能会导致政府质量的效应更不显著。

特奥雷尔（Teorell 2009）的研究发现：人际信任是政府质量借以增进幸福的一种机制。首先，政府质量对幸福有影响。这在首次把政府质量在操作上简化为政府制度的公平性（ibid. 2009），以及运用世界银行的治理指标的研究中都有体现。其次，他找到这一效应的几个机制：人际信任、经济增长和较低的内战倾向都和政府质量相关。当把这三个变量作为主观幸福模型的控制因素时，就会看到对于公平性测量指标而言，政府质量效应不是那么明显了。当使用世界银行有关政府质量的不同操作指标时，其效应又显著了。然而，当对经济增长、信任和内战等变量加以控制时，这个效应又有所弱化。特奥雷尔并没有分别分析穷国和富国的情况，他的样本仅有 52 个国家，经合组织国家稍占多数。

最终,萨曼尼(Samanni 2009)对 12 个西欧国家按时间顺序做了一系列的横截面分析。在他的一个模型中,政府质量对幸福有显著而积极的效应,但是应用滞后因变量做更严格的测试时,就没有这个重要相关性。

总之,早期的研究表明:在贫穷国家,政府质量和幸福两者之间有很清晰的联系;在更富裕的国家,其结果是混合性的,有时指向一种对幸福的积极效应,但是这很少见。因而在更富裕的国家,政府质量是否有益于幸福仍然是一个悬而未决的问题。本章的目标之一就是解决这个问题。

319

16.2 影响幸福的其他因素

提到影响主观福祉的其他各种要素,人均 GDP 理所当然居于其中。贫穷有损幸福(Graham 2009, 2011)。但是前面已经提到,在一定水平之上,更高的 GDP 是否还有什么效应,人们对此还不太清楚。一些人认为,在过去的几十年里,世界上那些富裕国家尽管 GDP 有大幅的增长,但人们的幸福感并没有相应提升(Easterlin 1974; Blanchflower & Oswald 2004; Layard 2005)。另一些人认为,即使是富裕国家,当 GDP 增长时,我们事实上会看到人们的幸福感也在增加(Hagerty & Veenhoven 2003; Stevenson & Wolfers 2008)。因而在我们的分析中,将 GDP 列为一个控制变量是合情合理的。

个人主义是文献资料强调的另一要素。一个国家的文化中个人主义的成分越大,公民就会越幸福。在个人主义国家中,人们较少受到社会约束,享受到的自由度更高,可以选择自己的生活方式,这将使人们获得更多的幸福感(Diener & Suh 1999; Ahuvia 2002; Brülde 2007, p. 149)。对个人主义,我们还没有办法直接测量,但可以从世界价值观调查中引用一种后物质主义价值测量指标来表示个人主义。

宗教已被证明在宏观和微观两个层面上都对生活满意度有影

响。信仰宗教的人比不信仰宗教的人有更高的主观幸福感。一个国家信仰宗教的人越多,他们的主观幸福感平均而言也更高(Argyle 2001; Brülde 2007, p. 223; Helliwell & Huang 2008)。

民主也有助于幸福。当人们能够选择他们的领导人时,其主观幸福感也更高(Veenhoven 1984; Dorn et al. 2007; Helliwell & Huang 2008)。

获得幸福感的另一个要素是健康。生活在某个国家的人,寿命越长,身体越健康,往往测得的主观幸福感越强。健康也被认为是一种机制,政府质量可以借此带来更多幸福:政府质量越高的地方,医疗卫生体系运转得更好,人民也更健康。这对贫穷国家而言具有特别的意义(Helliwell & Huang 2008, p. 611)。

16.3 操作变量

我们首先来分析两组变量之间的二元关系。因变量是幸福和生活满意度,自变量是一系列在许多文献中被认为很重要的解释变量。两个因变量源自世界价值观调查的自我评估量表中个人幸福和生活满意度的主观测量。这两个让人感觉愉悦的变量本是用以反映和解释两种不同理论的,但实际上两者之间的相关性是相当高的:对世界价值观调查覆盖的 90 个国家来说,相关系数达到+0.73。 320

分析的主要目标是检验政府质量是否影响到人们对其生活的幸福感和满意度,以及影响到什么程度,为此在研究中我们纳入了三个不同的政府质量变量:世界银行的政府效能、透明国际的清廉指数以及政府质量研究所的政府公平性测量。最后一个指标是以政府质量研究所收集的全球大约 50 个国家的专家评价为基础而建立起来的(Teorell 2009;也可参见本书第五章)。从理论上看,这三个指标要涵盖三种略有不同的现象。可是实践中,它们是高度相关的,相关系数大约是+0.85。

我们把研究幸福感和生活满意度方面的理论和实证文献中经常

出现的一系列变量作为控制变量。金钱总是很重要的,所以三个经济变量被纳入:一个用来衡量富裕程度(人均 GDP),另外两个用以衡量经济平等程度(基尼系数和最贫穷的 20%的人的收入在整个国民收入中的占比)。如果我们相信威尔金森和皮克特(Wilkinson & Pickett, 2009)的观点,即社会平等在现代社会对很多事(包括幸福)有深刻影响,那么后两个指标就非常重要。

在个人微观层面,健康是解释人们生活满意度和幸福感的最强有力的因素之一(Argyle 2001; Klein 2002; Holmberg & Weibull 2005; Hellevik 2008)。在汇总研究中,我们纳入两项广泛使用的健康指标——健康预期寿命和婴儿死亡率。

感到安全是幸福的众多心理前提之一(Brülde 2009)。相应地,我们认为应当尽力将关系安全的指标纳入。就安全感来说,由于不好直接测量,我们采用两个有点粗糙的代理指标:人际信任和对议会的信任。后者可以用来代表社会信任。无论在哪个社会中,如果不相信你的同伴以及社会中那些重要的制度安排,那么你很难感到幸福或对生活满意。这一思量背后的运行机制当然就是安全感了。如果你在社会和人群中感到不安全,那么生活满意度和幸福感从何而来?

321

在有关幸福的文献中,我们常常会发现,对宗教的虔诚和后物质主义这两个变量间有点冲突。这是因为,两者呈负相关性。信仰宗教的人不太追求后物质主义。但是对幸福感和生活满意度来说,这两个变量都有积极效应。信仰宗教的人和后物质主义者都倾向于对他们自己的生活更加满意,也比普通人过得更为幸福。我们在分析中采用了来自世界价值观调查的两个变量:一个是“神的重要性”,一个是英格尔哈特的后物质主义水平。

最后,我们将民主水平作为一个变量,测量了 90 个国家。然而,不对民主程度加以控制就去谈论政府质量的独立效应,这是不可信的(Veenhoven 1984)。这一控制之所以必要,是因为民主程度与政府质量内在高度相关,相关系数大约为+0.55。我们选用的民主测量取自自由之家的年度研究,同时结合了政体数据库的指数。这样做的问题在于,西方国家的民主差异是相当有限的。这些国家在民主方面易于拿到高分。

16.4　基本关系

自变量和因变量的基本关系见附录的图表。[②]生成的16个双变量散点图,以生活满意度为因变量,分别与我们选择的每一个自变量进行线性回归分析。幸福被证明跟大多数解释变量之间仅有微弱的联系,而且表面效度很差,因此它仅在几个散点图中被纳入。

三个政府质量变量揭示的结果非常类似,因而我们仅展示把政府效能作为操作变量的那些散点图。

大多数散点图有两个版本,分别针对经合组织国家和非经合组织国家。对两类国家分别进行分析的原因是,这样可以非常具体地研究在富裕的发达国家和贫穷的欠发达国家内部,政府质量和生活满意度之间到底是什么关系。在个人层面和国家层面解释生活满意度和幸福感时,个人收入和国家富庶程度是被讨论得最多的变量。经合组织国家和非经合组织国家这种二分法对区分经济发展和富裕程度而言,虽然很粗糙,但有很强的指导意义。

322

我们检验得出的结论由附录16A中的7个表和1个图来说明。在表16A.1—表16A.5和图16A.1中,幸福感和生活满意度同13个自变量之间的相关系数,分别按所有国家、经合组织国家及非经合组织国家分类进行描绘。表16A.6和表16A.7涵盖的结果是一系列的回归分析,其目的是检验在适当地控制某些因素后,政府质量是否对人们的生活满意度有独立影响。这种回归分析也是针对所有国家、经合组织国家和非经合组织国家三类来进行。

我们来看其二元关系。三个政府质量变量全部都和幸福感变量以及生活满意度变量有强的正相关性(见表16A.1)。这很明显。在所有国家、经合组织国家及非经合组织国家,这种相关性都是正向的。这意味着,无论是对所有样本国家的国民,还是对富国(经合组织国家)和穷国(非经合组织国家)的国民来说,幸福和生活满意度方面更高的平均分是和更高的政府质量得分联系在一起的。

值得注意的是,比起和幸福变量相关的二元关系,和生活满意度变量相关的二元关系常常要更显著一些。在大多数控制变量中,我们也可以找到类似的结论。一个主要的原因是,在许多拉丁美洲国家以及一些非洲国家,幸福平均水平高得让人吃惊,事实上这些国家在生活满意度方面的调查结果同样也很“夸张”。我们怀疑,对发展中国家的调查过于偏向中产阶层,对大城市之外的受访者调查得不够。这种选择性偏差可能导致对生活持积极看法的民众的比例过高。结果,幸福程度(以及生活满意度)在发展中国家可能会被夸大,特别是在拉美国家。相应地,幸福测量的表面效度也可能有问题。拉美国家高幸福值的可能原因在于,文化传统(享乐主义)使人们“放大”了幸福感(Diener & Suh 1999),或者具有“积极”个性特征的外向型民众比例过高(Lynn & Steel 2006)。

生活满意度变量在某种意义上是更有效度的,也更为有用。虽然在拉美国家和一些其他发展中国家,这一变量也指向一个高得让人惊异的结果,但运用这一变量得到的结论更为可信。测量诸如幸福感和生活满意度这样难以捉摸的概念总是困难重重,而且饱受争议。但对这个问题我们并没有什么实质性的办法。如果不去问人们的感觉进而得到一个主观数据,我们就完全没有办法开展研究。

323

数据表明,有一个经济变量和生活满意度之间有非常清晰而积极的联系(和幸福之间也有清晰的联系):人均 GDP。富裕国家的民众比起发展中国家的民众,平均而言生活得更为幸福,对生活更为满意。另两个从不同方面测量平等的经济变量显示出,大多数情况下它们同幸福之间仅具有一种微弱而且不太重要的关联。可是,在一些情形下,这一关系是负相关的,这些负系数在非经合组织国家尤其引人注目(参见表16A.2)。对于贫穷的非经合组织国家来说,存在一种倾向,即经济方面的平等(意即大多数人都比较穷)总是和这样的民众相伴相生:他们事实上不太幸福,对生活一般是不太满意的。然而,经济不平等同幸福和生活满意之间没有强烈的关联。

表16A.3中两个健康变量和生活满意度变量间的强系数证实了一个广为人知的结论:健康是人们对生活是否感到满意的一个主要决定因素。但是,它和幸福之间存在一种微弱而不太规律的关系,这进一步强化了如下结论:幸福测量缺乏表面效度。

公民信任与幸福和生活满意度有关的这一期盼仅在经合组织国家得到验证。在非经合组织国家,这一关系是微弱的,个别情况下甚至是负相关的,尽管在统计上并不太显著(参见表16A.4)。然而,是否所有的调查都必须做有关信任的测量,尤其是对议会信任度的测量,这在威权国家要打个问号。大多数威权国家都不是经合组织国家。如果我们看一下图16[3]所示的散点图,可以明显看出,在很多威权国家或非民主国家,例如越南、孟加拉国、坦桑尼亚、埃及和伊朗,对代议机构的信任值是处在最高点的。这些国家的民众是否敢对调查人员坦言他们不信任在代议机构中代表自己的领导人,这一点很让人怀疑。

就两个价值观变量来说,后物质主义和幸福及生活满意度的联系是相当强的。总体上说,威权程度更低的国家,以及有更多人口推崇强调个人主义的后物质主义价值观的国家,国民更加幸福,对生活更加满意。另一个价值变量"神的重要性"却指向一个弱得多而且不规律的二元关系:在经合组织国家中为弱的负相关性,在非经合组织国家某种程度上有更强的正相关性(参见表16A.5)。结论似乎是,当涉及幸福和生活满意度时,比起宗教虔诚度,后物质主义的程度高低对于研究而言更为有趣。

324

最后,图16A.1描绘了民主程度和生活满意度之间的关系。生活在民主国家的人,比起生活在不那么民主的国家的人,更可能对他们的生活表示满意。在非经合组织国家,这种相关性也存在,只是在富裕的经合组织国家,其相关系数更强。对发展中国家的生活满意度(甚至是幸福感)的测量存在的问题,可能是导致非经合组织国家中民主与生活满意度相关性较弱的因素之一,而这对幸福和民主程度间关系的影响更甚。可是,以这二元关系为基础的主要研究结果表明,在经合组织国家内与非经合组织国家内,人们对生活较高的满意度和较高的民主需求之间存在相关性。在经合组织国家,就幸福感来说,这一结论也成立:国家越是民主,其公民就越幸福。

16.5 政府质量很重要

在表 16A.6 和表 16A.7 中,通过对其他相关解释因素加以控制之后,我们用多元回归分析法考察政府质量变量(政府效能)是否对生活满意度有独立影响。结果很清楚:18 个多元检验除了 2 个之外,都显示出政府质量对生活满意度有独立的显著影响。在所有的相关国家,我们都对政府质量和其他解释变量进行了配对检验以及多元回归分析,并且分为经合组织国家和非经合组织国家两类。造成政府质量变量没有显著影响的两个情形,一方面与非经合组织国家有关,另一方面也因为生活满意度测量中有存疑数据,同时测量变量中带有相关方差的国家数量也很少。剔除一些非经合组织国家后进行的稳健性检验表明,其结果很敏感,没有什么说服力。

因此,我们得出的主要结论就是:无论对富国还是穷国的人民的生活满意度而言,政府质量都有着独立的影响;在富裕的经合组织国家,这个影响特别明显。政府质量对增进社会福祉是否也存在影响?答案是肯定的。

人们对大政府或许有争议,但好政府会让人们欣然接受,这毋庸置疑。政府高效、政治清明、社会公正、法治昌盛,都会让人们对生活感到幸福和满足。政府质量很重要:它让人们感到幸福!

325

注　释

① 超过一定水平,财富就不能带来更多幸福,这一点已经被哈格第和维恩霍文(Hargerty & Veenhoven 2003),以及史蒂文森和沃尔弗斯(Stevenson & Wolfers 2008)所证实。

② 附录图表发布在政府质量研究所的网站上,www.qog.pol.gu.se。

③ 见政府质量研究所网站,www.qog.pol.gu.se。

参考文献

Ahuvia, A.C. 2002. “Individualism/collectivism and cultures of happiness: a theoretical conjecture on the relationship between consumption, culture and subjective well-being at the national level”. *Journal of Happiness Studies*, **3**: 23–36.

Argyle, M. 2001.*The Psychology of Happiness*. London: Routledge.

Bjørnskov, C., A. Dreher and J.A.V. Fischer. 2008. “Formal institutions and subjective well-being: revisiting the cross-country evidence”. KOF Working Paper 192, April. Available at: http://ssrn.com/abstract=1121283 (accessed April 1, 2010).

Blanchflower, D.G. and A.J. Oswald. 2004. “Well-being over time in Britain and the USA”. *Journal of Public Economics*, **88** (7–8): 1359–86.

Brülde, B. 2007. *Lycka och lidande. Begrepp, metod och förklaring*. Lund: Studentlitteratur.

Brülde, B. 2009. *Lyckans och lidandets etik*. Malmö: Bokförlaget Thales.

Diener, E. and E.M. Suh. 1999. “National differences in subjective well-being”. In D. Kahneman, E. Diener and N. Schwarz (eds), *Well-Being: The Foundations of Hedonic Psychology*, New York: Russell Sage Foundation, pp. 434–54.

Dorn, D., J.A.V. Fischer, G. Kirchgässner and A. Sousa-Poza. 2007. “Is it culture or democracy? The impact of democracy and culture on happiness”. *Social IndicatorsResearch*, **82**: 505–26.

Easterlin, R.A. 1974. “Does economic growth improve the human lot? Some empirical evidence”. In P.A. David and M.W. Reder (eds), *Nations and Households in Economic Growth*, New York: Academic Press, pp. 89–125.

Graham, C. 2009. *Happiness Around the World: The Paradox of Happy Peasants and Miserable Millionaires*. Oxford: Oxford University Press.

Graham, C. 2011. *The Pursuit of Happiness*. Washington, DC: Brookings Institution Press.

Hagerty, M.R. and R. Veenhoven. 2003. “Wealth and happiness revisited – growing national income does go with greater happiness”. *Social Indicators Research*, **64**: 1–27.

Hellevik, O. 2008. *Jakten på den norske lykken*. Oslo: Universitetsforlaget.

Helliwell, J.F. and H. Huang. 2008. “How's your government? International evidence linking good government and well-being”. *British Journal of Political Science*, **38**: 595–619.

326 Holmberg, S. and L. Weibull (eds). 2005. *Lyckan kommer, lyckan går*. Gothenburg: SOM-institutet.

Klein, S. 2002. *Die Glücksformel*. Reinbek: Rowohlt Verlag.

Layard, R. 2005. *Happiness: Lessons from a New Science*. London and New York: Penguin Books.

Lynn, M. and P. Steel. 2006. "National differences in subjective well-being: the interactive effects of extraversion and neuroticism". *Journal of Happiness Studies*, **7**: 155–65.

Ott, J. 2011. "Government and happiness in 130 nations: good governance fosters higher level and more equality of happiness". *Social Indicators Research*, **11**: 353–68.

Rothstein, B. 2003. *Sociala fällor och tillitens problem*. Stockholm: SNS förlag.

Rothstein, B. and D. Stolle. 2003. "Social capital, impartiality, and the welfare state: an institutional approach". In M. Hooghe and D. Stolle (eds), *Generating Social Capital: The Role of Voluntary Associations, Institutions and Government Policy*, New York: Palgrave/Macmillan, pp. 191–210.

Samanni, M. 2009. "Lyckan, välfärdsstaten och statsförvaltningen". Master's thesis (magisteruppsats), Department of Political Science, University of Gothenburg.

Stevenson, B. and J. Wolfers. 2008. "Economic growth and subjective well-being: reassessing the Easterlin paradox". *Brookings Papers on Economic Activity*, Spring.

Teorell, J. 2009. "The impact of quality of government as impartiality: theory and evidence". Paper presented at the 2009 Annual Meeting of the American Political Science Association, Toronto, September 2–6.

Veenhoven, R. 1984. *Conditions of Happiness*. Dordrecht: D. Reidel.

Wilkinson, R. and K. Pickett. 2009. *The Spirit Level. Why More Equal Societies Almost Always Do Better*. London and New York: Allen Lane.

附录 16A

327

表 16A.1 三个政府质量指数与幸福感及生活满意度之间的关系(相关系数)

	政府效能	清廉	政府公正无私
幸福感(所有国家)	+0.42	+0.46	+0.66
幸福感(经合组织国家)	+0.61	+0.62	+0.64
幸福感(非经合组织国家)	+0.20	+0.24	+0.10
生活满意度(所有国家)	+0.66	+0.67	+0.70
生活满意度(经合组织国家)	+0.71	+0.72	+0.57
生活满意度(非经合组织国家)	+0.44	+0.48	+0.39

注:三个政府质量变量是高度相关的,大约在+0.85 至+0.90 之间。幸福和生活满意度两个变量之间也有很强关联,对所有国家取样,其相关系数为+0.73;对经合组织国家取样,其相关系数为+0.87;对非经合组织国家取样,其相关系数为+0.66。幸福和生活满意度的测量值来自世界价值观调查。所有的关系都是正值,这意味着在所选取的国家中,高的政府质量得分(高质量)与高的幸福和生活满意度得分是联系在一起的。用政府效能和控制腐败两个变量来分析的国家数量(n)大约是 90 个,而用政府公正无私作为变量来分析的国家有 50 个。在前一种分析中,经合组织国家和非经合组织国家分别为 30 个和 60 个,在后一种分析中这两类国家分别为 30 个和 20 个。政府公正无私这一变量是基于政府质量研究所收集的大约 50 个国家的专家评价而整理出来的。

资料来源:J. Teorell 2009,"The impact of quality of government as impartiality: Theory and evidence"。该论文提交给了 2009 年 9 月 2 日至 6 日在多伦多举行的美国政治科学年会。

328

表 16A.2 三个经济变量与幸福感及生活满意度之间的关系(相关系数)

	人均 GDP	基尼指数的倒数	最穷的 20%的人的收入占比
幸福感(所有国家)	+0.41	+0.00	−0.28
幸福感(经合组织国家)	+0.58	−0.00	−0.14
幸福感(非经合组织国家)	+0.14	−0.17	−0.49

（续表）

	人均 GDP	基尼指数的倒数	最穷的 20%的人的收入占比
生活满意度（所有国家）	+0.65	+0.20	−0.26
生活满意度（经合组织国家）	+0.62	+0.14	+0.10
生活满意度（非经合组织国家）	+0.47	−0.10	−0.65

注：人均 GDP 和基尼指数的倒数（数值越高说明经济越平等）的相关系数是+0.47。人均 GDP 和最贫穷的 20%的人的收入占比指数（值越高经济越平等）的相关系数是+0.28。两个经济质量变量的相关系数是+0.73。人均 GDP 和幸福及生活满意度之间的关系是正相关，意味着富裕国家的人民更加幸福，对生活更为满意。就两个经济质量变量来说，系数为负意味着平等程度虽高，但这种情况下民众却更可能对生活不满意或感觉不幸福。

表 16A.3　两个健康变量与幸福感及生活满意度之间的关系（相关系数）

	健康预期寿命	婴儿死亡率
幸福感（所有国家）	+0.22	−0.10
幸福感（经合组织国家）	+0.42	−0.10
幸福感（非经合组织国家）	±0.00	+0.10
生活满意度（所有国家）	+0.59	−0.49
生活满意度（经合组织国家）	+0.46	−0.35
生活满意度（非经合组织国家）	+0.44	−0.37

注：两个健康指标的相关系数是−0.93。注意负号。有健康预期寿命的国家，其婴儿死亡率就较低。在健康预期寿命和幸福及生活满意度之间的正相关性意味着健康人群往往更幸福，对生活更为满意；婴儿死亡率和幸福及生活满意度之间的负相关性（仅有一个例外的正值）则意指有较低婴儿死亡率的国家人民会更幸福，对生活更为满意。

329　**表 16A.4　两个信任指数与幸福感及生活满意度之间的关系（相关系数）**

	人际信任	对议会的信任度
幸福感（所有国家）	+0.17	+0.22
幸福感（经合组织国家）	+0.56	+0.44

（续表）

	人际信任	对议会的信任度
幸福感（非经合组织国家）	-0.17	+0.22
生活满意度（所有国家）	+0.33	-0.10
生活满意度（经合组织国家）	+0.58	+0.50
生活满意度（非经合组织国家）	-0.00	-0.17

注：两个信任指标的相关系数是+0.24。任何一个信任变量与幸福及生活满意度之间的正相关性，都意味着有较高信任度的国家，其国民更加幸福，对生活也更为满意。

表 16A.5　神的重要性、后物质主义与幸福感及生活满意度之间的关系（相关系数）

	神的重要性	后物质主义
幸福感（所有国家）	+0.10	+0.55
幸福感（经合组织国家）	-0.00	+0.66
幸福感（非经合组织国家）	+0.41	+0.40
生活满意度（所有国家）	-0.20	+0.67
生活满意度（经合组织国家）	-0.10	+0.63
生活满意度（非经合组织国家）	+0.14	+0.54

注：神的重要性变量（值越高说明认为神越重要）和后物质主义（值越高意味着越是推崇后物质主义）变量的相关系数是-0.23。神的重要性变量和幸福及生活满意度之间的正相关系数意味着，有着更多信教群众的国家，其国民也更为幸福，对生活更为满意。在后物质主义和幸福及生活满意度之间的正相关系数表示，民众有着后物质主义取向的国家，其人民往往更幸福，对生活更为满意。神的重要性变量和后物质主义变量都来自世界价值观调查。

330

表 16A.6　对富裕、健康、民主和价值观加以控制后的生活满意度与政府质量的回归分析（回归系数）

	所有国家		经合组织国家		非经合组织国家	
	回归系数	标准偏差	回归系数	标准偏差	回归系数	标准偏差
政府质量/政府效能	0.36*	0.19	0.63*	0.32	0.25	0.26

（续表）

	所有国家		经合组织国家		非经合组织国家	
	回归系数	标准偏差	回归系数	标准偏差	回归系数	标准偏差
人均 GDP	0.00	0.00	-0.00	0.00	0.00	0.00
健康预期寿命	0.03 **	0.01	-0.07	0.05	0.03 **	0.01
后物质主义	2.19 ***	0.51	1.51 **	0.72	2.62 ***	0.69
神的重要性	0.18 ***	0.05	0.09	0.07	0.22 ***	0.07
民主水平	0.02	0.04	0.40	0.26	0.02	0.04
常数	-1.10	1.16	3.54	3.26	-2.45	1.48
校正 R^2	0.61		0.57		0.48	

说明：$p>/t/=0.01$ ***；$=0.05$ **；$=0.10$ *。国家总数为 90 个，其中 30 个为经合组织国家，60 个为非经合组织国家。变量如图 16A.1 所示。

表 16A.7 以政府质量和富裕、健康、民主以及宗教和后物质主义价值观的配对检验进行生活满意度与政府质量的回归分析(回归系数)

	所有国家			经合组织国家			非经合组织国家		
	回归系数	标准偏差	校正 R^2	回归系数	标准偏差	校正 R^2	回归系数	标准偏差	校正 R^2
政府质量/政府效能	0.69***	0.08	0.42	0.80***	0.15	0.48	0.63***	0.16	0.19
常数	6.25***	0.09		6.09***	0.25		6.24***	0.13	
政府质量/政府效能	0.40**	0.19		0.68**	0.27		0.25	0.28	
人均 GDP	0.00*	0.00	0.43	0.00	0.00	0.47	0.00	0.00	0.20
常数	5.69***	0.20		6.05***	0.27		5.77***	0.31	
政府质量/政府效能	0.50***	0.12		0.88***	0.22		0.40*	0.20	
健康生命预期	0.03**	0.01	0.44	−0.02	0.05	0.46	0.03**	0.02	0.22
常数	4.61***	0.80		7.64*	3.12		4.34***	0.94	
政府质量/政府效能	0.44***	0.09		0.58***	0.17		0.49***	0.15	
后物质主义	2.46***	0.49	0.56	1.42**	0.63	0.54	3.04***	0.67	0.39
常数	1.89**	0.86		3.66***	1.11		0.93	1.18	
政府质量/政府效能	0.88***	0.10		1.00***	0.17		0.78***	0.17	
神的重要性	0.18***	0.06	0.47	0.16**	0.07	0.55	0.20***	0.07	0.26
常数	4.81***	0.45		4.83***	0.59		4.60***	0.62	
政府质量/政府效能	0.59***	0.12		0.69***	0.24		0.51**	0.20	
民主程度	0.05	0.04	0.42	0.16	0.25	0.47	0.06	0.05	0.19
常数	5.91***	0.31		4.75**	2.21		5.86	0.36	

说明:$p>/t/=0.01$***; $=0.05$**; $=0.10$*。参见表 16A.6。

332

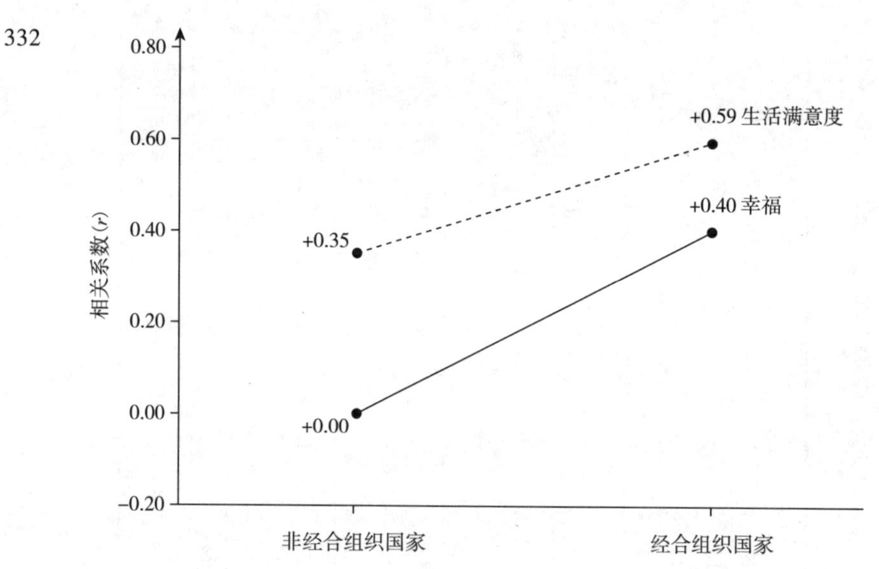

图 16A.1　民主水平与幸福感及生活满意度间关系(相关系数)

注:民主变量源于自由之家。民主程度越高,得分就越高。民主变量与幸福及生活满意度的正相关系数表明,相比不太民主的国家,民主国家的人民更为幸福,对生活更为满意。对所有国家的测量,民主程度与幸福及生活满意度的相关系数分别是+0.24 和+0.52。

附 录　国家(地区)名称中英文对照表*

英文国家(地区)名称/代码	中文国家(地区)名称
Albania/ALB	阿尔巴尼亚
Afghanistan	阿富汗
ARG	阿根廷
United Arab Emirates(UAE)/ARE	阿联酋
Oman	阿曼
Egypt/EGY	埃及
Ethiopia	埃塞俄比亚
Ireland/IRL	爱尔兰
Estonia/EST	爱沙尼亚
Angola	安哥拉
AUT	奥地利
Australia/AUS	澳大利亚
Barbados	巴巴多斯
Papua New Guinea	巴布亚新几内亚
Bahamas	巴哈马
Pakistan	巴基斯坦

* 为保证信息的准确性,本书中部分图表直接使用英文原书中的图表,未在图表中对其中国家名称做翻译。

（续表）

英文国家(地区)名称/代码	中文国家(地区)名称
Paraguay/PRY	巴拉圭
Panama	巴拿马
BRA	巴西
Belarus/BLR	白俄罗斯
Bulgaria	保加利亚
Belgium/BEL	比利时
Iceland/ISL	冰岛
POL	波兰
Bosnia and Herzegovina/BIH	波黑
Bolivia/BOL	玻利维亚
Belize	伯利兹
Botswana/BWA	博茨瓦纳
Bhutan	不丹
North Korea	朝鲜
Equatorial Guinea	赤道几内亚
DNK	丹麦
Germany/DEU	德国
Timor-Leste	东帝汶
Togo	多哥
Russia/RUS	俄罗斯
Ecuador/ECU	厄瓜多尔
Eritrea	厄立特里亚
France/FRA	法国
PHL	菲律宾
Fiji	斐济
Finland/FIN	芬兰
Cape Verde	佛得角
Gambia	冈比亚

(续表)

英文国家(地区)名称/代码	中文国家(地区)名称
Congo	刚果
COL	哥伦比亚
Costa Rica/CRI	哥斯达黎加
Georgia/GEO	格鲁吉亚
Cuba	古巴
Kazakhstan/KAZ	哈萨克斯坦
Haiti	海地
KOR	韩国
NLD	荷兰
Honduras/HND	洪都拉斯
Kiribati	基里巴斯
Djibouti	吉布提
Canada/CAN	加拿大
Cambodia	柬埔寨
CZE	捷克
Cameroon	喀麦隆
Qatar	卡塔尔
Comoros	科摩罗
Kuwait	科威特
Croatia/HRV	克罗地亚
Latvia/LVA	拉脱维亚
Lesotho	莱索托
Laos	老挝
Lebanon	黎巴嫩
LTU	立陶宛
Liberia	利比里亚
Libya	利比亚
Liechtenstein	列支敦士登

（续表）

英文国家（地区）名称/代码	中文国家（地区）名称
Luxembourg	卢森堡
Rwanda	卢旺达
Romania	罗马尼亚
Madagascar	马达加斯加
Maldives	马尔代夫
MLT	马耳他
Malawi	马拉维
Malaysia/MYS	马来西亚
Mali	马里
MKD	马其顿
Marshall Islands	马绍尔群岛
Mauritius	毛里求斯
Mauritania/MRT	毛里塔尼亚
USA	美国
Mongolia	蒙古
BGD	孟加拉国
Myanmar	缅甸
Moldova	摩尔多瓦
Morocco	摩洛哥
Mozambique/MOZ	莫桑比克
MEX	墨西哥
Namibia	纳米比亚
South Africa/ZAF	南非
Nepal/NPL	尼泊尔
NIC	尼加拉瓜
Niger	尼日尔
Nigeria/NGA	尼日利亚
Norway/NOR	挪威

（续表）

英文国家（地区）名称/代码	中文国家（地区）名称
Portugal/PRT	葡萄牙
Japan/JPN	日本
Sweden/SWE	瑞典
CHE	瑞士
Sierra Leone	塞拉利昂
Senegal	塞内加尔
Seychelles	塞舌尔
Saudi Arabia/SAU	沙特阿拉伯
San Marino	圣马力诺
Sri Lanka	斯里兰卡
SVK	斯洛伐克
Slovenia/SVN	斯洛文尼亚
Swaziland	斯威士兰
Sudan	苏丹
Suriname	苏里南
Solomon Islands	所罗门群岛
Somalia	索马里
Tajikistan/KGZ	塔吉克斯坦
Tanzania	坦桑尼亚
Tonga	汤加
Tunisia	突尼斯
TUR	土耳其
Turkmenistan	土库曼斯坦
Vanuatu	瓦努阿图
Venezuela/VEN	委内瑞拉
Brunei Darussalam	文莱
Ukraine/UKR	乌克兰
Uruguay/URY	乌拉圭

（续表）

英文国家（地区）名称/代码	中文国家（地区）名称
Uzbekistan/UZB	乌兹别克斯坦
Spain/ESP	西班牙
Greece	希腊
Singapore	新加坡
New Zealand/NZL	新西兰
Hungary /HUN	匈牙利
Syria	叙利亚
Jamaica/JAM	牙买加
Armenia	亚美尼亚
Yemen	也门
Iraq	伊拉克
Iran	伊朗
Israel/ISR	以色列
Italy/ITA	意大利
India/IND	印度
Indonesia/IDN	印度尼西亚
GBR	英国
Jordan/JOR	约旦
Vietnam	越南
Chile/CHL	智利
Central African Republic	中非共和国
CHN	中国
TWN	中国台湾地区

译后记

本译著是集体合作的结晶。北京大学国家治理研究院院长王浦劬教授最早提议将本书英文版译为中文介绍给国内学界。翻译过程持续两年多,译者们反复斟酌,数易其稿,王浦劬老师在这个过程中给予悉心指导。北京大学出版社的徐少燕、梁路,中国政法大学教授耿协峰(原供职于北京大学出版社),北京大学国家治理研究院的王京京,为本书的出版以及译校工作提供了大量帮助。本书的出版得到深圳大学城市治理研究院的支持。在此我代表各位译者对他们表示衷心的感谢。

本书译校工作分工如下:

包雅钧:第一章、第十四章、第十五章、第十六章;

孙　响:第二章、第三章、第四章、第五章;

刘舒杨:第六章、第七章、第八章、第九章;

梁　宇:第十章、第十一章、第十二章、第十三章。

全书由包雅钧统校。

本书的翻译工作由多人合作完成,且周期较长,书稿难免存在疏漏之处,请读者多多包涵。我们也期待读者对本书提出意见和建议,以便我们在此后的学术研究和译校工作中改进。

包雅钧

2019 年 11 月